北京市社会科学理论著作出版基金资助项目

菲尔丁研究

韩加明 著

北京大学出版社
PEKING UNIVERSITY PRESS

图书在版编目(CIP)数据

菲尔丁研究/韩加明著. —北京:北京大学出版社,2010.8
(文学论丛·北大欧美文学研究丛书)
ISBN 978-7-301-17134-9

Ⅰ.菲… Ⅱ.韩… Ⅲ.①菲尔丁,H.(1707~1754)—人物研究②菲尔丁,H.(1707~1754)—文学研究 Ⅳ.①K856.156②I561.064

中国版本图书馆 CIP 数据核字(2010)第 072697 号

书　　名：菲尔丁研究
著作责任者：韩加明　著
责 任 编 辑：张　冰
标 准 书 号：ISBN 978-7-301-17134-9/I·2222
出 版 发 行：北京大学出版社
地　　　址：北京市海淀区成府路 205 号　100871
网　　　址：http://www.pup.cn
电　　　话：邮购部 62752015　发行部 62750672　编辑部 62767347
　　　　　　出版部 62754962
电 子 邮 箱：zbing@pup.pku.edu.cn
印 刷 者：世界知识印刷厂
经 销 者：新华书店
　　　　　　650 毫米×980 毫米　16 开本　25.5 印张　405 千字
　　　　　　2010 年 8 月第 1 版　2010 年 8 月第 1 次印刷
定　　　价：48.00 元

未经许可,不得以任何方式复制或抄袭本书之部分或全部内容。
版权所有,侵权必究　举报电话：010－62752024
　　　　　　　　　　电子邮箱：fd@pup.pku.edu.cn

本著作的研究得到"北京大学创建世界一流大学计划"的经费资助,本项目的研究还得到北京教委专项资金的支持,特此致谢!

《北大欧美文学研究丛书》编委会名单

主编：申　丹

委员：（以姓氏笔画为序）

区　鉷　　王守仁　　王　建　　任光宣　　许　钧
刘文飞　　刘象愚　　刘意青　　陈众议　　郭宏安
陆建德　　罗　芃　　张中载　　胡家峦　　赵振江
秦海鹰　　盛　宁　　章国锋　　程朝翔

总　序

　　北京大学的欧美文学研究经历了不同的历史发展时期,具有十分优秀的传统和鲜明的特色,尤其是经过1952年的全国院系调整,教学和科研力量得到了空前的充实与加强,汇集了冯至、朱光潜、曹靖华、杨业治、罗大冈、田德望、吴达元、杨周翰、李赋宁、赵萝蕤等一大批著名学者,素以基础深厚、学风严谨、敬业求实著称。改革开放以来,北大的欧美文学研究得到了长足的发展,各语种均有成绩卓著的学术带头人,并已形成梯队,具有可持续发展的基础。已陆续出版了一批水平高、影响广泛的专著,其中不少获得了省部级以上的科研奖或教材奖。目前北京大学的欧美文学研究人员承担着国际合作和国内省部级以上的多项科研课题,积极参与学术交流,经常与国际国内同行直接对话,是我国欧美文学研究的一支重要力量。2000年春,北京大学组建了欧美文学研究中心,欧美文学研究的实力得到进一步加强。

　　世纪之交,为了弘扬北大欧美文学研究的优秀传统,促进欧美文学研究的深入发展,我们组织撰写了这套《北大欧美文学研究丛书》。该丛书主要涉及三个领域:(1)欧美经典作家作品研究;(2)欧美文学与宗教;(3)欧美文论研究。这是一套开放性的丛书,重积累、求创新、促发展。我们希望通过这套丛书来系统展示在多元文化的背景下北京大学欧美文学研究的优秀成果和独特视角,加强与国际国内同行的交流,为拓展和深化当代欧美文学研究作出自己的贡献。通过这套丛书,我们希望广大文学研究者和爱好者对北大欧美文学研究的方向、方法和热点有所了解。同时,北大的学者们也能通过这项工作,对自己的研究进行总结、回顾、审视、反思,在历史和现实的坐标中研究自己的位置。此外,研究与教学是相互促进、互为补充的,我们也希望通过这套丛书来促进教学和人才的培养。

这套丛书的出版得到了北京大学外国语学院的鼎力相助和北京大学出版社的大力支持。若没有他们的支持和帮助,这套丛书是难以面世的。

北大欧美文学研究者的工作,只是国际国内欧美文学研究工作的一部分,相信它能激起感奋人心的浪花,在世界文学研究的大海中,促成一道亮丽的风景线。

北京大学欧美文学研究中心

目 录

导 言 …………………………………………………………… 1

第一章 生平和创作概述 ………………………………………… 5
　第一节 早年生活 …………………………………………… 5
　第二节 戏剧创作阶段 ……………………………………… 9
　第三节 小说创作时期 ……………………………………… 13
　第四节 治安法官生涯 ……………………………………… 19

第二章 早期戏剧创作 …………………………………………… 24
　第一节 《戴着各种假面具的爱情》……………………… 26
　第二节 第一个高潮 ………………………………………… 31
　第三节 新演季的探索 ……………………………………… 50

第三章 中期戏剧创作 …………………………………………… 54
　第一节 传统喜剧的代表作《现代丈夫》………………… 55
　第二节 新探索与新挫折 …………………………………… 60
　第三节 为凯瑟琳·拉夫特尔（克拉夫）写戏 …………… 64
　第四节 《堂吉诃德在英国》……………………………… 68
　第五节 再回德鲁里巷昙花一现 …………………………… 71

第四章 政治讽刺剧和其他后期剧作 …………………………… 77
　第一节 最成功的讽刺剧《巴斯昆》……………………… 77
　第二节 讽刺哑剧《摇摇欲坠的狄克》…………………… 84
　第三节 讽刺剧的极端《1736年历史纪事》……………… 88
　第四节 从《欧律狄刻》到《欧律狄刻遭嘘》…………… 96
　第五节 后来发表的几个剧作 ……………………………… 100

第五章 《斗士》的意义 …………………………………… 110
第一节 《斗士》的创办及其内容 ……………………… 110
第二节 关于人性和社会问题的探讨 …………………… 113
第三节 引人关注的牧师系列 …………………………… 119
第四节 《约伯·温尼格尔游记》 ……………………… 121
第五节 为议会选举造舆论 ……………………………… 127

第六章 从《莎梅拉》到《约瑟夫·安德鲁斯》 ……… 131
第一节 戏仿杰作《莎梅拉》 …………………………… 131
第二节 《约瑟夫·安德鲁斯》序言的遭遇 …………… 137
第三节 从为读者的翻译到为作者的翻译 ……………… 144
第四节 滑稽传奇中的滑稽人物 ………………………… 148

第七章 《杂集》(一):诗文创作 ……………………… 153
第一节 《杂集》的诗歌 ………………………………… 154
第二节 《杂集》诗体散论 ……………………………… 160
第三节 识人与交际 ……………………………………… 167

第八章 《杂集》(二):《从阳世到阴间的旅行》 …… 177
第一节 出版和流行 ……………………………………… 177
第二节 叙述者灵魂的旅行 ……………………………… 180
第三节 背教者朱里安的灵魂流浪记 …………………… 183

第九章 《杂集》(三):《大伟人江奈生·魏尔德传》 … 190
第一节 关于创作时间的争论 …………………………… 190
第二节 魏尔德其人与在小说中的形象 ………………… 195
第三节 反讽手法和魏尔德的复杂作用 ………………… 205
第四节 哈特弗利夫妇故事的意义 ……………………… 208

第十章 政府的喉舌:《真爱国者》与《詹姆斯党人杂志》 … 216
第一节 詹姆斯党人叛乱与菲尔丁的反应 ……………… 216
第二节 《真爱国者》的基本内容 ……………………… 220

第三节　再次办刊为政府辩护 …………………………………… 224
　　第四节　《詹姆斯党人杂志》的文学意义 ……………………… 231

第十一章　关于《汤姆·琼斯》的几个问题 ………………………… 237
　　第一节　《汤姆·琼斯》在中国的翻译和流行 ………………… 238
　　第二节　关于现实主义的争议 …………………………………… 243
　　第三节　天意问题再探讨 ………………………………………… 251
　　第四节　《汤姆·琼斯》的结尾 ………………………………… 256

第十二章　不应忽视的《阿米莉亚》 ………………………………… 266
　　第一节　出版和影响 ……………………………………………… 266
　　第二节　贵族与平民形象 ………………………………………… 274
　　第三节　贝内特/阿特金森太太的复杂性 ……………………… 282
　　第四节　宗教导师与世俗恩主哈里森 …………………………… 287

第十三章　《考文特花园杂志》的意义 ……………………………… 296
　　第一节　关于文学评论 …………………………………………… 297
　　第二节　涉及面广泛的文化评论 ………………………………… 302
　　第三节　堪称"激进"的社会批评 ……………………………… 311
　　第四节　论幽默癖性 ……………………………………………… 319

第十四章　两篇重要的社会论文 ……………………………………… 325
　　第一节　《调查报告》的基本内容 ……………………………… 325
　　第二节　广受争议的《建议书》 ………………………………… 334
　　第三节　社会论文的现代意义 …………………………………… 340

第十五章　绝笔之作《里斯本海行日记》 …………………………… 344
　　第一节　垂暮病人的漫长海行 …………………………………… 344
　　第二节　形象而风趣的描写 ……………………………………… 349
　　第三节　对社会问题的最后思考 ………………………………… 355

第十六章　菲尔丁批评的发展 ………………………………………… 361

第一节　18至19世纪的批评 …………………………………… 361
第二节　20世纪前期的批评 …………………………………… 366
第三节　20世纪后期的菲尔丁研究 …………………………… 370
第四节　新世纪初的菲尔丁研究现状及展望 ………………… 377

参考书目 …………………………………………………………… 381
人名索引 …………………………………………………………… 391
后　记 ……………………………………………………………… 396

导　言

　　1954年10月亨利·菲尔丁逝世两百周年之际,我国曾经举行隆重的纪念活动。10月27日,在北京首都青年宫举行了纪念大会,主办单位有中国人民保卫世界和平委员会、中国人民对外文化协会、中国文学艺术家联合会、中国作家协会和中国戏剧家协会,出席大会的各方面负责人有茅盾、罗隆基、楚图南、阳翰生、洪深等。著名小说家、剧作家老舍先生主持大会,文化部副部长郑振铎作了《纪念英国伟大的现实主义作家菲尔丁》的主题报告。10月28日《光明日报》在头版以"我保卫世界和平委员会等团体举行大会,纪念亨利·菲尔丁逝世二百周年"为题作了详细报道,同日的《北京日报》发表了老舍先生的纪念文章。2007年4月22日,是菲尔丁诞辰三百周年,而这个日子是无声无息地度过的。50多年前,国人对菲尔丁的作品还知之甚少,现在他的四部主要小说都有了中文译本,他的代表作《汤姆·琼斯》有四个不同的全译本,有关批评论文也经常出现在各种学术刊物。这相隔50多年的一热一冷,一少一多生动地反映了外国文学介绍和研究在我国的变化。50多年前的热是因为政府把菲尔丁作为揭露抨击资本主义社会的讽刺作家、启蒙运动的激进派代表来加以纪念,是社会主义与资本主义两大阵营斗争的反映。今天的冷则表明经过30年的改革开放,中国社会思想文化意识发生了深刻变化,菲尔丁的所谓激进政治意义已不复存在。与此形成鲜明对照的是,菲尔丁作为重要英国小说家的地位则得到广泛认可,在中国拥有了更多的读者。按照已故著名菲尔丁研究学者亨利·奈特·米勒的观点,"菲尔丁在世界主要作家中居于重要地位,他(还有狄更斯和乔伊斯)在英国文学中的地位相当于阿里斯托芬和卢奇安在希腊文学、塞万提斯在西班牙文学或拉伯雷在法国文学中的地位"①。《菲尔丁研究》旨在总结前人成果,结合18世纪英国社会文化的发展,对菲尔丁的诗歌、戏剧、小说、政论和批评作比较全面的探讨。

---

① Henry Knight Miller, *Essays on Fielding's Miscellanies: A Commentary on Volume One* (Princeton: Princeton University Press, 1961), p. x.

在中国研究菲尔丁就必须提到萧乾先生的贡献,因为他是新中国成立以后在菲尔丁的介绍和批评方面贡献最多的。1954年为了纪念菲尔丁逝世两百周年,《人民文学》第6期刊登了潘家洵译《汤姆·琼斯》第3卷,并配发萧乾的读书札记《关于亨利·菲尔丁》。《译文》杂志1954年10月号则发表了萧乾译、潘家洵校的《大伟人江奈生·魏尔德传》第4卷,全书于1956年由作家出版社出版。萧乾与李从弼合译的《弃儿汤姆·琼斯的历史》1984年由人民文学出版社出版。在此前的1982年萧乾先生发表了两篇重要论文:《外国文学研究》第4期的《一部散文的喜剧史诗——评〈弃儿汤姆·琼斯的历史〉》和《名作欣赏》第5期的《〈大伟人江奈生·魏尔德〉的实质》。作为这两部菲尔丁小说的中文译者,萧乾先生以他对文本和菲尔丁生活时代的全面把握,对两部小说的精髓进行了深入阐述。这两篇论文后来成为萧乾在1984年发表的《菲尔丁——英国现实主义小说奠基人》的重要组成部分。这部专著虽然篇幅不长,但在我国的英国文学研究史上是填补空白的重要批评著作。全书共八章,前四章分别介绍时代背景、早年生活、戏剧创作、小说创作的准备与探索;后四章分别论述菲尔丁的四部主要小说,书后有附录(一)简要年谱和附录(二)参阅书目。萧乾在全书结尾一段写道:菲尔丁"为18世纪的英国留下了几幅史诗般的生活图景,为欧洲现实主义小说开辟了崭新的天地。他还根据自己的创作实践和体会,较有系统地阐发了他的美学观点,提倡以生活为创作的根据,主张作家应力求反映生活的本质"①。虽然由于受到当时历史环境的影响,萧乾先生的一些观点今天看来值得商榷,同时由于资料短缺,他对某些史实的叙述不尽准确,但他在菲尔丁研究方面的贡献是不可磨灭的。笔者写作本书的目的之一就是修正萧乾先生著作中不准确的史实,重新探讨一些有争议的观点。这在笔者看来也是对萧乾先生最好的纪念。

　　本书的写作有三个目的。首先,如上所述,本书将根据国外最新研究成果修正国内以前研究中的史实疏漏和对一些问题的片面观点。1989年马丁·白特斯廷教授撰写的《菲尔丁传》问世,为菲尔丁研究提供了大量新材料;威斯林(Wesleyan)版菲尔丁著作集的陆续问世为研究一些鲜为人知

---

① 萧乾:《菲尔丁——英国现实主义小说奠基人》,上海:上海译文出版社,1984年,第109页。1997年《菲尔丁——英国现实主义小说奠基人》作为萧乾译《大伟人江奈生·魏尔德传》的附录由译林出版社重印。

的作品提供了方便。① 第二，本书将总结菲尔丁在我国的翻译和研究，并从中国学者的特殊视角提出一些新的见解。笔者尽量搜集参阅了菲尔丁著作的各种中译本，在相关的章节对各个译本的出版及流传作了评论，指出不同的得失。对菲尔丁作品的分析评论也尽可能与现实生活进行分析比较。第三，菲尔丁生活的 18 世纪正是英国现代市场经济开始的时代，与我国从传统的计划经济到社会主义市场经济的转变有某些相似之处，因此菲尔丁对一些问题的见解、对道德建构的看法在今天的中国也有参考意义。希望本书的一些探讨对于建立适合社会主义市场经济发展的核心价值体系有借鉴作用。

本书第一章对菲尔丁的生平创作进行概述，然后从他早期的戏剧创作开始，顺序论述他中期的小说散文和政论写作，再到他的后期创作及治安法官生涯。由于菲尔丁的戏剧国内介绍不多，国外的研究也多集中于几部非传统的讽刺作品，本书第二至四章对菲尔丁的 26 部剧作都有介绍，并对重要作品给予较详尽的讨论。菲尔丁的时政散论写作数量很大，不可能全面介绍，笔者采取的是针对每一期刊的不同特点加以总结，并对该期刊涉及的重要内容根据自己的理解加以适当介绍评论，使读者能够了解菲尔丁的主要观点。艾伯特·里维罗在《菲尔丁的剧作》序言中写道，由于这些剧作鲜为人知，他不得不作比较基本的"描述性批评"（descriptive criticism）②。他面对的是英美读者尚且如此，笔者在本书，尤其是在论菲尔丁的戏剧和新闻政论时作的主要也是"描述性批评"，以期使读者对这些作品有一个大致的了解，这对于全面理解菲尔丁和 18 世纪英国社会文化都是很重要的。菲尔丁的小说国内已经有了比较多的介绍和批评，笔者也曾在英文专著中进行探讨③，本书则尽量争取在某些有争议的问题上提出自己的观点。为了方便有研究兴趣的读者，本书最后一章对从 18 世纪到

---

① Martin C. Battestin, with Ruthe R. Battestin, *Henry Fielding: A Life* (New York: Routledge, 1989). 本书所用史料基本依据这部最权威的《菲尔丁传》。*The Wesleyan Edition of the Works of Henry Fielding* 1960 年由当时在威斯林大学任教的白特斯廷和 W. B. 考利（Coley）教授联合倡议发起，1966 年起由牛津大学出版社和威斯林大学出版社分别在英美出版。2000 年以后改由牛津大学出版社独家出版，但仍称威斯林版。目前已基本出齐，只有菲尔丁戏剧第三卷待出。

② Albert J. Rivero, *The Plays of Henry Fielding: A Critical Study of His Dramatic Career* (Charlottesville: University Press of Virginia, 1989), p. xi.

③ 参看拙著 *Henry Fielding: Form, History, Ideology* (Beijing: Peking University Press, 1997).

现当代的菲尔丁研究主要成果作了综合介绍。本书关于菲尔丁四部小说和剧作《咖啡店政客》的引文参考相关译著,有时根据与原文的对照和自己的理解作适当改动;为了全书统一,对一些译著中的译名作了相应的修改。

第一章　生平和创作概述

第一节　早年生活

1707年4月22日,亨利·菲尔丁出生在英国西南部萨默塞特郡格拉斯通伯里镇附近的莎帕姆庄园。菲尔丁家族是名门,从17世纪早期开始,不断有人封官晋爵,成为贵族。菲尔丁的高祖父威廉·菲尔丁(1582—1643)受封第一代登比伯爵,曾祖父乔治·菲尔丁(1616—1666)受封戴斯蒙德伯爵。而且菲尔丁家族自认为祖先来自欧洲最古老的哈布斯堡王室,这个传说直到19世纪末才被现代学者的研究打破。菲尔丁的祖父约翰·菲尔丁(1650—1698)在弟兄中排行最小,走的是读书成才之路。他毕业于剑桥大学,1671年获硕士学位,成为牧师。他把家从英国南部的萨福克迁到西南部,先后在多塞特和萨默塞特郡任牧师,1683年升任多塞特大教堂副主教。因为反对国王詹姆斯二世的亲天主教政策,他在1688年"光荣革命"之后成为新国王威廉三世的牧师,并被英王亲授神学博士。[①] 他虽然在菲尔丁出生九年前就去世了,但作为毕业于剑桥大学并在职业生涯中相当成功的高级牧师,他对菲尔丁的影响还是很大的。

菲尔丁的父亲艾德蒙·菲尔丁(1680—1741)16岁时捐得步兵少尉,曾随名将马尔伯罗公爵征战多年,军阶不断上升,最后在1739年升至中将。菲尔丁的母亲亦出身名门。外祖父亨利·戈尔德毕业于中殿律师学院,1694年受封爵士,1699年升为王座法院法官,舅父及表兄皆以律师为业。1706年,时任中校的艾德蒙·菲尔丁在格拉斯通伯里驻军时,与萨拉·戈尔德相爱,但受到家庭阻拦,于是两人私奔到爱尔兰结婚。当生米做成熟饭

---

① Martin C. Battestin, with Ruthe R. Battestin, *Henry Fielding: A Life* (New York: Routledge, 1989), pp. 7 – 9. See also "The Fielding Family Tree" in Pat Rogers, *Henry Fielding: A Biography* (New York: Charles Scribner's Sons, 1979), p. 226.

之后，戈尔德夫妇只好接受现实。①1707年春，萨拉·菲尔丁回到莎帕姆庄园娘家，4月22日生下长子亨利。此后，萨拉跟随丈夫在军营奔波，每到临产就回娘家分娩，先后生了六个孩子。由于担心艾德蒙挥霍放纵，女儿以后生活无着，亨利·戈尔德爵士1710年去世之前在东斯托尔购得一处地产，规定只能由女儿及其子女受益。萨拉所生的六个子女中只有亨利和最小的艾德蒙是男孩，因此亨利在相当长的时间里是生活在奶妈、保姆、妹妹和外祖母等一大堆女人中的唯一男子，养成了倔强执拗的性格，有时不服管教。1718年4月，亨利刚刚11岁，母亲萨拉因病去世。父亲不久再婚，续妻是天主教信徒，与传统的国教家庭格格不入，从而使亨利与父亲的关系更加冷淡。

菲尔丁的祖父、外祖父和父亲三人分别从事牧师、律师和军旅三种职业，这是当时出生于中上家庭，但又不享有长子继承权的男性常选择的几种体面职业。前两种是读书出身，后一种是行伍出身。菲尔丁的祖父和外祖父分别在自己的职业中取得骄人的成功，对菲尔丁的成长有很大影响。他从前者继承了对英国国教的坚定信仰和对"光荣革命"之后君主立宪政体的支持；从后者继承了严谨认真的律师性格，并在30多岁以后成了律师和治安法官。父亲艾德蒙对亨利的影响则比较复杂。他虽然是个卓有成就的军官，但在很长时期内赋闲在家，成了拿军官半薪的乡绅；他不善经营，又沉醉赌场，挥霍无度。虽然收入不少，却总是入不敷出，最后竟然老死在债户监狱！亨利·菲尔丁既从父亲那里继承了军人勇敢果断的性格，也受到他放荡不羁的公子哥习气影响，以至于常常陷入捉襟见肘、衣食难保的窘境。这种特点在菲尔丁早期生活中表现尤其突出。我们甚至可以这么说，亨利·菲尔丁的生活历程就是逐渐摆脱父亲影响，逐渐接近外祖父和祖父代表的理性、虔诚生活的过程。这多方面的影响造成了菲尔丁复杂的性格，使他虽然出身社会上层，远近亲戚中有不少达官显贵，却与中下层社会有诸多联系，生活有时还不如中产阶级稳定。这是我们在讨论菲尔丁的创作时不能忽略的一个重要因素。

1719年，亨利·菲尔丁12岁时被送进著名的伊顿公学，大约1724年毕业。当时伊顿公学校规严格，体罚很重，在严厉的管教下菲尔丁受到了良好的古典语言文学的训练。罗纳德·鲍尔逊指出："像同时代大多数受过教

---

① Battestin, *Henry Fielding: A Life*, pp. 10—11.

育的人一样,他接受的训练是背诵、翻译和摹仿拉丁文本,以拉丁句法为自己作文的典范。"① 菲尔丁在伊顿公学的同学包括后来成为政府重臣的老皮特和利特尔顿;他的前后校友还包括英国第一任首相罗伯特·沃波尔及其后来创立哥特小说的儿子霍勒斯·沃波尔。与他的同学和校友经历不同的是,菲尔丁在伊顿公学毕业之后没有按照常规进入牛津或剑桥继续学业,而是在家闲待了几年。为何没有继续升学的原因迄今尚无确切的答案,一般认为可能是由于经济困难。从 1721 年 2 月到 1722 年 5 月间,为了阻止艾德蒙出让东斯托尔的地产,争夺萨拉子女的监护权,亨利的外祖母与艾德蒙进行了一场持久的诉讼斗争,并最终胜诉。马丁·白特斯廷教授这样写道:"简言之,艾德蒙被戈尔德夫人彻底打败了;他受到了无以复加的羞辱。"② 在这场诉讼当中,亨利坚定地站在外祖母一边。此后父子关系更加紧张,艾德蒙提供的经济保障可能出现了问题。还有,自幼养成独立执拗脾气的亨利·菲尔丁也可能对于按部就班地从公学到大学的教育规程心存抵触,所以没有继续升学。

  离开伊顿公学之后,亨利·菲尔丁一度在汉普郡的阿普顿-格雷(Upton-Grey)逗留。从 1725 年到 1727 年底,他的行踪后人知之甚少。唯一可以确定的是 1725 年秋他曾在英国西海岸一带游荡,并在多塞特郡的拉姆雷吉斯(Lyme Regis)与拥有相当财产的远房亲戚萨拉·安德鲁坠入情网,想和她一起私奔。但该女子的监护人却另有打算,想把她嫁给自己的儿子,这正是小说戏剧中无数监护人的勾当。亨利想和女孩私奔的意图被发现,监护人安德鲁·塔克向当地治安法官求助,要求逮捕亨利和他的男仆。亨利只好与男仆仓荒逃命,但还是留下一封挑战书:"谨此昭示天下,安德鲁·塔克和他的儿子约翰·塔克是无赖和懦夫。亨利·菲尔丁手书,1725 年 11 月 15 日。"③ 这是迄今为止发现的菲尔丁留下的最早手迹。除了这场带有闹剧性质的私奔风波之外,亨利可能也在外祖母的监护下继续自学,并尝试写作剧本和诗歌。1727 年 10 月 11 日,英王乔治二世即位,10 月 30 日是他的生日,菲尔丁写了两首歌颂国王的诗,11 月 10 日发表。这是现代学者发现的菲尔丁发表作品的最早记录,但这两首应景诗像多数此

---

① Ronald Paulson, *The Life of Henry Fielding: A Critical Biography* (Oxford: Blackwell, 2000), p. 8.
② Battestin, *Henry Fielding: A Life*, p. 37.
③ Ibid., p. 51.

类诗歌一样,并没有流传下来。①

1727年秋,菲尔丁携剧本《戴着各种假面具的爱情》(*Love in Several Masques*)来到伦敦,想碰一碰运气。当时伦敦只有两家王室特许剧院,即德鲁里巷(Drury Lane)剧院和林肯店广场(Lincoln's Inn Fields)剧院,上演的新剧目很少,无名作者很难登上戏剧舞台。② 大约在同一时间,约翰·盖伊的《乞丐歌剧》(*The Beggar's Opera*)创作完成,先求德鲁里巷剧院的经理考利·西伯,但被拒绝;再求林肯店广场剧院的经理约翰·里奇,后者在有赞助人表示承担一切可能发生损失的条件下接受。1728年1月29日《乞丐歌剧》在林肯店广场剧院上演,大获成功,在那个演季共演出62场。③ 从《乞丐歌剧》的遭遇不难看出,如果没有强力支持,无名文人的剧作是很难上演的。但刚满20岁的亨利·菲尔丁居然可以使自己的第一部剧作被德鲁里巷剧院接受,并由包括西伯本人在内的全班主角搬上舞台,实在有些不可思议。因此,后人一般认为当时的文坛名流、菲尔丁的表姐、与宫廷和政府要员有多方面联系的玛丽·沃特利·蒙塔古夫人起了重要作用。就在《戴着各种假面具的爱情》准备上演的时候,菲尔丁在1728年1月30日发表了讽刺诗《假面舞会》,攻击这种在伦敦很流行的时尚。《戴着各种假面具的爱情》1728年2月16日上演,演出阵容强大。该剧连续演出了四场,由于第三场的收入按照惯例归作者,菲尔丁也第一次得到了当剧作家的收益。④ 剧本在2月23日出版,菲尔丁在致蒙塔古夫人的献词中表现了对恩主的一片感激之情,并特别提到蒙塔古夫人曾经两次观看该剧的演出。

当年3月,菲尔丁在荷兰莱顿(Leiden)大学注册入学。莱顿大学1575年建校,是文艺复兴和宗教改革的产物,欧洲大陆重要的学术研究中心,英国学子海外求学的热门地,因此菲尔丁选择莱顿大学是完全可以理解的。他学习的科目大概是古典文学;但他的学习有些断断续续,这也是那个时

---

① Battestin, *Henry Fielding: A Life*, p. 57.
② See Robert D. Hume, *Henry Fielding and the London Theatre, 1728—1737* (Oxford: Clarendon Press, 1988), Chapter II, "Repertory Patterns and New Plays."
③ See Edgar V. Roberts, "Introduction" to *The Beggar's Opera*, ed. Edgar V. Roberts (London: Edward Arnold, 1969), pp. xvi–xviii.
④ 参看Battestin, *Henry Fielding: A Life*, 第59—61页。萧乾在《菲尔丁——英国现实主义小说奠基人》(上海:上海译文出版社1984年版)中写道,该剧"连演了28场"(10页)不准确。菲尔丁的剧作若真演出了28场,他就不会放弃剧场,到莱顿求学了。

期大学的特点。春季学期过后菲尔丁回到英国,在这段时间,他可能匿名发表了一些针对首相沃波尔的讽刺诗歌和文章。1729年1月,菲尔丁的父亲在续妻死后第三次结婚,2月菲尔丁返回莱顿大学;不久因为拖欠学费、房租和书费被告上法庭。4月,菲尔丁不辞而别,走时扔下的衣物成了对债主仅有的补偿。应该说菲尔丁在莱顿大学的经历是不太光彩的。离开荷兰之后,菲尔丁可能在欧洲大陆逗留了一段时间,这是现代学者白特斯廷教授的推测,也有一定道理,因为从离开莱顿大学到再次出现在伦敦剧坛,大约半年多的时间菲尔丁踪迹难寻。[1]

第二节 戏剧创作阶段

1730年1月26日菲尔丁的第二部五幕喜剧《法学院的纨绔儿》(*The Temple Beau*)在古德曼广场(Goodman's Fields)剧院上演。古德曼广场剧院与两个位于伦敦西区的王室特许剧院不同,它位于伦敦老城东边,是1729年新建的剧院,规模不大,观众也多为中下层的店员徒工之类。《法学院的纨绔儿》的主题是纨绔子弟瓦尔丁名义上是在伦敦攻读法律,实际上却寻花问柳,无所事事。这个剧本可能是菲尔丁在莱顿大学期间构思或创作的。该剧在古德曼广场剧院演出九场,菲尔丁得到三个晚上的演出收入,按照当时的标准应该说是相当成功的,因为只有大约不到三分之一的剧本能连续演出九场以上。但是,如果与盖伊演出62场的《乞丐歌剧》相比,菲尔丁的这种成功就无足轻重了。他认识到观众真正欣赏的不是传统喜剧,而是带有闹剧性质的讽刺剧和歌谣剧。于是,他当机立断,改弦更张,开始创作闹剧等非传统剧作,并迅速获得成功。

两个月之后,《作家的闹剧》(*The Author's Farce*)在草料市场(Haymarket)小剧院上演。这个小剧院建于1720年,但是没有自己的演出团体,为愿意出租金的自由演出人服务。白特斯廷写道:在这里演出的基本上"是非常规的实验性剧作,这些剧常常带有冒险性的政治寓意,虽然得到喜欢时闻讽刺的观众欣赏,但谨慎的特许剧院经理对此却不感兴趣。菲尔丁在传统喜剧方面的努力没能得到西伯和观众欢迎,他现在带着愤世嫉俗的幽默转向了新奇的实验形式"[2]。《作家的闹剧》描写作家勒克里斯

---

[1] Battestin, *Henry Fielding: A Life*, pp.72—74.
[2] Ibid., p.83.

(Luckless 不走运)拼命写作,但得不到赏识;后来改写闹剧却获得成功。该剧由两部分组成:前半部分描写勒克里斯的艰苦生活,后半部分是他创作的闹剧《城市娱乐》。《作家的闹剧》1730 年 3 月 30 日上演,首演大获成功,连续演出 42 场。这种闹剧的成功大大刺激了菲尔丁的创作激情,不到一个月就创作完成了讽刺英雄悲剧的《大拇指汤姆》(Tom Thumb),从 4 月 24 日开始作为短剧与《作家的闹剧》一起演出。此后,菲尔丁又创作了讽刺喜剧《对强奸的强奸,或司法官作法自毙》(Rape upon Rape: or The Justice Caught in His Own Trap),6 月 23 日上演。此时已经到了演出季的尾声,创作力旺盛的菲尔丁对把自己的作品搬上舞台表现得有些急不可耐。从 1 月到 6 月,23 岁的菲尔丁在一个演季上演四部剧作,其中三部是在短时间内创作的,并获得几乎是空前的成功。这在英国戏剧史上是很罕见的。

在度过了难忘的第一个演季之后,菲尔丁在 1730 年秋修改了《对强奸的强奸》,并把题目改为《咖啡店政客》(The Coffee-House Politician),12 月在曾经上演《乞丐歌剧》的林肯店广场剧院演出。至此他已经在伦敦四个剧院里都上演过作品。菲尔丁学习利用蒲柏修改注释《群愚史诗》的办法,把《大拇指汤姆》扩充改编为《悲剧的悲剧》(The Tragedy of Tragedies)在 1731 年演季再获成功,使其成为他所有戏剧中最有生命力的作品。此外,菲尔丁又写了两部新作:闹剧《写信者:或把夫人留在家的新办法》(The Letter Writers: or A New Way to Keep a Wife at Home)和歌谣剧《威尔士歌剧:或灰母马是好马》(The Welsh Opera: or The Grey Mare the Better Horse)。后一部剧作后来被改编扩充为《格拉布街歌剧》(The Grub-Street Opera),但因讽刺性太强而被禁。虽然菲尔丁在新的演季没有太多新作,他在 1730 年演季表现出的惊人创造力仍使德鲁里巷剧院聘请他担任驻院作家。

从 1732 年元旦菲尔丁的闹剧《彩票》(The Lottery)在德鲁里巷剧院上演开始,在接下来的两个演季里,菲尔丁是伦敦最成功的剧作家。2 月 14 日,五幕喜剧《现代丈夫》(The Modern Husband)上演,连续演出 14 场。虽然这个纪录比《作家的闹剧》和《大拇指汤姆》相差很远,但作为主题比较严肃的传统喜剧,已经是相当出色的成绩。6 月 1 日闹剧《老色鬼》(The Old Debauchees)与讽刺剧《考文特花园悲剧》(The Covent-Garden Tragedy)一起上演。此后,菲尔丁改编了两部莫里哀名剧《屈打成医》

(*The Mock Doctor*)和《吝啬鬼》(*The Miser*)，分别在 1732 年 6 月和 1733 年 2 月上演，都获得成功。1733 年 4 月 6 日，菲尔丁的讽刺歌谣剧《戴伯拉：或你们大家的妻子》(*Deborah：or A Wife for You All*)上演，但只演出了一场。5 月，因为考利·西伯退休，把自己在德鲁里巷拥有的股份转让给继任经理约翰·哈茂尔，他的儿子西奥菲利斯·西伯向剧院的管理层造反，带领大多数演员去了草料市场小剧院。1734 年 1 月，《作家的闹剧》在德鲁里巷剧院上演，为了表明自己对现任经理的支持，菲尔丁特意在修改本中映射攻击西奥菲利斯·西伯。但是，当年 3 月德鲁里巷剧院的管理层向造反的演员屈服；等他们胜利返回时，菲尔丁只得走人。① 于是，他带着《堂吉诃德在英国》(*Don Quixote in England*)去了造反演员刚刚离开的草料市场小剧院，并在 4 月 5 日开始演出。

1734 年不仅菲尔丁创作生涯突变，在个人生活中他也迎来了重大的变化。11 月 28 日，菲尔丁与夏洛特·克拉多克在巴思附近的圣玛丽教堂举行婚礼。自此以后，曾经放荡不羁的菲尔丁在妻子夏洛特的影响下有了很大改变，他们一起度过了虽然艰辛却不乏欢乐的十年。婚后不久，菲尔丁回到伦敦，并再次与德鲁里巷剧院合作。1735 年 1 月 6 日，菲尔丁新创作的闹剧《老家伙变聪明：或贞女显原形》(*The Old Man Taught Wisdom：or The Virgin Unmask'd*)上演，该剧成为菲尔丁最流行的作品之一。2 月 10 日，菲尔丁的又一部五幕喜剧《遍献殷勤，或不同的丈夫》(*The Universal Gallant：or The Different Husbands*)上演，但只勉强演出了三场，作者总算没有颗粒无收。这部五幕喜剧的失败不仅让菲尔丁失去了再度成为驻院作家的机会，也使他最终放弃了传统喜剧创作。他的另外两部五幕喜剧《婚礼日》(*The Wedding Day*，1743 年上演)和《父亲们》(*The Fathers*，1778 年上演)都是此前完成的。

新的演季开始的时候，菲尔丁第三次回到草料市场小剧院，身份是"大蒙古"剧团经理②。克罗斯指出："菲尔丁作为经理的第一年成就非凡。他上演的作品蔑视王室特许剧院，他利用伦敦最小的剧院，建立并培育了自

---

① Battestin，*Henry Fielding：A Life*，pp. 167—172.
② "大蒙古"是萧乾译名，原文为"Great Mogul"，按《英汉大词典》应译为"莫卧尔大帝"。但位于现在印度的莫卧尔帝国(1526—1857)是帖木儿后裔在 16 世纪建立的，所以"Mogul"也指蒙古人，故沿用萧乾译名。"Great Mogul"也有"权贵"、"大人物"的意思，菲尔丁给自己的小剧团起这个名字有调侃之意。

己的剧团,用对政治腐败、庸俗哑剧和意大利歌剧的出色挑战赢得了观众。"①1736年3月5日,《巴斯昆,时代的讽刺剧》(Pasquin. A Dramatic Satire on the Times)在草料市场小剧院上演,并连续爆满。《巴斯昆》的演出形式是白金汉公爵1672年针对德莱顿的英雄悲剧而创作的《彩排》(Rehearsal)。《巴斯昆》中有两部剧作的彩排:喜剧《选举》和悲剧《理性的生死》,前者抨击选举中的舞弊贿赂,后者讽刺社会文化生活中理性的不幸遭遇。4月29日,讽刺剧《摇摇欲坠的狄克,或法厄同掉进洗头盆》(Tumble-Down Dick: or Phaeton in the Suds)上演。

1737年2月19日,菲尔丁的新作《欧律狄刻,或怕老婆的魔鬼》(Eurydice: or The Devil Henpeck'd)在德鲁里巷剧院演出,但第一场就遭到强烈倒彩而草草收场。3月21日菲尔丁在草料市场小剧院上演《1736年历史纪事》(The Historical Register for the Year 1736),并配演闹剧《欧律狄刻遭嘘,或给智者进一言》(Eurydice Hiss'd: or A Word to the Wise)。《1736年历史纪事》恰如剧名所示,把诸多历史场景直接搬上舞台,是当时生活的众生相。5月23日菲尔丁在草料市场小剧院进行了最后一次演出,此后剧院业主就以种种借口取消租约。6月6日,戏剧审查法在议会三读通过,6月21日获得国王批准。从此,两家王室特许剧院之外的剧院都被关闭,所有新上演剧目必须提前两个星期报宫廷大臣审查,否则不得演出。关于戏剧审查法的通过,菲尔丁的好友詹姆斯·哈里斯写道:"议会制定了一部法律,只为了让一个人闭嘴"②。戏剧史家罗伯特·D. 休谟认为,"戏剧审查法对英国戏剧的灾难性影响来自于限制剧院,而不是审查剧目……缺少竞争,剧院经理认为没有理由冒险演出新剧目,实验性剧目就更不用提了"③。该戏剧审查法延续了230多年,到1968年才被最终取消。

菲尔丁当时刚30岁,可以说戏剧审查法对他的影响是很大的。罗纳德·鲍尔逊写道:"菲尔丁在草料市场小剧院的两个演季如此成功,他身兼剧作家和经理两职的收入如此丰厚,他很有可能继续探索发展类似于萧伯

---

① Wilbur L. Cross, *The History of Henry Fielding* (New Haven: Yale University Press, 1918), Vol. One, p. 203.

② "An Essay on the Life and Genius of Henry Fielding Esqr.", Appendix III in Clive T. Probyn, *The Sociable Humanist: The Life and Works of James Harris 1709—1780* (Oxford: Clarendon Press, 1991), p. 307.

③ Hume, *Henry Fielding and the London Theatre, 1728—1737*, p. 249.

纳后来创作的喜剧,可惜1737年的审查法关闭了两座王室特许剧院之外的剧院。"①但令人奇怪的是,向来不甘屈服的菲尔丁对戏剧审查法却没有发表文章进行批评,没有对自己遭到的压制进行反击。托马斯·洛克伍德教授1987年发表了题为《菲尔丁与审查法》的论文,提出几大疑点:一、为什么菲尔丁没有对该法发表批评或攻击? 二、为什么他在一种剧作被禁的情况下没有改写别的剧作? 三、他进入中殿律师学院是从哪里得到的资助? 家庭生活的来源又是什么? 他通过分析菲尔丁后来在自己主办的《斗士》杂志发表的文章,认为菲尔丁与沃波尔首相达成交易,放弃戏剧创作,改学法律。② 虽然这种推测难有确凿证据,从菲尔丁当时的经济处境来说,没有相当的资助他是很难安心从事法律学习的。1740年代初菲尔丁用预订方式出版《杂集》的时候,预订者名单中有沃波尔,并且一个人花20个几尼(相当于普通家庭一年的收入)定了10套王裁本,这或许可以说明一定的问题。

第三节 小说创作时期

菲尔丁的外祖父曾是王座法院法官,他的舅父和表兄都从事法律。从他的家庭背景来看,修法律并不出人意料。但是,帕特·罗杰斯则指出,菲尔丁在其前30年生活中一贯抗拒家庭的法律传统,并在剧作中经常讽刺腐败律师和法官:"实际情况是菲尔丁一直在尽力摆脱这种似乎显而易见的生活道路。这是一种突然而不动荡的转变"③。这种分析有一定道理,有助于我们避免简单地理解菲尔丁的转变,体会其面临困境的艰难抉择。刚到而立之年的菲尔丁1737年11月1日进入中殿律师学院。关于这时候的法学教育,鲍尔逊写道:"没有课程,也没有教师;基本原则是自学,另外就是观摩法院的审判"④。这时候勤奋苦读的菲尔丁与早年放荡随意的生活风格判若两人。1740年6月,菲尔丁通过了由舅父戴维奇·戈尔德主持的律师资格考试,用了两年半的时间完成了通常需要四年的学习过程,

---

① Ronald Paulson, *The Life of Henry Fielding: A Critical Biography*, p. 69.

② Thomas Lockwood, "Fielding and the Licensing Act", *The Huntington Library Quarterly: Studies in English and American History and Literature* 50 (1987): 379—393.

③ Pat Rogers, *Henry Fielding: A Biography* (New York: Charles Scribner's Sons, 1979), p. 97.

④ Paulson, *The Life of Henry Fielding: A Critical Biography*, p. 105.

家庭关系显然也起了一定作用。

1739年11月菲尔丁与友人詹姆斯·拉尔夫合作创办了期刊《斗士》(The Champion),每周二、四、六出版三期,对社会和道德问题发表幽默或讽刺性评论,并在政治立场上支持沃波尔的反对派。① 菲尔丁是该刊的主笔,直到1741年6月以后才与其分离。菲尔丁虽然从1740年6月开始成为律师,但是作为刚出道的律师业务不多,挣钱艰难。罗杰斯分析了当时律师的就业形势,然后写道:"菲尔丁跻身于精英(elite),但是精英内部还有精英;律师职业的下层既无尊严,也少报酬"②。为了养家糊口,菲尔丁还做翻译,在1740年10月出版了译著《瑞典国王查理十二世军事生涯》。③ 同年11月塞缪尔·理查逊的书信体小说《帕梅拉,或美德有报》出版,刺激菲尔丁于次年4月出版了戏仿讽刺作品《莎梅拉》。《莎梅拉》的用意主要是揭露女主人公的虚伪,但菲尔丁也对书信体小说形式本身的弱点很清楚,决心创作一种新的小说叙事形式。这就是1742年2月出版的《约瑟夫·安德鲁斯的经历》。菲尔丁在序言中提出了自己的"散文体喜剧史诗"的小说理论;书中塑造的亚当斯牧师的形象成为英国小说喜剧人物的经典。另外,菲尔丁1741年刊登预订广告,筹划出版《杂集》,但是由于工作繁重和家庭、身体等方面的原因,《杂集》直到1743年才最终问世。

1741年初菲尔丁发表了《沃农纪》(Vernonaid)。沃农是英国海军上将,在1739年开始的英西战争中,他在加勒比海地区依靠六艘战舰的有限力量打败西班牙海军。但对战事态度冷淡的沃波尔迟迟不派援军,结果最后胜利果实丧失。④ 在《沃农纪》中,菲尔丁打着描述沃农战事的幌子,实际上讽刺攻击沃波尔的政策。他利用古代史诗常有的英雄对阴间的造访,表现沃波尔得到魔鬼的帮助有意制造逆风,阻拦战事发展。这首诗长达296行,是菲尔丁自己创作并公开发表的诗歌中最长的。鲍尔逊指出,"在《沃农纪》中菲尔丁再次涉及《群愚史诗》,但这一次不是讽刺性攻击,而是用心地直接模仿;不是把当代的愚人同罗马史诗相对比抨击,而是把对沃

---

① 菲尔丁办的《斗士》和后来的其他几份期刊近似于报纸,每期四页,分几个专栏,最重要的是头版散论(leader 或 lead essay)。英美学者一般称为"报纸",我国学者倾向于称"期刊"或"杂志",本书沿用。参看萧乾《菲尔丁——英国现实主义小说奠基人》,第25—27页。

② Rogers, *Henry Fielding: A Biography*, p. 101.

③ Battestin, *Henry Fielding: A Life*, p. 266.

④ See Martin C. Battestin, *A Henry Fielding Companion* (Westport, CT: Greenwood Press, 2000), pp. 151—152.

波尔的攻击与对贝约港(Porto Bello)海战英雄沃农海军上将的歌颂结合起来"①。

菲尔丁在《杂集》的序言中声明,他在1741年6月以后停止参与《斗士》的编辑写作,显示他对这类为党派斗争服务的写作失去了兴趣。② 在《斗士》的出版商准备出文集时,菲尔丁曾经表示反对,似乎也表明他对这类写作的更广泛流行持否定态度。1741年底菲尔丁发表了题为《反对派:一个幻象》的小册子。在这个小册子里,反对派被描写成一辆负担很重的破车,车上的人互相猜疑,各怀鬼胎;拉车的傻驴瘦骨嶙峋,处境悲惨,而菲尔丁自己就是拉车的傻驴中的一个。正当反对派争执不休的时候,一挂六驾大车到了,赶车人看到拉破车的驴实在可怜,便慷慨地放它们到丰美的草场上去吃草。这是明显地嘲弄反对派,支持沃波尔的政治寓言。若不是菲尔丁在《杂集》序言中说自己是作者,任何人都不敢把它断定为菲尔丁的作品。白特斯丁教授曾经在1960年发表论文《菲尔丁政治态度的转变》,说菲尔丁接受了沃波尔的收买,改变了政治立场。③ 由于这牵扯到对菲尔丁政治态度和人格的评价,批评界颇有争议。强调菲尔丁政治立场一贯性的批评家力图从两个方面否定菲尔丁政治立场转变的观点。一是菲尔丁讽刺的并非整个反对派,而是反对派中的分歧,特别是有些人为了私利勾心斗角;二是菲尔丁在反对派中的朋友也对反对派内部不统一的问题很恼火,他只是表达了这种情绪。关于此事罗杰斯是这样论述的:"历经多年为了原则而忍饥挨饿,亨利放弃了自己的立场:他的家庭越来越大,又一个孩子(他的长子亨利,1742年生)要降生。就当时的景况来看,他的出路不多,因此即便他的行为是背弃也不应该太受指责……菲尔丁也可能对于无效的反对派斗争丧失了信心,但我们决不能为他粉饰;看起来,他是转变了

---

① Paulson, *The Life of Henry Fielding: A Critical Biography*, p. 121. 鲍尔逊此处提到的菲尔丁对蒲柏的攻击指现代学者 I. M. Grundy 在玛丽·蒙塔古夫人文稿中发现的一篇菲尔丁模仿《群愚史诗》的作品,1972年以"New Verses by Henry Fielding"为题发表于《美国现代语言学会会刊》(*PMLA*)第87卷。该诗现在收入 Henry Fielding, *The Journal of a Voyage to Lisbon, Shamela, and Occasional Writings*, ed. Martin C. Battestin (Oxford: Clarendon Press, 2008), pp. 28—70.

② "Preface", *Miscellanies of Henry Fielding*, *Esq.*, Volume One, ed. Henry Knight Miller (Oxford: Clarendon Press, 1972), p. 14.

③ Martin C. Battestin, "Fielding's Changing Politics and *Joseph Andrews*", *Philological Quarterly* 39 (1960): 39—55.

立场,原因主要是为了生存而不是意识观点变化"①。最近这一争议取得重大进展:弗莱德里克·里伯尔博士在对马姆斯伯里(Malmesbury)伯爵后人所收藏书信的研究中,找到一封菲尔丁的朋友托马斯·哈里斯写给他的哥哥、菲尔丁的密友詹姆斯·哈里斯的信,其中写道,"我们的朋友菲尔丁已经与大伟人达成了和解,此事现在还不宜公开"②。这可以说是菲尔丁政治立场改变的直接证据。

对菲尔丁来说,1741年是不平凡的一年。他不仅创作了《约瑟夫·安德鲁斯的经历》,还写了一些攻击沃波尔政府的讽刺文章,编辑了只存在两个多月的杂志《我们时代的历史》。同年,菲尔丁的父亲艾德蒙中将因负债被关在弗利特监狱,却在去世前三个月第四次结婚,续妻是个30多岁的女子。这次结婚使菲尔丁尚存的最后一点继承遗产的希望彻底破灭。③ 到了年底,菲尔丁一方面要赶写《约瑟夫·安德鲁斯》书稿,另一方面还得面对妻儿生病的严酷局面,自己也开始遭受痛风的折磨。克罗斯写道:"生活不拘可能是部分原因,但最主要的原因是菲尔丁在为离开剧坛以后的超负荷劳作付出代价。作为律师和编辑,他在做着两三个人的工作。"④在这种情况下,他能写出英国第一部喜剧小说杰作《约瑟夫·安德鲁斯的经历》,需要多大的意志力!1743年4月菲尔丁出版了三卷本《杂集》,内容包括诗歌、散论、剧本《婚礼日》、《从阳世到阴间的旅行》和讽刺小说《大伟人江奈生·魏尔德传》。与此同时,他还从事着律师工作,经常辗转奔波在西部巡回法庭。1744年7月菲尔丁的妹妹萨拉出版了《大卫·辛普尔历险记》,亨利为第二版撰写了序言。同年11月,菲尔丁的妻子夏洛特病逝,给他造成极大打击。萨拉于是搬到亨利的家,帮他照看家务,直到三年以后亨利再婚,她才离开。

1745年秋,支持斯图亚特王朝复辟的詹姆斯党人叛乱(Jacobite Rebellion)发生以后,菲尔丁在10月发表了一系列文章,号召人民起来反击叛乱,并从11月开始主办《真爱国者》周刊,鼓舞人民为了保卫自由而同叛乱做斗争。大约在这段时间或者叛乱平息不久,菲尔丁开始创作他的代

---

① Rogers, *Henry Fielding*: *A Biography*, pp. 112—113.
② Frederick G. Ribble, "New Light on Henry Fielding from the Malmesbury Papers", *Modern Philology* 103 (2005): 58. 詹姆斯·哈里斯的儿子后来被封为马姆斯伯里(Malmesbury)伯爵。
③ Battestin, *Henry Fielding*: *A Life*, pp. 300—301.
④ Cross, *The History of Henry Fielding*, Vol. I, p. 351.

表作《汤姆·琼斯》。在这期间,菲尔丁还发表了一些其他作品。1746 年下半年,伦敦出现了一桩新鲜事,某女子伪装男子同另一女子结婚,事发以后引起轰动。菲尔丁在 11 月 12 日发表了《女丈夫:或玛丽夫人——自称乔治·汉密尔顿先生——的奇特经历》(The Female Husband: or, The Surprising History of Mrs. Mary, alias Mr. George Hamilton)。这当然是为了利用热点新闻赚稿费,但菲尔丁对于女扮男装,性别界限的模糊混淆历来很有兴趣,因此加入这场争论也不奇怪。这部作品很少得到批评家的重视,但是当代女性主义学者特里·卡斯尔对其模糊意义有很深刻的阐释:"《女丈夫》显然引起了相互冲突的批评反应。由于作者的声望,它似乎应该得到注意;但它的主题是不宜谈论的(unmentionable)女扮男装和女同性恋,这类主题含义太复杂,似乎既低于(beneath)又超出(beyond)话语范围"①。关于作者的态度,卡斯尔指出:"在《女丈夫》中,讽刺家的形象——保守、恨女性、关注界限纯洁——与戏剧娱乐者相冲突,后者瓦解界限,更喜欢不纯洁。"②不久,菲尔丁又发表了《奥维德〈爱的艺术〉之翻译改写以适合当下时代》(Ovid's Art of Love Paraphrased, and Adapted to the Present Times)。《汤姆·琼斯》在一定程度上可以说是现代社会《爱的艺术》,菲尔丁的翻译与他的写作有密切关系。

1747 年 4 月 10 日,萨拉·菲尔丁出版《大卫·辛普尔中主要人物之间的通信》,菲尔丁撰写了序言和其中的五封信,这是在《莎梅拉》之后他再次尝试书信体写作。1747 年 11 月 27 日,菲尔丁在爱妻夏洛特去世三年之后同曾经照顾夏洛特的女仆玛丽·丹尼尔结婚,四个月以后他们的儿子威廉出世。显然,菲尔丁与女仆玛丽同居在前,结婚在后。由于女方为仆人,与男方地位悬殊,按照当时的社会习俗是不能结婚的。虽然理查逊在《帕梅拉》中描写了女仆嫁主人的浪漫故事,同时代的人都对菲尔丁的再婚大肆攻击。霍勒斯·沃波尔在信中写到菲尔丁的生活时就说他与瞎子(指同父异母弟约翰)和婊子在一起。斯摩莱特在《皮克尔传》中描写斯庞蒂先生娶了他的厨娘,借以讽刺菲尔丁。③ 但是,真正了解菲尔丁的人则对他的再婚持肯定态度,认为他这样做不仅避免了玛丽被逐的悲剧,而且给夏洛特留

---

① Terry Castle, *The Female Thermometer: 18th-Century Culture and the Invention of the Uncanny* (New York: Oxford University Press, 1995), p. 68.
② Ibid., p. 81.
③ See Cross, *The History of Henry Fielding*, Vol. II, p. 61.

下的子女找到了最合适的继母。最重要的是菲尔丁和玛丽的生活是幸福的,女仆出身的玛丽伴随菲尔丁走完了他一生的最后七年。①

菲尔丁在 1747 年 12 月 5 日创办了《詹姆斯党人杂志》(Jacobite's Journal)②,用反讽的手法抨击政府的反对派,为亨利·佩勒姆(Henry Pelham)任首相的政府服务。他主办这份期刊直到 1748 年 11 月 5 日,得到的奖赏是在 1748 年 10 月被任命为威斯敏斯特地区治安法官。1749 年 2 月,菲尔丁潜心创作的长篇小说《汤姆·琼斯》出版。小说以主人公的成长和恋爱生活为线索,塑造了许多栩栩如生的人物形象,广泛反映了 18 世纪中期英国社会生活。他在情节结构和叙事语言等方面的探索更为"散文体喜剧史诗"的创作理论提供了经典之作。小说出版以后受到读者热烈欢迎,一年内三次再版,总印数达一万部,汤姆·琼斯和苏菲娅成了男女恋人的代名词。③ 帕特·罗杰斯写道:"五月初报纸登载的一件事可以说明小说对人们想象力的巨大影响。在艾普桑(Epsom)赛马会上,有一场比赛是在名为约瑟夫·安德鲁斯的栗色马和叫汤姆·琼斯的红棕色马之间进行的。约瑟夫获胜。"④小说也引起了一些争议。理查逊对小说主人公汤姆是个私生子大加攻击,认为这反映了作者自己道德水准的低下。⑤ 达登详细介绍了《汤姆·琼斯》的接受问题,尤其是《老英格兰》的攻击,特别提到 1750 年伦敦在 2 月 8 日和 3 月 8 日发生两次地震,《老英格兰》借机污蔑说是上帝对《汤姆·琼斯》在英国流行的惩罚,而法国由于禁止《汤姆·琼斯》出版就没有发生地震。⑥ 两百多年过去了,后世读者的喜爱表明当时的一些指责是片面的。1947 年,著名现代小说家毛姆把《汤姆·琼斯》列为西方十大小说之一;1950 年,芝加哥大学开创的西方"名著"(Great Books)课把《汤姆·琼斯》列在仅有的几部小说之中;1970 年代伦敦开放大学(Open

---

① See Battestin, *Henry Fielding: A Life*, pp. 421—422.
② 萧乾在《菲尔丁——英国现实主义小说奠基人》中提到这份期刊时译为《雅各宾杂志》(26 页),可能会引起与法国大革命时雅各宾党的混淆。Jacobite 指的是詹姆斯(拉丁拼法为 Jacob)的支持者,译为詹姆斯党人比较合适。
③ See *Henry Fielding: The Critical Heritage*, ed. Ronald Paulson and Thomas Lockwook (New York: Routledge, 1969), p. 183.
④ Rogers, *Henry Fielding: A Biography*, p. 160.
⑤ See *Henry Fielding: The Critical Heritage*, p. 174.
⑥ See Dudden, *Henry Fielding: His Life, Works, and Times*, pp. 716—717. 萧乾在《菲尔丁——英国现实主义小说奠基人》也提到《汤姆·琼斯》出版后受到的攻击(77 页),但说地震发生在 1749 年不准确。

University)启蒙时期社会文化课把《汤姆·琼斯》列为唯一必读小说。可以说《汤姆·琼斯》是了解18世纪英国社会的最好教科书。

菲尔丁利用治安法官的经历,拓宽了小说创作的范围和主题,1751年12月出版了最后一部长篇小说《阿米莉亚》。阿瑟·墨菲在为1762年出版的《菲尔丁著作集》撰写的《菲尔丁传》中把《阿米莉亚》与《汤姆·琼斯》的关系比作荷马史诗《奥德赛》与《伊利亚特》。① 小说描写领半薪的退职中尉布思一家的艰难生活,特别是女主人公受到的磨难,主旨在于揭露腐败堕落、犯罪横行、好人受难的社会现实。在写作风格和主题方面《阿米莉亚》都完全不同于前两部小说,它是作者针对《汤姆·琼斯》所受批评而作出的反应:男主人公有道德缺陷,受到严厉指责;女主人公阿米莉亚则几近完美,得到充分歌颂。由于小说主题严肃,格调阴郁,习惯于欣赏菲尔丁喜剧小说的读者大感失望,对小说的各种攻击指责流行一时,但正在专心编著《英语辞典》的约翰逊却对这部小说爱不释手,评价很高。②

第四节 治安法官生涯

菲尔丁从1748年10月开始担任威斯敏斯特地区治安法官,次年又兼任米德尔塞克斯郡的治安法官,把他一生最后6年的大部分精力用在了治安工作上。在当时,米德尔塞克斯郡基本上把伦敦城环抱,菲尔丁的负责范围相当大,只有伦敦老城除外。所以后人一般把菲尔丁看作伦敦都市警察制度的创立者。威斯敏斯特区是议会和王宫所在地,此地的治安法官也有"宫廷法官"(Court Justice)的称谓,并因此常常受到政敌的攻击。菲尔丁在选举中采取措施支持政府的候选人,这虽然有知恩图报的因素,他实际上也是从心里支持以佩勒姆为首的政府。那时候,英国的警察制度还没有建立,维持地方治安的工作是治安法官负责,有一些文书帮办协助,而办案的经费主要是靠从罪犯那里获取的罚金赎金等,因此菲尔丁在《里斯本海行日记》导言中说这是"最丑恶的钱"③。菲尔丁在小说中经常讽刺治安

---

① Arthur Murphy, "An Essay on the Life and Genius of Henry Fielding, Esq.", in *Henry Fielding: The Critical Heritage*, p. 431.

② See *Henry Fielding: The Critical Heritage*, p. 445.

③ See Henry Fielding, *The Journal of a Voyage to Lisbon, Shamela, and Occasional Writings*, ed. Martin C. Battestin (Oxford: Clarendon Press, 2008), p. 558.

法官愚昧无知、玩忽职守,或敲诈勒索、假公济私。他自己当了治安法官之后力图做出表率,严厉打击各种犯罪活动,对受害者给予力所能及的帮助。菲尔丁的办公地在靠近考文特花园剧场的博街(Bow Street)。关于这个地方,帕特·罗杰斯写道:"博街的房子在1739年被托马斯·德·维尔爵士租用,在一个多世纪的时间里一直是刑事侦查的中心(1891以后被苏格兰场取代)"①。为了更有效地破案,菲尔丁建立了博街侦探(Bow Street Runners),专门负责各处巡查侦破案件,这成为伦敦警察的雏形。鲍尔逊这样定义菲尔丁的职责:"菲尔丁基本上管理着一个警察局,有权力逮捕、审讯和拘押(在这一方面可说是断案),但不包括审判量刑。"②菲尔丁凭借自己渊博的法律知识,撰写了不少法律方面的著作,其中最著名的是1751年1月发表的《关于最近盗匪剧增之原因的调查报告》。从今天的角度来看,他在有关法律著作中提出的某些观点显得相当保守或残酷,但在当时的历史环境下还是很有进步意义的。

菲尔丁认识到许多犯罪活动的原因是人们没有工作,生计无门。降低犯罪的一个重要措施是促进就业,减少游手好闲和寻衅滋事之徒。为了促进就业,菲尔丁与同父异母弟约翰等人在1750年2月创办了"万有登记处"(Universal Register Office)。虽然17世纪就出现了这类登记处,但后来发展并不顺利,到18世纪前期,则处于萧条状态。菲尔丁兄弟创办的登记处并不仅仅是把求职者的信息登记下来,而且给雇主和雇工提供见面商谈的机会,实际上是职业介绍处,同时也为物品交换和资金借贷提供服务。开始菲尔丁只是在报纸上做广告,后来报纸因为利益关系,拒绝继续登载广告。于是菲尔丁兄弟创作并印发了《万有登记处计划》,售价三便士,但只在登记处发售,实际就是一种广告方式。在当时信息流通渠道很少的情况下,开办职业登记处的基本方法是找一个地方,为求职者和雇主提供交流了解的机会。而且当时还处于工业革命之前,大量用工的地方不是工厂矿山,而是家庭服务:穷苦的乡下人到城里给富人做仆佣,而这也是不容易找到的。许多找不到工作的乡下姑娘就会沦落为娼妓,身无分文的汤姆·琼斯沦落为白乐斯屯夫人的面首也表现了无业男子的处境。

菲尔丁开办职业介绍处为雇工和雇主牵线搭桥,这显然是有益于公众

---

① Rogers, *Henry Fielding*: *A Biography*, p. 172.
② Paulson, *The Life of Henry Fielding*: *A Critical Biography*, p. 265. 关于菲尔丁对伦敦警察制度建立的作用,参看白特斯廷, *Henry Fielding*: *A Life*, pp. 499—502, 577—580。

的事业,同时也是获得收入,改善自己家庭生活的手段。由于介绍的工作主要是仆佣(尤其是女仆),来招工的又主要是男雇主,雇工与雇主之间的交易关系就带有了某种性交易的色彩,而 18 世纪的女仆往往受到男雇主的引诱而发生苟且关系又从一方面证明了这种交易的模糊性。因此,菲尔丁开办的职业介绍处在有的批评家笔下就与皮条客的生意场难以区分了。兰斯·伯特尔森指出:"在 18 世纪中期,登记处不仅是城里失业者和新进城的乡下人找工作的中心,而且也是个娱乐场。"① 在这样一个地方,城里人和乡下人,富人和穷人都聚集在一起,当时的社会风俗画描写登记处就像集市一样。为了吸引读者和雇主,这种宣传常常强调在登记处任何人都可以找到自己所需要的工作或需要的工人。虽然伯特尔森等现代批评家认为职业登记处里雇主挑选雇工的情形就像是嫖客挑妓女,是有伤风化的,但是开办这种机构的积极作用不应低估。1752 年 1 月 4 日,菲尔丁创办了《考文特花园杂志》,是一份周二刊,后来改为每周一期,同年 11 月停刊。② 这份期刊有三个作用:既对文学和社会道德方面的问题进行评论,又宣传博街案例,并为万有登记处做广告。如果说"文学和社会道德"评论是公益性的,宣传万有登记处和菲尔丁在治安方面的活动则在一定程度上是私利性的,是为主办者自己谋利的。这两者之间的冲突和融合,使我们想起曼德维尔的著名悖论:私人的恶德=公众的利益。③ 菲尔丁宣传自己的公司,用审办的案件点缀杂志,吸引读者都有利己的目的在里面,用严格主义道德观来看显然是不道德的;但他这样做的确为一些求职者和雇主牵线搭桥,并在一定程度上提高了公众防止犯罪的意识,也促进了一些案件的侦破,因此对社会,对公众都是有利的。

  繁重的司法和创作工作严重损害了菲尔丁的身体,才 40 多岁的他竟然现出老态龙钟的形象。即使在这种情况下他仍然没有放松工作,在 1753 年底到 1754 年初的那个冬季,他组织了打击伦敦犯罪集团的斗争,

---

  ① Lance Bertelsen, *Henry Fielding at Work: Magistrate, Businessman, Writer* (New York: Palgrave, 2000), p.38.
  ② 关于这个刊物的译名,需要解释一下。Covent 原意是与 Convent(修道院)相通的,所以萧乾先生译为《修道院花园杂志》。笔者觉得 Covent 取音译比较合适,《英汉大词典》译为科文特加登似乎有些走极端,当然编者可能也考虑到那里已经没有花园,而是个广场。
  ③ 参看伯纳德·曼德维尔:《蜜蜂的寓言》,肖聿译,北京:中国社会科学出版社,2002 年。

取得了明显的效果。① 1754年3月他出版了经过修订的《大伟人江奈生·魏尔德传》,把原著中明显针对首相沃波尔的内容进行了删改,似乎表明在十多年以后看历史,他对英国第一位首相的功绩和作用有了新的认识。如果求全责备,我们可以说菲尔丁出尔反尔,立场变得保守了。但是20世纪历史学家的观点则与当时讽刺作家的观点大相径庭,更接近晚年菲尔丁所持的较公正温和的态度。历史学家保罗·兰福德指出:"在他的时代,沃波尔不仅享受独有的个人权威,而且享受同样的人身攻击。这种恶意大合唱长期影响了他的声誉。但到18世纪晚期,比较正面的评价开始出现。经济学家和哲学家亚当·斯密把沃波尔视为目光远大的金融改革家,老皮特公开为自己年轻时的反沃波尔立场表示悔恨。"②历史学家J. H. 普拉姆在他的《罗伯特·沃波尔爵士传》导言中写道:"我对这位伟人了解越多,对他的崇拜就越强烈。他的弱点很多也很明显。他爱钱;他爱权力;他乐意受人恭维而讨厌批评。但是,他做的一切都丰富多彩,充满人情味。他比本国大多数政客耍的花招都少。他可能比较粗鄙庸俗,喜欢卖弄,但是他的美感判断力一直很高——在首相中没有人能比得上他。"③裘克安先生在《英语与英国文化》中对沃波尔有简短却公允的介绍:"沃波尔是辉格党,他保持了英国20年的和平繁荣,协助建立了向议会负责的内阁制。他主管财政,称第一大臣,实际是全面负责内阁的事,故世称他是英国的第一位首相。"④这些评论有助于纠正我们从阅读讽刺作品而形成的片面印象。

菲尔丁的晚年饱受肝硬化腹水的折磨,痛苦异常。1754年夏天,在妻子玛丽和女儿哈利亚特的陪同下,菲尔丁离开伦敦赴里斯本疗养,希望温暖的气候会使他的病体康复。但是,这种奢望终于破灭,他到里斯本刚刚两个月就去世了,并被葬在那里的英人墓地。引人注目的是,直到生命的最后一刻,菲尔丁乐观幽默的性格都没有改变。在他去世之后于1755年2月出版的《里斯本海行日记》(*The Journal of a Voyage to Lisbon*)中,我们仍能感受到喜剧小说作家菲尔丁的风格。1762年,在友人的努力下,

---

① See Fielding, *The Journal of a Voyage to Lisbon*, *Shamela*, *and Occasional Writings*, pp. 554—557.

② Paul Langford, *A Polite and Commercial People*: *England 1727—1783* (Oxford: Clarendon Press, 1989), pp. 19—20.

③ J. H. Plumb, *Sir Robert Walpole. Volume I*: *The Making of a Statesman* (London: Cresset Press, 1956), p. xi.

④ 裘克安编著:《英语与英国文化》,长沙:湖南教育出版社,1993年,第113页。

《亨利·菲尔丁著作集》出版,他的朋友、画家霍格斯亲自创作了菲尔丁肖像,另一位朋友阿瑟·墨菲则撰写了《菲尔丁传》,给后人留下了虽不准确,但很宝贵的资料。① 1776 年,菲尔丁的喜剧《父亲们,或好心人》失而复得。已经退休的著名表演艺术家盖里克亲自撰写了序诗,并和谢里丹一起促成该剧 1778 年 11 月 30 日在德鲁里巷剧院演出。几个星期之后,盖里克于 1779 年 1 月 20 日去世,他能在生前促成《父亲们》的演出似乎是有天意。②

从 1707 年 4 月 22 日出生,到 1754 年 10 月 8 日离世,菲尔丁的一生仅有 47 年半,但他的一生是丰富多彩的。著名 18 世纪研究学者克劳德·罗森这样写道:"虽然菲尔丁主要以小说家闻名,在当时他是英国主要的剧作家,是相当有力的政论作家,是讼务律师;在他的最后几年是个很有影响的治安法官,为伦敦警察的发展成型起了重要作用。"③在菲尔丁去世以后举行的藏书拍卖会上,他的私人藏书以数量大、范围广而闻名,阅读里波尔夫妇精心编辑的《菲尔丁藏书目录详注》让人眼界大开。现代小说史家沃尔特·艾伦把菲尔丁誉为最博学的英国小说家。④ 菲尔丁的法学知识很丰富,又有广泛的实际经验,曾经撰写法学专著,可惜书稿不幸遗失。⑤ 在对菲尔丁的生平和创作有了大致了解之后,我们将在以后各章分别探讨他在各个时期的主要作品。

---

① 霍格斯(Hogarth)是著名画家,他比菲尔丁年长十岁,1764 年去世,能为 1762 年版菲尔丁著作集画肖像十分难得;墨菲写过戏剧,并曾改编《中国孤儿》(源于《赵氏孤儿》)。参看范存忠:《中国文化在启蒙时期的英国》,上海:上海外语教育出版社,1991 年,第 134—142 页。范先生用的译名是"谋飞"。

② See Dudden, *Henry Fielding: His Life, Works, and Times*, pp. 1066—1067.

③ Claude Rawson, "Henry Fielding," in *The Cambridge Companion to the Eighteenth Century Novel*, ed. John Richetti (Cambridge: Cambridge University Press), p. 123.

④ Walter Allen, *Six Great Novelists* (London: Hamish Hamilton, 1979), p. 41. 参看 Frederick G. Ribble and Anne G. Ribble, *Fielding's Library: An Annotated Catalogue* (Charlottesville: The Bibliographical Society of the University of Virginia, 1996) 和 Dudden, *Henry Fielding: His Life, Works, and Times* 对《汤姆·琼斯》引用古典和现代作家的综述(698—700 页)。

⑤ See Battestin, *Henry Fielding: A Life*, pp. 617—618.

第二章　早期戏剧创作

说到菲尔丁的戏剧创作生涯,可谓仁者见仁,智者见智。大剧作家萧伯纳曾经说过菲尔丁是"除了莎士比亚以外,从中古到19世纪所有为舞台而写作的英国戏剧家当中最伟大的一位"。"菲尔丁从莫里哀和阿里斯托芬的行当里被排挤出去后,就转到塞万提斯那一行当去了。从此,英国小说就成为文学上的光荣,而英国戏剧就成为它的耻辱了。"①这几句话是几乎所有菲尔丁研究者都滥熟于心的,李赋宁先生撰写的《中国大百科全书》"菲尔丁"词条也引了萧伯纳的评语。对于萧伯纳的这一评论,没有读过菲尔丁剧作的人多认为是无稽之谈,因为尽管伊丽莎白时代以后英国戏剧衰弱,但比菲尔丁著名的剧作家仍大有人在,如德莱顿、康格里夫、盖伊、谢里丹等。读过菲尔丁剧作的人虽然也觉得萧的论断言过其实,但大都认为萧氏所言绝非信口开河。里维罗评论萧的话时指出:"即便菲尔丁不是莎士比亚和萧之间最伟大的剧作家,他却毫无疑问是最有创新性的一位,他勇于尝试各种戏剧形式,从最普通的到最不可思议的。"②威斯林版菲尔丁著作集戏剧卷的编者洛克伍德称萧的话"臭名昭著":"萧的观点显然带有挑衅性偏颇,但他也不是毫无道理,尤其是在强调实践方面。剧作家菲尔丁最好应被看做为舞台而写的实业家:他的实践体现了他所推崇的由威克利、康格里夫、范布鲁和法夸尔为代表的舞台喜剧最优秀传统的强大记忆与同样强大的取得商业成功的创作欲望的激烈斗争,后者不那么高雅,以嘲讽和歌谣为特征。"③综观菲尔丁的全部戏剧创作,他最有影响的剧作确实属于盖伊开创的歌谣讽刺剧传统。克罗斯早就明确指出:尽管最初的剧作是传统五幕喜剧,"但是很快就清楚了,菲尔丁的才能是在闹剧和嘲讽,

---

① 萧伯纳:《愉快与不愉快的戏剧·序言》(1898)。转引自萧乾著《菲尔丁——英国现实主义小说奠基人》,上海:上海译文出版社,1984年,第108页。

② Albert J. Rivero, *The Plays of Henry Fielding: A Critical Study of His Dramatic Career* (Charlottesville: University Press of Virginia, 1989), p. 2.

③ Thomas Lockwood, "General Introduction" to Henry Fielding, *Plays*, Volume One, ed. Thomas Lockwood (Oxford: Clarendon Press, 2004), p. xviii.

而不是传统戏剧"①。

在具体的研究中菲尔丁的戏剧创作在我国很少得到关注。何其莘著《英国戏剧史》中没有菲尔丁的名字,因为作者言明"这本戏剧史只记述了每一个戏剧发展时期的主要作家和他们的代表作,以及他们各自为推动英国戏剧的发展所作出的贡献"②,菲尔丁显然不在此列。刘意青主编的《英国18世纪文学史》也主要介绍菲尔丁在小说方面的贡献,对其戏剧创作略有提及。③ 但是,在纪念菲尔丁逝世二百周年前后,英若诚翻译了菲尔丁的《咖啡店政客》,并在译者附言中谈到菲尔丁剧作在苏联的翻译和演出情况。④ 萧乾在《菲尔丁——英国现实主义小说的奠基人》中也对菲尔丁的戏剧创作生涯作了扼要介绍。⑤ 对菲尔丁的戏剧创作,英美批评界也曾长期不予重视,但1980年代以来情况有了明显变化。本章及此后两章主要参考英美学者的最新研究,根据笔者自己的阅读体会,对菲尔丁的戏剧创作给予全面介绍,并对影响较大的重要剧作进行比较具体的分析。

从英国戏剧史上来看,喜剧主要有如下几种。一是莎士比亚为代表的浪漫喜剧传统,如《第十二夜》和《仲夏夜之梦》等,描写的一般是宫廷贵族男女的爱情故事。另一种是琼森(又译,琼生)所代表的"癖性喜剧"(comedy of humors),描写社会各色人等,塑造的人物往往具有某种癖性,喜剧主题通常带有讽刺色彩,如《狐狸》和《炼金术士》。⑥ 到了1660年王政复辟之后,舞台上出现了以表现爱情纠葛和不正当性关系为主的风俗喜剧(comedy of manners or intriguing comedy)。这种喜剧的代表作是威克利的《乡下夫人》和康格利夫的《以爱还爱》等。但是在17世纪末,风俗喜剧受到宗教道德家的严厉指责,认为是伤风败俗。杰罗米·科利尔在1698年发表的《简论英国舞台的道德失落》("A Short View of the Immorality and Profaneness of the English Stage"),对德莱顿和康格里夫的剧作进行

---

① Wilbur L. Cross, *The History of Henry Fielding* (New Haven: Yale University Press, 1918), Vol. 1, p. 80.
② 何其莘:《英国戏剧史》,南京:译林出版社,1999年,第1页。
③ 刘意青主编:《英国18世纪文学史》(增补版),北京:外语教学与研究出版社,2006年,第191—192页。
④ 《咖啡店政客》,英若诚译,北京:人民文学出版社,1957年,第133—134页。
⑤ 萧乾:《菲尔丁——英国现实主义小说奠基人》,第12—24页。
⑥ 参看何其莘:《英国戏剧史》,第131页。

了猛烈抨击。① 德莱顿两年以后去世，而刚满30岁的康格里夫也在写出《如此世道》的1700年告别了剧坛。在道德改革的欢呼声中又出现了带有浓厚道德说教色彩的感伤喜剧（sentimental comedy），性描写有所约束，结局表现服从道德的人物获得胜利。喜剧的嘲讽色彩淡化，以至于大量喜剧引不起人们的笑声。感伤喜剧以西伯和斯蒂尔为代表，在18世纪前期的喜剧创作中占统治地位。② 此外，还有两个剧作各自代表或开启一种传统。一个是白金汉公爵1672年创作的《彩排》(Rehearsal)，目的是讽刺攻击德莱顿等人的英雄悲剧。该剧的特点是对一部剧作的彩排，作者在舞台上随时指导评论。另一种是盖伊在1728年演出的《乞丐歌剧》，它大量利用歌谣传统，描写的人物主要是罪犯歹徒，但讽刺锋芒则指向当权者。这后两种传统对菲尔丁影响很大，他最成功的剧作大多属于这两种传统。

第一节 《戴着各种假面具的爱情》

《戴着各种假面具的爱情》是菲尔丁的第一个剧作，1728年2月16日开始在德鲁里巷剧院连续演出了四场。这个剧作继承了康格里夫为代表的复辟时期风俗喜剧传统，同时也显示出以斯蒂尔和西伯等为代表的18世纪早期感伤喜剧的影响。该剧描写了三对恋人的爱情关系。海伦娜(Helena)和默利特尔(Merital)相爱，但她的监护人波西提夫·特拉普爵士(Sir Positive Trap)执意要把她嫁给傻贵族阿皮士·辛普尔爵士(Sir Apish Simple)，而她的婶母则想引诱默利特尔。富有的寡妇马奇利丝(Matchless)因为担心第一次婚姻中受奴役的悲剧重演，在与恋人怀斯莫尔(Wisemore)结婚前夕逃到伦敦，但受到福莫尔勋爵(Lord Formal)和拉特尔(Rattle)的追求，颇为困扰。怀斯莫尔追马奇利丝夫人到伦敦，看到她与纨绔子弟纠缠很伤心，以为她已经变了心。最后了解到她本来只是想愚弄嘲笑那些愚蠢的纨绔子弟，但却被他们纠缠得难以脱身。于是怀斯莫尔化装成治安法官，谎称马奇利丝夫人的财产全部丧失了，才使她终于摆脱了纨绔子的纠缠。聪明浪漫的马尔维尔(Malvil)与弗米利亚(Vermilia)相

---

① See George Sherburn and Donald F. Bond, *The Restoration and Eighteenth Century*, Vol. III of *A Literary History of England*, ed. Albert C. Baugh, 2nd. Ed. (New York: Appleton-Century-Crofts, 1967), p.771.

② 参看何其莘：《英国戏剧史》，第272—276页。

恋,但总是担心有情敌阻拦,结果受到女仆的捉弄。最后有情人终成眷属,傻瓜与专门追求财产的无赖受到惩罚。

虽然《戴着各种假面具的爱情》尚不成熟,它也有一些特点值得注意。正如剧名所示,《戴着各种假面具的爱情》在于揭露各种假面具。我们不仅看到许多比喻意义的假面具,而且不时看到演员戴着面具出场,以掩盖自己的真实身份。从比喻意义来看,特拉普夫人表面上恪守妇德,谨言慎行,实际上心怀鬼胎,下流放荡。默利特尔假装对老夫人有意,实际上是要找机会接触自己真正的恋人。从直接运用假面具来看,有马奇利丝夫人和弗米利亚戴着面具出场,结果骗过了自己的恋人;有默利特尔假扮牧师到特拉普爵士家,结果帮助海伦娜戴着面具逃出家门;还有最后怀斯莫尔假装成治安法官来报告马奇利丝夫人的家人争夺财产,从而帮助戳穿了追逐者们的爱情假面具等。可以说面具和伪装是该剧剧情发展不可缺少的内容,我们甚至也可以说这是通过几出假面剧表现的爱情。

但是,《戴着各种假面具的爱情》中最重要的主题不是假面具,而是"爱情",并表明了作家对于爱情婚姻的一些重要看法。剧本封面有选自尤维纳利斯《讽刺诗之六》的诗句:"爱神之箭从未把他射中,/因他只对她的财产钟情。"这就很清楚表达了该剧的主题:婚姻中爱情与财产的冲突,属于传统喜剧。从情节安排来看,虽然有三对恋人的婚姻纠葛,海伦娜和默利特尔的爱情故事是主线,但从戏剧冲突来看,寡妇马奇利丝与怀斯莫尔的恋爱才是最主要的,这既是对传统浪漫喜剧的修正,也更增加了讽刺气氛。特拉普夫人对默利特尔的纠缠显然受到康格里夫为代表的复辟喜剧影响,老妇人纠缠风度翩翩的年轻男子是从复辟时期到18世纪中后期喜剧的流行情节。剧中人物的名称则显出道德寓言的特征,特别是马奇利丝与怀斯莫尔两人的名字分别代表"无可匹敌"和"更聪明";默利特尔(Merital)的名字可以理解为"完美无缺"(all merit),波西提夫·特拉普爵士的名字(Positive)意为"说一不二"或"说话算数",而弗米利亚的女仆凯奇特(Catchit)意思就是"抓住它"。这种带有道德剧特点的命名方法在菲尔丁后来的小说中仍然存在,从中也可以看出其小说和戏剧创作的某种联系。从喜剧效果来看,该剧情节显然太复杂,对人物的处理有时顾此失彼,剧场里的观众往往难以把握不同人物的复杂关系,可以说这是一个更适合阅读的剧本。后来菲尔丁的剧作最多描写两对恋爱关系,或许是他吸取第一部剧作的教训而做出的改进。就本剧的三对爱情关系来看,如果删除马尔维尔和弗米利亚的恋爱情节,把凯奇特改为海伦娜或马奇利丝夫人的女仆,剧情就会大有改观。

从人物形象来看,马奇利丝夫人是最引人注目的。她在第二幕第一场的露面就不同凡响:

> 马奇利丝夫人:弗米利亚,如果你以为前呼后拥和恭维吹捧给我真正的快乐,那你可错了;对于一个脱身的囚犯,想想过去的监禁和现在的自由倒是个叫人快活的胜利,摆脱了残忍的丈夫:他——但他已经走了,愿他去了天堂。
>
> 弗米利亚:亲爱的,你的愿望倒是很宽宏大量;但是,我认为对许多有这种愿望的人,她们的丈夫只配到那个坏地方去。
>
> 马奇利丝夫人:你是说坏丈夫活着的时候;但是那些祈求来源于自私自利而不是宽宏大量;你想有谁不祈求她的丈夫升天堂,因为这是妻子摆脱地狱的唯一途径。①

作者菲尔丁当时还不满 21 岁,他能在处女作中对传统婚姻关系作出强烈批判是很难得的。尤其值得注意的是从全剧的发展来看,马奇利丝夫人是得到完全肯定的正面形象,而在《汤姆·琼斯》中类似带有女权主义色彩的观点则是由威斯屯姑母和白乐丝屯夫人等受到讽刺的形象所表达出来的。马奇利丝夫人最后不仅与自己心爱的恋人成婚,而且在剧中表现出高超的智慧和热情。例如,在第三幕第七场,弗米利亚的女仆因自作聪明引起马尔维尔对默利特尔嫉恨,送信邀他决斗。这时候凯奇特自己没有了主意,弗米利亚也很担心,马奇利丝夫人当场献计:把收信人改为她自己的恋人怀斯莫尔,轻而易举地把危机变成了笑谈。再比如,由于阿皮士爵士为了财产追求海伦娜,马奇利丝夫人就有意向阿皮士表示更富有的寡妇钟情于他,后者立刻上钩,在见到海伦娜的监护人时直截了当地拒绝了这桩婚事。到了最后,马奇利丝夫人又以自己财产丧失的身份来检验她的三个追求者:

> 好吧,常言道,不幸总是带着安慰一起来,围绕我的家产的争论给我一个机会来检验爱人的诚实。
>
> 福莫尔勋爵:向您的美丽之圣坛献上我的一切与教养原则不符。

---

① *Love in Several Masques*, in *Plays*, Volume One, p. 37.

啊！那是值得比我身份更高者做的牺牲。说实话，我是有买货的想法，等我买时，一定很高兴地拜倒在您脚下；不过，在那之前，我是最尊敬的夫人您最顺从的仆人。

拉特尔：啊，实际上，我认为在这么严肃的场合开任何玩笑都是不合适的；因此，说正经的，亲爱的寡妇，我向您保证我们之间发生的一切都不过是献献殷勤而已，因为我已经与一个城里寡妇订婚很久了。

阿皮士爵士：夫人，为了向您表示您的任何轻蔑都不会使我的爱情减弱，我郑重宣布放弃要求以前曾经作出的任何承诺。①

这一招还真灵，三个曾经让寡妇不胜烦恼的求婚者都立即变卦，从而使坚定的怀斯莫尔如愿以偿。可以说马奇利丝夫人在整出剧中的表现的确是"无可匹敌"。

《戴着各种假面具的爱情》中另一个有特色的人物是波西提夫·特拉普爵士，尤其是他对家世和门第的盲目崇拜。在他眼里，人的身份来自于悠久的家世和财产，没有家世只有财产的新贵是他所鄙视的。这从一个方面反映了他准贵族乡绅的保守观点。他为海伦娜选定的丈夫是年收入三千镑的从男爵阿皮士。听到海伦娜的反对声，他大发雷霆：

你是说阿皮士爵士吗，疯丫头？你说一个家世悠久的从男爵是傻瓜？小妮子，阿皮士和特拉普是英国最古老的两个家族！别招惹我，别招惹我，我告诉你；我要立刻叫阿皮士爵士来：在半个小时内把你嫁出去，送上床，办完事！

海伦娜：那么我的同意就用不着了么？他还没向我求婚呢。

波西提夫·特拉普爵士：向你求婚！怎么了，我在结婚前半个小时才见到我的老婆。我先求她父亲；她父亲问他的律师；他的律师查我的家产，发现与市价相符，交易就达成了。年轻人用不着求婚（Addressing）什么的，到脱衣服（Undressing）时才轮得着他们！

特拉普夫人：是啊，求婚才叫人恶心作呕，不过是说一堆恭维的谎话罢了。第一个求婚的人是引诱夏娃的撒旦。

波西提夫·特拉普爵士：不错！而且已经引诱了一半多的女人。但愿能有一天人们有权利把女儿带到市场上像卖牲口一样去出售。但是，对于你，小姐，明天就是你完婚的日子。我已经说了，而且我说

---

① *Love in Several Masques*，第五幕第十二场，第 90—91 页。

一不二!①

在这段对话中,特拉普夫妇坚持父母家长包办婚姻,真正的当事人海伦娜几乎毫无发言权。但是海伦娜并不示弱:"对。但是,我的叔叔您可得知道,我是个女人,但能像您一样说一不二。"②

弗米利亚的女仆凯奇特聪明机智,也很有特色。看到马尔维尔自作多情,疑神疑鬼,便将计就计,编造出默利特尔是其情敌的谎言,自己得到不少奖赏。请听她的独白:"真的,吃醋的情人是大自然制造的最可笑的动物。我叫马尔维尔先生相信我的女主人不把他放在眼里,但得到的奖赏却超过任何虚传女主人的微笑和好意的仆人。他许诺如果发现了他的情敌,就送我一枚钻戒。可是,他本来没有情敌,那可怎么发现呢?嗯!给他编造一个怎么样!啊,那说不定会引起麻烦;不过,那可让我赚大钱了。"③结果后来真的引出一连串的误会。看到自己的谎言可能要引起马尔维尔和默利特尔的决斗,凯奇特吓破了胆,急忙找女主人求救,后来根据马奇利丝夫人的建议改了收信人,才避免了悲剧的发生。最后,她向马尔维尔坦白了自己的谎言,使马尔维尔也看清了自己的愚蠢可笑。

《戴着各种假面具的爱情》在写作上还有一个特点就是大量运用明喻(simile)。使用明喻的一个作用是为了刻画人物,表现剧中人的言谈特点。比如在全剧的开头,马尔维尔就比喻说"不幸的情人和休息就如同情人和理智一样是对立的"。默利特尔称之为"瞎比"(Malapert simile)。谈到马奇利丝夫人在剧院受到的关注,马尔维尔说:"一个美丽富有的年轻寡妇坐在前排包厢,引起的轰动就像天上出现流星一样;吸引的眼球和在社交界得到的批评,就同流星在知识界得到的一样多。"④这些比喻有的用得很好,有的却不够得体,也表现了初登文坛年轻作者的探索。该剧在剧情中还多次提到或映射《堂吉诃德》和《格列佛游记》,表明即使在初期的戏剧创作中菲尔丁已经开始显现喜剧小说大师的影响。这种影响终生不断,在他的小说中表现更加突出。《戴着各种假面具的爱情》演出了四场就从舞台上消失了。作为20岁年轻人的处女作,它表明菲尔丁正在前辈的影响下摸索自己的路。罗伯特·D.休谟认为该剧之所以引人注意就是因为它"是

---

① *Love in Several Masques*,第二幕第六场,第42—43页。
② 同上书,第二幕第六场,第43页。
③ *Love in Several Masques*,第二幕第三场,第39页。
④ 同上书,第一幕第一场,第25页。

菲尔丁的作品，而它实际上是个模仿性作品，并且方向走错了"①。这一批评有道理，特别是考虑到菲尔丁最优秀的作品都是滑稽讽刺剧，就更可以看清楚传统五幕喜剧并非作者所长。

第二节 第一个高潮

1729年底，菲尔丁带着几个差不多已写好的剧本再次回到伦敦，并很快成为剧坛的活跃人物。这时伦敦剧坛已经有了不少变化。除了德鲁里巷剧院和林肯店广场剧院这两家拥有王室特许权的大剧院之外，又出现了在伦敦东区建立的古德曼广场剧院，西区的草料市场小剧院也比以前红火了。菲尔丁回到伦敦以后曾试图在德鲁里巷剧院或林肯店广场剧院演出他的剧作，但未获成功，不得不转求其他剧场。② 1730年1月26日，五幕喜剧《法学院的纨绔儿》在古德曼广场剧院演出，连续演出九场，获得了比第一个剧本更大的成功。

《法学院的纨绔儿》中的主人公叫哈利·瓦尔丁（Harry Wilding），他打着在伦敦法学院努力求学的幌子，不断向父亲要钱，满足自己吃喝嫖赌的荒唐生活。这个名字与菲尔丁相近的人物或许有作者自己早年生活的影子。该剧的基本故事仍是风俗喜剧。阿瓦利斯·佩丹特爵士（Sir Avarice Pedant）在南海公司股票投机中损失惨重，力促儿子与富有的侄女贝拉利亚（Bellaria）结婚以获得财产，③但贝拉利亚与维罗米尔（Veromil）相爱。维罗米尔的朋友瓦伦坦（Valentine）虽然已经与克拉丽莎（Clarrisa）订了婚，但对贝拉利亚一见钟情，也想为了财产娶贝拉利亚。佩丹特夫人露西和妹妹格雷夫利夫人则分别与瓦尔丁调情。最终结果当然是有情人成眷属，而追求财产婚姻的人都大失所望，可以说《法学院的纨绔儿》从主题到形式都与《带着各种假面具的爱情》相似。由于主要情节由三对恋人减少到两对，剧场效果有所提高。但是，以维罗米尔和贝拉利亚为中心的浪漫爱情故事在剧中几乎没有什么发展，瓦伦坦从朋友到情敌的变化缺少依

---

① Robert D. Hume, *Henry Fielding and the London Theater, 1728—1737* (Oxford: Clarendon Press, 1988), p. 33.
② See Martin C. Battestin, *Henry Fielding: A Life* (New York: Routledge, 1989), pp. 78—80.
③ 按照当时英国的法律，叔兄妹可以结婚。参看 Eliza Haywood, *Three Novellas*, ed. Earla A. Wilputte (East Lansing: Colleagues Press, 1995), 第31页注5。

据,而他的恋人克拉丽莎在剧中几乎从不开口。另一方面,以哈利爵士和瓦尔丁为中心的讽刺情节与浪漫爱情故事之间又缺乏联系,使剧情变化呈现两个互相独立的中心。这些是《法学院的纨绔儿》的突出弱点。

  阿瓦利斯·佩丹特爵士是《法学院的纨绔儿》中最突出的人物,从他的名字就可以看出他的特征是贪婪,说话三句不离钱。他在第一幕第三场首次出场,看到儿子在生气,便说"我可没见过谁靠生气赚了钱"。提到儿子的学习,他直截了当地说,"我指的是能赚钱的学问"①。他还这样教导儿子:"财富是得到尊敬的唯一原因,而学问却带不来财富。有的人虽然大字不识,却可以开出十万镑的支票。"请听他怎么核计自己的得失:"你知道我在南海泡沫中损失惨重,虽然过去是人家主动巴结着让我接受富家女做老婆(我现在的夫人),现在我为你向一位城里人的女儿提亲却被拒绝了,虽然她的财产还没有我老婆的多。"②因此他要逼儿子同侄女贝拉利亚结婚,而贝拉利亚之所以到城里来正是因为她的父亲要阻止她与财产不多的恋人结合。但有意思的是小佩丹特对婚姻不感兴趣,致力于把激情献给学问。从一定意义上来说,父子两人分别代表了名字的一部分:父亲贪得无厌(Avarice),而儿子是个地地道道的学究(Pedant),两个人都带有琼森喜剧中所谓癖性人物的特点。到剧终时,真心相爱的维罗米尔和贝拉利亚走到了一起,但他们的结合却不是爱情对财产的简单胜利,因为在最后一场维罗米尔在瓦尔丁仆人的口袋里发现了一封信,得知原来是弟弟篡改了父亲的遗嘱,窃取了原本属于自己的财产。于是,维罗米尔不仅得到了恋人,而且他的财产也是所有求婚者中最多的。对财产婚姻的批判最后却以肯定或妥协告终。这也是所有喜剧的常规,因为真心相爱的夫妻也必须靠财产生活,而且作为观众或读者我们希望他们能生活得更好些!在菲尔丁的最后一部小说《阿米莉亚》,我们会再次看到同样的情节安排使主人公最终摆脱经济困境。

  《法学院的纨绔儿》的标题人物是瓦尔丁,他虽然是个受到抨击的人物,但作者通过他对露西和格雷夫利姐妹两个的讽刺则更有意义。该剧第一幕第一场我们看到的是姐妹俩:露西是阿瓦利斯的续妻,而格雷夫利的第二任丈夫刚刚死去不到一年。从第一场两人的对话可以看出她们是两个不同的形象:露西属于轻浮调情的一类(Coquet),而格雷夫利(Gravely)

---

① *The Temple Beau*, in *Plays*, Volume One, p. 116.
② Ibid., p. 117.

像名字所暗示的,属于假正经的一类(Prude)。两人互相指责,各自标榜自己的贞操。但剧情展开以后,我们却发现两个人都轻而易举地成了瓦尔丁的情妇。这一方面讽刺了自我标榜的所谓贞操,另一方面又从两人最后都掩饰自己,阿瓦利斯对夫人毫不怀疑,表现了作者对年轻寡妇和财产婚姻牺牲品的同情。而瓦尔丁在与两个女性调情过程中表现的机智和诙谐,则使这个基本上被否定的人物有了几分吸引人的魅力。瓦尔丁的父亲一开始找到他的住处,发现那里仅有的几本书不过是罗彻斯特的诗歌和流行剧本,再就是大量账单和讨账的人,气得浑身发抖,发誓找到儿子之后非要惩罚他不可。但瓦尔丁却说自己已经搬了家,使父亲转怒为喜。最后,他又指使仆人假扮律师,以父亲破门而入,犯了大罪为由要判他死刑,否则得出五千镑赎金。哈利·瓦尔丁爵士说他虽然不乐意付这么多赎金,但更不愿意受死。这一段对话很有意思:

> 平塞特:爵士,法律需要证据——我的朋友斯达楚姆倒是说过,若出5000镑赎金,他会给周旋一下;但我觉得那太贵了,所以直接告诉他——我们宁愿被吊死。
>
> 哈利爵士:你撒了弥天大谎;即使花两倍的钱赎命,我们也不在乎。
>
> 平塞特:怎么,爵士,您愿意出钱?
>
> 哈利爵士:不,我不愿意出钱;可是我更不愿意被吊死。
>
> 瓦尔丁:但是,律师先生,您没办法让他降到4000镑么?
>
> 平塞特:那我可说不定,得开会商量。
>
> 哈利爵士:哎,400镑怎么样?
>
> 平塞特:400镑?——就是要吊死得体面一点,400镑也不够。①

通过这次恶作剧,瓦尔丁从父亲手里得到了五百镑年金,从而保证自己生活无忧,在这场父子之争中取得了胜利。这虽然有些不大道德,却符合传统喜剧的常规,尤其是在年青一代战胜老年一代方面。② 但是,以维罗米尔和贝拉利亚为中心的爱情故事却清楚体现了世俗道德的胜利。

虽然《法学院的纨绔儿》的演出获得了一定成功,但菲尔丁在两家王室

---

① The Temple Beau, in Plays, Volume One, p. 169.
② 关于喜剧常规,参看诺思罗普·弗莱:《批评的解剖》,陈慧等译,天津:百花文艺出版社,2006年,第233—245页。

特许剧院立足的努力却没有结果,而且这种传统喜剧的有限成功也难以真正解决他的生计问题。于是他转而模仿盖伊的《乞丐歌剧》,写出了倾吐自己一腔激愤的《作家的闹剧》,1730年3月24日在草料市场小剧院开始演出大获成功。这是部三幕滑稽讽刺剧(Burlesque),基本上由两部分组成的:第一部分是关于剧作家勒克里斯(Luckless 不走运)生活的,第二部分是他创作的闹剧《城市娱乐》。剧名本身可以有两种理解:一是关于作家的闹剧,按照这种理解本剧的第一第二两幕是闹剧;二是作家写的闹剧,按照这种理解闹剧指的是第三幕。闹剧这个名称今天听来有些贬义,人们只是把很差的剧本或很糟糕的演出称为闹剧。但从喜剧传统来看,闹剧往往是正剧的插曲和补充。如莎士比亚历史剧《亨利四世》中福斯塔夫在小酒店里的表演就是典型的闹剧;而悲剧《哈姆莱特》中挖墓人的对话也有闹剧气氛。由于传统戏剧的主人公大都是王公贵族或超人英雄,闹剧的成分不太重要。在18世纪戏剧舞台上,闹剧则占了很大成分。当时伦敦剧场有主剧(Mainpiece)之后加演短剧(Afterpiece 或 Shortpiece)的习惯,更给闹剧发展准备了条件。菲尔丁的许多闹剧就是作为短剧演出的。较早对菲尔丁戏剧进行研究的温菲尔德·H. 罗杰斯写道:"从某种菲尔丁显然认同的观点来看,闹剧是慎重而有洞见的观察者对实际生活中极端矛盾现象的认识。"①罗纳德·鲍尔逊更进一步指出:"对菲尔丁来说闹剧是戏剧性的极端形式。他的人物总是说,'啊,人生多像出闹剧',或者提到'人生舞台上演出的宏大哑剧'。不管闹剧是个多么低级的形式,它变成了菲尔丁关于当代生活的隐喻;即,说生活为闹剧是对的。"②剧作家勒克里斯有戏剧创作天赋,一心要创作严肃的悲剧。但由于得不到书商和剧院老板的欣赏,他苦心创作的剧本根本没有出版或演出的机会,因此整天忙于应付房东和债主的逼讨,饥寒交迫,度日如年,几乎生不如死。这里有菲尔丁个人生活的影子,可以说作者是利用这个剧作来发泄自己的一腔怨气。这一部分占了两幕。

在第一幕女房东莫尼伍德(Moneywood)逼迫勒克里斯交房租,并对

---

① Winfield H. Rogers, "Fielding's Early Aesthetic and Technique," in *Fielding: A Collection of Critical Essays*, ed. Ronald Paulson (Englewood Cliffs, NJ: Prentice-Hall, Inc., 1962), p. 26.

② Ronald Paulson, *The Life of Henry Fielding: A Critical Biography* (Oxford: Blackwell, 2000), p. 46.

贫困的作家进行嘲讽。全剧开头的对话很有意思：

> 莫尼伍德：勒克里斯先生，可别再给我提你的剧本，你的剧本了。——说白了吧，你必须给我付账！我再也不会指望上不了台剧本的获利夜，就像不能指望不开的彩票的中奖券。——我怎么就没猜到屋里住了个诗人！可我怎么能想到镶花边的衣服裹着的竟是个诗人！
>
> 勒克里斯：这有什么奇怪的，你经常看到镶花边的衣服裹着贫困。
>
> 莫尼伍德：你要拿我的不幸开玩笑么，先生？
>
> 勒克里斯：是我的不幸。——我敢保证我比你更配得上贫困的称号。——你富得流油，而我却不知道去哪儿找碗饭吃。①

从上面的对话里我们可以了解到勒克里斯曾许诺一旦拿到获利夜（benefit-night 也就是第三场演出）的收入，他就会支付房租。但是，他的剧本没有剧院接受，更谈不上获利夜，因此房租一直欠着。到了这时，女房东忍无可忍，对勒克里斯大发怨言。她的第一段话最后两句生动刻画了穷苦诗人与衣冠楚楚绅士的区别。勒克里斯穿着得体，女房东开始并没有想到他竟然是个穷诗人。但是，就在这第一场将要结束的时候，女房东的女儿哈利奥特替勒克里斯求情，受到母亲斥责："毫无疑问你会站在他一边。——听着，干你自己的事儿去。——我想，他是不是用糟蹋你来支付我。进屋去——要是再看到你和他在一起，我就把你赶出家门"②。在此，我们的感觉是女房东要保护女儿。18世纪的旅店大都是家庭出租房子，房客和房东家人一起生活，常常发生房客和房东女儿调情的事，结局往往是女儿受到伤害，房客一走了之。

在第二场，哈利奥特走开以后，勒克里斯请求房东只对他发火，不要指责女儿，因为他真心爱她的女儿。然后，勒克里斯说他要写一场爱情戏，她的女儿在场会更合适。莫尼伍德说道："我想，你是要演出爱情戏吧，但是我要阻止你；因为我想在嫁女儿之前先把自己嫁出去。"面对这意想不到的事，勒克里斯有些发懵，不知道女房东是什么意思。莫尼伍德只好坦白地说她想把自己嫁给勒克里斯：

> 勒克里斯：嫁给我？
>
> 莫尼伍德：对，你曾经见过我那激情的清楚表现——清楚得都要

---

① *The Author's Farce*, in *Plays*, Volume One, p. 229.
② *The Author's Farce*, 第一幕第二场，第229页。

伤害我的名声了。

　　勒克里斯：我是听到你充满激情的喊叫；但那是恨的激情，而不是爱的表现。

　　莫尼伍德：啊！那是出于爱！——只要你对我好，我就原谅一切。①

但是勒克里斯并不领情，他带着深深的厌恶把拥上身来的女房东推开。讨个没趣的女房东在下场之前发誓要报复。紧接着的一场是勒克里斯和哈利奥特互相诉衷肠的爱情场面，有些让人想起伊丽莎白时代的浪漫喜剧，但在这里两个不同场面之间的对比使观众或读者对这种浪漫爱情不敢抱太多幻想。这种母女争夺情人的故事是复辟喜剧的俗套。虽然勒克里斯有作者的影子，但他交的桃花运显然只是作家的黄粱美梦。在第一幕结束时勒克里斯终于用计策逃了出去。他先来到剧院求老板接受自己的传统剧作，却碰了一鼻子灰，原因有两个：一是老板不懂剧，二是作者没后台。于是走投无路的勒克里斯只好向流行时尚低头，创作了名为《城市娱乐》的滑稽剧，意在嘲弄现代人没有品位的庸俗生活。谁知剧院老板很喜欢这部剧，立刻投入排演，书商看了剧本也有兴趣出版。全剧的第三幕是《城市娱乐》的演出，本来是木偶剧，却由真人演出，寓意是现在的流行演出都不过是木偶剧而已。《城市娱乐》体现了《彩排》和《乞丐歌剧》的影响。像《彩排》一样，我们看到剧作家对舞台上的演出指手画脚；像《乞丐歌剧》一样，《城市娱乐》充满了歌谣小曲，歌唱成分占很大比重。哈罗德·帕格里阿洛认为《城市娱乐》是"闹剧、歌谣剧和滑稽讽刺有力而大胆的融合"②。

　　《城市娱乐》描写伦敦生活的故事，是人物的魂灵在阴间的演出。作者勒克里斯在台上对木偶剧的演出进行指导。《城市娱乐》的第一场有些像菲尔丁后来创作的《从阳世到阴间的旅行》，可见他对此早有关注。《城市娱乐》的第二场是魂灵们到了"愚蠢女神宫廷"（Court of Goddess of Nonsense）的表演，各位魂灵都使出浑身解数争取博得女神的青睐。通过这种手法，菲尔丁对当时流行于剧坛和社会的各种低下作品进行了讽刺。从《城市娱乐》的角色就可以看出讽刺的广度。这些角色包括：歌剧先生、悲剧大人、喜闹剧爵士、雄辩博士、哑剧先生、小说太太等等，根据现代批评

---

① *The Author's Farce*，第一幕第二场，第 231 页

② Harold Pagliaro, *Henry Fielding: A Literary Life* (New York: St. Martin's P, 1998), p. 71.

家的研究,后面四个人物分别指剧作家西伯(德鲁里巷剧院经理)、约翰·亨利(有"雄辩家"之称的布道师)、里奇(林肯店广场剧院经理,擅长哑剧)和女小说家海伍德。菲尔丁把这些人聚集的地方称为"愚蠢女神宫廷",显然是受到蒲柏《群愚史诗》的影响。①

就在《城市娱乐》演出时,书商"文本杀手"(Murdertext)和警官赶来了。"文本杀手"认为《城市娱乐》攻击了"愚蠢"应该受到惩罚,警官则宣称"有身份的人反对这样嘲弄他们的娱乐",所以要把作家逮捕。作家没有办法解脱自己,只是请求把最后的舞蹈跳完。正在他们争论不休的时候,勒克里斯的朋友威特莫尔(Witmore)、女房东、恋人和矮脚鸡国人带来了惊人的消息:勒克里斯是矮脚鸡国的王子。当年王子的教师带着王子来伦敦,途中不幸遭遇海难,两人虽然分别获救,但彼此失去了联系。几年之后教师回国因王子失踪而被终身监禁。后来英国商人向国王献上一块宝石,国王认出是王子的,商人说是在当铺买的。于是国王再派王子的教师到伦敦寻找王子。他在当铺时恰好碰到勒克里斯的仆人来当帽子,教师立刻认了出来,于是终于找到了王子。正在这时又有消息传来,矮脚鸡国国王驾崩,王子立即成了新国王。演木偶戏的小丑庞奇(Punch)见到莫尼伍德,突然认出她就是自己的母亲:原来他自己是布伦特福德(Brentford)国的王子,当年国内新老国王开战,老国王被驱逐,王后带着两岁的公主逃亡,从此下落不明。庞奇认出莫尼伍德是自己的母亲,莫尼伍德也承认自己是隐名埋姓的王后。于是哈利奥特恢复了公主身份,顺理成章地与已经成为矮脚鸡国国王的勒克里斯结婚,庞奇也与他的恋人走到一起。所谓矮脚鸡国和布伦特福德国都是滑稽剧中杜撰的小公国,后者就是伦敦附近一小镇的名字。

这最后的一连串意外"发现"(discoveries)正是菲尔丁对当时剧坛离奇古怪情节的讽刺,但他后来在自己的戏剧和小说中也常用这类手法。从《作家的闹剧》本身来看,前两幕描写勒克里斯生活和剧坛情况的内容显然更严肃,更有意义:虽然说是闹剧,但比较接近于现实主义描绘。而后面的木偶剧《城市娱乐》则纯粹是闹剧性质。但该剧之所以流行恰恰是因为《城市娱乐》。里维罗就曾指出,《作家的闹剧》给菲尔丁赢得了声誉,但一定

---

① See Battestin, *Henry Fielding: A Life*, p. 84.

"也证实了他对公众审美趣味下降和新的规范剧作命运的最严重担忧"①。在第一个演季之后,《城市娱乐》曾经多次单独作为配合主剧的短剧进行演出,甚至最后一连串滑稽发现也曾单独演出。帕特·罗杰斯在《菲尔丁传》中这样写道:"这是第一次(后来又有多次)表明菲尔丁对于流行文化的讽刺本身也变成了流行娱乐。"②虽然闹剧也有丰富的讽刺寓意,但在剧场里观众似乎都陶醉在可笑的场面中,都把自己置于讽刺对象之外。结合菲尔丁的生活实际来看,《作家的闹剧》有特殊的意义。这是菲尔丁创作的第一部"非常规"剧作。他似乎在自己的传统喜剧未获成功,受到把持剧坛的西伯等人轻视之后要一吐怨气。《作家的闹剧》的成功,或者更确切地说《城市娱乐》的成功,一方面证明了剧中作者观察的正确,另一方面也说明实际作者菲尔丁在创作这种非传统剧方面的才华。作者要攻击嘲弄的东西恰恰引他走向了成功之路!

《大拇指汤姆》是菲尔丁巧妙地利用民间传说,讽刺当时剧坛流行的英雄悲剧的一部力作,是他的所有剧作中影响最大的。1730年版《大拇指汤姆》很短,只有两幕,是一两周内的急就作。英国民间传说中有个侏儒,被称为大拇指汤姆,但是神通广大,曾经打败了巨人,有些像中国神话故事中闹海的哪吒。菲尔丁巧妙利用民间故事,把它与传说中的亚瑟王朝结合起来,使大拇指汤姆成了亚瑟王宫廷的功臣。剧本描写大拇指汤姆战胜了巨人之后来到亚瑟王的宫廷,国王给予隆重欢迎,并把公主匈卡曼卡(Huncamunca)许配给他。廷臣格利泽尔(Grizzle)是公主的恋人,因此对大拇指汤姆恨之入骨。他听到王后道拉劳拉(Dollalolla)也反对这门婚事,便扬言要杀死大拇指汤姆。但是,王后只要求他阻止这桩婚事,不能伤害汤姆。

开始的场景是亚瑟王宫廷,国王夫妇和廷臣在高兴地等待胜利凯旋的汤姆。看到王后流泪,国王问她为什么,

> 王后:我的主,没听人们说,过于高兴
> 也同过于悲伤一样,让人流泪。
> 国王:若真如此,就让全民高兴流泪,
> 直到整个宫廷都被泪水淹没。

---

① Albert J. Rivero, *The Plays of Henry Fielding: A Critical Study of His Dramatic Career* (Charlottesville: University Press of Virginia, 1989), p. 31.
② Pat Rogers, *Henry Fielding: A Biography* (New York: Charles Scirbner's Sons, 1979), p. 45.

不,直到泪水淹没我的整个国土,
让我统治的地域都变成海洋。①

在国王的话中我们已经可以体会到英雄悲剧那夸张的语言特征。这时有廷臣要禀报公事,但国王命令说今天只是欢庆畅饮,公事一律不办。在第三场大拇指汤姆来到宫廷,国王问他被俘的巨人在哪里,汤姆说他们身材太大,进不来,在城堡外边呢。

国王:他们像什么样?
汤姆:像二十种东西,尊贵的国王;
像两万棵大橡树,被冬天的手
脱光了叶子,像一大排房屋,
但是被大火烧光了檩木。
国王:够了,巨人的观念充满了我的灵魂;
我看到了他们,对,我看到他们就在眼前。
这些巨大、丑恶、野蛮的杂种,
不久前,还像贪婪的饿狼一样
盯着我的土地,今天却变成了羊羔。
啊,汤姆,我们的一切都归于你的勇敢!
匈卡曼卡公主就是你的奖赏。②

国王然后宣布说亚里山大和恺撒都不如大拇指汤姆伟大,但是王后却反对把匈卡曼卡嫁给汤姆作奖赏。

王后:虽然他比那些人都更伟大,
但他却不能得到匈卡曼卡。
国王:你这么说吗,夫人?我们就试一试。
当我同意之后,你有什么权力来反对?
如果妻子要统治她的丈夫,
那就叫他穿裙,而让她穿裤。③

看到这里,我们不禁要问,王后为什么反对把女儿嫁给汤姆呢?是因

---

① *Tom Thumb*, in *Plays*, Volume One, p.388.
② 同上书,第一幕第三场,第389—390页。
③ 同上书,第390页。

为他个头太小,当不起男子汉的称号吗?在第五场,王后见到了廷臣格利泽尔,他因为爱公主,坚决反对国王提出的婚事,言谈之中表露了对汤姆的痛恨。两人的谈话很有意思。王后说想到自己要成为汤姆后代的祖母几乎要气得自杀。于是两人商量阻止这桩婚姻的办法,格利泽尔发誓就是上天入地,也要把汤姆打个粉身碎骨。但是王后只要他"阻止婚姻,但不要伤害"汤姆,因为"不能伤害消灭了巨人的人"①。于是,格利泽尔愤怒地说所谓巨人都是骗局,这引起王后大发雷霆,斥责格利泽尔嫉妒汤姆的功业。等到格利泽尔下场之后,我们在王后的独白中才知道,原来她自己爱上了大拇指汤姆!

> 王后:我该怎么办?.——老天啊!
> 我爱大拇指汤姆——但又不能对他说;
> 因为如果没有了贞洁,女人成了什么?
> 没有花边的大衣;没有卡子的假发,
> 出了洞的长袜。——没有了贞洁,
> 或没有了大拇指汤姆,我都不能活。
> 让我把贞洁和大拇指汤姆称一称,
> 这边放上贞洁,那边放上大拇指汤姆,
> 啊,大拇指汤姆比我的贞洁更沉重。
> 但是,等等!——我或许会成为寡妇:
> 阻止了这桩婚事,大拇指汤姆就是我的,
> 在那诱人的希望里,我把痛苦忘记。②

在第二幕第三场,我们看到陷入情恋中的匈卡曼卡:

> 匈卡曼卡:啊,大拇指汤姆! 大拇指汤姆!,为什么你是大拇指汤姆!
> 你为什么没有生长在血统高贵的王族?
> 为什么那伟大的矮脚鸡国王不是你的父亲?
> 或者是布伦特福德的国王,新的或老的?
> 马斯塔莎(Mustacha):我很惊讶您高贵的公主竟然会为那个小不点的大拇指汤姆伤心动情。他更适合做个玩具,而不是做丈夫。——

---

① *Tom Thumb*,第一幕第五场,第 392 页。
② 同上书,第一幕第六场,第 393 页。

如果他做了我的丈夫,他头上的角会和身子一样长。①

在这段公主和女仆的对话中,公主的第一句话像是模仿朱丽叶思念罗密欧,后面几句则与《作家的闹剧》的结局联系起来,而女仆的话则更像正常人的思维。但是,等下一场国王来到,宣布把公主许配给大拇指汤姆以后,公主的神情便云开日出,阳光灿烂。用国王的话说:"哈!窗帘收起来了,/高兴的乡村舞蹈出现在你的脸上,/你的眼睛放光,面颊红得像牛肉。"②如果说前边的比喻还比较贴切,最后把面容比作牛肉则大煞风景,而这就是菲尔丁所追求的讽刺效果。母女两人共同爱上大拇指汤姆,这既反映了美人爱英雄的传统,又有复辟时期风俗喜剧的特征。

紧接着在下一场传来大拇指汤姆死去的消息,公主受到刺激昏了过去。过了不久,大拇指汤姆赶来见公主,原来有人谋杀汤姆,一个女孩把她养的猴子打扮得像汤姆,结果被人毒死了。在第十一场国王下令大赦囚犯,举国欢庆,为公主和汤姆举行婚礼。最后一场却传来了真的不幸消息:大拇指汤姆在来宫途中被一头母牛给吃掉了,只有汤姆的鬼魂来到了宫廷。格利泽尔听到消息很高兴,但又遗憾自己没能亲手杀死汤姆,于是用剑刺杀鬼魂,并引起剧终时的一连串残杀,直到鬼魂和八条生命躺在舞台上。刺杀鬼魂成了该剧演出之后颇受争议的情节,因为按照常理鬼魂是没有生命的。从文学批评角度看,《大拇指汤姆》的情节可以说是比较简单的,只是利用民间故事题材,结合《格列佛游记》对小人国的描绘产生的影响,用滑稽手法来表现带有悲剧特点的故事。据说斯威夫特曾经声称一生仅笑过两次,其中一次就是看到格利泽尔刺杀大拇指汤姆的鬼魂。③

还在《大拇指汤姆》演出的时候,菲尔丁就开始不断修改剧本。在1730年演出季结束以后,他又对剧本进行了大规模修改,剧名也改为《悲剧的悲剧》,增加了许多注释,突显了对现代悲剧的讽刺模仿。《悲剧的悲剧》在剧情方面有了很大补充,篇幅扩充了约一倍。爱恋汤姆的女性除了公主和王后之外,增加了被俘的巨人国女王葛兰达尔卡(Glamdalca),她的名字源于格列佛在大人国的小保姆。④ 三个女性争夺汤姆,同时亚瑟王也

---

① *Tom Thumb*,第二幕第三场,第398—99页。
② 同上书,第二幕第四场,第399页。
③ 参看 Cross, *The History of Henry Fielding*,第一卷,第87页。
④ 格列佛在大人国的小保姆之名为葛兰达克利赤(Glumdalclitch),参看张健译《格列佛游记》,北京:人民文学出版社1979年版。

爱上了巨人国的女王。虽然王后爱汤姆的心事只有自己清楚,巨人国女王和匈卡曼卡公主却有争夺汤姆的直接交锋。著名画家霍格斯为该剧配的宣传画描绘的就是这个场面。在《大拇指汤姆》中,虽然格利泽尔曾经发誓要除掉汤姆这个情敌,但并没有真正实行,最后只好对汤姆的鬼魂发泄愤怒。《悲剧的悲剧》增加了格利泽尔和匈卡曼卡两人相爱的场面,然后格利泽尔去办结婚证;就在这时匈卡曼卡与巨人女王相遇,两人因对汤姆的爱情发生争吵,公主一怒之下决定立即和汤姆结婚,而受到伤害的巨人女王在愤怒沮丧中接受了国王的求爱。格利泽尔回来时,看到恋人已经投进了汤姆的怀抱。这种瞬息万变的爱情悲喜剧正表明了爱情的无理性。公主向格利泽尔申明说她的心胸宽广,装得下两个爱人:

> 啊!不要这么急着宣布我的末日,
> 我那宽阔的心胸装俩男人很容易。
> 像我这样的公主,上天至少配两次,
> 我已经嫁给了他,现在我就嫁给你。①

但是,格利泽尔却不能忍受,发誓要与汤姆决一死战。后来格利泽尔率部叛乱,国王派汤姆带兵迎敌。汤姆父亲的鬼魂预言战事可能出现悲剧结局,国王忧心忡忡,惶恐不安。大战的结果是汤姆战胜并杀死了格利泽尔,两人打斗的场面一定非常滑稽,虽然他们口中说的都是历来戏剧英雄的豪言壮语。

汤姆获胜的消息传来,国王欢欣鼓舞,命令大赦天下,庆祝汤姆与公主的婚姻。就在这时,努德尔(Noodle)来报告说汤姆在回宫途中遭遇不幸,被一头母牛吃掉了。听到这个消息,王后惊诧地差点晕过去:

> 努德尔:王后陛下要晕过去了。
> 王后:还没全晕过去,我还有力气
> 犒赏带来噩耗的信使。(杀死努德尔)
> 努德尔:啊!我被刺了。
> 克利欧拉(Cleora):我的情人被杀了,我要为他报仇。(杀死王后)
> 匈卡曼卡:妈妈被刺了!杀人犯,看剑。(杀死克利欧拉)

---

① *The Tragedy of Tragedies*, in *Plays*, Volume One, p.576.

都德尔(Doodle)：这一剑刺你心是为老情人报仇。（杀死公主）

马斯塔莎：这一剑，啊，都德尔，是因为新情人受伤。（杀死都德尔）

国王：哈！女杀人犯，着我这一剑，（杀死马斯塔莎）

还有自己挨这剑。（自杀，倒下）①

七条生命瞬间结束了，其中既有新的信息，也有不解的谜团。王后第一个出手刺死了努德尔，更表现了她对汤姆的爱恋，但她说的是杀死带来噩耗的人，国王对王后暗恋汤姆的隐情仍蒙在鼓里。克利欧拉杀死王后是为情人报仇，而都德尔杀死刚刚杀了克利欧拉的公主，则表明他对克利欧拉仍有旧情，这又刺激他的新情人马斯塔莎把他杀死。最后国王刺死马斯塔莎之后又给自己来了一刀。横尸舞台是悲剧结束时的常见场面，最有名的可能是《哈姆莱特》结束时国王、王后、雷奥提斯和哈姆莱特先后死去的场面。菲尔丁在这里对那种常见的悲剧场面进行了温和的讽刺。现代批评家彼得·刘易斯这样概括《悲剧的悲剧》结尾的意义："菲尔丁的观点是后来的剧作家模仿莎士比亚却又不具备他的眼光(vision)，因此他们的作品越过了界限而流于荒诞，只机械地保留了莎剧的形式，却丢掉了其内在的逻辑意旨。"②

《悲剧的悲剧》与《大拇指汤姆》相比最大的不同是增加了以 H. 涂鸦者二世(H. Scriblerus Secundus)的名义所作的注释，涉及 20 多位剧作家的 42 部作品。注释是模仿蒲柏在《群愚史诗》评注版的手法所做的，涂鸦者则来自斯威夫特、蒲柏和盖伊等人在 1713 到 1714 年形成的"涂鸦者俱乐部"(Scriblerus Club)。③ 这些评注基本上都是指出剧中的对白"影响"了哪些现代悲剧。作者假定《悲剧的悲剧》是伊丽莎白时代作品（甚至有可能是莎士比亚的作品），后来复辟时期和 18 世纪早期的英雄悲剧都受到它的影响。而实际上，作为 1731 年的作品，《悲剧的悲剧》的目的是讽刺嘲笑自

---

① *The Tragedy of Tragedies*，第三幕第十场，第 591 页。

② Peter Lewis, *Fielding's Burlesque Drama: Its Place in the Tradition* (Edinburgh: Edinburgh University Press, 1987), p.127.

③ "涂鸦者俱乐部"的三位重要作家分别在 1726 和 1728 年发表代表作：斯威夫特的《格列佛游记》(1726)，盖伊的《乞丐歌剧》(1728)，蒲柏的《群愚史诗》(1728)。蒲柏在 1729 年出版 *The Dunciad Variorum*，增加了许多注释；1742 年出版 *The New Dunciad*。两诗合并的最终版《群愚史诗》1743 年出版。See *The Dunciad Variorum* in *The Dunciad*, ed. James Sutherland (London: Methuen & Co. Ltd., 1943), pp.1—247.

复辟时期以来的英雄悲剧:是它讽刺模仿这些英雄悲剧,而不是英雄悲剧受它的影响。另一个值得注意的讽刺手法是,虽然 H. 涂鸦者二世在对《悲剧的悲剧》作注,但他自己并非真正学富五车;他有时通过注释给读者以帮助,更多的时候却以自己注释的无知或失误而受到读者的嘲弄,这也正是作者所要讽刺的涂鸦者形象。由于这些注释在印刷本里才能看到,演出时只能使部分对现代悲剧了解较多的人深有感触,因此完整的《悲剧的悲剧》是印刷本而不是演出本。J. 保罗·亨特这样评价说:"作为菲尔丁 23 岁时的成功作品,《悲剧的悲剧》当然还显露着年轻人的不成熟,但它仍然相当精确地揭示了菲尔丁之才华的力量和方向。在这里,以比较简单的形式,展现了他对当时风俗和理想的描述;他对于过去英雄时代的理解;他用评论和剧情互相检验的方法;他对于生命活力的深刻感知。"[1]这些特点后来在菲尔丁小说中得到了更充分的表现。

　　自从《悲剧的悲剧》问世以来,它就取代了《大拇指汤姆》。戏剧史家休谟认为,《悲剧的悲剧》"这类剧作并不是伟大的文学作品,但是剧场效果极佳,是出色表演的绝妙载体"[2]。《悲剧的悲剧》在 20 世纪也经常上演,不仅有在哈佛、耶鲁等大学的演出,还有如新维克剧团在 1974 年的演出。[3] 2003 年 3 月 1 日,在南卡罗莱纳州的哥伦比亚市举行的美国东南区 18 世纪研究学会的年会上,海滨卡罗莱纳大学的师生演出了《悲剧的悲剧》,受到与会学者的热烈欢迎。[4]《悲剧的悲剧》不仅是菲尔丁剧作中最有生命力的一部,而且也是受到批评家关注最多的一部。洛克伍德的导言用十几页的篇幅,分 18、19 和 20 世纪三部分论述对《悲剧的悲剧》的批评,[5]而他关于菲尔丁其他剧作的批评一般只有几段。在《悲剧的悲剧》经常上演的 1730 年代,观众和读者往往把它等同于它所嘲弄的那种语言空洞、虚张声势的英雄悲剧,人们观看只是因为它好玩可笑。甚至菲尔丁自己也在后来的著作中常常为这类剧作自责,认为它们没有多大价值。直到 18 世纪末才有批评家指出,《悲剧的悲剧》是在讽刺嘲笑英雄悲剧,不能把它等同于

---

[1]　J. Paul Hunter, *Occasional Form: Henry Fielding and the Chains of Circumstance* (Baltimore: Johns Hopkins University Press, 1975), p. 23.
[2]　Hume, *Henry Fielding and the London Theater, 1728—1737*, p. 61.
[3]　参看洛克伍德的导言,*Plays*, Volume One, p. 519.
[4]　*American Society for Eighteenth-Century Studies: New Circular*, No. 128 (Spring 2003): p. 2.
[5]　参看洛克伍德的导言,*Plays*, Volume One, pp. 519—535.

那些剧作。它的基本意义是讽刺现代英雄悲剧中空洞华丽的语言,大拇指汤姆在宫廷所受到的隆重接待以及得到女性的青睐在某种程度上表现了英雄形象的退化,与古代巨人般的英雄大相径庭。

《咖啡店政客》原名为《对强奸的强奸,或司法官作法自毙》,是菲尔丁在写了两部非传统剧作之后创作的一部五幕讽刺剧。最初剧名叫《对强奸的强奸》有利用热点新闻的考虑:1730 年 3 月发生了弗朗西斯·查特利斯上校强奸自己女仆的案件,罪犯被判处死刑,但在 4 月得到国王赦免。这一案件在当时引起极大争议,人们认为罪犯之所以被赦免是因为首相沃波尔包庇,强奸犯逍遥法外成了人们谈论的热门话题。① 菲尔丁剧本中的司法官司奎曾姆(Squeezum)这个形象显然利用了这一事件,是剧中的主要讽刺对象。剧本中的另一个突出形象是波利悌克(Politick)爵士,他的生活就是在咖啡店里海阔天空地议论国事。自从 17 世纪后期咖啡传入到英国以后,很快成为流行饮料,咖啡店应运而生,成了市民和绅士的聚会场所。咖啡店只允许男士进入,而且不能卖酒,是绅士们重要的社交场所,一杯咖啡在手就可以看着报纸高谈阔论,时事新闻,小道消息,文坛轶事和街巷争执都可以是绅士们的谈资。② 波利悌克爵士就是咖啡店里的政客,他对大陆的战端比对女儿的婚事更加重视,甚至要女儿向他学习,每天读报,不出一年也会成为熟悉世事的政客。他在剧中主要是个受到嘲弄的对象。

《咖啡店政客》由于其鲜明的政治讽刺性而受到马克思主义批评的青睐,1957 年英若诚的中文译本出版,成为迄今为止仅有的菲尔丁剧作中译本。萧乾在《菲尔丁——英国现实主义小说奠基人》中概括了该剧的剧情,并给予很高评价:"这出戏的主人公是法官司奎曾姆(压榨者),一个典型的贪官污吏。在处理一桩有关风化的案件时,他一方面向被告兰勃尔敲诈勒索,另一方面又企图倚势玷污那个叫喜拉瑞特的姑娘,结果自己却堕入法网——所以戏的副标题是《司法官作法自毙》。作者通过这个反面人物,刻画了资产阶级的伪善……剧本还通过这个讼棍与他妻子之间的相互欺诈,揭发了上流社会家庭关系的虚伪。全剧暴露的主要是英国司法制度的黑暗。"③对于司法官的攻击是讽刺作品的传统主题,菲尔丁利用了当时关于

---

① See Battestin, *Henry Fielding: A Life*, pp. 92—93.
② See Leslie Stephen, *English Literature and Society in the Eighteenth Century* (New York: Barnes & Noble, 1962), pp. 22—23.
③ 萧乾:《菲尔丁——英国现实主义小说奠基人》,第 14 页。

查特利斯强奸案以及欧洲大陆的战事,使这部剧作比他的前两部五幕喜剧与社会现实联系得更加紧密。在充分肯定该剧的社会政治讽刺意义的同时,也必须看到其浓郁的喜剧特色。就拿剧中的主要反面人物司奎曾姆夫妇来说,作者对他们的刻画就带有强烈的喜剧或滑稽色彩。虽然司奎曾姆玩法律于股掌,在家里却是个地地道道的"气(妻)管炎(严)。"他想用家里的四马大车,妻子说她要用;那他就用两马大车,但妻子说自己还没有决定到底用哪辆车,所以两车他都不能用。丈夫说要早点回来吃饭,妻子就说今天她正好要去拍卖会,得晚回来吃,而且要丈夫给100几尼在拍卖会上买个瓷盘!司奎曾姆指责妻子太挥霍,于是司奎曾姆太太大发雷霆:"现在问题就是这样:你说我浪费,我说我不浪费。除了在你那个法庭上之外,到哪儿人家也是相信我,不相信你,这我有把握。——亲爱的,你听着;要是每次我一有点小小的要求你就骂我浪费,我有办法报仇。我要揭露你,我要让大家看看你那些半夜里干的阴谋,什么保护私娼跟赌局子啊,贿赂陪审官啊,瓜分公款啊,我要把你所有见不得人的事都抖搂出来。大人,你要是拒绝我的要求哇,我很可能立刻就能享用我的寡妇产。"①这两个恶棍的窝里斗岂不让观众乐开怀?

还有更可笑的场面。在警官把喜拉瑞特和试图强暴她的兰勃尔带来之后,司奎曾姆太太看到兰勃尔很英俊,便为他开脱说他不会强暴女人:"先生,我希望结果证明您不过只是对她开个玩笑罢了。我必须承认,我一向都最反对在这种事情上使用暴力——心甘情愿的女人不是很多吗?"②她最后加上的这句话很有意思:表面上她是说兰勃尔不必用暴力,因为街上有很多自愿委身的人;实际上,作者暗含的意思是说她自己就很乐意委身给兰勃尔。因此才有了兰勃尔的旁白:"我看,这位倒用不着强奸。"③在接下来的一场里,我们看到的是司奎曾姆试图引诱或强暴喜拉瑞特,后者看清了这一点,便将计就计,以求脱身。与此同时,司奎曾姆太太和兰勃尔单独在一起,表面上劝兰勃尔认罪,实际上向他调情。后来,司奎曾姆太太在独白中说道:"我的好丈夫啊,既然你将来要下地狱去见魔鬼的,我一定不辞劳苦,给你在头上安一对犄角,好让你们哥儿俩彼此相像。我非把这个可爱的无法无天的小伙子弄到手不可,我也一定会把他弄到手的。我真

---

① 英若诚译《咖啡店政客》,第二幕第三场,第36—37页。
②③ 同上书,第二幕第四场,第40页。

是喜欢他,即使是他强奸了我,我从心眼儿里也会原谅他的"①。由于司奎曾姆夫妇是腐败邪恶的一丘之貉,观众对于他们之间的勾心斗角,互相欺骗,只能作为笑料看。在第三幕第十一场,急不可耐的司奎曾姆太太来与兰勃尔幽会。请听她的话:"唉,先生!我本来是想考察你,看你是不是真像他们说的那样。结果我发现你完全是一个不讨人厌的、安静的、有礼貌、有教养的上等人,一个即使是最有道德的女人也挑不出错来的人。"②就在他们半推半就地要完成"顺奸"时候,索特摩尔(Sotmore)的到来破坏了好事。司奎曾姆太太在从后门溜走之前对兰勃尔说:"半个钟头之内我给你来信。你一定会恢复自由的,那时我再告诉你到哪儿去见我。"③相似的场面出现在第四幕第六场:中计的司奎曾姆来与喜拉瑞特相会,让她讲述自己第一次与情人约会的经历。喜拉瑞特依计行事,最后出现了这样一幕:

  喜拉瑞特:我当时气得要死,拼命抗拒。他用加倍的气力向我进攻,我慢慢地松了劲儿。他苦苦哀求,我又叫又闹。他叹气,我哭了。他使劲抱我,我晕了。他……

  司奎曾姆:噢!——我再也受不了啦,我的仙女!我的天堂!我的宝贝儿!我的鸽子!我的心肝儿!

  喜拉瑞特:大人,您要干什么?

  司奎曾姆:我要吃了你,吞了你,把你挤成碎片!

  喜拉瑞特:救命啊!强奸啦,强奸啦!④

就在这时候,等在外面的索特摩尔听到喊声冲进来,司奎曾姆看到自己上当了:"我明白了,我是中了他们的计了;我这真叫作法自毙。要想逃命只有一条道,那就是我从前指点别人走的那条道。"⑤他的方法是用钱买自由。但是,喜拉瑞特需要的不是钱,而是把自己的恋人康斯坦特(Constant)和兰勃尔从被诬告的困境中解救出来。于是他们要求司奎曾姆写信放人,后者遵命而行,康斯坦特不久获释来与喜拉瑞特团聚。这时

---

  ① 英若诚译《咖啡店政客》,第二幕第十场,第51—52页。英若诚在注释中写道:"欧俗谓某人'头上生犄角',等于我国俗语所说某人'戴绿帽子'。同时,欧洲迷信传说,认为魔鬼头上也有犄角,所以这里说让他们'彼此相像'。"

  ② 英若诚译《咖啡店政客》,第79页。

  ③ 同上书,第81页。

  ④ 同上书,第97—98页,译文略有改动。

  ⑤ 同上书,第四幕第七场,第100页。

候,喜拉瑞特拿出司奎曾姆给她的钱包,说既然自己没有做他想要的事,也不能要他的钱。就在恋人要离开的时候,戏剧性的场面出现了:原来司奎曾姆在另一封信中命警官斯塔夫(Staff)带人来抓喜拉瑞特和康斯坦特,而酒鬼索特摩尔没有看信的内容,结果上了当。如果说喜拉瑞特退还司奎曾姆的钱表现了她的正直人格,司奎曾姆的阴谋则表明了他的阴险和狡诈。他得意地嘲弄索特摩尔说,"先生,你下次再勒索信件的时候,别忘了先检查一下内容"①。这一转折既丰富了司奎曾姆的性格,也为最后一幕的喜剧结局准备了条件。第五幕有几点特别值得重视,一是司奎曾姆从司法官的角度出发,认为沃尔及(Worthy)作为同行应该偏袒自己;二是司奎曾姆收买人做伪证,诬告喜拉瑞特,而被收买的伪证者中的一个恰恰是曾经试图强暴伊沙白拉(Isabella)的人;三是司奎曾姆太太的出现带来戏剧性变化:她指责司奎曾姆是最大的坏蛋。而波利悌克一出现,证明喜拉瑞特是自己的女儿,对她的所有指控也就烟消云散了。

虽然《对强奸的强奸》标题上霍然写着两个强奸,剧中实际上并没有强奸发生,有的只是诱骗和偷情。但"强奸"这个词却是多次出现,甚至可以说是贯穿全剧的主题。首先喊出"强奸"的是喜拉瑞特,因为兰勃尔把深夜在街上独自行走的喜拉瑞特误认为妓女而纠缠她。然后是第二幕在司奎曾姆家里,司奎曾姆逼喜拉瑞特指控兰勃尔强奸,而喜拉瑞特不想发誓作证,只想赶快获得释放。在第三幕开始,"强奸"又成为突出话题,因为要救人的康斯坦特被指控为试图强奸。在第四幕,当司奎曾姆要对喜拉瑞特施暴时,喜拉瑞特大喊"强奸"给索特摩尔信号来施救。而在第五幕,司奎曾姆指控喜拉瑞特玩阴谋,要诬告自己是"强奸"犯。由于强奸(甚至强奸未遂)是重罪,司奎曾姆在听到有人被指控强奸时自然抓住不放。他倒不是真正为了社会治安,只不过要勒索更多的金钱。在整部剧中,唯一真正的图谋强奸犯是司奎曾姆,但他已老朽,试图强奸本身就是可笑的;而他的太太则看到年轻漂亮的兰勃尔后就被他吸引,极力要和他勾搭成奸。这还是喜剧中老夫少妻风流故事的翻版。

由于《对强奸的强奸》上演时已经接近演出季的尾声,所以只演出了9场。到了新演季开始的11月,该剧又在草料市场小剧院演出一次,12月初林肯店广场剧院也排演了此剧,剧名改为《咖啡店政客》。关于改剧名的

---

① 英若诚译《咖啡店政客》,第四幕第九场,第 111 页。

原因批评家推测说可能有两个:一是查特利斯案已成历史,二是女观众对于"强奸"出现在剧名比较反感。① 《司法官作法自毙》这个副标题没有改,这样剧名和副标题正好反映了剧作两个主要人物的特点。但是两个人物之间的联系并不紧密,波利悌克在第一幕戏比较多,在第二幕简单露面向治安法官沃尔及报告女儿失踪,但仍然只关注国外战事。因此沃尔及在这一幕结束时自语道:"我记得,十年前,我们一块儿在巴思温泉的时候,他这种对政治的嗜好就已经开始萌芽,可是现在比那个时候可要厉害得多了。他居然连丢掉了自己唯一的女儿也能全不在意,可见其对政治迷恋之深了!"②在第三、四幕波利悌克则完全没有露面,最后在第五幕出来解救受到陷害的女儿。主要情节之间联系不紧的问题是菲尔丁剧作的一个突出毛病,这个毛病或许正表现了作者对多重主题的关注,虽然戏剧形式对此并不太适合。劳拉·布朗在分析小说取代戏剧成为大众文学的原因时就特别指出戏剧在反映生活方面的局限性。③ 该剧第五幕的大团圆场面——兰勃尔原来是波利悌克之子,伊沙白拉死而复生,且财产也没有损失——与《作家的闹剧》最后的一系列"发现"一样太出人意料,几乎不可信。但这也是喜剧常规,难以避免的。菲尔丁后来的小说中仍经常利用这种手法,不过要成熟得多。

在 1730 年 12 月演出之后,该剧就基本上退出了历史舞台,直到 20 世纪中期被重新发现。英若诚在"译后记"中写道,《咖啡店政客》"曾先后在列宁格勒喜剧院、莫斯科讽刺剧院和苏联其他剧院上演"④。洛克伍德在"导言"中提到,1959 年伯纳德·迈尔斯偶然在旧书店里看到了《咖啡店政客》,把它改编成音乐剧《把你女儿锁起来》。"从 1959 年 5 月 28 日首演开始,《把你女儿锁起来》演出了 330 场。1962 年,该剧再次上演,先在美人鱼剧场,后来在西区;1969 年又再次上演。1960 年,该音乐剧先后在纽海文和波士顿上演,以便为在纽约演出做准备。由于剧评不佳,波士顿检察官也反对,最后没有成功。但那一年该剧在多伦多演出成功,次年在墨尔本,后来也在美国的不少地区演出过……该剧以《对强奸的强奸》为剧名的

---

① 参看洛克伍德的导言,*Plays*,Volume One,第 414 页。
② 英若诚译《咖啡店政客》,第二幕第十二场,第 56—57 页。
③ See Laura Brown, *English Dramatic Form, 1660—1760: An Essay in Generic History* (New Haven: Yale University Press, 1981), p.180.
④ 英若诚译《咖啡店政客》"译后记",第 144 页。

原版1983年在纽约的索霍保留剧目专用剧院(Soho Rep)上演,连续演出20场。"① 除了经常上演的《悲剧的悲剧》之外,《咖啡店政客》应该说是菲尔丁剧作中在现代世界最受重视的作品。

第三节 新演季的探索

经过了一鸣惊人的1730年演季以后,菲尔丁在1731年只写出了两部新作:《写信者,或把夫人留在家的新办法》和《威尔士歌剧,或灰母马是好马》。"1730年以后,菲尔丁剧作中的人物及其面临的困难所具有的意义,超越了他们在舞台的虚构个人生活,而与观众的生活联系起来。"② 也就是说更关注当时的热点话题,这两部剧作都有此特点。《写信者》是三幕闹剧,旨在讽刺当时社会生活中出现的写信敲诈的现象:有人匿名写恐吓信,要求收信人在规定时间地点送去钱物,否则就会遭到暗杀、抢劫等报复。剧中的两位绅士威兹德姆(Wisdom)和索福特利(Softly)为了把夫人关在家里,便于自己在外面寻欢作乐,交替编造写给各自夫人的恐吓信。威兹德姆的夫人收到信后遵命待在家中,但仍然和情人雷克尔(Rakel)约会;索福特利的夫人收到恐吓信更加积极外出,照样会见情人。丈夫们的诡计并没有真正起作用。《写信者》在当时只演出了四次,后来到了1928年曾在伦敦上演。③ 该剧的结尾有些像《乡下夫人》,就是在夫人们偷情骗局即将被揭露时,两位夫人的亲戚康芒斯(Commons)利用她们送的信没有写收信人名字这个便利条件,自己承认是收信人而救了急,使所谓的惩罚解除了。不然就太严厉,不像喜剧或闹剧了。而两位夫人在交换自己接到的恐吓信时发现它们是对方的丈夫所写的,两人同时也发现自己的情人竟然都是雷克尔。该剧对当时的法律制度进行了讽刺:只要宣誓作证就可以给犯人定罪,但怎样确定证言的真伪则很难,因为无赖汉们根本不拿发誓当回事儿。里斯科(Risque)就直言不讳地说他可以先作证得到奖赏,也可以作反证。在第三幕第七场,里斯科在作证前对要他作伪证的索福特利说道:"先生,我有点感到良心不安。我听说您更善于收买无赖互相作证攻击,但

---

① 参看洛克伍德的导言,*Plays*, Volume One,第417页。
② Matthew J. Kinsenik, *Disciplining Satire: The Censorship of Satiric Comedy on the Eighteenth-Century London Stage* (London: Associated University Press, 2002), p.67.
③ Lockwood ed, *Plays*, Volume One, p.616.

不善于在事后向他们支付报酬。因此,假定这次您又想这么做,我倒愿意先得到报酬再说"①。

《写信者》的一个重要表现手法是反讽(Irony)。威兹德姆和索福特利两位都觉得自己的夫人最贞洁,而实际上都被蒙在鼓里,因为两位夫人各自与雷克尔私通。但是,我们对这两位受到夫人欺骗嘲弄的丈夫并不同情,因为他们罪有应得:正是他们为了把夫人限制在家里而借用当时的流行风潮,伪造恐吓信。这出闹剧的特点是几乎没有一个好人。该剧关于老夫少妻必然戴绿帽子的故事也是喜剧的永恒主题。索福特利夫人正要与雷克尔幽会,突然遇到丈夫回家,夫人急中生智,把雷克尔说成是送自己回家的正人君子;雷克尔在威兹德姆家与主人撞了个满怀,后来仆人打破窗户制造袭击假象的安排都很有意思。菲尔丁在后来的小说创作中仍常用这些手法,以取得特殊的喜剧效果。

《威尔士歌剧》则有明显政治讽刺性,目标指向受妻子卡罗琳左右的英王乔治二世。该剧是作为短剧与《茂提莫之倒台》一起演出的,由于《茂提莫之倒台》明显映射当朝首相沃波尔而被禁演,《威尔士歌剧》也受到影响。后来充实改编为《格拉布街歌剧》,因种种原因未能公演,剧本也是多年以后才在菲尔丁著作集出版。根据现代《菲尔丁传》的作者白特斯廷教授的研究分析,菲尔丁很可能与当权者达成了某种妥协,得到了经济补偿,从而自愿取消了《格拉布街歌剧》的演出。② 考虑到菲尔丁在下一个演季成为伦敦最著名的德鲁里巷剧院的常驻编剧,并把精心创作的《现代丈夫》题献给首相沃波尔,白特斯廷的分析应该说是有道理的。

正式出版的《格拉布街歌剧》剧本前有导言,采用作者与演员对话的方式。演员说他很赞成剧本改名,作者说改名是为了使格拉布街的批评家满意,不要老是喋喋不休地指责。作者还指出所谓格拉布街实际上不仅指那条街或者那条街的文人,也指一切无聊文人聚集的地方,包括政坛。导言的结尾是一段韵文,像通常的序诗一样,向观众说明该剧的内容或主旨是关于夫妻主仆之间的关系等等。《格拉布街歌剧》的剧情包括三个方面。一是欧文·阿普申肯(Irving Apshinken)爵士与夫人的关系。爵士受夫人的管制,自己沉醉烟酒,家政任由夫人处理。二是爵士的儿子小欧文·阿普申肯和仆女到处调情。他喜欢佃户阿普肖尼斯(Apshones)的女儿莫莉,

---

① *The Letter-Writers*, in *Plays*, Volume One, p. 660.
② Battestin, *Henry Fielding: A Life*, p. 122.

想和她偷情；莫莉虽然爱他，但更看重名节，表示如不结婚则宁愿做一辈子处女。三是爵士家仆人之间的爱情关系。小欧文造了两封假信使管家罗宾与恋人斯威提萨发生激烈冲突，并导致罗宾与车夫威廉的争斗。在争斗时仆人们互相揭短，显示没有一个人是正直诚实的。最后，小欧文把莫莉带到家里来表示要与她结婚，并承认自己写假信的恶作剧，从而解决了仆人之间的矛盾。全剧以四对恋人都成眷属，一起舞蹈结束。《格拉布街歌剧》一共三幕，30多场，其中有60多首插曲，包括著名的《老英国的烤牛肉》，是菲尔丁剧作中插曲最多的。里维罗称其为菲尔丁的"第一部有明显政治倾向的剧作，也是他的第一部完整的歌谣剧"①。

《格拉布街歌剧》的讽刺面很广，既包括家庭中的夫妻冲突，也包括主仆之间、仆人之间、恋人之间和地主与佃农之间的矛盾。但是，这些讽刺往往点到为止，不穷追猛打；而且作者强调这些矛盾是人性使然，谁都难以避免的。虽然欧文·阿普申肯爵士与夫人之间的矛盾是剧本一开始就指出的，当时的读者也一眼就可以看出是映射国王和王后的关系，但这对矛盾在剧中的表现相当有节制。剧本表现最集中的是男女仆人之间，特别是罗宾和斯威提萨的关系，还有小欧文与莫莉的关系。另外，管家罗宾和车夫威廉之间的关系在一定程度上暗喻首相罗伯特·沃波尔和加入反对派的威廉·普尔特尼两人的冲突，但是作者并不是站在一方立场上反对另一方，而是表现他们两人实际上半斤八两，没什么本质区别。因此，从政治寓言方面来解释，讽刺的重点不是国王和王后，而是他们的仆人，也就是当权的宫廷大臣及其反对派。在第一幕第五场，斯威提萨在与威廉的恋人马格莉的对话中说，威廉攻击罗宾只不过是因为威廉"想得到他（罗宾）的地位"而已②。在第三幕第十四场，仆人们互相揭短，各不相让，牧师出来调解说，"如果管家罗宾比其他人行骗更多，我看原因不过是他有更多机会行骗"③。言外之意就是，别人若得到他的机会，也会照样行骗。这可以说是菲尔丁在这个阶段政治态度的鲜明表露。

《格拉布街歌剧》对小欧文这个形象的处理颇值得注意。他还没有出场，我们就通过夫人与牧师的对话了解到他是个好追逐女性的角色，见一个爱一

---

① Rivero, *The Plays of Henry Fielding*, p. 89.
② *The Grub-Street Opera*, in Henry Fielding, *Plays*, Volume Two, ed. Thomas Lockwood (Oxford: Clarendon Press, 2007), p. 79.
③ Ibid., p. 123.

个。夫人要求牧师赶快让家中未婚的仆女结婚以便使儿子安全,这有些让我们想到《红楼梦》中王夫人为宝玉而担心,把漂亮女孩逐出大观园。小欧文造假信挑起罗宾与恋人斯威提萨的冲突,自己从中渔利的行为也基本符合花花公子的举止。他跑到佃户阿普肖尼斯家和莫莉调情被拒绝,于是来找莫莉的父亲。阿普肖尼斯严词警告小欧文:"我虽然失去了财产,但骨气还在;我是你父亲的佃户,但不是他的奴隶。——虽然你糟蹋了许多可怜女孩而没有受到惩罚,你却不一定总是这么成功——因为,我告诉你,先生,给我带来屈辱的人也必然给他自己带来毁灭。"①正是阿普肖尼斯义正词严的一番话使小欧文暂时打消了和莫莉偷情的意图,回到家里和仆女调情,但在这里又碰了壁,因为三个仆女已经各有其主。最后他终于向莫莉正式求婚,并把她带来让父母祝福。在这里,他们两人的恋爱故事与大约十年以后理查逊创作的《帕梅拉》差不多,都是地主少爷与穷女子的恋爱,而且对男方来说都是在引诱不成的情况下被迫结婚。只不过这里小欧文的父母健在,居然对这一突破阶级界限的婚姻没有任何阻拦,似乎有些过于理想化了,而莫莉一直爱着欧文则比帕梅拉的虚伪掩饰更自然合理。

斯威提萨在第三幕第七场看到罗宾之后的一段话对"名声"(Honor)的分析很有意义:"他来了——爱情会像一阵风把我吹到他的怀里,只是名声的线把我拉住——名声,它让女人说的谎话比金钱让律师说的谎话还多"②。此时,斯威提萨已经知道所谓苏珊给罗宾写的信是假的,因为她不识字,但罗宾仍然认为斯威提萨和威廉相好,在欺骗自己。下面是他看到斯威提萨后的一段自语:"看她站在那儿!那个虚假的女人。——可是,她虽然犯了错,她对我的灵魂仍然比阳光更珍贵——如果不是名声从中作梗——我的名声,它不能允许我同一个不贞洁的女人结婚。我必须放弃名声,或者放弃她——一个仆人没有了名声就没有了一切!——上等人是多么幸福啊!不管他们做什么都不会损害名声。——他们的名声在无赖行为中得到检验,就像金子经过火烧一样,根本不受影响。"③如果说斯威提萨的自语主要表现了名声对个人行为的束缚,罗宾的话则更进一步揭示了名声对于不同阶级的不同作用:有权有势的人可以不受名声束缚,而普通人丢了名声就丢了一切。从这些方面可以清楚看到该剧的讽刺意义。

---

① *The Grub-Street Opera*, p. 105.
②③ Ibid., p. 115.

第三章 中期戏剧创作

经过 1730 和 1731 年两个演季，24 岁的菲尔丁成为伦敦最成功的剧作家，当初对他不予理睬的德鲁里巷剧院聘请他担任驻院作家。1732 年元旦，菲尔丁创作的闹剧《彩票》在德鲁里巷剧院作为《凯托》(Cato)之后的短剧上演。《彩票》的情节很简单，乡下女人克罗(Chloe)买了张彩票，自以为必能中一万英镑大奖，便写信要商人斯托克斯(Stocks，股票)先生帮助投资理财，自己随后到伦敦。恰好纨绔子杰克·斯托克斯来找哥哥借钱，斯托克斯先生便让弟弟冒充雷斯勋爵去行骗。克罗来到伦敦，她在乡间的恋人洛夫莫尔(Lovemore)也追了来，但她只钟情于假的雷斯勋爵，并马上同他结了婚。不久彩票开奖，克罗什么也没有中，杰克·斯托克斯这才知道自己是和一张空彩票结的婚。但他最后并非一无所得，因为只要他同克罗解除婚约，洛夫莫尔情愿出一千镑，这对于身无分文的纨绔子弟来说是天上掉馅饼。这个剧作情节简单，所描绘的又是当时很有代表性的社会现象，剧中 19 首歌曲音乐很美，因此虽然艺术成就并不很高，剧场演出效果却非常好。凯瑟琳·拉夫特尔[Catherine Raftor，1733 年结婚后成为凯瑟琳(吉蒂)·克拉夫 Kitty Clive]这时候刚刚在德鲁里巷剧院登台，她有一副好嗓子，在剧中扮演克罗十分成功。1 月份演出以后菲尔丁又进行了修改，增加了抽奖的情节，2 月演出取得更大成功。戏剧史家罗伯特·休谟教授指出："修改以后，《彩票》在这个春季又演出了 14 场，也就是说总共演出了 29 场，这一定让德鲁里巷的经理们欣喜若狂。该剧流行了很久：在 1740 年代每年都上演；到 1760 为止差不多每年都演；直到 1783 年还不时演出——经常连演多场。这种'常胜剧'(用提词员约翰·道尼斯的话)很少见，而这正是三巨头(Triumvirate)想从菲尔丁那里得到的。"[1]显然，菲尔丁在德鲁里巷剧院一炮打响，预示着更加成功的未来。

---

[1] Robert D. Hume, *Henry Fielding and the London Theater, 1728—1737* (Oxford: Clarendon Press, 1988), p. 120. "三巨头"指的是当时德鲁里巷剧院的三个主要演员和股东，包括经理考利·西伯、罗伯特·威尔克斯和巴顿·布斯。

第一节　传统喜剧的代表作《现代丈夫》

1732年2月14日,菲尔丁的五幕喜剧《现代丈夫》上演,连续演出14场。菲尔丁在1730年就开始构思创作这部喜剧,同年9月4日致玛丽·蒙塔古夫人的信中就提到征求她的意见。这说明与《作家的闹剧》和《大拇指汤姆》这些急就作不同,菲尔丁是以十分严肃的态度来创作《现代丈夫》的,白特斯廷称其为"英雄"(Heroic)喜剧。[①] 如果说菲尔丁在此前的喜剧闹剧作品中嘲笑的是人世间的各种缺陷或过失,他在《现代丈夫》所讽刺抨击的则是世间的邪恶丑行。虽然年轻的菲尔丁自己生活中有浪荡子的特征(比如赌博、嫖妓等等),但他对婚姻的态度却是很严肃的。与复辟喜剧以某种玩赏的态度表现诸如通奸、欺骗等主题不同,菲尔丁严厉痛斥引诱已婚女性的通奸行为,更抨击出卖妻女色相来升官聚财的无耻勾当。白特斯廷还引查尔斯·B.伍兹教授的观点说,直到萧伯纳创作《华伦夫人的职业》英国戏剧史上才又出现类似作品,或许这是萧伯纳盛赞菲尔丁剧作的一个原因。[②]《现代丈夫》是菲尔丁的第四部五幕喜剧,是他创作的所有五幕喜剧中最为成功的一部。白特斯廷引当时的评论说《彩票》和《现代丈夫》两剧的成功使菲尔丁获得近千镑的收入。但作为没落贵族后裔的菲尔丁没有新兴中产阶级的攒钱本能,剧本成功获得的收入转眼就在赌场上消失了。[③] 另外,由于受到《格拉布街报》等的攻击,《现代丈夫》在第一个演季风光之后就消失了,只是到了1995年才又在英国被搬上舞台。[④]

《现代丈夫》剧本前有菲尔丁致首相沃波尔的献词,对其极力阿谀奉承。由于《现代丈夫》的情节涉及丈夫利用妻子色相交易,而当时社会上有关于沃波尔妻子不忠的传闻,批评界曾经认为菲尔丁的献词是反讽,亨特甚至说献词是"菲尔丁最大胆的反沃波尔"行为。[⑤] 现在批评家基本都同意菲尔丁是真心向当朝首相献媚,希望得到恩宠。作为享有王室特许权的

[①] Martin C. Battestin, *Henry Fielding: A Life* (New York: Routledge, 1989), p.129.
[②] Ibid., p.130.
[③] Ibid., p.131.
[④] Martin C. Battestin, *A Henry Fielding Companion* (Westport, Conn.: Greenwood Press, 2000), p.184.
[⑤] J. Paul Hunter, *Occasional Form: Henry Fielding and the Chains of Circumstance* (Baltimore: Johns Hopkins University Press, 1975), p.57.

德鲁里巷剧院驻院作家,菲尔丁想得到首相的恩宠提携是很自然的,而有意冒犯则不合情理。以前批评家把菲尔丁塑造成一贯反对沃波尔的斗士形象并不符合实际,其他讽刺作家的行为可以做参考。J. H. 普拉姆在《罗伯特·沃波尔爵士传》中写道:沃波尔觉到可笑的是"斯威夫特来拜访他,并期望最终实现升迁的梦想——考虑到他不久前刚写完《格列佛游记》,这件事让人感到很莫名其妙"①。伯特兰·A. 戈尔德卡也在专著中指出斯威夫特、蒲柏、盖伊等作家都曾经设法得到首相的青睐资助,发现沃波尔对作家们置之不理后,才转而对其激烈抨击。② 罗纳德·鲍尔逊在他的新作《菲尔丁评传》中则认为,"菲尔丁是模棱两可。沃波尔的桂冠诗人出演里奇利勋爵而不以西伯出面这种巧合,正对应了沃波尔接受献词而不认为剧作是讽刺自己。但是,这并不表明菲尔丁不在乎这两种情势的意义,或者说这不是他习惯做的向不同观众发话,但表面上两者都接受"③。献词之后的序诗很有意思,开始就写到作者年轻不懂事的时候曾经错误地把荒诞当艺术,创作了《大拇指汤姆》那类作品,有杀死鬼魂等不合情理的内容。现在作者认识到自己的失误,要重新真实自然地描写生活。他明确写道,该剧要表现的是两个罕见的人物:一个是自愿戴绿帽子的丈夫,一个是受丈夫支持出卖肉体的妻子,这是现代社会邪恶的突出表现。④ 从献词到序诗,可以说清楚展示了菲尔丁政治态度和艺术观念的变化,这都与他从处于边缘的草料市场小剧院来到王室特许剧院的身份变化有很大关系。

《现代丈夫》的人物主要包括现代先生夫妇、里奇利(Richly)勋爵和白拉莽特(Bellamant)夫妇。现代先生对妻子与里奇利勋爵通奸行为视而不见,并以此赚得 1500 镑。剧本开始里奇利勋爵已经对现代夫人不再感兴趣,因为他的嗜好就是引诱女人,成功之后很快便喜新厌旧,转移目标。现代夫人的嗜好是打牌赌博,但近来手气不好,输个精光,正为弄不到打牌的钱而发愁。白拉莽特夫妇从农村来到城市,夫人很快对城市的所谓社交生

---

① J. H. Plumb, *Sir Robert Walpole*: *Volume II*: *The King's Minister* (London: Cresset Press, 1960), p. 104.
② See Bertrand A. Goldgar, *Walpole and the Wits*: *The Relation of Politics to Literature*, *1722—1724* (Lincoln: University of Nebraska Press, 1976), 尤其是第二至四章。
③ Ronald Paulson, *The Life of Henry Fielding*: *A Critical Biography* (Oxford: Blackwell, 2000), p. 57.
④ *The Modern Husband*, in Henry Fielding, *Plays*, Volume Two, ed. Thomas Lockwood (Oxford: Clarendon Press, 2007), pp. 213—214.

活感到厌倦,丈夫则因为生意损失,情绪低落。他受到现代夫人的引诱,从妻子手里要回100镑给现代夫人。里奇利勋爵听说白拉莽特夫人美丽贤惠,便想引诱她,以证明自己的魅力。他的移情别恋引起现代夫人的嫉妒,但后者想到白拉莽特夫人最终也会遭到遗弃,等于自己报了仇,便同意帮助勋爵在自己家里安排约会。为此里奇利勋爵愿意支付20个几尼,并许诺如果引诱白拉莽特夫人成功将再付100镑。在剧情高潮的第四幕,里奇利勋爵引诱白拉莽特夫人被严词拒绝,与此同时,现代夫人在和白拉莽特先生相会时被密谋敲诈勒索的现代先生发觉,要告官起诉。

到这里喜剧似乎要有一个悲剧结局,因为白拉莽特先生的通奸行为既被妻子发现,又受到现代先生敲诈,可以说是进退两难。这时在剧中以配角出现的盖伊维特(Gaywit)凭借自己的才智挽救了白拉莽特。盖伊维特是里奇利勋爵的侄子,曾经和被父母逼婚的现代夫人偷情,并仍然受到她的钟爱,但他现在已经爱上了白拉莽特的女儿爱米丽。他与现代夫人相会,并在会面时得知了现代先生的敲诈阴谋,其他当事人则在暗中偷听,后来一起出来作证,从而粉碎了现代先生的阴谋。最后,白拉莽特夫人原谅了丈夫的不忠行为,盖伊维特与爱米丽、小白拉莽特与里奇利的女儿夏洛特结婚,本想害人的里奇利勋爵和现代先生遭到失败。里维罗指出:"在《现代丈夫》中,美德在与最可怕的敌人进行斗争之后才取得的胜利,斗争中的有效武器不是嘲笑,而是白拉莽特夫人对不忠实丈夫的爱情。"①《现代丈夫》的情节在某些方面让人想起琼森的讽刺喜剧《狐狸》。在那部剧作中,商人科维诺本来特别怕自己的美貌妻子受到他人染指,总是把她关在家里,戒备森严。但是,为了能成为富豪伏尔蓬涅的继承人,他竟然逼迫妻子与伏尔蓬涅同床。可以说他就是一个见钱眼开,毫无道德观念的现代丈夫。② 菲尔丁在他的最后一部小说《阿米莉亚》中又利用了这个情节,塑造了特伦特上尉利用妻子卖身求职的形象。

《现代丈夫》情节虽然不太复杂,但社会讽刺面很广。现代夫人除了偷情养家,最主要的社交嗜好是打牌。第一幕第二场有这样一段对白,爱弗尔-普雷(Ever-Play 总打牌)夫人差人邀请现代夫人第二天晚上打四人牌,现代夫人要仆女查看牌局约会的日程,发现已经安排到三个星期以后,最

---

① Albert J. Rivero, *The Plays of Henry Fielding*: *A Critical Study of His Dramatic Career* (Charlottesville: University Press of Virginia, 1989), p. 117.
② 参看何其莘:《英国戏剧史》,南京:译林出版社,1999年,第136页。

早的空闲是三周后的星期四!① 在剧情发展中我们了解到,现代夫人前一天晚上手气不顺,在四人牌中输个精光,现在打牌已经没有赌资,在为此发愁(第一幕第四场)。后来她从新情人白拉莽特"借"得100镑。第二幕第十场现代夫人在名为"冒险"(Hazard)的牌戏中大显身手,获得全胜,但接下来就在与里奇利玩二人牌匹凯特(Piqet)时把借来的一百镑输了出去。两人打牌时,里奇利的一段话很好地揭示了虚荣女性的特点:"我对你们女人很了解。让一个女人相信她打牌不高明,就如同让她相信自己不漂亮一样是不可能的。前者会让她气得撕牌,后者会让她砸镜子。"② 在这儿赢了钱的里奇利在第三幕第十场与白拉莽特夫人玩匹凯特,并有意输给她。虽然只输了5镑,他却以没零钱为由给了她100镑。后来白拉莽特夫人觉得奇怪,想到他可能不怀好意,决定尽快把钱还给他。谁知到家正好碰上丈夫急需钱(因为现代夫人又向他借钱),便把100镑钞票给了丈夫。白拉莽特一看,正是自己上午借给现代夫人的那一张,而白拉莽特夫人怕丈夫起疑心找里奇利决斗,不想讲明实情,结果恩爱夫妻之间一时产生了没法解决的纠纷。

虽然现代夫人出卖肉体,是剧作讽刺的对象,但是作者对她还是多少有点同情。剧本表明她嫁给现代先生完全是父母包办,本来就没有爱情可言。后来曾经与盖伊维特暗中相好,她和里奇利勋爵的通奸关系则是在丈夫的纵容支持下的一桩生意。因此现代夫人在一定程度上也是一个受害者,而她的丈夫则是把夫人肉体作为自己摇钱树的恶棍。现代先生想以捉奸的方式继续敲诈里奇利,但是现代夫人说那会损害自己的"名誉"(Reputation),两人之间有这么一段对话:

> 现代夫人:你不能说服我,名誉对我来说比生命还重要。
>
> 现代先生:真奇怪! 一个对于牺牲贞洁实质不在乎的女人,竟对失去名誉这个影子那么在意。
>
> 现代夫人:影子才是最宝贵的——名誉是贞洁的灵魂。
>
> 现代先生:那倒也是,肉体死了,灵魂还会活好久。但对我来说,贞洁不过是个响动,而名誉只是贞洁的回声罢了。③

---

① *The Moderen Husband*, in *Plays*, Volume Two, p. 220.
② 同上书,第二幕第十一场,第 243 页。
③ 同上书,第一幕第四场,第 222 页。

现代夫妇的这段对话把当时社会不讲贞洁、只重名声的虚伪特性很清楚地表现了出来。在被里奇利抛弃的情况下,现代夫人为了继续赚钱便引诱了白拉莽特。最后现代先生设计捉现代夫人和白拉莽特幽会的奸,让仆人作伪证等等都是严重的犯罪行为。剧中另一个受到严厉谴责的反面形象是里奇利勋爵。他惯于玩弄女性,凭借自己的贵族地位和金钱后盾,以引诱女性成功然后把她们抛弃为乐。他虚情假意,两面三刀,毫无道德观念。他的门庭经常挤满了寻求帮助的人,而他也总是当面说得很好听,却从来没有真正帮助过什么人。作为盖伊维特的监护人,他执意要侄子同自己的女儿结婚,虽然两人之间并没有爱情。但是,剧本的结尾体现了所谓诗性正义,害人者走向失败,白拉莽特先生真心悔过,得到夫人原谅。盖伊维特最后与白拉莽特的女儿爱米丽结婚,而里奇利的女儿则爱上了白拉莽特的儿子,里奇利要陷害白拉莽特一家的阴谋终于破产。正如马修·J.金森尼克所言,"对婚姻的肯定提供了必需的喜剧结局,但是菲尔丁对伦敦流行的社会政治腐败的抨击使该剧成为一部讽刺喜剧。自始至终,该剧诚实的说教意义是显而易见的"①。

《现代丈夫》是菲尔丁最下工夫的传统五幕喜剧,也取得了很大的成功。根据白特斯廷教授的研究,该剧之所以只演出了14场,原因是主要演员生病了,而此后《格拉布街报》等报刊的攻击使人们对该剧产生了偏见。② 平心而论,《现代丈夫》本身也的确有一些明显弱点,比如第二幕最后一场是现代夫人和里奇利两人谈话打牌,第三幕第一场仍然是两人的谈话打牌,为何在这里分开两幕让人难以理解。唯一的解释可能是这样表明两人打牌时间很长,所以现代夫人才输掉100镑。最突出的弱点是白拉莽特受到现代夫人引诱的原因不清楚。白拉莽特有幸福的家庭,妻子美貌贤惠,让人难以找到他与现代夫人通奸的理由。尤其是他在指责儿子白拉莽特上尉的纨绔子生活时的严厉态度,与他自己的通奸行为十分矛盾,使他显得像个说一套做一套的伪君子。白拉莽特在第三幕第十三场的独白也表现了这种矛盾。在前一场白拉莽特再次向夫人借100镑,白拉莽特夫人就把在打牌时里奇利留下的100镑给了他。下面是白拉莽特的独白:"我是多么卑鄙啊!我就没有一点名誉或感恩意识吗?我能伤害这样的女人

---

① Matthew J. Kinsenik, *Disciplining Satire: The Censorship of Satiric Comedy on the Eighteenth-Century London Stage* (London: Associated·University Press, 2002), p.76.

② Battestin, *Henry Fielding: A Life*, p.131.

吗?我怎么算伤害她!只要她没发觉我对她的激情减弱,她就没有被内在的减弱伤害:只要她没有怀疑我的秘密享乐,那我就没有给她造成秘密痛苦。"①这种自欺欺人的诡辩显然经不起推敲。菲尔丁自己可能也意识到这个问题,在他后来创作的小说《阿米莉亚》表现相似主题时,布思与马修斯在监狱的婚外恋情就比较可信。另一个问题是两对青年人的恋爱并没有得到充分描写,他们最后的幸福婚姻来得十分突然。这当然也与该剧表现的主题不在浪漫婚姻,而在讽刺现代社会对婚姻的亵渎有关。值得一提的是,白拉莽特上尉和夏洛特交谈的一场虽然明显模仿康格里夫的《如此世道》,但由于增加了上尉假说自己的恋人是白蒂的小骗局,让夏洛特如坐针毡,最后完全抛弃小姐的矜持而去追赶情人。这一场的喜剧特色浓郁,很像中国现代流行的喜剧小品。

第二节 新探索与新挫折

1732年6月1日,菲尔丁的闹剧《老色鬼》与戏仿讽刺剧《考文特花园悲剧》一起上演,但后者在演出一场之后就被撤下,前者则获得了连续演出25场的不错成绩。《老色鬼》取材于在法国发生的天主教神父强暴忏悔女的事件,在菲尔丁的剧作之前其他剧院已经有了利用这一热门话题的作品。《老色鬼》是一出三幕短剧,主要人物有拉龙(Laroon)父子、约丹(Jourdan)父女、马丁神父。老拉龙看中了约丹的家产,给儿子和约丹的女儿伊萨贝拉订了婚,两个年轻人也真心相爱,马上就要结婚。伊萨贝拉向马丁神父作婚前忏悔,马丁神父贪恋伊萨贝拉的美色,谎称她应该得到上帝的青睐。聪明的伊萨贝拉听出神父话中有话,便将计就计,看他有什么花招。在听了老约丹的忏悔之后,马丁神父说他罪孽深重,必须把女儿送进修道院为他做祈祷才能免除将来进炼狱受苦的惩罚。拉龙父子分别扮作教士(Friar)试图说服老约丹别信马丁的那一套,赶快同意女儿结婚。但是老约丹中毒很深,甚至怀疑自己中了邪,坚决反对女儿结婚。最后,小拉龙扮作伊萨贝拉,把马丁神父骗到一个房间,让他自己暴露了老色鬼的丑恶面目。

唐纳德·托马斯指出菲尔丁的剧作只是利用这个热门话题,实际上对

---

① *The Moderen Husband*, in *Plays*, Volume Two, p.254.

事件的描写更受莎士比亚名剧《温莎的风流娘儿们》的影响。① 伊萨贝拉从一开始就认清了马丁神父的面目,有意引他上钩。马丁神父自己对于伊萨贝拉到底是单纯无知还是精明机灵也弄不清楚,但受到情欲驱使,一步步落入陷阱。凯瑟琳·拉夫特尔扮演的伊萨贝拉无疑是该剧最出色的人物,但是老约丹的愚蠢受骗让人想起琼森名剧《狐狸》中受骗的一群遗产追求者,老拉龙对于儿子婚姻的武断态度则很像菲尔丁后来在《汤姆·琼斯》中塑造的乡绅威斯屯。该剧是菲尔丁最严厉攻击天主教的作品,他还通过老约丹的口用反语赞扬了英国宗教信仰自由的政策。在第三幕第九场,老约丹这样指责女儿:"你那些可鄙的想法都是你在邪恶的异教英国所受的教育造成的,那里的人们愿意信什么就信什么,大部分人什么都不信。"②而伊萨贝拉所表现的年轻女子的聪明机智,几乎可以说带有某种女权主义色彩。全剧结束时的双韵句是这样的:"只要女人决心和男子相好,/神父和魔鬼都不能使她动摇。"③《老色鬼》中还有一个人物比阿特丽丝,她是伊萨贝拉的朋友,第一幕第一场她正在准备进修道院。后来直到全剧快结束时她才作为证人再次出现,似乎是个多余的人物。如果说有作用,那就是作为一个受教育者:她开始准备进修道院,最后看到神父如此邪恶,便决定还是过世俗生活为好。

《考文特花园悲剧》是菲尔丁在《大拇指汤姆》之后创作的又一部对现代悲剧的戏仿讽刺剧。但是,《大拇指汤姆》获得了空前的成功,并且以后常演不衰,而《考文特花园悲剧》却在第一次演出就遭到失败。原因在于两剧戏仿的对象不同。《大拇指汤姆》戏仿的是现代悲剧华而不实、空洞无物的语言,而《考文特花园悲剧》要戏仿的则是悲剧的主题:与传统悲剧描写高大的英雄人物不同,《考文特花园悲剧》描写的是妓女和嫖客的故事。考文特花园一带是伦敦妓院比较集中的地区。卖淫嫖娼这个所谓历史最悠久的行业一直存在,在 18 世纪更有泛滥的趋势。菲尔丁在当了治安法官之后给威斯敏斯特地区大陪审团的训令中写道:"把这种邪恶从社会铲除,虽然是清醒正派人的愿望,却没有实现的可能。但是限制其蔓延,打击明

---

① Donald Thomas, *Henry Fielding* (New York: St. Martin's Press, 1991), p. 96.
② *The Old Debauchee*, in *Plays*, Volume Two, p. 336.
③ Ibid., p. 339.

目张胆的无耻活动,是治安法官权限之内的,是他的职责。"①《考文特花园悲剧》则把妓女嫖客的下流谈笑搬上了舞台,有些对话甚至比色情小说的描写还露骨。虽然在剧场看戏的很多人可能对妓院的存在熟视无睹,甚至自己也参与此类交易,但那是私下的事,舞台上的公开表演却是不能容忍的。因此也就不难理解该剧首演失败的遭遇。但是,在道德禁忌更加宽松,又经历性解放洗礼的 20 世纪 60 年代,《考文特花园悲剧》这部遭到 18 世纪观众反对的剧作却在 1968 年被重新搬上舞台,并获得了演出成功。马丁·白特斯廷和丹尼尔·托马斯在各自的《菲尔丁传》中都强调按照现代审美观点来看,菲尔丁的这部作品颇有可取之处。② 菲尔丁若九泉有知,不知会有何感想。

《考文特花园悲剧》出版本有一个相当长的前言,其中引述了两个所谓批评家的评论。③ 这篇前言也是带有戏仿性质的。作者说一般作品前面都有宣传广告性质的吹捧信或诗歌,他找不到,只好用两位批评家的评论。但作者已经对这两位批评家的资历水平进行了定位,实际上是让这些所谓批评家自己出丑,从而达到为作者辩诬宣传的目的。比如第一个批评家说他曾经在《现代丈夫》首演时大发嘘声,但后来发现它连演不衰,只好承认它是部成功的作品,直到后来《格拉布街报》的评论使他确信该剧原来并不成功。后一个批评家则因为《悲剧的悲剧》和《现代丈夫》的成功而对作者的任何作品都持否定态度,所以见了《考文特花园悲剧》就要拉开架势历数其罪状。这样的批评自然是作者拿来作自我宣传的好材料。前言之后是序诗,先历数悲剧的来源,然后指出本剧的特点。悲剧历来都是关于宫廷贵族大人物生死故事的,本剧写的却是发生在妓院嫖客妓女之间的故事。这似乎不符合悲剧常规,但作者强调宫廷贵族的生活与一般民众生活相去甚远,而嫖客妓女之间的故事则再普通不过了,因此更可以给人以教益,引以为鉴。④《考文特花园悲剧》的素材来源于当时生活。在考文特花园一带开妓院的伊丽莎白·尼德姆因为失去了保护人而在 1731 年 4 月被枷刑示众,其间受到围观者的击打,于 5 月 3 日死去。菲尔丁剧作中的老鸨就

---

① "A Charge Delivered to the Grand Jury" in *An Enquiry into the Causes of the Late Increase of Robbers and Related Writings*, ed. Malvin R. Zirker (Middletown, Conn.: Wesleyan University Press, 1988), p. 23.
② See Battestin, *Henry Fielding: A Life*, p. 136; Thomas, *Henry Fielding*, p. 93.
③ *The Covent-Garden Tragedy*, in *Plays*, Volume Two, pp. 366—371.
④ *The Covent-Garden Tragedy*, p. 372.

是以这个人物为原型创作的,剧中关于妓女生活的描写也有现实依据。①
1731年霍格斯创作的系列蚀刻画《妓女的历程》也利用了伊丽莎白·尼德姆。菲尔丁大约此时结识霍格斯并成为好友,后者也曾为《悲剧的悲剧》创作宣传画。② 可以说在1730年代早期妓院生活成为一个相当热门的话题。此时的菲尔丁20多岁,还没有结婚,与其他年龄相近的浪荡子一样光顾妓院,对其生活相当了解。他把这个题材搬上戏剧舞台既有取悦于同仁,也有社会讽刺的用意。

　　《考文特花园悲剧》的篇幅很短,情节也十分简单。悲剧一开场,老鸨的一句台词可以说惊世骇俗:"在这个堕落时代谁愿做老鸨!"③我们通常觉得老鸨正是堕落的标志,是最没有资格抱怨社会堕落的人。但是从另一方面来说,连老鸨都抱怨社会堕落,可见其堕落之严重。妓院与戏院相邻,这既是事实,也带有一定的象征意义。从复辟时期开始戏剧演出有了女演员,这时期的戏剧又以描写社会风情的喜剧为主,戏院在一定程度上与妓院联系起来。④ 老鸨打听戏是否演完了,等着看完戏的人到妓院来消遣。由于戏院的演出在一片嘘声中结束,失望的观众也没有多少兴趣来妓院消遣,所以只看到比尔库姆(Bilkum)上尉在和车夫争吵车费。比尔库姆的名字意思是拖延付款,他不仅给车夫的车费少一半,嫖妓也欠账。但是由于他军人出身,好打抱不平,深得妓院老鸨器重。他提出要找小姐,并向老鸨借半个克朗,老鸨都连声答应⑤,因为妓院缺了这种敢打敢拼的人保护也开不下去。在第二幕第三场老鸨对妓女斯托曼德拉(Stormandra)这样说道:"这样的地方没有了强人(Bully),/就像木偶表演缺了主角"⑥。比尔库姆想不花钱找斯托曼德拉,但是斯托曼德拉最喜欢的是洛夫格娄(Lovegirlo),而后者却更钟情于吉辛达(Kissinda)。第二幕第六场斯托曼德拉和吉辛达为了洛夫格娄而争风吃醋的冲突纠纷有些与《乞丐歌剧》相似。斯托曼德拉于是要比尔库姆去杀洛夫格娄,他们的决斗是在第十场由莱热塞德(Leatherside)报告的,吉辛达听到洛夫格娄被杀的消息当场就晕

---

① See Battestin, *Henry Fielding: A Life*, p. 135; Thomas, *Henry Fielding*, pp. 94—96.
② Paulson, *The Life of Henry Fielding*, p. 89.
③ *The Covent-Garden Tragedy*, in *Plays*, Volume Two, p. 375.
④ See Kirsten Pullen, *Actresses and Whores: On Stage and in Society* (Cambridge: Cambridge University Press, 2005), pp. 24—25.
⑤ *The Covent-Garden Tragedy*, in *Plays*, Volume Two, p. 379.
⑥ *The Covent-Garden Tragedy*, p. 391.

倒了。① 比尔库姆杀了洛夫格娄以后，却发现斯托曼德拉已经上吊自杀了，妓院里的爱情于是引来传统爱情悲剧的结果，这个结局与《大拇指汤姆》横尸满台的结局有些相似。但是最后一场却把一切又颠覆了：洛夫格娄没有死，比尔库姆的剑只穿透了他的大衣；斯托曼德拉也没有死，窗前吊着的只是她的衣服。于是洛夫格娄与吉辛达，比尔库姆与斯托曼德拉各成眷属，悲剧以喜剧告终。

第三节　为凯瑟琳·拉夫特尔(克拉夫)写戏

由于《考文特花园悲剧》第一次演出之后就因观众反对而被迫放弃了，《老色鬼》又太短，菲尔丁在几天时间内匆匆翻译改编了莫里哀的闹剧《屈打成医》，作为短剧与《老色鬼》一起演出。17世纪法国剧作家莫里哀是因为主剧《愤世嫉俗》格调太沉重，所以创作了轻松的闹剧《屈打成医》来配演，结果却歪打正着，带动主剧也连演不衰。菲尔丁的剧本不是简单的翻译，而是把它改编成了一出英国剧。英文剧名意思是《庸医》或《江湖骗子》，中文因莫里哀原剧译名的习惯译为《屈打成医》：多卡丝(Docas)因为丈夫打自己而想报复，这时候正好碰上两个仆人要找治哑医生，但是丢了姓名地址；于是多卡丝就把自己的丈夫格里高利说成是医生，但必须在棍棒之下才承认。剧作的后半部主要是讽刺医生卖弄学问骗人，却救了因为反抗父亲决定的财产婚姻而装哑的女儿。帕特·罗杰斯认为，对于当时的观众来说，该剧最吸引人的是本国色彩，特别是菲尔丁借格里高利这个形象来讽刺伦敦最臭名昭著的庸医约翰·米骚宾(John Misaubin)，正如霍格斯在讽刺画中所做的。② 剧中多卡丝的扮演者凯瑟琳·拉夫特尔在《彩票》中已经表现了她出色音乐天赋，于是菲尔丁就创作了多首插曲使她充分展现才华。其中的第八首可以试译如下：

　　若想凭你的技巧，
　　能骗多卡丝吃药，
　　那你就不是老道政客；
　　若妻子能听规劝，

---

① *The Covent-Garden Tragedy*, p. 399.
② Pat Rogers, *Henry Fielding: A Biography* (New York: Charles Scribner's Sons, 1979), p. 61.

顺从地吞下药丸，

每个丈夫都会看内科。①

这是多卡丝看到屈打成医的丈夫要报复自己时而发出的感想，表现了她不受丈夫奴役欺骗的性格。菲尔丁在《屈打成医》译本序言中先简述了莫里哀创作此剧的原因，然后说自己改编此剧的时间更短。序言倒数第二段特别提到凯瑟琳•拉夫特尔的表演才华："谈及剧院涌现出的新星，我不能不提到一个演员，虽然多卡丝的角色不能使她充分发挥，但她已经让最出色的判官认定为舞台的天才：她在《老色鬼》中已经表明她的才华不仅在于歌喉；我敢发誓，她一定能在更复杂的角色中有出色的表演。"②最后，菲尔丁还强调自己是改编而不是简单翻译，并要读者对照近期出版的直译本比较两者的优劣区别。这部剧作虽然是仓促改编的作品，却取得了很大成功。菲尔丁在演季结束之后又进行了修改补充，在下一个演出季中继续上演，并在整个18世纪都十分流行。

1732—1733年的演出季是菲尔丁在德鲁里巷剧院的第二个演季。这个演季于1732年9月8日开始，演出的正剧是复辟时期名剧《彩排》，配演的短剧是《屈打成医》。鉴于改编《屈打成医》获得的成功，菲尔丁又改编了莫里哀著名的五幕喜剧《吝啬鬼》，并于1733年1月3日开始排练。但是，不久伦敦传染病流行，许多演员病倒，严重影响了排练进程，直到2月17日才正式演出。由于流行病的影响，这个演季的演出时断时续，《吝啬鬼》仍然至少演出了23次，"是菲尔丁所有五幕喜剧中最成功的"③。《吝啬鬼》的结尾有考利•西伯撰写的尾诗，其中调侃性地说作者（指译者菲尔丁）因原文没有尾诗，也不想加尾诗，所以让自己来代劳；但他的尾诗也不长，不过大致应景而已。这是老西伯与菲尔丁最后一次合作。④ 同改编《屈打成医》一样，菲尔丁根据英国文化传统和剧院演出特点对原作进行了富有创造性的修改。他把《吝啬鬼》主角的名字改为洛夫古德（Lovegold 爱金），以突出他爱钱如命的特征；把原剧中的媒婆换成了女仆拉普特（Lappet），并添加了她和男仆兰米利相恋的情节，与主人的爱情故事相映

---

① *The Mock Doctor*, in *Plays*, Volume Two, p. 458.
② Ibid., p. 430.
③ Battestin, *Henry Fielding: A Life*, p. 163.
④ *The Miser*, in *Plays*, Volume Two, p. 489. 威斯林版把西伯撰写的尾诗（Epilogue）放在剧前。

成趣。① 拉普特的角色给凯瑟琳·拉夫特尔提供了大放光彩的机会。她那张翻云覆雨,黑白颠倒的嘴几乎达到了无所不能的程度。拉普特可以说是一个和《西厢记》中红娘类似的形象,她和相好的男仆兰米利的爱情争斗也很有特色。菲尔丁还修改了原剧第五幕比较荒唐的大团圆结局,使剧情更为合理可信。奥斯丁·道伯森写道,菲尔丁的《吝啬鬼》"完全超过了莎德威尔和欧泽勒早先的两个译本,伏尔泰盛赞译本给原作'增加了许多带有英国特色的对话'"②。在18世纪《屈打成医》和《吝啬鬼》这两部莫里哀名剧一直是以菲尔丁改编本演出,使他享有"英国的莫里哀"的美誉。19世纪以后才恢复为严格的翻译本,但著名文学史家谢尔朋仍然认为菲尔丁改编本《吝啬鬼》是英文本中最出色的。③

为了进一步发挥凯瑟琳·拉夫特尔的特长,菲尔丁专门为她创作了独幕讽刺歌谣剧《戴伯拉:或你们大家的妻子》,4月6日作为短剧与《吝啬鬼》一起演出。可惜这个剧只演出了一次,剧本也没有出版。威斯林版菲尔丁著作集戏剧卷的编者洛克伍德教授指出,鉴于《戴伯拉》的人物中有法官和律师,现代学者推断其内容可能涉及诉讼纠纷。④ 我们现在已经无法知晓它为何如此短命。按照白特斯廷教授的分析,菲尔丁可能有意讽刺旅居伦敦的德国作曲家韩德尔的同名清唱剧《戴伯拉》。韩德尔的《戴伯拉》1733年3月17日演出,王室全体成员出席观看,韩德尔因此把票价提高一倍,引起观众不满。虽然后来菲尔丁在作品中对韩德尔音乐大加赞美,此时他显然站在韩德尔的对立面对他进行嘲讽,这自然引起王室和沃波尔政府的不快。"只有从这最高层来的压力才有可能解释为何菲尔丁的《戴伯拉》不仅只演出了一次,而且从未出版。"⑤

就在德鲁里巷剧院由于受到传染病影响而经营困难的时候,管理层也出现了问题。从1720年开始,德鲁里巷剧院就形成了西伯、布斯和威尔克斯共同管理的三驾马车局面,在与另一个王室特许剧院的竞争中一直处于

---

① 参看李健吾译《吝啬鬼》,上海:开明书店,1949年,第2页。他译的主角名字为"阿拉贡",把媒婆"福罗席纳"称为"女策士"。

② Austin Dobson, *Henry Fielding: A Memoir* (New York: Dodd, Mead & Company, 1900), p. 32.

③ George Sherburn and Donald F. Bond, *The Restoration and Eighteenth Century* (1660—1789), Volume III of *A Literary History of England*, ed. Albert C. Baugh, 2nd. Ed. (New York: Appleton-Century-Crofts, 1967), p. 890.

④ 参看洛克伍德为《吝啬鬼》写的导言,*Plays*, Volume Two,第469—470页。

⑤ See Battestin, *Henry Fielding: A Life*, p. 165.

优势地位。但是，罗伯特·威尔克斯1732年9月去世拉开了管理层震荡的序幕。1733年1月，生病的巴顿·布斯把自己所持的股份卖给了约翰·哈茂尔；西伯准备退休，曾经许诺把自己的股份转给儿子提奥菲利斯，但是到了1733年3月他却把股份高价卖给了约翰·哈茂尔。这样一来，同德鲁里巷剧院没有任何关系的哈茂尔成了剧院最大的股东，长期在剧院当演员，一直等待顺利接班掌权的小西伯却成了打工仔。于是，提奥菲利斯·西伯一气之下带领着大多数演员到菲尔丁以前待的草料市场小剧院演出，同德鲁里巷剧院唱对台戏。① 刚刚在德鲁里巷剧院站稳脚跟的菲尔丁选择同新的管理层站在一起。在新演出季菲尔丁修改了《作家的闹剧》，在其中增加了讽刺小西伯的内容，1734年1月15日演出，以进一步表示自己的"立场正确"。配演的短剧是两幕喜剧《精明的仆女》，也是为了展示凯瑟琳（此时她已经结婚，名字也变成了凯瑟琳·克拉夫）的特长。

《精明的女仆》是菲尔丁改编的法国作家让-弗朗索瓦·雷格纳德(Jean-Francois Regnard 1655—1709)的作品《不期而归》。为了发挥凯瑟琳·克拉夫的演唱特长，菲尔丁把原作中的男仆改为女仆，剧名也改为《精明的女仆》，并增加了12首插曲。关于三部改编自法国喜剧的作品，洛克伍德写道：菲尔丁"的《屈打成医》与原作很接近，《吝啬鬼》则与原作有较大区别，而到了《精明的女仆》原作基本上只提供了情节和人物框架"②。出版的剧本前有致凯瑟琳·克拉夫的献词。菲尔丁首先对克拉夫表示感激，然后对献词传统进行批评。他说一般的献词都是献给权贵的，目的不是对过去得到的帮助表示感激，而是为了将来得到恩宠犒赏，因此语言常常言不由衷，充满阿谀奉承之词，甚至作者自己想起来都不免脸红。联系到菲尔丁在《现代丈夫》献词中对沃波尔首相的吹捧，我们可以感觉到他似乎是在自责。菲尔丁虽然对克拉夫成名之时不幸遇到剧院风波而遗憾，但仍为自己发现克拉夫的表演天才感到自豪，并进一步赞扬说她虽然在台上演的往往是可笑或者邪恶的女性，台下却是贤妻、孝女和挚友。紧接着菲尔丁赞扬克拉夫在剧院管理层和演员的争执中没有随波逐流，而是坚持在德鲁里巷剧院演出。③

克拉夫在这部剧作中的角色莱提丝(Lettice)和在《吝啬鬼》中的角色

---

① See Battestin, *Henry Fielding: A Life*, p.167.
② "Introduction" to *The Intriguing Chambermaid*, in *Plays*, Volume Two, p.567.
③ *The Intriguing Chambermaid*, in *Plays*, Volume Two, p.581.

拉普特相似,也是个机智聪明的红娘形象。剧中人物瓦伦坦(Valentine)心地善良,但好挥霍,在父亲离家的时间里把家业几乎挥霍一空,债台高筑,面临进监狱的困境。他与夏洛特相爱,但后者的姑妈哈曼(Highman)夫人要把她嫁给有钱的老光棍。婚姻爱情问题上的三角冲突也与《吝啬鬼》类似。瓦伦坦正在家里办盛宴时,突然听说父亲回来了,比原定的时间提前十个月。他一时没了主意,只好让莱提丝先到门口应付,尽量拖延时间。莱提丝在门口挡住古戴尔(Goodall),千方百计和他周旋。先说瓦伦坦花钱买了哈曼夫人房产,又说原来的房子着了鬼,正在让牧师祛邪。这时候哈曼夫人恰好来到,莱提丝告诉古戴尔说哈曼夫人疯了,她的话不能相信。她又对哈曼夫人说古戴尔疯了,在两个老人之间挑起一场互相以为对方是疯子的争吵。最后莱提丝实在没有办法,只好悄悄溜走。古戴尔终于进了家门,看到家里一片狼藉,发誓要把儿子赶出去。但是,后来发现夏洛特与瓦伦坦真心相爱,哈曼夫人也同意他们的婚姻,古戴尔明白儿子心地不坏,只是太挥霍无度,便原谅了他,最终皆大欢喜。这部剧作的情节,特别是瓦伦坦的形象似乎影响了18世纪后期谢里丹创作的《造谣学校》中查尔斯形象的塑造。剧本最后的尾诗也是克拉夫朗诵的,其中说到作者以后应准备两首尾诗,以便应付演出成功座无虚席和演出失败人去楼空的不同结局,进一步表明了菲尔丁对尾诗这种常规的轻蔑。

第四节 《堂吉诃德在英国》

虽然菲尔丁和克拉夫竭力支持剧院管理层,维持剧院经营,德鲁里巷剧院的管理层却只为自己利益考虑。掌握最大股份的约翰·哈茂尔把股份转让给另一人,此人很快与小西伯为首的造反演员进行谈判,达成妥协。等他们胜利返回时,严重得罪了提奥菲利斯·西伯的菲尔丁只好离开。虽然德鲁里巷剧院此前已经开始排演《堂吉诃德在英国》,该剧的首演却是在草料市场小剧院。白特斯廷教授认为菲尔丁可能是在莱顿大学时受到荷兰多风车的启发,所以想到把风车当巨人的堂吉诃德,从而创作了此剧。[①]回国以后菲尔丁曾经把剧本给西伯和布斯看,他们都没有兴趣,因此就束之高阁了。在1734年的选举中,菲尔丁的一些朋友成了沃波尔政府的反

---

① See Battestin, *Henry Fielding: A Life*, p. 65.

对派,他自己的政治态度也开始变得比较明朗,把热门话题选举内容增加了进去。《堂吉诃德在英国》就是在这种情况下上演的。在剧本出版时,菲尔丁更是明确地把它献给了在 1733 年因反对消费税法案被沃波尔解职,从而成为反对派领袖的切斯特菲尔德勋爵,赞扬他是捍卫自由的斗士,反对腐败的先锋。这是菲尔丁在政治上明确支持反对派的开始。

《堂吉诃德在英国》是三幕轻喜剧,其中有一些插曲,包括菲尔丁从《威尔士歌剧》中移植过来的《老英国的烤牛肉》。插曲多仍然是想利用克拉夫的特长。但是在造反的演员回到德鲁里巷剧院,菲尔丁被迫离开时,克拉夫作为名演员没有离开,所以在草料市场小剧院的演出没有克拉夫。《堂吉诃德在英国》包括三个"不令人信服地串起来"的主题。[1] 一是堂吉诃德把旅店当城堡,把旅客当巨人而引起的喜剧冲突。二是法尔洛夫(Fairlove)与多萝西亚(Dorothea)相爱,共同对抗洛夫兰德(Loveland)为财产把女儿嫁给乡绅白吉尔。三是关于选举的议题:由于当地没有反对派,候选人觉得当选没有问题所以不会出钱招待选民。市长以为堂吉诃德是个假装游侠骑士的有钱人,让他作为反对派候选人可以逼迫别的候选人出钱。这是对当时贿选习俗的讽刺,但是这一新增加的内容在剧中表现得并不充分。比较有代表性的是市长第一幕第九场的这一段话:"我邀请人来当反对派候选人,是请他来为他的党派花钱。等两党能花的钱都花了,每个诚实的人都会按照自己的良心去投票。"[2]市长在第二幕第三场试图说服堂吉诃德参加竞选。由于堂吉诃德脑子里装的全是骑士道,听到花钱贿选,勃然大怒,把市长赶了出去,关于选举的话题也就基本结束了。

这部剧作给观众或读者印象最深的,一是店主因为堂吉诃德住店不给钱而引发的苦恼,二是桑丘富有幽默情趣的谈吐。全剧开始的对话就表现了这两个方面的特点:

> 古泽尔:别给我说什么堂吉诃德,或堂比尔兹巴伯。一个人来到我的店里,连吃带住,还给我说是个游侠骑士。他是个流浪的无赖;如果他还不付帐,我就找司法官来抓他。

---

[1] Harold Pagliaro, *Henry Fielding*:*A Literary Life* (New York:St. Martin's Press, 1998), p.97.

[2] *Don Quixote in England*, in *The Works of Henry Fielding*, *Esq.*, ed. with a Biographical Essay by Leslie Stephen, in Ten Volumes (London:Smith, Elder, and Co., 1882), Volume 9, p.458.

桑丘：朋友，我的主人可不怕抓；你要是去过西班牙，就会知道他这类人不受法律约束。

　　古泽尔：先生，别给我提什么西班牙，我是个英国人，在这里谁都不能高于法律。如果你的主人不付账，我就把他牢牢地关起来，他要从那里出来，就像你们西班牙人想进直布罗陀一样难。

　　桑丘：古语说得好，这里那里，没啥关系（That's neither here nor there, as the old saying is）；许多人在一个地方被关起来，在另一个地方被放出去。人们闩上房门把无赖挡在外边，锁上牢门把无赖关在里面。他若今天因盗马被吊死了，明天就不用给马买料了。①

　　这段对话不仅说明了堂吉诃德的来历，表现了店主的爱国心，也把桑丘的风趣谈吐刻画了出来。主仆两人在第二场的一段对话更富有讽刺意义。桑丘对堂吉诃德说："我们到了一个可怕的国家。在这里要是犯了法，绅士也得受惩罚。"堂吉诃德回答说："那么说游侠骑士真是没用处了。不过，我告诉你吧，傻瓜，监狱在各个国家都是给穷人住的，不是给绅士的。一个穷人抢了有身份的人五个先令要进监狱；有身份的人可以抢劫成千的穷人，仍然待在自己家里。"②这种借堂吉诃德之口表达的社会批评在剧中屡见不鲜。堂吉诃德醉心于骑士道，有些像个疯子。他把旅店当作堡垒，看到大车来到以为是巨人的战车，便把守在旅店门口不让大车进店，气得店主毫无办法。桑丘的某些举动也有些疯疯癫癫。堂吉诃德让他去给心上人杜尔西尼亚致意，他却躲在厨房里吃喝，然后他要多萝西亚的朋友杰兹白尔冒充杜尔西尼亚去见堂吉诃德，以至于店老板娘说，"我有点拿不准主仆两人谁更疯"③。

　　到最后，当法尔洛夫与多萝西亚两个真心相爱的人面对父亲的逼婚压力时，堂吉诃德有一段慷慨陈词的演说："你嫁女儿是为她还是为自己？如果是为了她，以追求幸福为目的却带来受罪的结果，岂不荒唐？在婚姻问题上，金钱是应该考虑的一个因素；但是父母往往考虑太多，而恋人们则考虑太少。要想婚姻幸福，爱情和财产二者缺一不可。一方面的缺失是不能靠另一方面的丰富来满足的；那个家伙就是有百万家产，他在你女儿眼里

---

① *Don Quixote in England*，第一幕第一场，第443页。
② 同上书，第一幕第二场，第445页。
③ 同上书，第三幕第二场，第479页。

也不如这个只有千镑的青年。"①他的话竟然使财迷的洛夫兰德豁然开窍,转而支持女儿自主恋爱,从而保证了喜剧结局。该剧结尾的联唱讽刺世人为了财产地位而发疯的荒唐举动:

> 人都是疯子,一点也不假;
> 有人为高升,
> 有人为爱情;
> 一些人疯狂为发家,
> 另一些人疯狂为消费。
> 廷臣是疯子不用说,
> 可怜的信徒
> 骗人的高足,
> 一些人疯狂为祸国,
> 另一些人疯狂救同类。②

从律师到诗人,从男人到女人,世间找不到不疯的人。在这种情况下堂吉诃德的疯不仅不奇怪,甚至更胜一筹。

第五节 再回德鲁里巷昙花一现

由于菲尔丁到草料市场小剧院时已经接近演季的结束,他在这个演季没有新的作品。1735年1月6日,菲尔丁新创作的闹剧《老人变聪明,或贞女显原形》在德鲁里巷剧院上演,这也是菲尔丁专门为名演员克拉夫创作的。父亲古德威尔(Goodwill)一生勤勤恳恳,攒下万镑家产。为了肥水不流外人田,他决定要把家产留给女儿,并为女儿在亲戚中找个对象。他自以为对女儿教育有方,女儿从小对自己百依百顺,因此在选对象方面也一定会遵从自己的意愿。

闹剧开始是父亲的独白,说人们攒钱有乐,传财却无喜,因此最好是给女儿找个如意郎君,这样自己的晚年也就有了依托。③ 不久女儿露西上场,父女俩的对话很有意思:

---

① *Don Quixote in England*,第三幕第十四场,第492页。
② 同上书,第497页。
③ *An Old Man Taught Wisdom, or The Virgin Unmasked*, in *The Works of Henry Fielding, Esq.*, Volume 10, p. 3.

古德威尔:我的宝贝儿,想不想找个丈夫啊?

露西:找个丈夫,爸爸!哎呀!

古德威尔:来,这个问题十六岁的女孩儿能回答。你愿意找个丈夫吗,露西?

露西:我要有大车吗?

古德威尔:不,不,大车和丈夫有什么关系?

露西:您知道,爸爸,约翰·威尔西(Wealthy)爵士的女儿是她丈夫用大车接走的;好几个邻居给我说,我结婚的时候会有大车。说真的,我都梦见大车上百次了。①

当时的所谓六马大车是时髦女人最向往的嫁妆,露西的要求正反映了这一点。父亲问女儿有没有意中人,女儿说她最想嫁的是邦斯勋爵的男仆托马斯,他虽然是个仆人,却漂亮健壮,比得过任何绅士。但是,父亲不高兴,要在亲戚中为女儿挑选丈夫。第一个来到的亲戚是开药房的布利斯特尔(Blister),他一来就要给父亲把脉问诊,后来见了露西也是这一套。因为古德威尔有万镑家产,布利斯特尔千方百计要笼络住露西。听到露西说恨他,布利斯特尔说:"那是嫁给我的最好理由;女人现在嫁的都是她恨的人;互相恨是婚姻的主要目的。大多数配偶结婚前恨,所有的配偶结婚后都恨。"②他还表白说只要露西同意嫁给自己,她要干什么都行。第二个求婚者库皮(Coupee)是个舞师,上来就要教露西跳舞。第三个求婚者叫奎伍尔(Quaver),是个歌手,认为音乐是最重要最高贵的科学。几个求婚者各以自己的职业最高贵,互相不服气,几乎大打出手。最后来到的沃姆伍德(Wormwood)是个律师,看到求婚者的争吵便说愿意提供法律服务。这时候古德威尔出来阻止,说他们都是亲戚,自己邀他们来是想从中挑一个女婿。他的条件是女婿必须放弃自己现在的职业,但四个人谁都不想这么做。正在这时露西带托马斯进来,说他们已经结了婚。至于她对其他求婚者的许诺,那也没有关系,因为她对托马斯的许诺最早。托马斯虽然是个仆人,颇懂事理:"我曾经在大户人家待过,知道人们看重的不是某一个人,而是他有什么财产;眼下世人最在乎的是金钱;如果我的努力可以使您的财产增值,从而让我的后人地位升高,那么就没有理由因为我曾经是仆人

---

① *An Old Man Taught Wisdom, or The Virgin Unmasked*, in *The Works of Henry Fielding, Esq.*, Volume 10, p. 4.

② Ibid., p. 10.

而不让我的儿子或孙子成为勋爵。"①听到托马斯的这一番话,古德威尔觉得有道理,高兴地为女儿女婿祝福。克拉夫的出色表演使该剧成为菲尔丁最流行的作品之一,在18世纪经常上演。

2月10日,菲尔丁的又一部五幕喜剧《遍献殷勤,或不同的丈夫》上演,但只勉强演出了三场,作者总算没有颗粒无收。在致马尔伯罗三世公爵的献词中菲尔丁抱怨该剧的遭遇,悲叹自己和家庭的不幸。《遍献殷勤》的一个特点是只分幕,不分场,每一幕的场景变化不大。剧名中的"遍献殷勤"者是斯帕克(Spark)上尉,他对女人几乎是见一个爱一个,但在剧中并没有太大作用。这部作品主要表现的是西蒙·拉夫勒(Simon Raffler)爵士和他的弟弟拉夫勒上校对待夫人的不同态度,他们是所谓"不同的丈夫"。爵士嫉妒成性,对夫人的一举一动谨慎防范;上校则恰恰相反,对夫人的行为丝毫不加限制,并主动邀请纨绔子到自己家里聚会。因此兄弟俩的生活可以说形成对照:西蒙·拉夫勒爵士忧心忡忡,防不胜防,而拉夫勒上校则无忧无虑,自得其乐。他们的夫人也迥然不同:爵士的夫人恨丈夫,并从丈夫受到嫉妒心折磨的过程中得到自己的乐趣,而上校的夫人则觉得丈夫对自己不在意,因此红杏出墙,与蒙狄士(Mondish)勾搭成奸。哈罗德·帕格里阿洛指出:"《遍献殷勤》具有一些菲尔丁最突出的特征——巧智、对人性的认识、对精明女性的同情刻画,甚至喜剧活力——但它却在描绘吸引人的,或持续有趣的人物方面失败了。"②全剧开始时蒙狄士接到上校夫人的信,指责他无情无义,表示要同他断绝关系。在第一幕结束的时候,蒙狄士有这样的心理独白:"我对她已经没有兴趣,而她却找到了使我重生兴趣的办法——生活的乐趣就在追求"③。因为上校夫人的绝交信使他觉得她肯定是爱上别人了;虽然他可以把她抛弃,但对于她爱上别人却不能容忍。这就是一些浪荡子的心理特征。于是他要想方设法弄清楚她的新情人是谁。后来他知道上校家里来了个叫盖拉夫(Gaylove)的人,很得上校夫人喜欢。西蒙·拉夫勒爵士听到斯帕克上尉提到喜欢的女人便以为是自己的夫人,回到家就质问夫人是否与斯帕克有什么关系。本来爵士的夫人并不认识斯帕克上尉,但为了折磨嫉妒心强的爵士,她便对这种指责不予否认。

---

① *An Old Man Taught Wisdom, or The Virgin Unmasked*, pp. 24—25.
② Pagliaro, *Henry Fielding: A Literary Life*, p. 102.
③ *The Universal Gallant, or The Different Husbands*, in *The Works of Henry Fielding, Esq.*, Volume 10, p. 53.

爵士再次找到斯帕克盘问,结果得知他的相好是位姓拉夫勒的女人,于是更加确信无疑,只是后来斯帕克上尉说那是他在阿姆斯特丹结识的一个妓女。

但是西蒙·拉夫勒爵士仍然疑心不减,便决定用计检验夫人的贞洁。他模仿夫人的笔迹写了一封约会信送给斯帕克,斯帕克没有兴趣,便有意把信丢失,让蒙狄士捡到。爵士披上夫人的衣服在漆黑的屋内等待斯帕克到来,却偷听到了蒙狄士和上校夫人的谈话,知晓了他们之间的奸情,还了解到蒙狄士要引诱爵士夫人。爵士夫人怀疑有人要陷害自己,与蒙狄士不期而遇;蒙狄士使用诡辩伎俩,说既然爵士怀疑她不贞洁,对他最好的惩罚就是背叛他。但是,爵士夫人仍然拒绝了蒙狄士的引诱,说自己心地纯洁才更能体会折磨嫉妒丈夫的快乐,并挣脱了蒙狄士的纠缠。拉夫勒爵士虽然验证了夫人的纯洁,他却没有一丝安慰,反而慨叹说:"即便丈夫有千只眼,那也不够用。夫人就是一个没有墙的堡垒,我们跑到一面去抵抗时,她已经在另一面失守了。"[1]不久斯帕克来到,和伪装成夫人的拉夫勒爵士上演了一出暗中剧。后来爵士的话露了马脚,斯帕克大喊拿灯来,蒙狄士和爵士夫人拿着灯来到,上校和众人也赶来了。这时候,该剧面临某种悲剧结局:因为爵士在确认自己夫人纯洁的同时,却也了解到上校夫人与蒙狄士的奸情。虽然上校对夫人毫不怀疑,他若知道了奸情却会誓死报复。菲尔丁是这样处理的:上校夫人已经向上校说明自己是因为相信上校藏在屋里才有意和蒙狄士那么讲的,这样一来她自己和蒙狄士都解脱了。这种处理显然使读者想到《乡下夫人》的结尾。但是,菲尔丁并没有到此为止:

拉夫勒爵士:兄弟,你真的这么聪明,相信这么美妙的故事?真的确信无疑?

拉夫勒上校:怎么,你还不信啊?

拉夫勒爵士:是啊,兄弟,我信。

拉夫勒上校:啊,那就好。

拉夫勒爵士(自语):你是个彻头彻尾的乌龟,那朋友是彻头彻尾的混蛋![2]

---

[1] *The Universal Gallant*, or *The Different Husbands*, in *The Works of Henry Fielding, Esq.*, Volume 10, p. 113.

[2] *An Old Man Taught Wisdom*, or *The Virgin Unmasked*, p. 113.

以上是对《遍献殷勤》剧情的简单介绍。该剧之所以演出不成功重要原因可能是道德观点方面模糊不清。两兄弟都属于琼森的"癖性"人物，但从大部分过程来看似乎两兄弟间拉夫勒上校还比较可取，但结尾却是拉夫勒爵士略胜一筹。虽然这是一部五幕传统喜剧，但人物特征更多具有闹剧色彩。另外，该剧还穿插着盖拉夫与克拉林达的恋爱；对此剧中很少表现，最后却以他们的结婚结束。罗伯特·D. 休谟就曾指出，对盖拉夫与克拉林达的恋爱情节的处理表明菲尔丁"没有能力创作常规浪漫喜剧"。① 但在戏剧史上，该剧还是具有一定意义的。它前承《乡下夫人》为代表的复辟喜剧，后接《造谣学校》为代表的新风俗喜剧。《造谣学校》中约瑟夫引诱夫人和后来夫人暗中偷听的处理明显受到该剧的影响。从菲尔丁整个戏剧创作生涯来看，1732 到 1735 年间作品比较少，成绩比较小。菲尔丁在德鲁里巷剧院任驻院作家期间，共创作演出了九个新剧，改编重排了《作家的闹剧》。九个新剧中有三个是改编自法国喜剧，真正新创作的剧本只有六个，其中三个是新创作的闹剧（《彩票》和《老色鬼》成功，《戴伯拉》失败），一个是传统五幕喜剧《现代丈夫》，一个是讽刺模仿悲剧《考文特花园悲剧》，但失败了，还有一个是《堂吉诃德在英国》。六个新剧本中有两个只演出一场就被淘汰，其中一个甚至没有出版，这种失败的比率在菲尔丁创作生涯的各个时期比起来是最高的。考虑到《现代丈夫》在菲尔丁到德鲁里巷剧院之前就已基本完稿，《堂吉诃德在英国》也有旧稿，可以说在这两年驻院作家生涯中他的创作成就相对而言并不太突出。1735 年重回德鲁里巷剧院上演的两部作品也只有一个成功。艾伯特·里维罗的专著《菲尔丁的剧作》前六章探讨菲尔丁到 1732 年上演《现代丈夫》为止的作品，第七章探讨最后两个演出季的政治讽刺剧。虽然他在前言已经指出自己的专著并非对菲尔丁整个戏剧创作的研究，这种选择本身也表明了批评家对菲尔丁中期作品的态度。他还明确写道，尽管从 1732 年 3 月《现代丈夫》上演之后到 1736 年《巴斯昆》上演之前的四年时间，菲尔丁创作了九部剧作，"但是从他的戏剧创作发展来看，这些年是比较贫乏的"②。

菲尔丁戏剧创作生涯中期成绩较小可能有多方面的原因。首先，在小剧场打拼两年的菲尔丁对于得到伦敦最重要剧场驻院作家的地位极为看重。德鲁里巷剧院不同于草料市场小剧院，它的演出以传统保留剧目为

① Hume, *Henry Fielding and the London Theater*, *1728—1737*, p. 190.
② Rivero, *The Plays of Henry Fielding*, p. 125.

主,在探索新剧作方面更为谨慎;而且作家自己十分珍视这份来之不易的工作,不太乐意做大的冒险。其次,鉴于菲尔丁在1734年11月结婚,忙于恋爱也是个重要原因,结婚以后要适应新的生活,创作自然受到一定影响。另外,由于菲尔丁同父亲关系不好,母亲去世又早,外祖母戈尔德夫人是对他影响最大的长辈,她在1733年7月去世对菲尔丁的创作生活也有重要影响。但是,菲尔丁在德鲁里巷剧院上演的剧作却为凯瑟琳·克拉夫的成长作出了重要贡献。正是由于在这些剧作中的突出表现,克拉夫迅速成为当红喜剧明星,获得巨大成功。虽然这一时期的剧作在创新性和影响方面都弱于他在前期和后期的作品,它们却是菲尔丁整个戏剧创作生涯中的重要一环,对我们理解他的创作生活还是很必要的。而且他在传统五幕喜剧创作方面的探索,在轻松闹剧创作方面的实践,以及为适应英国观众而对法国喜剧做的大胆改编,都在戏剧史上留下重要印记。

第四章 政治讽刺剧和其他后期剧作

等到新的演季开始的时候,菲尔丁第三次回到草料市场小剧院。六年前,他在这里开始了自己的非传统喜剧创作生涯,现在他又在大剧院无法容身的情况下以"大蒙古"剧团经理身份回到这里,并将在这里完成他剧作家生涯的最后两个演季。令人难以想象的是,未满 30 岁的菲尔丁在这个小剧场里身兼经理和剧作家两职,创造了戏剧创作生涯中最辉煌的成绩。本章主要评述他的政治讽刺剧,并对后来上演的几部剧作略加探讨。

第一节 最成功的讽刺剧《巴斯昆》

1736 年 3 月 5 日,《巴斯昆,时代的讽刺剧》在草料市场小剧院上演,大获成功。到 6 月底演季结束时,演出达 60 多场,创 1730 年代单季演出的最高纪录。① J. 保罗·亨特这样总结《巴斯昆》的内容:它"由两部独立的戏中戏的彩排组成,按照通常的文学观点来看《巴斯昆》几乎没有什么情节可言,只是从一个讽刺性笑话到另一个讽刺性笑话,没有刻意追求的效果。描述它的结构是困难的,只能说是表现的情节(action)与对情节的评论相互作用的辩证过程;换言之,它是按照时间顺序发展的,每个戏剧片段的时间正好同它所模仿的事件所用时间是一致的"②。《巴斯昆》包括两部戏中戏,一部是喜剧《选举》,另一部是悲剧《理性的生死》:前者讽刺选举中的舞弊贿赂,后者讽刺社会文化生活中理性(Common sense)的不幸遭遇。

与通常的剧作不同,《巴斯昆》的出版本既没有献词,也没有序诗,看来菲尔丁有意打破常规。剧作一开始是几个演员在议论何时开始排练,一个演员说喜剧作家因为欠了四镑债被抓起来了,女演员则抱怨自己在两个剧

---

① Wilbur L. Cross, *The History of Henry Fielding* (New Haven: Yale University Press, 1918), Vol. I, p.187.

② J. Paul Hunter, *Occasional Form: Henry Fielding and the Chains of Circumstance* (Baltimore: Johns Hopkins University Press, 1975), p.58.

中的角色都太短,不值得。短短几句话就把作家的窘境和演员的担忧都表现了出来。第一个到场的是悲剧作家福斯田(Fustian),他说许多有地位的人都等着看他的剧,排练不能再拖了。由于扮幽灵的演员生病,提词员提出先排喜剧,福斯田借机对喜剧进行嘲讽,说它三场都演不下去;转眼看到喜剧作家特拉普维特(Trapwit)来到,他又对其作品大加恭维,正表现了作家当面互相吹捧,背地里互相拆台这种所谓"文人相轻"的世相。谈到《巴斯昆》讽刺的广度,彼得·刘易斯写道,"剧作家、政客、廷臣、记者、律师、医生、牧师、社交界,甚至皇家学会都受到菲尔丁的批评。在其他任何剧作,甚至包括《作家的闹剧》,菲尔丁都没有把网撒得这么广,捕获这么多牺牲品"[1]。仔细阅读此剧,读者会完全认同刘易斯的观点。

开始排练喜剧《选举》时,特拉普维特说序诗是朋友写的,他自己也写了首序诗,但既然有别人送的,他不妨先用,把自己写的留待以后再用。菲尔丁借此表达序诗只是常规的敷衍,没多大意义。特拉普维特宣称该剧"充满了幽默,自然简朴;它是真正按照莫里哀精神创作的。除了一二十个笑话,别的都很纯洁"[2]。喜剧开始出现的是市长和市政官们(Aldermen)讨论选举的事。市长介绍一共有四个候选人,属于执政党(宫廷派)的两人是地位勋爵(Place)和诺言(Promise)上校;属于反对党(乡村派)的是亨利·猎狐(Henry Fox-Chase)爵士和酒桶(Tankard)先生。不久地位勋爵和诺言上校上场,剧情表现候选人怎样行贿:

> 市长:勋爵大人,我们知道您有力量为本市效力,也相信您一定会让我们感受到效果。
> 地位勋爵:先生们,请相信,我一定会尽力效劳。我会为大家提供服务,只是暂时不便细讲;眼下,市长先生,让我拉拉您的手表示诚意。
> 特拉普维特:你,演勋爵的先生,行贿再公开一点儿,不然观众看不出这个笑话,而这是全剧最妙的笑话。
> 地位勋爵:先生,在桌边我也只能这么做了。
> 特拉普维特:那么都站起来,走到前台。现在,你们演市长和市政官的站一排;你,勋爵,还有上校,从左到右一个一个地贿赂。

---

[1] Peter Lewis, *Fielding's Burlesque Drama: Its Place in the Tradition* (Edinburgh: Edinburgh University Press, 1987), p.159.

[2] *Pasquin*, in *The Works of Henry Fielding, Esq.*, ed. with a Biographical Essay by Leslie Stephen, in Ten Volumes (London: Smith, Elder, & Co., 1882), Volume 10, p.133.

福斯田：特拉普维特先生，这就是巧智么？

特拉普维特：对，先生，这是巧智；这种巧智风行全国。①

两位候选人行贿结束以后，特拉普维特叫他们赶紧下场，因为其他候选人要上场了。亨利（哈利）·猎狐爵士和酒桶先生是本地人，他们已经和市长等人有过交易。

哈利爵士：市长先生，希望您收到了我送的三头鹿，而且觉得味道不错。

市长：哈利爵士，我要为此谢谢您。不过我已经吃完很久了，都忘了是什么味道了。

哈利爵士：我们会想办法让您记起来；明天上午我再给您送三头。②

哈利爵士又分别与包括缝衣商、丝绸商、木材商、铁器商等不同职业的各个市政官打招呼，好像要给每个商人带来生意。然后他又说要把旧房子拆掉，建新的。由于这会带来更多商机，市长激动不已地说，"先生们，哈利爵士的提议很好；让我们为自由和财产，为不增税干杯怎么样？"众人连声赞成。哈利爵士对市长说："让我握握您的手，市长。我痛恨贿赂和腐败；如果本市杜绝贿赂，那么这里就不会有一个穷人。"③话虽如此，观众已经从前面的表演中知道握手是行贿的机会，而且哈利爵士的一番讲话也无时不在做贿赂工作。最后哈利爵士招呼大家到市场转转，然后在一起聚餐。喜剧《选举》的第一幕到此结束。特拉普维特等着看下一幕，但演员们都喝茶去了，于是作家也只好休息。

《巴斯昆》的第二幕主要是继续排演《选举》，我们看到地位勋爵来贿赂市长的夫人和女儿，她们都想去伦敦见世面，因此支持宫廷派。接下来一场哈利爵士又出现，他怀念旧传统，攻击宫廷派的新时尚，并说宫廷派只空口许诺，没有真正实惠，市长表示坚决支持哈利爵士代表的乡村派。然后表现市长家里发生冲突：女儿说乡村派是詹姆斯党，父亲说如果乡村派当权他可能会当大使，但夫人拿起棍子逼丈夫投宫廷派的票。这几场戏把选举中经常出现的各种冲突形象地表现了出来。第三幕开始排演《选举》的

---

① *Pasquin*，第一幕，第135页。
② 同上书，第一幕，第137页。
③ 同上书，第一幕，第138页。

最后一幕:宫廷派失败;由于市长在夫人的逼迫下投了宫廷派的票,现在乡村派获胜他将一无所得。但是夫人给他出了一个主意:向上面报告宫廷派获胜,这样乡村派就必然出来质疑,那就要到伦敦去求仲裁,他们可以借机到伦敦游玩。这时候突然出现诺言上校向市长女儿求婚,市长为得到地位满口答应,而上校也有了新势力,从而皆大欢喜,本来没有爱情故事的讽刺剧以传统的婚礼结束。正如里维罗所指出的,"实际上,特拉普维特的喜剧在许多方面是菲尔丁的《堂吉诃德在英国》的翻版。同早期的剧作一样,政治讽刺是全面而平衡的:特拉普维特表明一切政客,不管是'辉格或托利;宫廷或乡村党',都同样腐败"①。

接下来进入《巴斯昆》的下半部,也就是悲剧《理性的生死》的排演。悲剧开始前有献词。尽管作家说自己不愿意拍马屁,这个献词仍然充满阿谀奉承。福斯田说:"如果这个献词还得不到什么好处,我就要写一个讽刺性的献词;如果他们不为我开口付酬,我要逼他们花钱让我闭嘴。"②这种描写似乎表明菲尔丁有时确实写过讽刺性献词,或者接受当局的贿赂而沉默。接着是序诗,福斯田说是个朋友写的。批评家斯尼维尔(Sneerwell)听完以后说不错;福斯田这才承认说实际上是他自己写的。短短的对话把作家的虚荣心生动地刻画出来。这时候演员告诉特拉普维特有个女士找他。来人分明是个裁缝,他却对福斯田说是个贵妇要订包厢;要借机溜走(因为他自己的剧已经排完,对福斯田的剧没有兴趣),他却说去去就来。菲尔丁对剧坛政治的表现可以说是很逼真的。第四幕开始以后福斯田有一大段对斯尼维尔讲的话,抱怨当剧作家的艰难:首先要拜诗神的帮助写出剧本;然后要拜剧院经理,有时自己的剧本没被接受,却发现相似的剧本上演了,也就是说遭到剽窃;好不容易剧本被接受了,要按剧院经理的意思分幕分场,组织排练;这时候又遇到怎么对付演员的麻烦,有的挑角色,有的改台词;演出的时候又说不定因为什么问题而被喝倒彩;即使演出成功,也只有熬到第三场作家才能得到收益。这几乎比"过五关斩六将"还困难!其中关于演出喝倒彩原因的描写尤其生动:"有人怨恨作家;有人鄙视剧院;有人讨厌某演员;有人不喜欢剧本;有人纯粹是为了好玩;还有人就是

---

① Albert Rivero, *The Plays of Henry Fielding: A Critical Study of His Dramatic Career* (Charlottesville: University Press of Virginia, 1989), p.130.
② *Pasquin*, in *The Works of Henry Fielding*, Esq., Volume 10, pp.164—165.

随大流。"①任何一个原因都可能引起某人喝倒彩,然后一呼百应,把作家辛辛苦苦搬上舞台的剧本打入冷宫。只有像菲尔丁这样在剧院打拼多年,尝尽其中苦辣酸甜的人才能发出这种感慨。

此后,《理性的生死》排演终于开始了,上台的是三个演员,分别扮演太阳神父、法律勋爵和医术勋爵,他们都有一个共同的特点,就是痛恨理性。选择这三个角色也有特别用意:太阳神父代表宗教信仰的衰弱,而律师和医生是讽刺文学经常攻击的目标,因为这两者都是靠卖弄学问,欺蒙大众来骗钱。理性女王出场之后有一段与法律勋爵的对话:

> 理性女王:最近有两个人提起诉讼,
> 争一处房产,却两人皆输,
> 办案的律师把房产分割。
> 法律勋爵:陛下,这种事情法院常有。
> 理性女王:果真如此,法律还有何用?②

然后理性女王又责问法律勋爵有关债户监狱的问题,说这实在荒唐,不仅无助于债务的偿还,还把唯一可以还债的途径给堵塞了。这时候有官员来报告说"无知女王"(Queen of Ignorance)快到了,还带来意大利歌手和法国琴师。理性女王被迫退场,太阳神父对法律勋爵和医术勋爵说新来的无知女王才是他们最得意的。悲剧的第一幕到此结束。

听到福斯田说他的悲剧只有三幕,斯尼维尔说那不符合悲剧常规。福斯田回答道:"我没有办法使理性女王存在更长时间。"③幕布再拉开,出现在舞台上的是正在睡觉的理性女王。一会儿悲剧幽灵出现,但是听到鸡叫声便立刻消失了。接着出场的是喜剧幽灵,他祈祷理性能在人间长存,因为没有理性的世界是非颠倒,黑白混淆。他还没说完就在电闪雷鸣中下场了。理性女王醒来,看到太阳神父,两人有一番对话。对话中神父表现傲慢,理性女王气愤地指责说:"告诉你,我永远不会赞成这样的神父,/他在宗教的面具下有一副傲慢脸孔,/在虔诚掩盖下暗中行窃,/把人类的自由给尽情偷盗。"④最后,理性女王义愤填膺地说道:

---

① *Pasquin*, in *The Works of Henry Fielding*, *Esq.*, Volume 10, p. 167.
② *Pasquin*,第四幕,第 170 页。
③ 同上书,第四幕,第 173 页。
④ 同上书,第四幕,第 177 页。

> 上天创立宗教、法律和医术,
> 本来是为人类的更大幸福;
> 但是腐败的神父、律师和医师
> 却为谋私利而忘了大众福祉;
> 他们明抢暗骗,中饱私囊,
> 把我们的福分变成了祸殃。①

理性女王说完愤然下场。福斯田要法律勋爵和医术勋爵上场,却发现只来了一个,原来法律勋爵在剧院被治安法官抓起来了。福斯田沮丧地说,早知如此,要把对法律的讽刺加强十倍。这里就出现了一个剧情与现实的有趣交错:虽然实际上是演法律勋爵的演员被抓起来了,但在福斯田的推理中成了法律勋爵自己犯法,被抓了起来,所以他要把讽刺加强十倍。这种剧情与实际混淆的情况在菲尔丁后期讽刺剧中十分常见,从而更增强了讽刺意义。

《巴斯昆》第五幕开始时,法律勋爵的扮演者侥幸逃了回来,于是继续排演。太阳神父说理性女王谴责他们,法律勋爵说无知女王已到,可以不用理睬理性女王了。他们下场以后,悲剧《理性的生死》进入到两女王相斗的最后一幕。无知女王人多势众,追随者有歌手、琴师、杂耍演员等等。他们来到考文特花园剧场,在这里约翰·里奇以哑剧招揽观众。② 哑剧小丑哈乐昆作为两个王室特许剧院的使节来欢迎无知女王。等到理性女王出场,跟着的只有一个鼓手。理性女王质问无知女王为何来犯。

> 无知女王:为了使你的臣民挣脱压迫。
> 他们无法忍受,不断抱怨,
> 邀请我来把他们拯救。
> 理性女王:我的臣民竟然有怨言吗?
> 真是卑下无义!他们抱怨什么?
> 无知女王:他们说你把思维强加于人,
> 他们的头脑太弱,无力承受。
> 理性女王:你难道要人类不再思维?

---

① *Pasquin*,第四幕,第 178 页。
② 约翰·里奇原来是林肯店广场剧院的经理,利用演出《乞丐歌剧》的丰厚收入在 1732 年考文特花园建立了新的剧院,以演出哑剧著称。

> 无知女王：对，因为思维使人类更难过，
> 只有傻子才可以永远享幸福。①

无知女王要理性女王主动投降，理性女王严词拒绝，两人开打。战到最后，理性女王发现自己成了孤零零一个人。这时候太阳神父上场，她以为来了帮手，没想到太阳神父竟给了理性女王致命的一剑，女王临死留下这样的遗言：

> 啊！叛徒，是你把理性给杀死。
> 再见了，自负的世界！我把你让给无知，
> 她那铅质权杖从此开始统治。
> 现在，神父，实行你的野心吧，
> 人们会拥抱你的计谋，直到
> 对太阳的崇拜变成对你自己。
> 从此一切都要正反颠倒，
> 医术用来杀人，法律蹂躏世界：
> 傻瓜变成才子，喜听意大利歌曲，
> 廷臣做了城里的股票经纪人。
> 本来需要学问和才干的职位，
> 此后都要在帽子里摸彩，
> 抽中的人没学问又缺才干。
> 政客——啊！冷冰冰的死神
> 不容我说更多——你就猜去吧。（死）②

太阳神父不愿背杀人之名，便把剑放到理性女王身边，制造女王自杀的假象，而他还要在葬礼上装模作样地为她祈祷一番。

得胜的无知女王带着随从上场，表示她已经完成了对人间的征服。但是，就在无知女王庆祝胜利的时候，理性女王的幽灵突然出现了，吓得无知女王及随从落荒而逃。理性女王幽灵的下面这一段话是悲剧的结束：

> 敌人逃跑了，一脸土灰的无知
> 和随从退到他们该待的地方，

---

① *Pasquin*, in *The Works of Henry Fielding*, *Esq.*, Volume 10, p.182.
② *Pasquin*, 第五幕，第187页。

> 从此再也不敢入侵我们的领土。
> 在这里,我要保持威力,尽管只是幽灵,
> 与无知为友的人将会发现,
> 至少我的幽灵他们赶不走。
> 从此以后,那些屠杀理性的人
> 可以从这里了解,尽管你们成功了,
> 理性的幽灵也不会让你们消停。①

萧乾写道:"这个结尾是意味深长的,这里寄寓着启蒙主义者菲尔丁对理性终将战胜愚昧的坚定信念。"②虽然说"理性的幽灵"代表了作者的"坚定信念"有些牵强,这个结尾至少表明菲尔丁对理性的威力还是有点希望的,尽管悲剧表现的是理性之死,揭露的是无知猖獗的现实社会。不仅《理性的生死》结尾如此,《巴斯昆》全剧的尾诗也是由理性女王的幽灵朗诵的,规劝英国人要珍视自己的优良传统,抵制意大利歌手和哈乐昆哑剧代表的低级趣味。

第二节 讽刺哑剧《摇摇欲坠的狄克》

4月29日,菲尔丁的小剧场上演了《摇摇欲坠的狄克,或法厄同掉进洗头盆》,这是他专门为讽刺约翰·里奇的流行哑剧而创作的。达登写道:"尽管该剧是对哑剧《法厄同坠落:哈乐昆被俘》(1736年3月在德鲁里巷剧院上演)的讽刺性模仿,它的主要目的是嘲弄与约翰·里奇的名字紧密相连的那一类戏剧表演。"③《摇摇欲坠的狄克》的剧名寓意丰富:狄克这个名字是里查德的昵称,而里查德恰好就是里奇和《法厄同坠落》作者普里查德(Prichard)两人名字的结合。出版本的献词更是带有明显的讽刺性,献给约翰·伦先生(Lun是里奇在哑剧中的角色之名),其中提到里奇拒绝菲尔丁的作品,讽刺攻击《巴斯昆》等。献词之后有简介,说法厄同(Phaeton)是太阳神与希腊女克吕墨涅(Clymene)之子,但人们说那是假的,他的生父实际上是个近卫步兵上士。母亲要法厄同直接向太阳神求证;太阳神说法

---

① Pasquin,第五幕,第189页。
② 萧乾:《菲尔丁——英国现实主义小说奠基人》,上海:上海译文出版社,1984年,第20页。
③ F. Homes Dudden, Henry Fielding: His Life, Works and Times (Oxford: Clarendon Press, 1952), p.182.

厄同是其子,并许诺满足他的任何要求。法厄同于是要求驾驶一天太阳车;虽然太阳神知道这样做十分危险,但是诺言已出,不能改变,只好让法厄同驾车。但是法厄同中途打盹,摔下了太阳车。这个故事是对古罗马作家奥维德《变形记》中《法厄同驾日神车的故事》的戏仿。①

本剧也是用彩排形式,有作家福斯田和批评家斯尼维尔在台上,指导排演,并加以评论。首演是作为《巴斯昆》之后的短剧,所以两人经常谈到《巴斯昆》的剧情。主持哑剧排演的叫机器(Machine),这也是讽刺里奇,因为他发明了可以使演员上天入地的机械装置。开场时提词员要福斯田赶紧开排哑剧,说要不然机器先生就会到别的剧院去,讽刺哑剧的流行。机器开口大言不惭地把自己的哑剧称作严肃作品,并要缩短前面的悲剧《奥赛罗》,以便给哑剧留出更多时间。

  提词员:可以把第五幕去掉。
  机器:先生,那也不够,得把第一幕也去掉。
  福斯田:简直是魔鬼! 我能忍受这些么? 难道要把莎士比亚砍短,来给这些无聊的东西让路?
  提词员:先生,这位大人给剧院带来的收入超过所有作家的总和。②

在这一番争吵声中哑剧终于开始。为了表示主题严肃,道白都是用所谓英雄双韵体。第一场是克吕墨涅训子,说他懒惰邋遢,像个傻子,哪有太阳神后代的样子。但法厄同说,没有人相信他真是太阳神之子。于是克吕墨涅叫他到值夜的房子里向太阳神求证。法厄同下场之后克吕墨涅作了这样的祈祷:

  去,把我在人间的名声洗清,
  伟人之妓比穷人之妻更受尊重。
  如果富有,罪恶也受人崇拜,
  而若贫穷,美德遭痛恨慢待。③

接下来的一场是法厄同见太阳神。听到法厄同的请求,太阳神先把他拉到跟前一起看舞蹈。然后,法厄同说,"父亲,舞蹈跳得很华丽,/但不能

---

① 参看杨周翰译《变形记》第二章,北京:人民文学出版社,1984年,第18—27页。
② *Tumble-Down Dick*, in *The Works of Henry Fielding*, *Esq.*, Volume 10, p. 280.
③ *Tumble-Down Dick*, p. 282.

证明我是您儿子"。在舞台边观看的福斯田认为法厄同的话有道理,看不出舞蹈有什么意义。机器回答说:"为什么,先生?不为什么,就是为舞蹈而舞蹈。"① 然后是两人最关键的对话:

> 太阳神:你长得这么像我,自然是我的种;
> 你若和我一起吃饭我会很高兴。
> 我发誓,你的要求都会得到满足,
> 这一诺言谁都不能解除。
> 法厄同:既然诺言不能解除,就让我
> 驾驶一天太阳车图个快活。
> 太阳神:诺言太轻率,只好任命运,
> 我的儿啊!你可千万别犯困。
> 法厄同:如果我成功,自此消丑闻;
> 万一睡着了,不过像个打更人。②

到此为止,所谓严肃的悲剧就基本结束了,下面要演的是喜剧,表现国王咖啡馆的故事。18 世纪咖啡馆流行,是社会各色人等聚集的地方。在《摇摇欲坠的狄克》,菲尔丁笔下的咖啡馆里人们不仅喝酒聊天,而且唱歌跳舞。就在这一片喧闹声中,哈乐昆溜进来行窃,偷了一个诗人的剧本。碰巧穷诗人要用剧本押钱付账,发现剧本不见了,立刻报官,哈乐昆便被抓了起来。这时候杜松子酒之神从酒缸里出来,对哈乐昆唱了一段祝福:

> 哈乐昆,只要拿上这根魔杖,
> 就可将一切控制于手掌:
> 不管你是隐名埋姓巧装扮,
> 还是以猴子、猫或狗出现;
> 或是为了表现机智与聪明
> 把你的情妇变成奶油桶;
> 或者是胜过一切魔术师,
> 把个活人变成个手推车。③

这一段祝福把哈乐昆当时的许多表演概括了出来,为我们今天认识这种流

---

① *Tumble-Down Dick*, p. 283.
② Ibid., p. 284.
③ Ibid., p. 286.

行娱乐提供了很好的线索。让杜松子酒之神扮演这个角色也别有趣味，因为当时杜松子酒流行，就像今天的可乐差不多。加上价钱便宜，男女老少都贪杯，伦敦成了醉鬼的天堂。由杜松子酒之神来做这一番祝福，意味着哈乐昆那些表演就像醉鬼想入非非一样荒唐可笑。

哈乐昆的哑剧表演几乎没有脚本，但是菲尔丁的讽刺模拟则给了一些具体表现，主要人物除哈乐昆之外，还有他的情人克兰班、小丑皮艾罗等：前面一场是哈乐昆行窃被抓；接下来一场是哈乐昆被带到一个治安法官的家里，发现治安法官在跟女教师学拼写。哈乐昆的情人克兰班向治安法官求情放人，他喜欢克兰班，但仍向她索贿，然后放了行窃的哈乐昆，却把失窃的诗人给押了起来。警官把诗人带走，哈乐昆从背后踹了治安法官一脚，迅速跑掉；克兰班跟着跑时被给治安法官当书记员的皮艾罗抓住，于是她又被押起来。哈乐昆设法搭救克兰班，正好看到有人抬着个大瓷瓶，便钻到瓷瓶内，被抬到治安法官家里。治安法官把瓷瓶当礼品送给克兰班。正当治安法官和抬瓶人商议时，哈乐昆跳到他头上，吓得他和皮艾罗仓惶逃命，哈乐昆趁机把克兰班带走。在大街上治安法官和书记员追捕哈乐昆和克兰班。哈乐昆背着克兰班来到一个理发馆，把她放下来理发，用理发液把书记员弄得看不见，把治安法官变成一个戴假发的木板。书记员把木板上的假发摘下来自己戴上，十分欣赏；哈乐昆告诉他怎么用洗头粉，并借机把他摁进洗头盆里，关了起来。哈乐昆和克兰班逃走；治安法官听到书记员在洗头盆里喊他，把他放出来，再追哈乐昆。哑剧到此告一段落。

机器接着排悲剧的结尾。一开始，晨曦之神抱怨仆女行动迟缓，耽误行程。布景变为农村，乡民抱怨天色阴暗；后来发现不正常，太阳好像跑得特别快。不一会儿法厄同摔下来，太阳摇摇欲坠，大地像被火烤，乡民担心末日来临。海神登陆，说太阳把大海给烤干了；天神朱庇特下凡解救危机。老法厄同出场，指责妻子让自己做了乌龟，还非要满世界宣扬。然后是朱庇特指责太阳神不慎重，而太阳神反过来指责朱庇特杀死了自己的爱子。接着他们的谈话变成了世俗话题，朱庇特说德鲁里巷剧院有两个太阳。

  太阳神：我也看到了，不过更像月亮而不是太阳；或者说更像别的随便什么东西。你最好还是请考文特花园剧院的太阳来吧，那里有个太阳孵了一个蛋，结果生出了个哈乐昆。

  朱庇特：不错，我知道；但是你知道什么动物下的蛋吗？

  太阳神：不知道。

朱庇特：先生，那个蛋是驴下的。①

最后太阳神赶紧去做他的事，朱庇特和海神则商议找女人消遣。

接下来是继续演出喜剧。悲剧国王和王后到两大剧院叩门，但都不受欢迎。等到哈乐昆和克兰班出现，两大剧院都开门迎接，最受欢迎的是一条穿哈乐昆服装的狗。治安法官和书记员追来，哈乐昆和克兰班逃脱，剧院经理也跑掉。在大街上治安法官发现一车演员，便要以流浪罪抓捕他们。剧院经理说，如果治安法官愿意做演员，可以给他两百镑年薪。治安法官同意，于是他立刻变成了哈乐昆，登上演员车，和大家一起唱结束曲，其中第一段是这样的：

> 你可能会对舞台上的诡计感到奇怪，
> 或者说哑剧的花招统治了时代。
> 但是，如果你观察官廷、乡村和城市，
> 会发现哈乐昆的盛宴实在遍布各地。②

这可以说是对全剧的总结，是对时代的讽刺。正如约翰·奥布莱恩所言，"对于菲尔丁来说，哑剧往往成为表现政治与娱乐混淆而难以区分的象征，两种本来泾渭分明的文化现在变得遵循同样的逻辑"③。作为一出典型的以彩排形式表演的讽刺剧，《摇摇欲坠的狄克》显然受到《彩排》的影响。刘易斯指出："在菲尔丁的所有剧作中，《摇摇欲坠的狄克》是与《彩排》最接近的。像白金汉一样，菲尔丁利用彩排形式同时嘲弄一种流行的戏剧和它的主要实践者。菲尔丁与白金汉的区别在于他成功地利用机器、哈乐昆和考文特花园剧院经理对里奇进行了三重讽刺，而白金汉只是通过贝斯这个形象讽刺德莱顿。"④

第三节　讽刺剧的极端《1736 年历史纪事》

《1736 年历史纪事》在菲尔丁的创作生涯中占有十分重要的地位。用

---

① *Tumble-Down Dick*, p.294.
② Ibid., p.296.
③ John O'Brien, *Harlequin Britain: Pantomime and Entertainment, 1690—1760* (Baltimore: Johns Hopkins University Press, 2004), p.182.
④ Lewis, *Fielding's Burlesque Drama*, p.179.

传统的戏剧理论来看,该剧几乎没有贯穿始终的情节;即使从彩排传统来看,也缺少占主导地位的情节。但是,结合《1736 年历史纪事》的剧名,我们却可以说该剧名副其实。《历史纪事》是当时的一种出版物,有些像现在的年鉴之类,目的是总结记录一年来发生的重要事件。这就决定了它的内容相当庞杂,不可能只有一个主题。《1736 年历史纪事》虽然用这个名字,但并没有真正记录 1736 年发生的重要事件,如社会骚乱等。① 菲尔丁记述的是一些带有象征意义的事件。剧情开始是宫廷内阁开会,但不是用英国而是用科西嘉的名字。这当然是有用意的,因为直接用英国就有诽谤的嫌疑,借用科西嘉可以避免。而且科西嘉也是个海岛,当时因其与法国的紧张关系正在引起英国人的注意。但是,"全剧可以说是辉格党统治下的英国的一个写照"②。

大幕拉开,我们看到政客们在开会,虽然有几个人先后发言,但都言之无物;而居第一位的政客(或首相)却没有开口,好像只是个摆设。剧作家梅德利(Medley)后来点明主题说,这些发言者都一无所知,"但是有一个人心知肚明,就是坐在那边椅子上个头不高的先生,他一言不发,却知晓一切"③。这既在一定程度上反映了政坛的现实,又是对所谓民主制的某种讽刺。由于对外交事务一窍不通,政客转而讨论金钱问题,第二位政客说:"我们要讨论的就是怎么样能弄到钱。"第三位政客似乎更老道,他说:"我觉得我们首先得考虑有没有钱可捞。如果有,我自然同意下个问题就是——怎么样弄到手?"④

  第二位政客:我想好了,应该再设个税种。
  第三位政客:我也想过了,正在考虑还有什么税可征。
  第二位政客:学问。我们对学问征税怎么样?
  第三位政客:学问当然是个无用的商品,不过我觉得最好还是对无知征税。有学问的人不多,而且都很穷,我担心征不到几个钱,而对无知征税则可以把国内的富豪都给弄进来。⑤

---

 ① See O'Brien, *Harlequin Britain*, pp. 202—203.
 ② 萧乾:《菲尔丁——英国现实主义小说奠基人》,第 22—23 页。
 ③ *The Historical Register of the Year 1736* in *The Historical Register of the Year 1736 and Eurydice Hissed*, ed. William W. Appleton (Lincoln: University of Nebraska Press, 1967), p. 19.
 ④ Ibid., p. 20.
 ⑤ Ibid., pp. 20—21.

这正是对当时社会学问衰退,无知横行现实的抨击。其他政客都连声叫好,会议到此结束,政客们退场。旁观者索尔维特(Sourwit)问政客们哪去了,梅德利回答说:"他们已经完成了会议的任务,就是决定征什么税。那个问题决定之后,他们就去收税了。先生,就我们所知,这就是集中在一场里对整个欧洲史的记述。"① 在这里菲尔丁既对政府所设立的众多税种提出了批评,也对学问得不到重视,无知盛行的现实进行了讽刺。

但是《1736年历史纪事》显然不只关注政坛,而且对整个社会风貌进行讽刺再现。在第二幕我们看到的是时髦女人的聚会,她们谈论的主题是意大利歌手。18世纪早期意大利歌剧在英国流行,演员都是从小受到阉割以后专门进行美声训练的歌手。虽然观众听不懂意大利语,但却陶醉在美妙动听的歌声中。聚会的女人谈论头一天晚上听的歌剧演唱,但她们最关注的不是演员的美声演技,而是关于某演员和哪个女人有了私生子的绯闻。因为歌剧演员都是阉割的人,像中国古代的太监,没有生育能力;他却有了私生子,显然不可思议,正为无聊女性提供了笑料谈资。从她们的言谈中不难看出她们恨不得自己成为歌手私生子的母亲。

众女士:夫人们,昨晚去听歌剧没有?
第二位女士:法里奈罗在这儿,谁能缺了一场歌剧!
第三位女士:没说的,他是个最迷人的家伙!
第四位女士:他可以给你想在世界上得到的一切!
第一位女士:几乎是你想得到的一切!
第二位女士:有人说城里一个人怀上了他的孩子。
众女士:哈,哈哈!
第一位女士:啊,怀上他的孩子可真是奇了。
第三位女士:夫人,我那天碰见一位女士有他的三个孩子!
众女士:都是法里奈罗?
第三位女士:都是,都是蜡做的。
第一位女士:乖乖!谁做的?我明天一早就去订上半打。
第二位女士:我看车里能装多少就订多少。②

这一段对话生动表现了时髦女性的无聊生活。在她们看来,生活中最重要

---

① *The Historical Register of the Year 1736*, p. 21.
② Ibid., pp. 24—25.

的事情就是听歌剧,最时髦的是弄上一批法里奈罗蜡像。梅德利说:"我认为这是今年发生的最不寻常的事,值得记录下来。"①正在女士们谈论法里奈罗时,有人来报信说亨先生的拍卖会要开始了,于是她们都拥向拍卖场,那是她们白天消遣的地方。

拍卖会是《1736年历史纪事》的第三个"剧中剧",拍卖师名叫亨(Hen意思是"母鸡")先生,旨在嘲弄当时的著名拍卖师克里斯托夫·考克(Cock意思是"公鸡"),而扮演这个角色的是考利·西伯的女儿查克夫人,她以女扮男角见长。因此就出现了很有趣的性别混乱:演员是女的,演的角色是男的,而这个男角的名字又暗示女性。② 亨先生在拍卖开始前有一段开场白,介绍将要拍卖的物品。第一件拍卖品是"政治诚实"。他介绍说"这可以作为一件很好的外衣。它的表里是一样的,你正着穿反着穿都可以"③。政治诚实开出的拍卖价是五镑。虽然亨连叫了几次,仍没有人出更高价,于是以五镑被"骑墙勋爵"买走。第二件拍卖品是"爱国衣",起价十镑。

　　第一位廷臣:给我一千镑我都不会穿。
　　亨:先生,我向您保证有好几个绅士在宫中穿过它。它的里跟表很不一样。
　　第一位廷臣:先生,这可是禁品。我不愿意冒被抓到威斯敏斯特法庭的风险穿它。
　　亨:您把它和以前说的爱国弄混了,实际上它只不过样子和以前的一样罢了,料子已经大不相同了。④

尽管他极力推销,最后还是没有拍出去,即使表面的爱国也无人问津。第三件拍卖品是"三滴矜持",是面向女性的,起拍底价是半个克朗。但是矜持也已经过时了,没有人对它感兴趣。第四件拍卖品是"一瓶勇气",亨介绍说"你在国内它不会消失,但一带到国外去就挥发了"⑤。说穿了,这是一种假勇气。最后一个军官出价五先令买了下来。第五和第六件拍卖

---

① *The Historical Register of the Year 1736*, p. 25.
② See Jill Campbell, *Natural Masques: Gender and Identity in Fielding's Plays and Novels* (Stanford: Stanford University Press, 1995), pp. 37—39.
③ *The Historical Register of the Year 1736* in *The Historical Register of the Year 1736 and Eurydice Hissed*, p. 30
④ Ibid., p. 30.
⑤ Ibid., pp. 31—32.

品是一起介绍的:

> 亨:属于为剧院作娱乐歌曲的休·哑剧先生和为政府写文章的威廉·古斯奎尔(Goosequill 意思是鹅毛笔)的所有巧智。是不是该把它们一起拍卖?
>
> 班特尔:啊,把它们分开有些遗憾。它们在哪儿?
>
> 亨:先生,就在隔壁,谁都可以看到,就是太重了,弄不过来。将近三百卷对开本。①

在这里,菲尔丁把剧院流行的哑剧作家和政府的御用文人并列,说明他们都是愚弄人的。虽然拍卖的是他们的巧智,但没有多少真巧智在里面。太"重"(Heavy)有两个意思,一是量大,二是笨拙,而真正巧智的特点应该是轻灵活泼。自然这些东西也没有什么价值。

第七件拍卖品是"纯洁的良心",从来没有沾染任何污点。听到一个纨绔子出价"一先令",亨斥责他"没良心,因为你但凡有点良心也不会出这么低的价格"。亨给的底价是 50 镑,而班特尔却说:"我倒宁愿花 50 镑把我的良心都除掉"②。"纯洁的良心"也没有拍出。第八件是"宫廷利益",底价一百镑。此言一出,群情振奋,众人争相出价,从一百镑一路飙升到一千镑成交。第九件是"所有的主要美德",一个人说了 18 便士,亨再问众人竟无人应答,最后只好卖 18 便士;但是竞拍者却说,他自己是把"主要美德"(cardinal virtues)听成了"主教的美德"(cardinal's virtues)才出的价,现在得到的这东西他连一个子都不会出。于是也放在一边。第十件是"大量巧智",第十一件是"一点常识(或理性)"。拍卖会再次冷场,当亨说到"第十二件"时突然鼓响了,他只好匆匆下场。正如帕格里阿洛所指出的,"《1736年历史纪事》几乎一直打破其剧名的界限,除非把这混乱荒诞看作比严格的大事记能更好地表现 1736 年的英国,尤其是伦敦"③。

听到鼓声,班特尔问道"怎么回事?"有人答说:"皮斯托尔发疯了,认为自己是大伟人,正敲着鼓弹着琴从大街上开过来。"④皮斯托尔(Pistol 手

---

① *The Historical Register of the Year 1736*, p. 32.

② Ibid., p. 33.

③ Harold Pagliaro, *Henry Fielding: A Literary Life* (New York: St. Martin's Press, 1998), p. 110.

④ *The Historical Register of the Year 1736* in *The Historical Register of the Year 1736 and Eurydice Hissed*, p. 35.

枪)本来是莎士比亚历史剧《亨利五世》中的人物,西伯的儿子提奥菲勒斯·西伯因为演这个角色出了名,他也就得了这么一个绰号。"大伟人"是讽刺作家送给首相沃波尔的称号,菲尔丁是借皮斯托尔讽刺沃波尔。剧作家梅德利对索尔维特说,"你还记得我在彩排开始前告诉你的,政坛与剧坛是很相似的。剧坛同政坛一样也有内阁,而且我相信这个内阁也同任何可怜的王国内阁一样软弱"①。梅德利解释皮斯托尔的出场使剧情风格从平易转向崇高,从散文变为韵文。在鼓点琴声中皮斯托尔终于出场,并给了一段近30行的韵白。但是,具有讽刺意味的是他在韵白中要表达的却是自己的失败:

> 我们能力高强演技不凡
> 登上了戏剧演出的顶峰,
> 被称作剧场里的首相,
> 却在与一个新贵的竞争中
> 被打了个落花流水。②

　　皮斯托尔的诗句说的是为其妻子争名分。他的妻子苏珊娜与吉蒂·克拉夫争夺《乞丐歌剧》中的保莉这个角色,克拉夫占了上风。菲尔丁正是通过皮斯托尔或小西伯自己的口来反映这段戏剧史实,并讽刺西伯一家。皮斯托尔自称为剧场的首相,这既有讽刺腐败首相沃波尔之意,也有实际背景。自从1733年的演员反叛之后,小西伯就在德鲁里巷剧院建立起他的新王朝,成了实际上的第一把手。另外,他强调父子相传的世袭继承,又使他在不经意间坠入詹姆斯党的泥潭,因为在18世纪早期世袭继承是詹姆斯党人向汉诺威王室叫板的主要武器,是政坛的热门话题。在强调了这一切权利之后,皮斯托尔跪在舞台上向观众求助,要求观众支持他的妻子出演保莉。观众报以嘘声。这本是不赞成的表示,皮斯托尔却有意曲解,"感谢观众,嘘声表明了赞同"③。然后皮斯托尔就颇为自得地历数老西伯赢得的一系列嘘声,而在作者和观众看来这无异于自报家丑,呈现了一部老西伯的失败记录。虽然菲尔丁这样表现西伯的"成就"并不公正(因为西伯

---

① *The Historical Register of the Year 1736*, p.36.
②③ Ibid., p.37.

作为喜剧演员是相当成功的),①却不失为有根有据,收到很强的戏剧讽刺效果。到这里第二幕结束,但梅德利预言皮斯托尔还会回来。

第三幕开始梅德利表示下面他要上演现代阿波罗。出场的主角实际上是诗神阿波罗的私生子,旨在讽刺现代诗坛或文坛的堕落。剧情表现的是阿波罗正在分派《约翰王》的角色,但对于演员是否胜任角色毫不在意。国王一角分给皮斯托尔,只是因为他善于幕后活动。饰演武士福尔坎布里奇(Faulconbridge)的演员从来不会使剑,阿波罗宽慰他说你只要做出凶狠的样子就行。预言家由一个长得像小丑的演员担任,而法国大使则随便找个舞师充当。这时候地藤(Ground-Ivy 考利·西伯)出现了,他说要想演出莎士比亚的剧本必须得删改才行。他提出删除福尔坎布里奇,把他的戏文给康斯坦斯(Constance)。他声称:"人物合适,语言高雅,强调感情是我主要考虑的内容。"②莎士比亚的一些剧本在18世纪被删改以后上演并不少见,但西伯的删改却把莎士比亚弄得面目全非。菲尔丁在这里讽刺的西伯对《约翰王》的删改有事实依据,所幸西伯本《约翰王》在排练时就被枪毙了。正在这时候,皮斯托尔再次出现,并一下子把老西伯撞到了。

  地藤:浑账! 这小子真是踩我的脚跟来的。
  皮斯托尔:对不起,先生,为什么不服从
  儿子的建议让他自己行事;
  因为,你和一切反对他的人,
  都必须在他的胜利事业中被推翻。③

这里表现的父子冲突也是有依据的。父子争斗不仅在剧院里有表现,在政坛更有乔治二世与他的儿子弗雷德里克的斗争,结果儿子成了沃波尔反对派的领袖。菲尔丁自己与父亲的斗争似乎也在背景中起作用。但是,梅德

---

  ① 白特斯廷在《菲尔丁传》中写道:"虽然他的对头——最令人难忘的是蒲柏在最终版《群愚史诗》中——喜欢把西伯描写成既没品位,又无原则的蠢货,作为剧作家、喜剧演员和老板,他是伦敦剧坛最有才华和能力的人,也就是我们今天说的最引人注目的'明星'。"参看 *Henry Fielding*: *A Life*, p. 59. James Sutherland 在他编辑的 *The Dunciad* (London: Methuen & Co. Ltd., 1943)的 Biographical Appendix 对西伯有这样的评论:"尽管他远不是个傻瓜,他却自然是讽刺对象;他的生活和行为引起讽刺评论,而相对于被人忽略的难堪,他自己似乎更喜欢被人嘲笑的臭名。他虽然不是个绅士,但是与绅士交往密切;他没受过多少教育,却是个成功的作家。毫无疑问,蒲柏真正鄙视他,但这种鄙视或许也掺杂着某些嫉妒"(434 页)。

  ② *The Historical Register of the Year 1736* in *The Historical Register of the Year 1736 and Eurydice Hissed*, p. 43.

  ③ *The Historical Register of the Year 1736*, p. 44.

利强调,皮斯托尔实际上"代表了城里所有自以为了不起而实际上什么也不是的人物"①。

最后一出剧中剧是爱国者的舞蹈。索尔维特说:"啊?你的爱国者舞让人觉得你把爱国变成了玩笑。"梅德利回答说:"正是。但你没看到我是用爱国者舞来结束全剧的么?那表明爱国成了玩笑时,全剧也就演不下去了。上——四个爱国者进来。你看爱国者不如政客人多,从这里就知道并没有多少爱国者"②。"爱国者"是沃波尔反对派的代名词,菲尔丁30年代后期在政治立场上是支持他们的,但也不是没有批评,《1736年历史纪事》的最后一场就是明证。四个爱国者的交谈表明他们与其说爱国不如说爱财更确切。他们似乎要反对战争,但是目的也不过是为了维护自己的利益;而在当权者抛出贿赂的诱饵时,他们就迫不及待地改变了立场。因此,当首相上台来,把金币倒在桌子上说,"只要你们说自己富有,这些金币就归你们"③,他们便抢先把金币装进兜里。第一位爱国者说出了大家的心里话:"人可能因无知而说错话,但昧着良心睁着眼睛说瞎话就是无赖了。我承认曾以为我们贫穷,但是,先生,您让我们相信我们是富有的。"④首相奎大姆(Quidam)赞许说:"你们都是老实人,为你们的健康干杯。由于酒瓶空了,忘掉伤心,去除烦恼,跳个舞吧,我来弹琴伴奏。"⑤于是他们都跟着奎大姆起舞。梅德利解释说由于爱国者们的衣兜有洞,随着跳舞他们的金币会掉出来,最后仍由首相捡去。这样一来首相空送人情,还赚了酒喝,爱国者则一无所获。这是一个哑剧花招,在对爱国者的嘲讽中也带有几分可怜,讽刺当时政坛的交易。达登评论道:"作为政治讽刺剧,《历史纪事》极端大胆。不仅政府成员被集体表现为无知贪婪,首相本人也被几乎不加掩饰地搬上舞台予以嘲弄。"⑥

但是,梅德利的形象也有一定的复杂性:他既是菲尔丁的代言人,有时又是他的讽刺对象。正如剧中的当权者既是讽刺对象,也在一定程度上是剧作家的化身,因为剧作家控制利用演员正如政客操纵宫廷议会一样。这就是为什么菲尔丁对于沃波尔可以说是既恨又爱,两人既是对手,又是同

---

① *The Historical Register of the Year 1736*, p.44.
② Ibid., p.45.
③④ Ibid., p.48.
⑤ Ibid., p.49.
⑥ Dudden, *Henry Fielding: His Life, Works, and Times*, p.201.

谋。《1736年历史纪事》既讽刺了当权政客,也讽刺了所谓爱国者反对派;既嘲弄了以西伯父子为代表的剧坛,也取笑了各色男女观众。从政坛到剧坛,从宫廷到拍卖场,从戏剧人物到观众,甚至包括剧作家本人都没有逃出讽刺的范围。全剧是由戴坡尔(Dapper)勋爵和索尔维特两人与剧作家梅德利的交谈作为整体框架的,这三个角色也都受到不同程度的讽刺。戴坡尔的意思为"整洁",这正好符合勋爵衣冠楚楚的习惯,但他除了整洁的外表,实际上对戏剧一无所知,他来剧场的目的就是为了招摇。索尔维特名字意味着好挑毛病的人,自以为有学问,是所谓批评家的代表。他在剧中的第一句话是"什么《历史纪事》,悲剧还是喜剧"①,因为新古典主义批评家第一件事是确定剧作的文类;而剧作家最后归结说演出的就是"剧,或闹剧,或者你说什么都行"②也算是对批评家的回应。《1736年历史纪事》显然不符合一般的戏剧常规,但却不能说它不真实。在最后一段,梅德利分别请求戴坡尔提携,希望索尔维特帮忙,并向全体男女观众致意:"请好心地向全城介绍此剧,/我们的演出既不是剽窃也不是借的,/不管是生动还是平庸都属我们自己。"③一句话,强调的是作者的创新。的确,《1736年历史纪事》这种形式不仅是前无古人的,就是作者自己也再没有创作这样作品的机会。

第四节 从《欧律狄刻》到《欧律狄刻遭嘘》

与《1736年历史纪事》配演的短剧《欧律狄刻遭嘘》是菲尔丁在戏剧审查法颁布之前的最后一个剧作。但要谈这个剧,首先要了解1737年2月第一次演出就遭失败的《欧律狄刻》。菲尔丁1736年在自己主办的草料市场小剧院演出《巴斯昆》大获成功,再度引起德鲁里巷剧院的注意。根据威斯林版菲尔丁著作集《杂集》第二卷编者戈尔德卡的分析,菲尔丁不是自己主动要到德鲁里巷剧院演出,而是应邀创作《欧律狄刻》。一般情况下只有第三场作家才能取收益,而演出《欧律狄刻》的第一场就是作家收益场

---

① *The Historical Register of the Year 1736* in *The Historical Register of the Year 1736 and Eurydice Hissed*, p. 13.
② Ibid., p. 49.
③ Ibid., p. 50.

的①,因此菲尔丁才没有颗粒无收。该剧此后再没有演过,现代批评家都为此抱不平。至于该剧为何失败,批评界仍众说纷纭,一般的解释是看戏的仆人骚乱致使演出失败。

《欧律狄刻》主要是戏仿神话故事表现家庭中妻子当权,丈夫受气的夫妻冲突,带有一定的反女性色彩。奥维德的《变形记》中有这个故事,但菲尔丁是反其意而用之。② 欧律狄刻死后她的丈夫俄耳甫斯到阴间靠歌声感化了冥王,同意让欧律狄刻返回人世。但冥后增加了一个条件,就是在途中俄耳甫斯不能回头看妻子,如果违反,欧律狄刻就必须立刻回到阴间。夫妻两人踏上归程不久就发生冲突,互相指责。后来在渡冥河时欧律狄刻大声呼救,俄耳甫斯转身相助,结果违反约定,欧律狄刻重返阴间。虽然欧律狄刻抱怨是俄耳甫斯救妻的心意不诚,剧情表现实际上是欧律狄刻自己作伪。这一段对话挺有意思:

> 欧律狄刻:救命啊,救命啊,我要淹死了!我要淹死了!
> 俄耳甫斯(转身):哈,欧律狄刻的声音。
> 欧律狄刻:噢,真不幸!你既然知道冥后的约定,为什么回头看?
> 俄耳甫斯:你这个下作的女人,为什么引诱我?
> 欧律狄刻:你怎么这么不讲道理,倒要来埋怨我?我的恐惧能控制得了么?你知道我总是有些害怕。但也不奇怪,你总是埋怨我,虽然你知道是自己的错;你知道已经讨厌我了,有意地回头,把我留在阴间。
> 俄耳甫斯:你在指责我么?
> 欧律狄刻:我不指责你。我用不着指责你。你个人的良心必定指责你。啊!你要像我一样爱的话,就会忍受走一百万里不回头。我相信我会走更远也不回头。(装哭)
> 俄耳甫斯:都怪这个事故;但我们还可以走。冥后不会知道。
> 欧律狄刻(生气地说):不,我曾承诺你一回头我就回去。讲信用的女人必须守诺言,哪怕是要离开她的丈夫。③

于是,欧律狄刻回到阴间,俄耳甫斯最后只是用歌声告诫人们,与其为妻子

---

① Bertrand A. Goldgar, "General Introduction" to *Miscellanies*, Volume Two, ed. Bertrand A. Goldgar and Hugh Amory (Oxford: Clarendon Press, 1993), p. xxxvii.
② 参看杨周翰译《变形记》第十章,第 128—130 页。
③ *Eurydice*, in *Miscellanies*, Volume Two, p. 146.

伤心,莫如自得其乐。俄耳甫斯的这个形象也有讽刺意大利阉人歌手的成分。《欧律狄刻》的演出虽然有作家和批评家在场,但他们只略加批评。另外,纨绔子的鬼魂形象则是对世间纨绔子弟的讽刺,这也是菲尔丁剧作的一个重要特征。

在《欧律狄刻遭嘘》中,斯帕特尔(Spatter)以悲剧作者身份出现,与索尔维特和戴坡尔两人交谈。开始仍然是强调两人旁观者的特点:索尔维特认为悲剧不"可笑",而戴坡尔则担心时间晚了来不及做头发,因为他做头发要花四个小时。① 《欧律狄刻》的作者叫皮利奇(Pillage),意思是"站桩示众"。他出场的台词把"大伟人"与"闹剧作者"联系起来:两人都要面对众多的求职者。然后是皮利奇的"晨会"(Levee),这更与"大伟人"结合起来,因为求宠献媚者都依靠伟人的提携帮助。此时,皮利奇是权力中心,别人都围着他转。他对急于得到角色的演员们做出各种许诺,要求他们在闹剧演出时替他捧场,在听到嘘声时替他喝彩压倒嘘声。然后是两个书商争相出版他的剧本,第二个说出高价,皮利奇应允。这时候诗人出现了,他也许诺给予捧场。一切安排停当之后,皮利奇发表了这样一番高论:

> 如果靠朋友支持我的闹剧成功,
> 我将不在乎观众是否喜欢,
> 只要能把他们的钱装我口袋中,
> 后世人怎么损我任其自便。②

这是个寡廉鲜耻,一心为钱的剧作家形象,目的是为了讽刺腐败首相沃波尔。这时奥尼斯特斯(Honestus,意为诚实)来了,皮利奇也请他为自己捧场。但是奥尼斯特斯说他只会凭良心诚实看戏,如果剧好他就鼓掌,如果不好他就喝倒彩,哪怕只有他一人这么做。他接着又说道,剧情开始讽刺军人的做法不好,可能会引起观众反感。但是,皮利奇说他有朋友支持,没有问题,奥尼斯特斯对于这种预先安排朋友叫好的骗人做法严加斥责,并说即使演出混得过去,人们看了剧本也会反感。皮利奇分辩说剧院经理有权决定演出什么:

皮利奇:经理若服从观众那成什么了?

---

① *Eurydice Hissed*, in *The Historical Register for the Year 1736 and Eurydice Hissed*, p. 54.

② *Eurydice Hissed*, p. 59.

> 奥尼斯特斯:只不过是观众的公仆。
> 虽然你保证演员们得到报酬,
> 但每一分钱都来自观众腰包,
> 因此他们应该决定为啥买票。
> 皮利奇:如果你帮我渡过难关,
> 我会把献词题写给你。
> 奥尼斯特斯:别贿赂——我对你公正无私,
> 像一个诚实的批评家给你鼓掌,
> 但若不合规矩照样给你嘘声。①

说完奥尼斯特斯就看戏去了。这时候,诗神缪斯出场了,她抱怨皮利奇把自己忘记了,一定是迷上了别的女神。皮利奇申辩说《欧律狄刻》并没有受到任何女神的启示,只不过是作家自己头脑发热的玩笑之作。这似乎表明菲尔丁创作《欧律狄刻》的确没有下多少工夫,只是应景赚几个钱而已。最后,作家许诺会在缪斯女神的感召下创作,并和缪斯一起下场。等到布景转换,我们看到有两个观众谈论剧场里的情况,说是否成功尚不明朗。不一会儿第三个观众上场说演出失败了:

> 最后从一个不幸的演员口中,
> 突然冒出一大口腥酒,
> 从另一个演员那里出来两个加仑。
> 观众就像得了传染病一样,
> 一起喧哗大叫,嘘声抱怨。②

根据这一段台词,戈尔德卡认为演出之所以失败是因为菲尔丁无意中涉及了1736年通过但不受民众欢迎的《杜松子酒法》。该法为了限制杜松子酒的零售,规定如果酒商卖的酒低于两个加仑就要交纳每年50镑税款,所以剧中的俄耳甫斯说他要买两加仑酒背着。③ 这时候皮利奇伤心地走来,三位绅士赶紧躲开,就像躲避瘟神一样:风光时高朋满座,失势的时候树倒猢狲散。但是奥尼斯特斯却没有离弃他,而是赶来安慰他,要他认识到失败的原因,重新振作精神。该剧既指出了《欧律狄刻》失败的原因,强

---

① *Eurydice Hissed*, p. 62.
② Ibid., p. 66.
③ Goldgar, "General Introduction" to *Miscellanies*, Volume Two, p. xliii.

调它太简单,太粗糙,又通过奥尼斯特斯的形象表达了一种理想。全剧最后是奥尼斯特斯的话:"但愿人们更明智,作家更自律,/再没有人胆敢创作简单闹剧"①。

刘易斯指出:"从技术上来说,《欧律狄刻遭嘘》是一个最奇特复杂的作品。一切彩排形式的剧作都是关于其他剧本的,但是《欧律狄刻遭嘘》却更胜一筹。它本身是个剧,在排练的剧又是关于另一个剧的演出。最核心的是菲尔丁本人的一个剧(《欧律狄刻》),在排练的斯帕特尔的《欧律狄刻遭嘘》正表现了《欧律狄刻》在考文特花园剧院演出失败。"②菲尔丁—斯帕特尔—皮利奇三个剧作家可以说是同一个人的三种角色,而这个剧本更重要的意义是通过皮利奇形象对首相沃波尔进行讽刺。沃波尔正是利用贿赂和许诺来通过自己的法案,而不管法案是否真的对社会民众有好处。《欧律狄刻遭嘘》可以说象征性地表现了沃波尔 1733 年推动消费税法的失败,与作为主剧的《1736 年历史纪事》联系起来就更清楚地显现了其政治讽刺意义。这种政治讽刺也从另一方面表现了菲尔丁与沃波尔的复杂关系:他们既是对手也是同道。《1736 年历史纪事》和《欧律狄刻遭嘘》在 1737 年春季的演出获得很大成功,但是随着戏剧审查法在 1737 年 6 月 6 日通过施行,菲尔丁的小剧场被关闭了,他从此告别了戏剧创作。

第五节 后来发表的几个剧作

虽然戏剧审查法把菲尔丁赶出了剧院,他后来仍有三个剧本被搬上舞台。1742 年 5 月 6 日,德鲁里巷剧院上演了菲尔丁创作的闹剧《露西小姐进城》。这是《贞女现原形》的续集,也是为发挥克拉夫的特长而创作的。菲尔丁在《杂集》序言中说自己在《露西小姐进城》的创作方面出力不大,因此现代学者推测这是他与盖里克合作的。在《贞女现原形》的最后,露西与曾经给贵族当男仆的托马斯结婚。《露西小姐进城》写的是结婚以后托马斯带露西上伦敦旅游,但是在找旅店时误入妓院。当时伦敦还很少有正式旅店,一般都是居民利用自己家的空闲房屋出租。有些妓院老板也出租房屋给通奸幽会的人提供方便,自己牟取暴利,因此菲尔丁描写露西和新婚

---

① *Eurydice Hissed*, in *The Historical Register for the Year 1736 and Eurydice Hissed*, p. 68.

② Lewis, *Fielding's Burlesque Drama*, p. 193.

丈夫进城住进了妓院是有现实生活根据的。露西长在乡间,从来没有到过伦敦,却听同伴说起过城里时髦女人的生活,因此进城之后一心要像时髦女人一样。女老板米德奈特(Midnight 午夜)太太问她需要什么,她回答:"啊,好夫人,时髦女人要什么,我就要什么。说实话,我还不知道我需要什么,因我从来没进过城。但是,只要看到别人需要的我都要"①。在老板带托马斯看房间的时候,露西与妓院的女侍陶德利(Tawdry)闲聊。陶德利问她累么,她说不累;陶德利说时髦女人旅行之后都要累死了,于是露西便装出累坏了的样子。陶德利问她来伦敦要看什么地方,露西说要看伦敦塔、疯人院、议会大厦和大教堂等;陶德利说时髦女人不去那些地方,而是去假面舞会、剧院、宫廷等地方,于是露西说她也要去那些地方,并请教在那些地方要怎么做。② 等到丈夫看好房间回来时,露西就学着时髦女人在假面舞会上的举动,用扇子挡住脸问托马斯:"你认识我吗?"③然后托马斯出去找裁缝定衣服,老板让女侍把露西带到房间去。

  第一个顾客鲍布尔(Bawble)勋爵来到。老板说自己有个刚从乡间来的亲戚,要入寄宿学校,可以献给勋爵,条件是先付一百镑,勋爵赶紧回家取钱。这时犹太富商佐罗巴波尔(Zorobabel)到了,老板又向他推荐露西,但说已经以两百镑的价格许给勋爵。富商说他不在乎钱,要老板把露西找来。露西见了富商觉得他不如托马斯漂亮英俊,但是富商说要把她包下来,给她买各种珠宝首饰。露西听得心动,便让他去把珠宝首饰拿来。这时候两个歌手吵嚷着进来,他们的歌声让露西激动不已,也跟着唱起来。不久回家拿钱的勋爵到了,老板怕没法向犹太富商交代便悄悄溜走。鲍布尔勋爵的上流谈吐让露西心旷神怡,而且他做出的许诺比犹太富商还多,于是露西就和他一起走了。等到托马斯回来,竟然发现夫人失踪。这时露西的父亲也来到了,听到女儿失踪很着急,要托马斯马上在报纸登广告寻妻,并找治安法官报案。犹太富商佐罗巴波尔回来,听到情人失踪大为失望。突然,露西自己又出现了,而且高兴得手舞足蹈,俨然是个时髦女郎,发誓再也不回乡下,甚至不认父亲和丈夫。这时候鲍布尔勋爵找回来,抱怨露西不该自己跑了。他看到托马斯不禁一怔,原来他是托马斯的老主人。托马斯说露西是自己新娶的妻子,但露西不承认,勋爵要托马斯放弃

---

① *Miss Lucy in Town*, in *The Works of Henry Fielding*, *Esq.*, Volume 10, p. 303.
② Ibid., p. 304.
③ Ibid., p. 305.

遭拒绝,两人拔剑要决斗:

　　古德威尔:住手,勋爵! 这个女人,尽管她无耻,的确是我的女儿,是他的妻子。

　　露西:我是不是他的妻子都没有关系,因为我要跟勋爵走。我恨我丈夫,我爱勋爵。他是个时髦的上等人,我是个时髦女郎,我们两人正合适。——看,勋爵,这是你给我的珠宝首饰。他要拿走,但是你会给我保管着。

　　鲍布尔勋爵:那么,现在我想每人各得其所。汤姆,既然她是你的妻子,愿你好好待她。我拿这些首饰可以买个更时髦的女郎。①

最后,露西终于认错跟着丈夫回乡下。她说道:"我刚才做的,只不过是要像个时髦女人,是按照她们告诉我的时髦女人的样子做,不应该再想回乡下。如果你原谅了我,我再也不会当什么时髦女人了,只愿做你本份的妻子。"②该剧主要是讽刺世风败坏,天真的乡下女人竟然一下变得六亲不认。克拉夫的表演很成功,该剧在演季结束前一共演了七场。当年10月底到12月初在新演季开始又演出十二场,其中一场还有王室成员到场。但是,后来有人发表了一篇公开信,攻击该剧以妓院为背景,格调不高,有伤风化,此后该剧就从舞台上消失了。

　　1743年戴维·盖里克开始在伦敦戏剧舞台大显身手,他邀请菲尔丁提供剧本。菲尔丁本来想演出《好心人》,但是发现其中的角色没有适合盖里克的,便找出早期的旧稿《婚礼日》来应付。《婚礼日》是那个演出季唯一的新剧目,第一个晚上剧场爆满。但是剧情并不吸引人,以后观众就越来越少,在剧作家取收入的第三和第六个晚上观众尤其少,以至于菲尔丁只得到50多个几尼的收入,还是多亏了盖里克的演技在一定程度上掩盖了剧本的缺陷。本来菲尔丁曾希望克拉夫出演该剧的女主角。由于《露西小姐进城》因为风化问题受到责难,《婚礼日》开场也是在妓院,克拉夫拒绝出演女主角。《婚礼日》剧本在演出后就出了单行本,销路也不好。但是为了凑足《杂集》第二卷的篇幅,菲尔丁还是把这个剧本加了进来,尽管它在主题和风格等方面都与《杂集》的其他内容毫不相干。从这里也可以看出菲尔丁在贫病交加的情况下难于挣钱糊口的困境。

---

① *Miss Lucy in Town*, pp. 327—328.
② Ibid., pp. 328—329.

《婚礼日》的剧情比较简单。纨绔子米利茂尔（Millamour 多爱）的恋人克莱林达（Clarinda）被迫与年老的斯台德法斯特（Stedfast 说一不二）结婚，婚礼日首先指的是这桩婚事。但同时还有一条线索，那就是米利茂尔的朋友哈特福特（Heartfort）迷恋斯台德法斯特的女儿夏洛特，后者却被父亲逼迫与缪特布尔（Mutable 三心二意）在同一天结婚。帕格里阿洛对《婚礼日》评价颇高，认为它"表现了真正的活力"，"四个主要恋人都有特色，他们的心理有利于表现戏剧冲突"。① 米利茂尔为了帮助哈特福特，就在见到老缪特布尔时自封贵族，说自己有个妹妹已同小缪特布尔相恋；于是老缪特布尔马上改变主意，并亲自到斯台德法斯特家里退婚。但是斯台德法斯特不改初衷，要老缪特布尔退掉与"贵族"的婚约。老缪特布尔拿不定主意：既想让儿子和贵族联姻，又担心失去财产。使剧情更为复杂的是夏洛特自己却更钟情于米利茂尔，并着伪装从家里逃出来找他。克莱林达也经不住中间人的劝说，冒险再次同米利茂尔见面，想不到斯台德法斯特得到消息赶来，克莱林达吓得昏倒在地。米利茂尔集中生智，充当医生救治克莱林达，并真把斯台德法斯特给瞒过去了。随后米利茂尔叫仆人把哈特福特找来同夏洛特见面，但是夏洛特有意刺激恋人的谈吐让哈特福特信心全失，不过后来米利茂尔劝说哈特福特要坚持不懈，一定能感化恋人。最后出现戏剧性一幕，原来克莱林达是斯台德法斯特早期恋情的私生女，这样米利茂尔自然和克莱林达结婚；而老缪特布尔听说斯台德法斯特又多了一个女儿，给夏洛特的嫁妆减少一半，于是他自动放弃了以前订的婚约，从而成全了哈特福特和夏洛特的婚事。全剧以有情人成眷属的常规结束。

读这个剧本可以很明显看出菲尔丁继承各种戏剧传统的痕迹。米利茂尔和他的仆人布拉森的关系使人想起罗马喜剧中的聪明仆人。斯台德法斯特和老缪特布尔的名字和性格来自于琼森的癖性喜剧。比如斯台德法斯特的说一不二就表现得淋漓尽致：他对女儿的感情毫不顾及，只坚持己见；老缪特布尔要退婚约，他坚决顶了回去；对律师的代理人他严词拒绝，要求必须当着律师的面签字；裁缝说仆人的号衣做不完，他说那就把半成品拿来披上；仆人说9点宴会准备不好，他就说10点以前他们都将被解雇。他的话就是法律，其他人必须服从。老缪特布尔三心二意，毫无主见的性格也表现得很生动：他听到儿子与贵族女儿相恋就立刻决定退掉与斯

---

① Pagliaro, *Henry Fielding: A Literary Life*, pp. 66—67.

台德法斯特的婚约,但听到斯台德法斯特说贵族可能是穷汉就立刻改变主意;听到假贵族吹嘘自己如何富有,便又想回绝斯台德法斯特。该剧明显继承的第三个传统是复辟喜剧传统。纨绔子米利茂尔和夏洛特的形象都可以在《如此世道》中找到影子。请听:

> 夏洛特:先生,你一定得知道,我打定主意要同这样一个人结婚:他在我眼里完美无缺,而在别人眼里一无是处。——在我看来,男人的漂亮是女子气;稳重是没精神;严肃是少机智;忠诚是没本事。
>
> 米利茂尔:那么,要在你眼里完美无缺就必须要傲慢无礼,丑陋不堪,浪荡荒唐,三心二意?——
>
> 夏洛特:所有这些美德都体现在您身上,亲爱的先生——①

这场对话是在夏洛特戴着面具的情况下进行的,虽然有些夸张,但也在一定程度上表现了她的态度。在接下来的对话中,夏洛特说她为了躲避父亲"强加给自己的丈夫,必须要带一个丈夫回家。现在,先生,如果你对我的财产像对我的美貌一样放心,我们的交易就算达成了。派人叫个牧师来,下面的事你自己清楚——"②说到这里,夏洛特除去面具,米利茂尔一看是她大吃一惊。虽然对于穷困的米利茂尔来说这是桩天上掉下来的幸运婚事,他还是想到好友哈特福特,觉得不能背叛朋友,应该尽力帮助。这让夏洛特感到自己是被冷淡地拒绝了。在最后两幕我们从米利茂尔和哈特福特的对话中感到他们虽然放荡,但良心还没有泯灭,所以为最后的幸福结局打下了基础。

威斯林版菲尔丁著作集《杂集》第二卷的编者指出即使不算当红的盖里克,《婚礼日》的演员阵容仍然十分强大。为什么演出没有获得成功,只勉强维持了六场呢?恐怕在剧中充当米利茂尔和克莱林达关系中间人的尤兹夫(Useful 有用处)太太是个突出问题。她的身份是妓院老鸨,而且在开场与米利茂尔的对话中谈吐相当粗俗,甚至可以说有伤风化,这与《考文特花园悲剧》演出失败的原因相似。虽然理查逊的《克拉丽莎》在妓院老鸨辛克莱的描写上花了很大工夫,但那是作为私人阅读的小说作品,与在舞台上表现有很大区别;而且辛克莱最后的惨死也代表了对她的惩罚。尤兹夫太太在《婚礼日》频繁出现,到最后也只是在纵容米利茂尔同已经结婚的

---

① *The Wedding Day*, in *Miscellanies*, Volume Two, p.193.
② Ibid., pp.193—194.

克莱林达偷情时受到改邪归正的米利茂尔斥责而匆匆下场。剧本的另一个突出问题是以路辛娜和普劳特威尔（Plotwell 计谋好）为主的另一个遭米利茂尔抛弃的情妇线索没有多少发展。而最后由普劳特威尔出面，说她是斯台德法斯特 20 年前的旧情人，克莱林达是他们的私生女，从而解决婚恋问题的方法也有些牵强。所有这些都说明这是菲尔丁早期的作品，受各种传统影响太明显，情节安排上还不成熟，还没有充分形成自己的风格。

菲尔丁的剧本《父亲们，或好心人》在他去世多年后被发现，1778 年被谢里丹搬上舞台，所得收入用来资助菲尔丁的遗孀。已经退休的盖里克亲自为老友的剧本写了序诗，希望借此吸引观众，多获得一些收入。盖里克的序诗写得情真意切，列举菲尔丁小说中的著名人物来证明菲尔丁的才华。序诗结尾这样写道：

> 最后是奥维资代表崇高激情——
> 向诸位时尚与品位的慷慨领袖致敬；
> 久逝的天才留下剧作孤本
> 靠您好意呵护——亡者意志要容忍；
> 啊，请尊敬父亲珍爱的赠与，
> 让寡妻开颜，让亡灵安息。①

盖里克把奥维资放在菲尔丁小说人物的最后并不是说他最不重要，而是因为他的形象与《父亲们》的主角最接近。虽然奥维资的亲生子女都未成人，他把汤姆·琼斯视为自己的孩子，在小说中是一个崇高的父亲形象。序诗倒数第二行的"父亲"在原文是用大写字母拼出，既代表作者菲尔丁是这个剧本的父亲，又代表演出此剧是为了使菲尔丁的寡妻和孩子受益，还因为剧名就是"父亲们"。这个剧本正是通过对几个不同的父亲角色的刻画展现了"好心人"的主题。

《父亲们》塑造了四个父亲形象，居中心地位的是邦古尔兄弟。乔治·邦古尔（Sir George Boncour）爵士没有结婚，把弟弟的儿子视为自己的义子，但看到弟弟对妻子一味迁就，对儿子不加管教很不以为然。邦古尔先生是好心人的典型，因为妻子给他带来大量陪嫁，他对妻子的任何要求都答应，对儿子的奢侈花费也尽量满足。剧中还有两个父亲形象。一个是爱

---

① *The Fathers, or The Good-Natured Man*, in *The Works of Henry Fielding, Esq.*, Volume 10, p. 422.

财如命,对子女严厉管教的老瓦伦斯(Old Valence),另一个是居住乡村对子女说一不二的格里高利·肯奈尔爵士(Sir Gregory Kennel)。剧本的主要情节是邦古尔的一双儿女分别爱上了瓦伦斯的儿女。虽然邦古尔认为瓦伦斯的财产不多,与自己家算不上门当户对,但考虑到儿女的感情便没有阻拦,而是直接到瓦伦斯家替儿女求婚。这对于瓦伦斯来说当然是天大的好事。但是他却自作聪明,认为既然邦古尔已经赞成,他就应该做出犹豫不决的样子,这样可以讨价还价,得到更多好处。他要律师起草了一份很苛刻的婚约,好心人邦古尔看后也感到愤慨。乔治·邦古尔爵士说,瓦伦斯之所以这么做就是把邦古尔的好心看作愚昧可欺,建议弟弟拒绝这桩婚事。邦古尔夫人本来不赞成这桩大换亲,但她生性要和丈夫作对,看到丈夫要拒绝,她立即变成了儿女的坚决支持者,反过来和儿女一起谴责丈夫。这时候邦古尔爵士来到,邦古尔先生知道他的反对态度,赶紧向他求援,谁知爵士竟然也跟着说支持这桩婚姻。等到妻子和儿女离开以后,邦古尔问兄长到底何意,爵士笑着说他那是没办法,因为和执拗的妻妹以及陷入情网的子侄辈没有道理可讲,只能顺着他们。邦古尔问兄长现在怎么办,爵士说很好办,他去给瓦伦斯说邦古尔破产了,立即就会使他解除婚约。剧情的发展正像他所预料的,一个关于破产的谎言把瓦伦斯一家人的爱财面目暴露无遗。这个情节处理与菲尔丁的第一部五幕喜剧《戴着各种假面具的爱情》差不多。

像菲尔丁的其他传统喜剧一样,《父亲们》也没有获得太大成功,他的真正才华显然是在非传统的讽刺剧方面。对于这个剧本的创作时间,批评界也觉得难以确定。但是,从其剧情来看,与1735年上演的《遍献殷勤》很相似,它们的创作时间应该差不多。从人物形象方面来看,邦古尔兄弟俨然是《遍献殷勤》中拉夫勒兄弟的翻版,不过那里的兄弟俩主要是受到嘲笑讽刺,而这里的兄弟俩基本上是得到作者肯定的人物,尤其是邦古尔先生虽然不能算是一个完美的好心人,至少可以说是菲尔丁剧作中最接近完美的人物。由于父亲基本上对子女不加约束,小邦古尔自然养成了富家子弟任性挥霍的特点,而且兄妹俩与老一辈的不同也在一定程度上表现了英国社会的发展,与中国当前社会中表现突出的代沟问题有些相似。请看下面一段对话:

  邦古尔先生:你这一段挺节省啊。

  小邦古尔:父亲,您总是这么慷慨大度,我衣食无忧,几乎想得到什么就能得到什么；不过我会很感激您……

邦古尔先生：我想一百镑不会有什么不方便吧。[给他钱]

小邦古尔：[笑着鞠躬表示感谢。]一百镑！天啊，只有一百镑。

邦古尔先生：乔治，你想买什么？

小邦古尔：我在想，父亲，我上学的时候拿到这一百镑会多高兴啊；可是，说实话，按我现在的情况，一百镑可管不了多少事；这只够为我昨天买的一幅画付账。

邦古尔先生：一百镑买一幅画也太贵了。

小邦古尔：这是小意思，父亲；再便宜买的画就不值得挂了。①

小邦古尔在这里的表现俨然是一个大手大脚的阔公子哥。但是，到了后来听说父亲破产了，他的表现却不是抱怨，而是想尽办法帮助父亲渡过难关。他立即找来律师，起草文书，把属于自己名下的财产让予父亲，表现了他的善良本质。这使本来对他有偏见的伯父深受感动，表示要把财产传给侄子。同在其他剧作中一样，菲尔丁对于好挥霍的年轻人总是有所偏袒，表现他们虽然不节俭，但本性不坏，心地善良，不失为好人。

但对于虚伪奸诈、爱财如命的老瓦伦斯，菲尔丁则以辛辣的笔触严加抨击，表现了其"机关算尽太聪明"，反而鸡飞蛋打的下场。哈罗德·帕格里阿洛在评论这部剧作的弱点时就指出："瓦伦斯们简直是邪恶的化身，教育子女成长的戏剧性张力也减弱了。该剧似乎就是表明，好父亲有好孩子，恶父亲生孽种。"②老瓦伦斯对待子女的态度与邦古尔先生截然不同。他对子女严厉无情，近于苛刻；子女在他面前总是唯命是从。他颇为自得地相信"为父的全部责任是严厉"③。他后来看到从农村来的格里高利爵士在为儿子物色对象，而且他比邦古尔更加富有，便立刻打主意要把女儿嫁给他。这样一个父亲教育出来的孩子也是心地狭窄，见钱眼开；遇到别人有难不是同情帮助，而是落井下石，趁火打劫。瓦伦斯小姐听说小邦古尔把自己名下的财产立约转给了父亲，立刻对他翻了脸，并嘲笑他傻瓜一个：

瓦伦斯小姐：你难道不知道在放弃继承权的时候，你也自然放弃

---

① *The Fathers, or The Good-Natured Man*，第一幕第二场，435—436页。
② Pagliaro, *Henry Fielding: A Literary Life*, p. 100.
③ *The Fathers, or The Good-Natured Man*, in *The Works of Henry Fielding*, Esq., Volume 10, p. 445.

了拥有自己恋人的权利?你难道以为我会嫁给个乞丐吗?

  小邦古尔:你今天,不,就在一个钟头之前,不是给我说过不管是我父亲的不幸或你父亲的命令,都不能阻止我们的幸福吗?

  瓦伦斯小姐:他们是不能阻止。你该感谢自己干的蠢事;你如果爱我,绝对不会那么做——①

小瓦伦斯更加恶毒,甚至想利用邦古尔小姐对自己的爱恋乘机奸污她。在听到妹妹说已经拒绝了小邦古尔之后,他说:"我对邦古尔小姐的激情比你对他哥哥的更难控制;既然她做我妻子不方便,我就决心叫她做我的情妇。"②听到这话,瓦伦斯小姐不仅没有阻止,反而鼓励哥哥对自己的好朋友施行阴谋。幸运的是邦古尔小姐已经看穿了小瓦伦斯的本质,她给他写信约会只是为了更直截了当地揭露他的丑恶面目。

  到此为止,喜剧开始预示的两对子女大换亲彻底失败了,全剧面临没有婚礼的结局。这个困难由从农村来的格里高利爵士父子解决了。虽然瓦伦斯小姐以为小肯奈尔爱上了自己,后来却发现他爱的是与自己同行的邦古尔小姐,而且格里高利爵士心目中的理想儿媳妇也就是她,于是两个新结识的年轻人成了眷属。小邦古尔表现出的好心肠使乔治爵士改变了偏见,选他做财产继承人,并说已经为侄子看好了对象,只要小邦古尔学有所成,不用担心美满婚姻。喜剧终于以好人得好报,坏人遭惩罚的所谓诗性正义结束了。同菲尔丁其他的传统喜剧一样,该剧的幸福结局也颇牵强,格里高利爵士父子基本上游离于主要情节之外。

  从1730年1月26日《法学院的纨绔儿》上演,到1737年5月23日小剧场关门,菲尔丁在八个演季里,共创作上演了22个剧作(创作19个;改编3个),三个剧本有两个以上不同版本,平均每个演季创作或改编三个剧本。他是1730年代创作数量最多、影响最大的剧作家。按照当时的标准,首季演出九场就算成功,菲尔丁的大部分剧作都应该算是比较成功的,更不用说《作家的闹剧》、《大拇指汤姆》、《巴斯昆》和《1736年历史纪事》等连演不衰的剧作。加上1728年上演的《戴着各种假面具的爱情》,40年代上演的《露西小姐进城》和《婚礼日》,1778年演出的《父亲们》,菲尔丁一共创作了26个剧本,因为《戴伯拉》没有流传下来,所以在迄今为止最全的菲尔

---

  ① *The Fathers, or The Good-Natured Man*, p.484.
  ② Ibid., p.486.

丁著作集收有 25 个剧本。这 25 个剧本除了三部改编自法国喜剧外,其他 22 个可以分成三大类,一是传统五幕喜剧,有 7 部,二是轻松闹剧,也有 7 部,第三类是各种讽刺剧,有 8 部,是菲尔丁剧作中最成功的作品,其中 6 部作品有现代版本。

  克罗斯认为,如果不是戏剧审查法中断了菲尔丁的戏剧创作,他很可能成为影响深远的大剧作家。"我一直在努力说明,戏剧对菲尔丁绝不仅仅是谋生手段;戏剧是他的灵魂,是他的生命。"①伊丽莎白·詹金斯则指出:"菲尔丁最优秀的作品不是他的戏剧,但是这些作品表现了生动直接的形象塑造,强烈的幽默感,和反映热门场面的非凡能力。"②马丁·白特斯廷从三个方面论述了菲尔丁戏剧创作的成就。首先是敢于试验探索的勇气。白特斯廷写道,菲尔丁"当然从《彩排》和《乞丐歌剧》学到很多东西;但在英国戏剧史上很少有剧作家在形式创新方面如菲尔丁那么广泛,那么多样,那么勇敢。"菲尔丁写过传统的五幕风俗喜剧,也写过闹剧、歌谣剧、哑剧、木偶剧、滑稽悲剧(Burlesque)和实在无法定名的娱乐剧(Entertainment)。第二是菲尔丁作品在当时舞台的压倒性地位。"比如,在 1735—1736 演出季,就有不下 10 部菲尔丁作品演出,多于西伯,甚至也多于莎士比亚。在那个演出季的三天里(1736 年 4 月 27 日至 29 日),一个醉心于戏剧的人可以看到菲尔丁 7 部剧作的 9 场演出。"第三是菲尔丁作为剧院经理的地位:他在最后两个演出季在"伦敦最小最差的剧院"创造了最辉煌的成绩。③如果菲尔丁没有因戏剧审查法而被赶出舞台,谁又能说他不会给英国剧坛带来新的变化呢?

---

① Cross, *The History of Henry Fielding*, Vol. I, p. 236.
② Elizabeth Jenkins, *Henry Fielding* (London: Home and Van Thal, 1947), p. 14.
③ Battestin, *Henry Fielding: A Life*, pp. 232−233.

第五章 《斗士》的意义

菲尔丁 1737 年离开剧坛之后,很快进入中殿律师学院学习法律,在两年多的时间里几乎没有发表作品。《斗士》是菲尔丁和朋友詹姆斯·拉尔夫合办的一份关于政治社会生活批评的杂志。从 1739 年 11 月创刊到 1741 年 6 月与《斗士》脱离关系为止,菲尔丁是《斗士》的主要撰稿人。他在《斗士》的撰稿对后来的小说创作有很重要的作用,许多文章中有风趣的故事,而菲尔丁也正是在这些稿件的写作过程中形成了自己的议论叙述相结合的叙事风格。威尔伯·L. 克罗斯在对《斗士》文章分析之后指出:"《斗士》作为菲尔丁的剧作和他将要从事的虚构散文(小说)创作之纽带的重要性应该是显而易见的。在他的这些文章中有《从阳世到阴间的旅行》的草稿,有《江奈生·魏尔德》系统反讽视点的萌芽,有亚当斯牧师和屈利勃牧师未形成叙事的胚胎,有年轻的汤姆·琼斯之伦理基础。"①本章将对《斗士》的出版流行情况进行简单介绍,然后重点探讨菲尔丁关注的社会文化和政治问题。

第一节 《斗士》的创办及其内容

菲尔丁在专心学习法律的时候竟然又分心办杂志,这看起来有些不可思议;尤其是菲尔丁此前只写过戏剧,是政论写作的门外汉,怎么能突然间成熟起来。白特斯廷教授曾反复思考这个问题,并通过分析《匠人》(*Craftsman*)杂志的文章给出了这样一个答案:菲尔丁曾经在 1734 年到 1739 年间匿名为反对派主办的《匠人》写稿,正是这种实践使他掌握了政论写作的技能。白特斯廷把他认为属于菲尔丁所作的文章编辑为《新发现的菲尔丁作品》,并经合作者进行计算机文体验证,1989 年由弗吉尼亚大

---

① Wilbur L. Cross, *The History of Henry Fielding* (New Haven: Yale University Press, 1918), Vol. I, pp. 280—281.

学出版社出版。① 由于这种作者认定需要经过时间的检验,学术界也的确存在争议②,威斯林版菲尔丁著作集并未收录。但是这一新发现至少告诉我们,菲尔丁在主办《斗士》之前对政论写作并非完全陌生。像其他所有在18世纪办报刊的人一样,菲尔丁也深受艾狄生和斯蒂尔创办的《旁观者》的影响,并模仿"旁观者"俱乐部设计了《斗士》中心人物赫拉克勒斯·温尼格尔上尉(Captain Hercules Vinigar)一家。③

1739年11月15日出版的《斗士》创刊号是温尼格尔对家庭成员的介绍,包括他的父亲,他所关心的是政治,但很少开口说话;第二个人物是他的叔叔,身为律师,最为富有;第三个人物是律师的儿子,牛津大学毕业的学者;第四个人物是温尼格尔上尉的大儿子,他虽然在林肯店律师学院修业五年,最关心的却是文学和戏剧演出;第五个人物是他的小儿子,属于游手好闲的纨绔子;第六个人物是他的夫人琼,最关心家庭琐事。在对全家人逐一介绍以后,温尼格尔上尉写道,"全国发生的任何邪恶或蠢行都会由我的某个亲属报告,在《斗士》披露,以便城里的居民可以得到娱乐和信息"④。在17日出版的第2期,温尼格尔上尉介绍了自己的身世,说是古代大力士赫拉克勒斯的后代。但他接着指出,要说明这一点主要是因为夫人有虚荣心,最看重出身,好像有赫拉克勒斯这个祖先就更高贵似的,而他自己并不在乎这一点,因为他觉得出身并不重要,关键是看个人的成就。这一期内容因而可以说是以批判血统论为主。温尼格尔上尉自己是否就没有虚荣心呢?下面这句话表明并非如此:"就我个人来说,回想祖先的业绩没什么乐趣;不,想到家族中有个人享有比我更大的名声就不舒服。"⑤这一期的结尾更有荡涤一切祖先之势:"我只要求获得自己的美德和劳动

---

① *New Essays by Henry Fielding: His Contributions to the Craftsman (1734—1739) and Other Early Journalism*, ed. Martin C. Battestin, with a Stylometric Analysis by M. G. Farringdon (Charlottesville: University Press of Virginia, 1989). See also Martin C. Battestin, with Ruthe Battestin, *Henry Fielding: A Life* (New York: Routledge, 1989), p.258.

② According to Thomas Lockwood, "Fielding had nothing to do with the *Craftsman*, and the 'secret' of his authorship has kept so well only because it is imaginary." "Did Fielding Write for The Craftsman?", *Review of English Studies*, New Series, Vol.59, No.238 (2008): 116.

③ 把captain译为上尉是遵循习惯的权宜之计:在军队是上尉;在船上是船长;在团伙是首领;在球场是队长。从赫拉克勒斯·温尼格尔出生于斗熊场的身份来看,他这个captain应该是斗熊士的首领或队长。

④ *Contributions to the Champion and Related Writings*, ed. W. B. Coley (Oxford: Clarendon Press, 2003), pp.17—18.

⑤ *Contributions to the Champion and Related Writings*, p.19.

应得之尊敬,完全不在意我的祖先中是否有窃贼或勋爵、强盗或主教、小偷或首相。"①这种刻意颠覆世俗社会高低贵贱之分的努力,很自然地使读者想起几年前颠覆一切的讽刺剧作家菲尔丁。11 月 20 日的一期分析人各有所长,若充分发挥都可成功,但人们往往受虚荣心的驱使而不顾自身特长追名逐利。紧接着下一期批评人们往往将表象当本质,而他最后的落脚点则是政治性的,指出虽然表面上国王握有大权,实际上权力掌握在控制下院的大人物即首相手中。从最初几期的内容来看,《斗士》几乎关注社会生活的方方面面,并不是专门为政党政治服务的。

《斗士》的刊头画是赫拉克勒斯挥舞大棒对付九头蛇。1740 年 5 月 27 日一期以读者来信的形式,叙述在一次聚会上大家议论刊头画的寓意。首先发言的是位学子,他说这就是古代传说的赫拉克勒斯对付九头蛇的进攻。"现在大家基本都同意画上的人就是你本人,而不是你的那个祖先;一位女士提出她的看法,说那些蛇头代表当代的花花公子,而且她就知道某些像蛇一样的人物。我倒宁愿认为(我说)上尉暗示自己是在与世上的邪恶作斗争。"②接着有人说蛇代表牧师,是抨击宗教的;另一个人反驳说他没有看到什么反宗教的内容,倒是觉得自己的职业(医生)常受到责难,因为蛇头暗指皇家医学院。一位女士讥笑说你还不如说是嘲笑皇家学会呢,而她自己认为蛇代表的是其他报刊。还有一个人说得更绝,认为挥舞大棒者暗示首相本人,他一手挥舞大棒,另一手在掏钱贿赂。到底应该怎样解释呢?文章没有给出答案,而威斯林版的编者指出此刊头画"被解构"。③"解构"是 20 世纪后期兴起的理论思潮,基本特征是强调语言的意义不确定,从这个角度来看说这一期"解构"了刊头画很有见地。但是,菲尔丁要传达给读者的意思并不是说各种解释都不对,而是各种解释都对,他的期刊就是要对各种人物事件社会现象进行分析批评。最后关于挥舞大棒者就是首相的见解可以说是菲尔丁跟论敌开的一个玩笑,但是他自己与沃波尔的复杂关系却也表明这种解释并非毫无道理。

对刊头画的解释有助于理解《斗士》的基本主题,这就是社会生活评论加政治批评,既承袭了《旁观者》传统又与当时政治需要相结合。最初的几期政治主题不太突出,因此白特斯廷认为《斗士》的创刊主旨不是政治性

---

① *Contributions to the Champion and Related Writings*, p. 22.
② Ibid., p. 345.
③ Ibid., p. 344.

的,后来才逐渐变得政治性更突出:"当他觉得可以按照自己的而不是赞助人的兴趣写作时,他选择的主题多是道德和社会性的,而非政治性的"①。威斯林版的编者考利则指出,即使早期的论文也与政治关系很紧。② 其实这两种观点只是强调的着眼点不同,没有本质区别。考利在《导论》中指出《斗士》最突出的系列有三个,一是共 12 期的约伯·温尼格尔游记,是模仿《格列佛游记》的讽刺作品;二是连续四期的论牧师性格的论文;三是关于即将到来的议会选举的系列论文,是菲尔丁在《斗士》发表的最后作品。③ 第一个主题系列 1958 年曾经由加州大学出版社作为单行本出版;第三个主题的内容 1741 年就在爱丁堡以《告大不列颠选民书》的形式单独出版,而第二个系列的基本内容则充分体现在菲尔丁不久以后在小说《约瑟夫·安德鲁斯的经历》里塑造的亚当斯牧师形象中。此外,比较重要的还有对西伯的系列批评,对当朝首相沃波尔的抨击,对于文坛剧坛人物的评述,以及菲尔丁关于创作方面的观点等。像《旁观者》一样,《斗士》有关人性善恶、傲慢虚荣、两性关系、教育文化等问题的讨论也很有特色。下面先简述一些社会文化方面的观点,然后分析菲尔丁比较关注的问题,最后探讨三大主题系列。

第二节 关于人性和社会问题的探讨

人性善恶是 18 世纪的热门话题。由于基督教传统的影响,人性恶曾经是英国文化的主流,17 世纪大哲学家霍布斯是这种观点的集大成者,而影响当时社会发展的清教也持这种观点。从 17 世纪后期开始,这种局面有所改变,洛克发挥了重要作用。受洛克影响的哲学家莎夫茨伯里特别强调人具有向善的本性,否定人性堕落的传统观点,而英国国教中的自由教派也持这种观点。④ 在 1739 年 12 月 11 日的一期开头,菲尔丁指出:"那些把人性描述为邪恶堕落的作家们,不管他们的情感是对还是错,也不管他们是否在世上见过这样的邪恶,他们往往给自己建立很不光彩的形象:因

---

① Battestin, *Henry Fielding: A Life*, p. 273.
② Coley, "General Introduction", pp. li—lxii.
③ Ibid., p. lxvi.
④ See John K. Sheriff, *The Good-Natured Man: The Evolution of a Moral Ideal, 1660—1800* (University, Alabama: University of Alabama Press, 1982), pp. 2—3.

为,尽管他们对别人的外在表现给予了最精确的描述,他们却很少能够做出这样的推论,从而认清这些行为的根源;他们的推导不过是以己度人。"①人们只能通过言行来认识他人,行动更有说服力,但要一下子看清人性善恶是根本不可能的。菲尔丁又指出,"尽管我不愿意把人性看作邪恶的污池,我也远没有认为人性完美无缺"②。也就是说,实际上人性是复杂的,简单化的性善论和性恶论都不可取。菲尔丁此后又多次讨论这个问题,而他的小说就是关于人性复杂的最好描绘,最突出的代表就是《汤姆·琼斯》中对于汤姆和卜利福这对同母异父兄弟的描写。

18 世纪可以说是女性意识觉醒的世纪。17 世纪之前几乎没有女作家,但从 17 世纪后半叶开始不仅出现了第一个以写作为生的职业女作家阿夫拉·贝恩,而且还出现多位以写诗闻名的贵族女性;到了 18 世纪更是出现了一大批女性小说家和诗人。这种现象产生的原因,一方面是教育发展的结果,许多女性,特别是上层社会的女性教育水平有了相当大的提高;另一方面是随着现代工商业的发展,富裕家庭的女性脱离了实际生产,有闲暇时间来从事文学方面的学习和创作。也正是在这种情况下《旁观者》把教育女性作为重要职责。菲尔丁的《斗士》也没有忽略女性,温尼格尔上尉的夫人琼就负责收集女性话题。1740 年 2 月 5 日、7 日、9 日三期连续探讨女性问题。5 日一期把温尼格尔上尉的夫人比作"飓风",因为她说起话来滔滔不绝,势不可挡,有"飓风"般的威力。虽然这种对女人的描写似有不敬,但文章并没有完全否定温尼格尔夫人,只是抱怨她的"舌头"实在不饶人。③ 7 日一期是读者来信,女性抱怨丧夫以后再婚遇到的不幸。9 日一期则从女性的角度描写一个为了财产而结婚的女人后来的不幸遭遇。相邻的两期从不同的方面探讨相似的问题,如果说前一期的女性是受害者,后一期的女性却是自作自受。

12 月 25 日的一期以反讽笔调探讨学问。因为在一家人中温尼格尔上尉自己是最没有学问的,所以他要为没学问辩护。他首先引《圣经》关于亚当夏娃吃了智慧树的果实而堕落来论证学问有害,而且亚当是受到妻子的鼓动才吃的,更是缺乏男子气的表现。接着他又写道:"中国人是聪明、礼貌又守规矩的民族,他们生活中的机构设置比欧洲人先进得多,但他们

---

① Fielding, *Contributions to the Champion and Related Writings*, p. 56.
② Ibid., p. 56.
③ Ibid., p. 158.

却不重视学问,关注的只是日常必需的才干及其他有用的技术。他们在哲学、诗歌、史学和其他炫耀性的学术领域都很肤浅。"①这段话对中国人的概括显然并不准确,特别是说中国诗歌和史学欠发达更与事实完全不符,但中国人不太关注哲学以及玄学问题却是实情。此类观点也大致反映了当时英国人对中国人的印象。菲尔丁历来对教育十分关注,办刊不久就在11月20日的一期探讨这个问题。他说,"许多人没有获得成功并不是因为努力不够,而是因为努力的方向与他们的才能不相符合"。他还写道,"父母家长在这方面常犯错误。他们(在为子女做出职业选择时)考虑的是自己的爱好,而不是子女的意愿。英国喜剧中出现的怪癖父亲,执意要把儿子培养成律师,这种事情并不罕见。各种职业的人通常希望让孩子也从事同样的职业,而没有认真考虑孩子的才智,或探讨自然是否给了孩子那种天资,似乎命定他们该从事那种职业"②。这些议论应该说是很有见地的,他提到的喜剧实际上就是他在30年代初写的《法学院里的纨绔儿》。菲尔丁在剧作中经常表现这个主题,在政论中也不忘涉及。他同时指出也有个人选择不当的问题,并以著名剧作家威克利为例,说他写了几部十分成功的剧作,后来却一定要在写诗方面展示才华,结果很不成功。他又批评康格里夫本来在喜剧创作上硕果累累,硬要从事悲剧创作,结果以失败告终。③ 虽然菲尔丁的有些批评不一定恰当,他关于人要有自知之明,善于扬长避短的观点显然是可取的。

1740年2月16日的一期《斗士》专门论述慈善问题。菲尔丁首先指出慈善的对象不应该是街上的乞丐:"这些讨乞者应受到惩罚而不是帮助,他们是我们执法不严的耻辱。"④菲尔丁的观点在当时是比较流行的,因为人们认为街上的乞丐大多并不是因为没有能力工作才讨乞;而且英国在亨利八世时代就有法律规定只能往救济箱捐资。菲尔丁认为最贫穷的人基本需要不多,比较容易解决,真正值得慈善事业关注的是那些因为各种变故而陷入困境的绅士(Gentlemen);他们已经习惯了比较体面的生活,突然陷入困境难以应付,而自己又不能像最穷的人那样勉强度日。他列举了这样几类人:第一类,"最窘困的处境是不能维持个人已经习惯的生活";第二类

---

① Fielding, *Contributions to the Champion and Related Writings*, p. 84.
② Ibid., pp. 23—24.
③ Ibid., p. 25.
④ Ibid., p. 183,参看注释。

是受到迫害的爱国者(政府的反对派);第三类是因不幸或事故陷入贫困的人;第四类是因无名、无钱或没有朋友帮助而不能找到合适工作的人;第五类是受到法律惩罚的人。① 菲尔丁的这些观点在今天看来显然相当保守,主要是为他自己所属的绅士阶级考虑的,也与其切身处境有关。他后来在《詹姆斯党人杂志》利用系列论文探讨对于牧师遗属慈善捐助问题也属于这个范畴:虽然他们可能不是最贫困的人,但因为不能维持已经习惯了的生活而需要帮助。从这里我们可以清楚看到菲尔丁的阶级局限。

作为菲尔丁离开戏剧创作之后关于社会文化生活的重要论述,《斗士》的许多内容可以说是他此后创作的萌芽。1740年3月4日的一期论名声问题时,菲尔丁写道,"江奈生·魏尔德就曾在许多年里享有很高的名声"②。这或许预示了菲尔丁几年之后出版的讽刺小说《江奈生·魏尔德传》。5月24日一期关于阅读卢奇安的《对话集》时入睡做梦的描写,则是《从阳世到阴间的旅行》的梗概。萧乾先生曾经指出,菲尔丁关于理想牧师的系列论述后来在亚当斯牧师的形象上得到了充分发挥;③而菲尔丁在6月7日一期对名字的探讨,特别是对"托马斯"这个"不高雅的"名字在英国文化中影响的讨论,为我们理解他为什么给自己的代表作《汤姆·琼斯》的主人公起这个名字提供了线索。④ 在7月1日的文章中菲尔丁写道,喜剧人物只有他们当时的观众最能理解,"约翰·福斯塔夫爵士给伊丽莎白时代观众的乐趣一定比给现代观众的更多"。他因此担心自己的剧作恐怕日后也难以被观众理解:"我认为,同样的不幸也会轮到我们的后代。几年前在草料市场小剧院曾经赢得热烈掌声的人物在将来的时代可能不受欢迎,被当作诗人自己头脑里产生的荒诞人物而已。"⑤ 在6月10日的一期中,菲尔丁论述贺拉斯关于具体形象比原则更易于读者观众接受的观点:"我要斗胆把这一设想推进一步,提出相对于教导我们的榜样,我们更易于从需

---

① Fielding, *Contributions to the Champion and Related Writings*, pp. 183—185.
② 同上书,第219页。奥斯丁·道伯森认为这是《大伟人江奈生·魏尔德传》最早的"种子"(first germ)。参看 Austin Donbson, *Henry Fielding: A Memoir* (New York: Dodd, Mead & Company, 1900), p. 141. 罗纳德·鲍尔逊据此推断,菲尔丁大约在这个时间开始写作《大伟人江奈生·魏尔德传》。参看 Ronald Paulson, *The Life of Henry Fielding: A Critical Biography* (Oxford: Blackwell, 2000), p. 125.
③ 萧乾:《菲尔丁——英国现实主义小说奠基人》,上海:上海译文出版社,1984年,第26页。
④ Fielding, *Contributions to the Champion and Related Writings*, p. 361.
⑤ Ibid., p. 395.

要躲避的形象中得到教益。"①这可以看作是菲尔丁致力于以嘲弄可笑人物见长的讽刺喜剧创作的原因。

如果说沃波尔是菲尔丁政坛的主要对手,西伯就是他在文坛的靶子。考利·西伯从 1695 年进入剧坛到 1733 年退休,作为剧作家、演员和相当长时间的德鲁里巷剧院经理,是英国戏剧史上的重要人物。我们前面多次提到,在菲尔丁从事戏剧创作的早期,他与西伯曾经交往密切。他的第一部剧作《戴着各种假面具的爱情》是在德鲁里巷上演的,西伯在剧中还扮演了重要角色。他在 1732 年成为德鲁里巷剧院的驻院作家后,西伯不仅在他的剧作中出演角色,还曾经为他的剧本撰写尾诗。1733 年西伯退休,菲尔丁在后来的剧作特别是《巴斯昆》和《1736 年历史纪事》中对西伯进行了嘲弄,两人交恶加深。这不仅有戏剧创作方面的原因,还有政治方面的原因:没有诗才的西伯 1730 被封为桂冠诗人,成了宫廷在文坛的代表。菲尔丁在 1734 年以后政治态度转向反对派,西伯自然在这方面也成为攻击的对象。1739 年 12 月 13 日的《斗士》刊登读者来信(实际为菲尔丁作),叙述作者梦见蒲柏与九缪斯在帕那萨斯山上,"我看到一个挺高的人从山上滚下来;戴上眼镜细看,觉得在哪里见过这个人;听人说他穿着伪装骗过了好几个岗哨,往山上爬了不近的距离了"。② 这是讽刺西伯依靠剽窃别人赢得虚名。文章接着讽刺西伯作为桂冠诗人每逢新年和国王诞辰纪念日写的拙劣诗歌。③

西伯之所以成为菲尔丁集中攻击的对象,最主要的原因是他在 1740 年 4 月出版的自传。尽管西伯文笔一般,这部以作者近 40 年舞台生涯为依据的自传,为了解那个时代的戏剧发展留下了极为丰富的资料。但是,菲尔丁作为许多事件的当事人,又与西伯有多年的恩恩怨怨,在他看来西伯的叙述简直是对英语的蹂躏摧残。更让菲尔丁恼火的是西伯在书中对于戏剧审查法产生的描述。西伯在第 7 章叙述 1730 年代戏剧发展时称菲尔丁为"破落才子"(Broken Wit)。他引用了尤维纳利斯的诗句:"假如你想拥有名气,就得敢于犯罪蹲大狱","这就是他抱有的无畏谦虚(Mettlesome Modesty);根据这种原则他写了几个毫无掩饰的闹剧,似乎

---

① Fielding, *Contributions to the Champion and Related Writings*, p. 365.
② Ibid., p. 64.
③ 但是说西伯毫无诗才也太过份,他写的《盲孩》就是一首很感人的名诗。参看屠岸选译《英国历代诗歌选》,上册,南京:译林出版社,2007 年,第 194 页。

要打破人间的一切戒律:宗教、法律、政府、牧师、法官和大臣,都被打倒在这个赫拉克勒斯讽刺家脚下! 这个不问敌友的才子德鲁坎瑟(Drawcansir)!他为了使自己的诗名不朽,像个埃罗斯特拉图斯(Erostratus),烧了自己的舞台,方法是写戏迫使议会立法禁止。"①读这段话,我们从"不问敌友"(Spared neither friend nor foe)的表述中隐约感觉西伯为自己曾经帮助菲尔丁,应该算做朋友,却受到攻击而抱怨。西伯的这种描述使现代学者几乎一致认为,是菲尔丁在1736到1737年的创作直接导致议会通过戏剧审查法,关闭两个王室特许剧院之外的剧场,规定新剧目上演之前必须经过宫廷大臣的审查。或许是菲尔丁被"破落才子"的称谓激怒,或许是他并不情愿背上促成戏剧审查法的黑锅,自从《考利·西伯生平自辩》发表之后,菲尔丁就再没有饶过西伯。他不仅在《斗士》连篇累牍地进行攻击(4月15、22、29和5月6日四个星期二连续四期),而且还在《莎梅拉》和《约瑟夫·安德鲁斯的经历》继续抨击。

菲尔丁甚至在《考利·西伯生平自辩》正式出版之前就开始了他的反击!《斗士》第一次提到西伯的书是4月1日,距离正式出版日还有一个星期。编者考利教授指出,这表明在正式出版之前已经有一些书在流通,这种情况在18世纪并不鲜见。4月1日刊登的是读者来信,其中说到现在剧坛不景气,"因此你已经把戏剧完全交给了最难以摹仿的桂冠诗人,以便他能够有材料再为世人写一卷他那个时代的历史,或是自己的生平;人们都认为,不管那位出色人物作为一个人会怎么结局,他的作家生涯毫无疑问结局悲惨"②。4月15日一期提到"许多人表示急不可耐地要读《喜剧演员考利·西伯生平自辩》,认为那一定是有史以来最惨不忍睹的作品(Saddest stuff)"③。到底有多么"惨不忍睹"呢? 4月22日一期以一个老人的口吻提到可能看不到两位天才正在写的他们时代的历史,然后,作者笔锋一转写道:"但同时,我也禁不住为自己和国人庆幸,一位很有学问的人自以为适合给他的时代写史:尽管出于这位伟人的一切行为中都显现出来的特有谦虚,他把书称之为《生平自辩》。虽然有些人以为他会仅限于描写剧坛,

---

① Colley Cibber, *An Apology for the Life of Colley Cibber, with an Historical View of the Stage During His Own Time, written by Himself*, ed. with an Introduction by B. R. S. Fone (Ann Arbor: University of Michigan Press, 1968), pp. 155—156. 德鲁坎瑟(Drawcansir)是《彩排》中的人物;Erostratus 是古希腊以弗所人,他为了使自己成名而放火烧了神殿。

② Fielding, *Contributions to the Champion and Related Writings*, pp. 261—262.

③ Ibid., p. 280.

但是,很显然这部珍贵著作还有更大的用意,可以被称为某人的生平自辩,他同样表演了喜剧角色,不过是在比德鲁里巷大得多的舞台上。"①这里的"某人"暗指首相沃波尔,对西伯的讽刺与对沃波尔的攻击联系了起来。

谈到西伯的《自传》,帕特·罗杰斯写道:"首先,对于大多数同时代的人来说,写自传表现的自我中心是不可饶恕的:过去没有这种写作传统。西伯矫揉造作、大惊小怪的文风引来很多非议;而他时常出现的语法错误更得到蒲柏派的无情揭露。"②菲尔丁后来就嘲笑西伯的自传文理不通:"一些语法医生们并不讳言,这个东西生有缺陷,不仅五官不全,根本就没有一点感觉。"③最后菲尔丁写道:"我不久(因为我们要不失时机地享受好东西)会让读者品味这个珍贵表演;在此我只想提供一些人士私下发表的见解,不管该书是用什么语言写的,但肯定不是英语。"④接下来4月29日和5月6日的两期可以说是《考利·西伯生平自辩》的"妙语集锦"。到最后不仅作者厌烦了,把这四期连续读下来,读者也实在要无法忍受了。可以说菲尔丁对《考利·西伯生平自辩》的抨击构成《斗士》杂志中除了三大系列之外很特殊的一景。

第三节　引人关注的牧师系列

三大系列中最短的是关于牧师的四篇文章,分别发表在1740年3月29日、4月5日、12日、19日四个星期六,正是星期日做礼拜的前一天。牧师是英国社会一个极为重要的群体。虽然17世纪内战之后宗教狂热降温,自由教派和自然神论上升,宗教信仰仍然是人们生活的重要内容。牧师自然是信徒的教师,但在现代工商业蓬勃发展的18世纪,牧师的处境又有些尴尬:一方面许多牧师看到工商业发展带来的机会也想予以利用,发自己的家;另一方面也有众多牧师并没有真正成为信徒的教师典范,言行都有失检点,因此引起人们对牧师群体的责难。在小说戏剧中牧师以反面角色出现是很常见的现象,于是从逻辑推理来说就有否定整个牧师队伍的

---

① Fielding, *Contributions to the Champion and Related Writings*,第289页。编者注释指出"两位天才正在写的他们时代的历史"应该是指斯威夫特和保林布鲁克正在写的安女王时代史。

② Pat Rogers, *Henry Fielding: A Biography* (New York: Charles Scribner's Sons, 1979), p. 105.

③ Fielding, *Contributions to the Champion and Related Writings*, p. 290.

④ Ibid., p. 292.

问题。菲尔丁对牧师问题的探讨就是从这个方面开始的。第一篇文章先指出对某人的讽刺批评不能解释为对某一类人或某一职业的批评,然后又反过来讲不能因为某人属于某种职业(如神职)就拒绝一切批评,或以职业为挡箭牌。他接着提到《鄙视牧师的理由》这么一个小册子:"如果作者指的是整个牧师职业,我希望没有这样的鄙视;不,我敢说,理智清醒的人中不会有,而只有这些人的看法是值得重视的,或通过争论来消除的。"①但是就像在任何职业中一样,在牧师中自然也有不合格的人,或者说害群之马。罗纳德·鲍尔逊根据菲尔丁论牧师的文章推测说,"1739 到 1740 年的那个寒冬,表明菲尔丁从戏剧创作时代的浪荡子转为审慎的公民,乐意求助于宗教及其对现世或来世惩罚的恐惧"②。

菲尔丁从"两个方面探讨牧师的形象,一是他们在福音书中的形象,二是法律的规定"③。通过对《圣经》有关内容的分析,他提出牧师的第一个要求是谦卑(Humility),这一点耶稣本人就做出了榜样,并要求使徒做到。4 月 5 日的一期增加了这样一个题目:《为牧师申辩》(续),第二章。联系到在 4 月 1 日的文章中菲尔丁第一次提到西伯的《生平自辩》,而 3 月 29 日的一期并没有这样的题目,我们似乎可以这样理解,就是菲尔丁在以自己为牧师的申辩来抗衡西伯的自辩。在这一章,菲尔丁提出牧师的第二个特点或美德是慈善(Charity),"这种美德并不局限于慷慨施舍,而是圣书到处充满的兄弟之爱和友善心灵"④。慈善美德的实行包括多个方面,如原谅敌人,善待他人,不嫉妒,不傲慢,不追索,不怀恶意,不恋罪孽,喜欢真理,诚信期望等等。在谈到"不追索"时,菲尔丁特别强调不逼债,似乎与他自己常受债主困扰有关。在他的笔下,"慈善"几乎包括了所有基督教崇尚的美德。菲尔丁提到的最后一条牧师特征是"贫穷"(Poverty)。他举的例子是在耶稣列举财富引起的邪恶后,彼得说"我们抛弃了一切来追随你"⑤。以上关于"谦卑"、"慈善"和"贫穷"的论述依据的是福音书;在后来的两章中菲尔丁则从法律规定方面来看牧师职业。

4 月 12 日出版的《为牧师申辩》(续),第三章开始就指出,"从法律方

---

① Fielding, *Contributions to the Champion and Related Writings*, p. 257.
② Paulson, *The Life of Henry Fielding: A Critical Biography*, p. 112. 他认为菲尔丁论牧师的系列文章是针对自然神论的。
③ Fielding, *Contributions to the Champion and Related Writings*, p. 259.
④ Ibid., p. 266.
⑤ 同上书,第 270 页;参看《新约》马可 10:28;路加 18:28。

面来看,牧师是以服务上帝为职业的,他们这样做不是为自己,而是为了全民的福祉。他们的责任是以我们大家的名义并为我们大家来向上帝做祈祷,唱颂歌,通过经常的原则教诲和不断的榜样示范,指出并带领人们走向美德圣洁之路"①。为了保证牧师圆满地履行责任,法律规定牧师"享有最高的尊严,拥有广泛的豁免,得到充足的收入,还有最合理的限制保障"②。菲尔丁对各条都进行了具体论述,而比较难以理解的最后一条所谓"限制保障"是指牧师的收入完全从他的居住地获得。这虽然是限制,却对保障牧师的权益最有利。③ 在4月19日出版的《为牧师申辩》(完)是对这个题目的总结。他先把前面提到的各种特点综合起来,提出了这么一个完美的牧师形象。他写道:"牧师是基督使徒的后继者:这个形象不仅包括了一切伦理美德,如节制(Temperance)、贞洁、忍耐等等,他还必须谦卑、仁慈、善良、没有嫉妒心、不傲慢、不虚荣、不贪婪、礼貌、诚实,对人们的罪孽和不幸感到难过,为他们的美德和幸福感到高兴。这个好人负责看护我们的灵魂,就像牧羊人看护羊群。"④这样的人应该得到尊敬。然后菲尔丁又从反面列举了坏牧师形象,指出坏牧师不仅像其他坏人一样应该受到鄙视,而且是最坏的人,因为他受的教育比别的人多,而且"眼前总有天堂和地狱的形象",在这种情况下仍然犯罪当然比一般的罪人更加邪恶。菲尔丁写道:"既然牧师若不是好人就不配做基督徒,那么如果他是个自然神论或无神论者,他就比其他同类人更邪恶;因为他既是个伪君子,又是个骗子。"⑤正是菲尔丁在这里表现出的对基督教美德的推崇,对自然神论和无神论者的深恶痛绝,使白特斯廷等现代学者强调从这个时期开始菲尔丁已经与自然神论分道扬镳了,他在《约瑟夫·安德鲁斯的经历》中塑造的亚当斯牧师就是理想的牧师形象。

第四节 《约伯·温尼格尔游记》

三个系列中最重要的应该说是《约伯·温尼格尔游记》,共有12期。正如题目所示,这是模仿《格列佛游记》的讽刺作品,假托是温尼格尔上尉先

---

① Fielding, *Contributions to the Champion and Related Writings*, pp. 271—272.
② Ibid., p. 272.
③ Ibid., p. 277.
④⑤ Ibid., p. 285.

人的出游经历。第 1 期 1740 年 3 月 20 日出版,并在前言中说如果读者感兴趣,会接着刊出。但是,虽然此后就有所谓读者来信要求继续登载,第 2 期却直到 6 月 28 日才刊出。显然,当菲尔丁发表第 1 期时,此后的各章还没有写。3 月 20 日出版的《约伯·温尼格尔游记》选自"第 5 卷第 3 章",以表明这是从文稿中选出来探路的。这一期的开篇论述也颇有反讽意味。菲尔丁首先抱怨人们在阅读时的怀疑态度,说许多人读游记时怀疑作者所描写的异国风情的真实性,因为自己没有亲身经历而不相信。这似乎是一本正经地为游记的真实性得不到理解而申冤。但是,当菲尔丁举出读者怀疑《格列佛游记》中的小人国和飞岛勒皮他(Laputa)为例时,他的反讽意味就暴露无遗了,因为即使再轻信的人也不可能把小人国和勒皮他当真。此处菲尔丁的反讽手法正像斯威夫特在《格列佛游记》最后一章让格列佛强调"我一定忠实于事实"①。菲尔丁的目的实际上是预先告诫人们,不要被所谓游记的异国风情所迷惑,他不过是借异国古国之名来说本国现代之事。这一章的标题是《反复无常国(Inconstants)的政府、风俗和习惯》,第一段写道,该国选择官员的方法很特殊,是按照体重和身材决定的:"每个市镇都有一把高椅,附近还有一台秤。只有达到一定体重,并能坐满椅子的人才能当选。因此他们有两句话表达对某人的最高评价:他很有能力完成职责(Fill his post);他是国内很有影响力(重量)的人"②。用通俗的话说,菲尔丁在这里是讽刺英国选举和官场的两个条件:一是出身名门,二是富有财产,这都是针对沃波尔政府的。鲍尔逊这样评论说:"对沃波尔的攻击在春季变得更频繁更激烈,而现在,以斯威夫特的小人国为摹本,菲尔丁写出了对沃波尔社会的解剖"③。

菲尔丁接着写道,人们"都极其小心虔诚地把小牛皮珍藏在箱子里"④,显然是表示对经书的尊重。每个村镇至少有一个剧院,人们在那里看歌剧或听讲演,暗指每个礼拜日的宗教活动,但都是只有形式,没有内容。"被海员们视为法律的公共娱乐活动与欧洲的任何运动项目都不同,一方可以是一个两个人,有时也可以是十个人。有两个球,一个叫原告(PLT),一个叫被告(DFT)。队员拿着叫作诉状的球板对两个球进行打

---

① 《格列佛游记》,张健译,北京:人民文学出版社,1979 年,第 277 页。
② Fielding, *Contributions to the Champion and Related Writings*, p. 239.
③ Paulson, *The Life of Henry Fielding: A Critical Biography*, p. 117.
④ Fielding, *Contributions to the Champion and Related Writings*, p. 240.

击;年轻有力的球员有时一下子就可以把两个球打开,但更有经验的人会不断地打两个球,直到打碎为止。"①这是形象地讽刺律师为了私利玩弄诉讼双方,直到两败俱伤。正如斯威夫特在《格列佛游记》中所写的:"我们那里有这样一帮人,他们从青年时代起就学习一门学问,怎样搬弄文字设法证明白的是黑的,而黑的是白的,你给他多少钱,他就给你出多少力。在这帮人眼中,除他们以外,别人都是奴隶"②。菲尔丁后来在《约瑟夫·安德鲁斯的经历》也有类似描写。

  从上面的介绍中看得出讽刺的对象是宗教和法律方面:宗教信仰只是表面形式,而法律更是以蚕食当事人为目的。但是,《约伯·温尼格尔游记》接下来却笔锋一转:"读者对于海员把上面提到的展览(表演)看作是当地的宗教并不会感到惊奇,因为我说过海员不懂当地的语言,这种展览是他们看到的仅有的宗教符号。这些诚实的人把虚伪给颠倒了,他们是表面上否定自己的上帝,而内心里却崇拜不已。他们或许是世上仅有的虽信宗教而假装不信的人。"③现代西方基督教社会有许多人表面上信仰虔诚,实际上想的是另一套,这是我们通常说的"虚伪";当地人信宗教却假装不信,因此令作者惊奇。但是,等到我们被告知此地的人们真正崇拜的上帝是"金钱"(MNEY),那么也就明白了原来菲尔丁实际上是在批判现代社会的金钱崇拜。"对这个神灵他们都用最为隐秘的方式朝拜,最为小心谨慎地防止被人发觉;我最后发现,他们朝拜的目的就是拥有尽量多的金钱,如果可能,每个人都恨不得占有一切金钱,不管这需要多大的痛苦或辛劳。""他们认为一切都在金钱威力之下。(我是指现今世界的一切;因为对于灵魂不朽,他们一点不信;不,有些人提到死感到最大的不安是他们必须与金钱分手)。他们对金钱给予全部荣誉和尊敬,那些(用他们的习语来说)最有钱的人最高贵。"④这里菲尔丁对"金钱"崇拜的讽刺应该说是相当深刻生动的。简言之,人们常说的宗教不过是装门面,而真正让人们关注的是金钱这尊"神灵"。他们对儿童的教育也是专门灌输金钱至上的原则。最后一段说该国最近正在经历宗教纷争:"一小部分人,我想也就是三百来人,以大牧师哈姆·克拉姆(HUM CLUM)为首,要把所有的金钱控制起来,只有

---

① Fielding, *Contributions to the Champion and Related Writings*, pp. 240—241.
② 《格列佛游记》,第 234 页。
③④ Fielding, *Contributions to the Champion and Related Writings*, p. 241.

得到哈姆·克拉姆喜欢的人才能拥有金钱"①。这里的描写当然就成了攻击沃波尔政府的政治寓言,那一小部分人指的是在政府内掌权的人。

《约伯·温尼格尔游记》第一次刊出以后,到3月25日《斗士》杂志就有读者来信表示欢迎,要求继续刊登,这是菲尔丁做宣传的一种手法。但是,下一期直到6月28日才刊出。原因在于从4月初开始菲尔丁先后发表了关于牧师职业和抨击西伯《生平自辩》的系列文章,《约伯·温尼格尔游记》的写作受到影响,只好推迟发表。由于已经过去了三个多月,6月28日的一期先把早先发表的内容作了简单介绍,然后接着上一期的结尾,描写哈姆·克拉姆及其追随者的信条。如上所述,这就是简单伪装下的政治讽刺画。菲尔丁攻击哈姆·克拉姆只依靠他的走卒和工具,千方百计打击爱国者和真正对社会有益的商人。哈姆·克拉姆主义者的信条说穿了就是顺之者昌,逆之者亡:"若想在当今世界发达就必须成为哈姆·克拉姆主义者。除非通过大牧师的恩惠,任何人不得接触金钱。"②这一期最后写道:"关于纷争的结果,我却无法告诉读者,因为我离开该国时争论正酣。首都还没有屈服,仍在极力维护他们古来奉行的商业方法,对于新方法他们称之为腐败。"③意思是说党派纷争还没有结束,而首都(即伦敦)在竭力抗击政府的腐败行为。这些都是反对派攻击沃波尔政府的老生常谈。莫里斯·戈尔登指出:"菲尔丁对社会秩序的渴望……与对无秩序所具有的活力的迷恋,构成了他在《斗士》的反沃波尔立场的基础。"④

6月28日这一期之后《约伯·温尼格尔游记》仍没有连续刊登,可能菲尔丁此时还在忙于写作。但是,从7月17日开始游记的发表就走上了正轨,在两个多月时间里发表了以后的十期,内容涉及社会生活的许多方面。17日的一期专门讲法律:"说出来读者可能不相信,该国的法律有对开本273,619卷。这是我在那儿时他们的法律卷数;但是,到现在他们的法律一定更多了;因为除了他们称之为法案的对开本年鉴外,每年还有不少新的。"⑤虽然法律卷帙浩繁,专业人士一般只关注两卷,即案件选和法律词典。除此之外,他们多借助"索引"或"缩编"。菲尔丁这是在18世纪讽刺

---

① Fielding, *Contributions to the Champion and Related Writings*, p. 242.
② Ibid., p. 391.
③ Ibid., p. 392.
④ Morris Golden, "Fielding's Politics", in *Henry Fielding: Justice Observed*, ed. K. G. Simpson (London: Vision & Totowa, NJ: Barnes & Noble, 1985), p. 43.
⑤ Fielding, *Contributions to the Champion and Related Writings*, p. 404.

法律多而繁,让人不堪重负;但是那时候的法律要与现在更加复杂繁多的法律比起来只能算小巫见大巫。菲尔丁自己在主办《斗士》杂志时仍在修法律,他对法律繁多的抱怨或许也是借机发泄自己的苦衷。他接着把法律分为财产、人身和刑事三类。争执最多的是财产纠纷,"这些纠纷往往需要两三代人的时间才能解决;不过现在如果争执不太困难,或者说财产数额不大,20 来年也就可以解决了"①。然后菲尔丁论述贵族与平民的区别,说本来贵族是以功绩德行来赢得的,但是现在不过有名无实罢了。在平民当中特别强调商人的作用,抱怨在哈姆·克拉姆统治下他们受到的损失。7月 22 日的一期仍然探讨法律问题,作者说他不敢确定"这些人是否认为人类更受恐惧而非希望控制",因为法律强调严厉惩罚犯罪而缺乏对美德行为的合理奖赏:"例如,法律威胁对窃贼给予公开惩罚,公开奖赏捡到钱包归还失主的人不是效果会好得多吗?"②这样的问题当然直到现在仍然困惑着世人。然后他具体介绍一些对罪犯的惩罚:"这些人把生命等同于此地价值最低的硬币,以强暴手段盗窃将受到死刑惩罚;当我对此表示反对时,一个哲人回答说,这是为了尊重金钱神灵,那也是硬币的名字。"③这是对 18 世纪英国法律的批评。按照当时法律,任何人以暴力盗窃都判死刑,而非暴力偷窃超过一个先令可判死刑④。在同一期菲尔丁还特别抨击债户监狱,认为这是惨无人道的野蛮行为,其原因就在于对金钱的崇拜⑤。快到结尾时,菲尔丁写道,"除了成文法律,他们还有一些长期形成的习惯,对下述一些触犯给予鄙视的惩罚:包括贫穷、诗歌、谦虚、好性子、慈善等等"⑥。在金钱至上的淫威下,传统美德成了鄙视的对象。

在接下来的几期中,菲尔丁分别探讨了婚姻、学问、疾病、教育等问题,而最终仍归结到党派政治,这是与《斗士》杂志的性质不可分的。他对于相关社会问题的探讨与《格列佛游记》的描写有异曲同工之妙:斯威夫特在第四卷借慧骃国描述心目中的理想,菲尔丁则打着异国的幌子批判英国社会

---

① Fielding, *Contributions to the Champion and Related Writings*, p. 405;参看《格列佛游记》,第 235 页。
② Ibid., p. 409.
③ Ibid., p. 410.
④ See J. H. Plumb, *England in the Eighteenth Century* (Harmondsworth, Middlesex: Penguin Books, 1950), p. 17.
⑤ Fielding, *Contributions to the Champion and Related Writings*, pp. 411—412.
⑥ Ibid., p. 413.

诸方面的弊端。在论述婚姻的一期,菲尔丁写道:时髦人们对婚姻考虑最多的是金钱,经过了求婚、订婚、结婚、蜜月等一系列程序,夫妻很快就会互相鄙视,形同路人:"在对金钱的献祭结束之后,夫妻之间的任何亲昵表示都是丢人的;因此他们在人们面前很拘束,除非有机会向在场的人表现他们之间的鄙视或憎恨"①。8月12日的一期论述作家对自己作品的权利,抨击西伯父子剽窃他人作品。其中有一段话在知识产权广受关注的今天读来仍有现实意义:"引用作家的话当然是一种无可争辩的自由,因为可能有必要驳斥他的观点,或以他为权威支持自己的观点。但是,以此为借口,把别人作品的精髓拿来充塞自己的空骨头,是对作家的深重伤害,是欺世盗名,应该受到公众的羞辱。"②8月14日的一期讽刺当时的学问(科学研究)脱离实际,荒诞不经,内容近似于《格列佛游记》第三卷。8月16日的一期是关于性格教养问题,说此地的教养就是教人撒谎:只要此地人一说话,"你就可以确信他会撒谎为自己说好话;他们的法律考虑到这一点如此确凿无疑,因此任何人都不能在涉及自己利益的案件中发言;如果你向邻居打听另一个人的性格,这个邻居也几乎毫无疑问是撒谎说他的坏话"③。由于撒谎就是有教养,所以人们的交往全都是虚情假意,死对头会在公开场合表现得亲密无间。

  论述疾病的一期首先写道,此地人得了病,家人盼病人早死;"当病人在一个医生手下见好时,家人就会找来另一个医生,他往往可以使见好的病人丧命;不仅如此,有时候为了使他快死,家人会请三个医生——致命的数字——一定可以在几天之内要了病人的命"④。这既抨击了病人家属的无情,也讽刺了庸医的不学无术。此外菲尔丁还列举了一些心病,包括傲慢、嫉妒、恶毒、贪婪、野心和虚荣等等,这些也是他经常抨击的对象。在论述教育的一期,菲尔丁指出男性的教育只是使他们成为吃喝嫖赌的纨绔子弟,女性教育则使她们不重心灵,只重外表,甚至刻意制造假象:"每个年青女性都在很小的时候就被母亲教导要掩饰自己的喜好,否定自己的感情,装出对异性毫无兴趣的样子;同时她又被教导要利用一切机会使自己对异

---

① Fielding, *Contributions to the Champion and Related Writings*, p. 416.
② Ibid., p. 425.
③ Ibid., p. 430.
④ Ibid., p. 434.

性有吸引力,并以此来满足自己和母亲的虚荣心。"① 可以说正是对女性教育的这种深刻认识,使菲尔丁一眼看穿帕梅拉的虚伪。菲尔丁把托利党和辉格党比作两个动物,说他们没有什么不同;最后的一期则表示要对一切邪恶蠢行开战。总之,《约伯·温尼格尔游记》是模仿游记的讽刺作品,虽然艺术性远不如《格列佛游记》,但讽刺面很广,描写议论都有一些独到之处,在《斗士》的所有散论中是最有特色的一组。

第五节 为议会选举造舆论

从1740年11月1日开始到11月15日,《斗士》连续刊登了7封关于即将到来的议会选举的信。由于现存的《斗士》在11月15日以后没有再刊登菲尔丁的文章,这个系列是否到15日结束就成了个迷。但是,20世纪早期,弗雷德里克·S.狄克森发现了在爱丁堡出版的小册子《告大不列颠选民书》。他把这份难得的文献捐赠给耶鲁大学时在扉页上写道,"我认为这是菲尔丁写的"。考利在《〈斗士〉及相关论著》导言中指出,当时"狄克森并不知道牛津大学图书馆收藏的《斗士》"。② 仔细对照两份文本,《告大不列颠选民书》前半部和《斗士》的7封信几乎没有区别,而其后半部恰好补足了《斗士》的缺失。于是,威斯林版菲尔丁著作集就在《斗士》文章之后收录《告大不列颠选民书》的后半部。根据考利教授对后半部内容的分析,大约包括6封信,这样与前半部合起来是13封信或者说13期,从篇幅来看比其他两个系列都长。从时间上来看,这可能是菲尔丁为《斗士》写的最后稿件。

18世纪前期英国的议会选举是每七年举行一次,1741年是选举年,所以菲尔丁在1740年下半年连续发表关于选举的政论。作为反对派攻击沃波尔政府的主要武器,菲尔丁一开始就拿腐败问题开刀。虽然距离大选还有半年多时间,候选人之间的争夺已经展开:"现代人为国家或自己服务的积极性如此之高,报纸早已开始向选民推荐候选人了。不,如果偏远选区的报告属实,一些候选人不仅已经表示为你们在议会服务,而且通过招待、送礼、吹捧、许诺等方式交纳了定金。据说他们已经为你们押注,不,有些人坚定宣称你们中的许多人已被收买;至少是交易已经谈好了,虽然最终

---

① Fielding, *Contributions to the Champion and Related Writings*, p. 448.
② Coley, "General Introduction", p. lxxiv.

得到的酬劳可能不过是死后承受的罪恶报答。"①英国18世纪贿选成风，菲尔丁在30年代的讽刺剧中多有表现。在《斗士》的政论中他用很大篇幅追溯选举腐败的来源。他指出，最初的时候当议员完全是为公众服务的事，所以议员享有薪金补贴。现在议员却成了权势所有者，人们都拼命竞选议员，不惜用各种手段贿赂，一旦当选再出售特权，从中牟利。议员从民众的代表变成了当权者。以前当选议员的都是有财产的人，他们为了保护自己的财产也要正直服务，而现在很多当选的是没有财产的无赖汉，他们当选的唯一目的就是为自己敛财。② 第二封信接着叙述选举腐败引起的后果，民众从主人变成了腐败官僚的奴隶，国家将面临毁灭。腐败是如此广泛，许多人认为它已经无法控制，只能任其发展。菲尔丁从英国政体由王权、贵族院(上院)和平民院(下院)三部分组成的发展演变来考察，指出腐败并不是不可解决的。

由于王权和贵族院是世袭的，议会选举只涉及平民院，所以菲尔丁主要论述平民院议员的产生和他们的职责权限，特别强调议员作为民意代表的"限制和条件"："限制指的是根据习惯或法律对任期时间的规定；条件指的是他的行为必须符合选民的利益和愿望。"③当时议员的任职期限是七年，这没有什么争议，所以菲尔丁主要关注的是议员的行为必须符合选民的利益和愿望，并引弥尔顿和洛克等人的观点为证。反对派的主要观点是由于腐败政治的影响，议员不能代表选民利益，而是处处为自己谋利。因此，菲尔丁要求选民一定要慎之又慎，"选出最有希望真正代表选民利益的"议员。菲尔丁还提出有什么样的选民，就有什么样的议员："我敢担保，诚实、谨慎、明智、公正的选举才能选出具有同样性质的议员。"④议员的最基本条件就是要"爱国"，这本来是毫无疑义的，但在18世纪却有特殊意义，因为不"爱国"是沃波尔反对派对宫廷派攻击的核心。菲尔丁指出："一个人爱国可以有两种态度，一是基于德行的爱国，二是基于利益原则的爱国。"⑤前者当然是最可宝贵的，"但是，先生们，能做到这一点的人极少；尽管不能说人人腐败，但是腐败者确实很多。我们不能像在罗马时代早期那样在每个家庭找到爱国者，甚至不可能在每条街上都找得到"。在这种

---

① *Contributions to the Champion and Related Writings*, p. 486.
② Ibid., pp. 488—489.
③ Ibid., pp. 505—506.
④⑤ Ibid., p. 509.

情况下,只能选举那些"基于利益原则"也必须爱国的人:"这种考虑会使你们选举最富有的人,特别是那些具有最多土地产业的人。穷困潦倒的人更易于腐败,可以更便宜地被富人收买,这是不言自明的道理。"① 这是菲尔丁和他的反对派同仁们坚信的道理。当时选民资格有财产要求,当选的议员几乎全部来自大土地所有者,甚至很多选区(所谓 corrupt boroughs)的票就等于装在富人的口袋里。② 虽然经过 19 世纪的选举法改革逐渐实现了公民普选,真正要当选还要有经济实力做后盾,这也是西方民主制不可摆脱的矛盾。此外,菲尔丁还提出一条就是要选举自己熟悉的人(近邻),这是针对有很多人并不在当地服务,只是到选举的时候才来争选票所说的。最后,菲尔丁强调,要选举在议会已经用行动证明了的"爱国者",也就是沃波尔政府的反对派。他还特别提到不能选举在政府有职位的人(Placemen)和任何依附于政府的人。③ 关于这一点,等到菲尔丁在 1740 年代末成为佩勒姆政府代言人的时候,他的观点就完全变了。

菲尔丁还在文章中论述国民与国王的关系。在复辟时代,斯图亚特王朝鼓吹"君权神授",但是"光荣革命"之后逐渐形成的君主立宪制对王权有了限制,而 1701 年关于王位继承人必须是新教徒的法案更开了由议会来决定王权的先例。④ 因此,菲尔丁在 11 月 15 日的一期中指出,"国王与国民的真正利益是一致的……他是由人民确定的,也是为人民而确定的"。⑤ 菲尔丁在这里的用词与一百多年以后林肯在著名的《葛底斯堡演讲词》中提到的"民治民享"很接近。他又用骑士与随从、头脑与身躯的关系来形容君民关系。他说国王的统治可以有三种形式,依靠法律,依靠贵族,或依靠军队;只有第一种是有限君权,后两种都是暴政统治。⑥ 他引经据典,回顾历史,来证明英国以法律制约王权的优越性:"对其权力进行限制的法律,同时有加强和维护作用,对国王自身和臣民都是有力保障。"⑦

依据《斗士》编辑的菲尔丁文选到此为止,但是他的论述显然没有结束,所以威斯林版用 1740 年在爱丁堡出版的小册子来补足。菲尔丁接下

---

① *Contributions to the Champion and Related Writings*, p. 511.
② See Plumb, *England in the Eighteenth Century*, pp. 37—40.
③ *Contributions to the Champion and Related Writings*, p. 516.
④ 参看王章辉:《英国文化与现代化》,沈阳:辽海出版社,1999 年,第 85 页。
⑤ *Contributions to the Champion and Related Writings*, p. 519.
⑥ Ibid., p. 522.
⑦ Ibid., p. 524.

来进一步论述国王享有的三种权力,即神权、民权和军权,但是重点强调国王与臣民关系或利益的一致性,他这样做的一个目的是为接着攻击沃波尔首相专权来铺路。英国内阁原来只是为国王服务的议事机构,但是随着复辟时代查理二世耽于淫乐,少问朝政,内阁的作用逐渐扩大。在"光荣革命"以后,由于国王可以说是议会请来的外国人,内阁的作用更加突出。据《牛津英语辞典》,"首相"的称谓最早出现在 1694 年。到了 18 世纪早期,特别是 1714 年来自汉诺威的乔治一世继位之后,由于他不懂英语,更关心汉诺威选侯国的利益,在施政方面完全依赖内阁。加之沃波尔才干突出,专权严重,反对派逐渐用"首相"来攻击他削弱国王权力。这种局面有些像我国东汉末年曹操专权的情形。反对派攻击的策略是把国王与沃波尔区分开来。菲尔丁在文章中更把"首相"比作政府身上的毒瘤,说只有彻底清除,政府才能正常运转。① 最后,菲尔丁再总结全文,照应开头,指出选举腐败将导致人民受奴役,国家遭损害,所以选民一定要同腐败作斗争,把真正能代表选民利益,为民服务的爱国者选为议员。

通过几个方面的分析,可以看出《斗士》杂志的内容是十分丰富的。萧乾在《菲尔丁——英国现实主义小说奠基人》中写道:在《斗士》这个刊物上,"菲尔丁写了许多论文、杂文、书简、速写和书评。如果能对这许多文章加以考证,把确定是出自他的手笔的作品统统收进一个集子里,那将是一部极其丰富的作家札记。这里有他的思想某些方面最初的萌芽,有他的小说中某些人物形象的胚胎"②。现在,随着威斯林版菲尔丁著作集《斗士》卷的出版,这个愿望已经实现了。本章对《斗士》期刊文章的评述只是初步分析,但已经可以看出这份期刊在多方面的意义。如果说菲尔丁为反对派杂志《匠人》的匿名写稿为他在《斗士》期刊政治性论文做了准备,他在该期刊关于社会文化方面的论述则为他的小说创作打下了基础,是他整个创作生涯中的重要一环。

---

① *Contributions to the Champion and Related Writings*, pp. 532—533;关于《牛津英语辞典》中"首相"的最早例证,参看 532 页注 2。
② 萧乾:《菲尔丁——英国现实主义小说奠基人》,第 26 页。

第六章 从《莎梅拉》到《约瑟夫·安德鲁斯》

菲尔丁研究的一个重要方面是他对英国小说创立和发展的贡献。从当代文论的观点来看,可以说菲尔丁是在解构中建构了英国小说。菲尔丁的第一部小说作品《莎梅拉》是对理查逊的《帕梅拉》从形式到内容的颠覆解构之作。他的第二部小说《约瑟夫·安德鲁斯的经历》则确立了自己的"散文体喜剧史诗"小说特征。小说的序言被批评界誉为第一篇重要小说理论,小说塑造的亚当斯牧师成为英国喜剧小说的经典人物。本章将探讨从《莎梅拉》到《约瑟夫·安德鲁斯》的演变,并对亚当斯牧师这个形象体现的滑稽色彩进行分析。

第一节 戏仿杰作《莎梅拉》

1740年11月,塞缪尔·理查逊出版了书信体小说《帕梅拉,或美德有报》,立刻风行全英,掀起了一股"帕梅拉"热。小说主人公帕梅拉是个女仆,从12岁起就在B夫人家服务。小说开始,B夫人不幸去世,帕梅拉面临失业回家的危险。好在B夫人临终前叮嘱儿子善待曾经服侍过自己的仆人,B先生允诺让帕梅拉管理自己的衣物,还把B夫人临终时衣兜里的钱共四个金几尼赏给没有正式工资的帕梅拉。帕梅拉在给父母的信中讲了这些事,并把钱捎给父母用。父母在回信中对B先生的关心很不以为然,担心他用心不良,告诫女儿要警惕,一旦发现B先生行为不轨就立即回家。帕梅拉在信中埋怨父母担心太多,使自己不得安宁。但是,不久她便发现B先生果然图谋不轨,在花园凉亭对自己动手动脚。这时候她想回家,又觉得B先生可能会有所收敛,不致对自己施暴;而且有善良体贴的管家杰维斯太太保护她,不会有危险。直到后来B先生再次试图对她非礼,她才决定要离开。为了回家后有合适的衣服穿,帕梅拉买了较粗糙的布料为自己做了一身农家女衣服。她穿上这身衣服向杰维斯展示得到赞美,B

先生也不禁受到吸引。后来的一天夜里,B先生藏在暗室,要强暴帕梅拉。帕梅拉吓得昏死过去,但在杰维斯太太的保护下幸免受辱。此后帕梅拉要离开,仍受到各种阻拦;最后,在她以为被送回家时,却被劫持到B先生的另一处庄园。在这里,帕梅拉受到管家朱克斯太太的监管虐待,虽然曾经在威廉斯牧师帮助下试图逃走,但没有成功。后来B先生来到,给帕梅拉一份契约,要她做自己的情妇,被她严词拒绝。于是,B先生在一天夜里,故伎重演,而且有朱克斯做他的帮凶。幸运的是帕梅拉多次昏厥,得以避祸。B先生看到帕梅拉坚守贞洁,又通过阅读她的书信日记理解了她的品格,终于冲破阶级地位障碍,决定与帕梅拉结婚。婚后帕梅拉举止得体,处事大方,深得人心。后来她又感化了坚决反对这桩婚事的B先生的胞姐戴维斯夫人,以女主人身份隆重回到B先生府邸。帕梅拉珍视贞洁,不屈服浪子的威逼引诱,从女仆一变而为女主人,正是副标题"美德有报"的寓意。

这部小说出版之后好评如潮,读者纷纷赞扬帕梅拉的美德,同时称赞作者书信体叙述生动逼真,感人至深。商人家庭出身的理查逊,在小说中不仅歌颂了中产阶级的品德,而且帕梅拉的生活变化可说是作者自己从印刷铺学徒到老板奋斗生活的隐喻。帕梅拉虔诚信仰上帝,在遇到磨难时祈祷神灵保佑,这种清教徒精神也得到广泛赞美。有的牧师甚至在教堂里宣传帕梅拉,读者在帕梅拉终于同雇主结婚时涌到教堂,敲钟相庆。弗莱在《批评的解剖》中写道:"家庭喜剧通常是以'灰姑娘'这个原型为基础,当帕梅拉的美德获得报偿时就出现这样的情景:一个令读者倍感亲切的可怜人儿终于为这社会所接纳,不仅她本人,连读者也都向往这一点,这个社会是在新娘婚纱和英镑钞票的欢快的沙沙声中揭开其帷幕的。"[①]从作者本人的道德观点,小说对人物的具体刻画和读者的阅读期待等方面来看,《帕梅拉》显然是一部歌颂女主人公贞洁美德的写实作品。中文译者用《帕梅拉》为书名,不知是有意还是无意地把女主人公同国人推崇的梅花联系了起来,更凸显出女主人公的纯洁美德。[②]

但是,如果我们换一种思维方式,从小说结局来分析人物,那么小说的道德教诲就出现了问题。帕梅拉当然一直努力抵御雇主的诱惑与迫害,但

---

① 诺思罗普·弗莱:《批评的解剖》,陈慧等译,天津:百花文艺出版社,2006年,第65页。译文略有改动。

② 理查逊:《帕梅拉》,吴辉译,南京:译林出版社1997年版。以前国内学者提到此书,曾用《巴玫拉》、《帕美勒》等不同译名。

她却没有按照父母的忠告在发现危险的时候立刻回家,而是千方百计寻找借口待(甚至可以说是"赖")在雇主家里。虽然她一直表白自己如何抵御雇主的引诱,但是读者从字里行间仍然可以读出她对 B 先生的深深爱恋。她一次次靠及时昏厥躲避强暴也让人生疑;而她对 B 先生求爱表示的立即接受更让人觉得她实际上在急切地等着这一天。就当时的社会现实而言,女仆奢望与雇主成婚不仅是异想天开,而且有悖传统道德准则。雇主 B 先生的长处是富有,帕梅拉想与他结婚的目的就是占有(至少是享有)他的财产。从这个角度来看,女主人公的道德就大打折扣了:她追求的并不是保持自己的贞洁,而是在婚姻市场上卖个好价钱! 萧乾曾经批评说:"《帕梅拉》调和了当时英国社会的矛盾,肯定了封建社会那套假道德,它实际上是把这宗倚富欺贫的恶行当作一场美满姻缘来褒扬。"①《帕梅拉》出版不到半年,1741 年 4 月初,一本名叫《莎梅拉》的讽刺戏仿之作问世。尽管小说没有署名,现代批评家通过多方面探讨,认为该书的作者确定无疑是菲尔丁。②《莎梅拉》因此也就成了菲尔丁的第一部小说,是所有对《帕梅拉》的讽刺戏仿作品中最出色的一部。③

《莎梅拉》的故事情节很简单,但叙事方法却很特殊。小说的书名页就颇具匠心:

《莎梅拉·安德鲁斯女士生平之辩》,在此,所谓《帕梅拉》书中许多臭名昭著的虚假和欺骗得到揭露和驳斥;那个年轻政客的一切无与伦比的诡计被置于光天化日之下。同时,具体描写她与阿瑟·威廉斯牧师之间发生的一切;他的性格与在《帕梅拉》中所表现的颇有不同。一切都本于编者收到的真实书信。实为居家必备;作者康尼·卡波。④

从书名页可以看出菲尔丁的讽刺对象除了《帕梅拉》之外,还有蹩脚的桂冠诗人考利·西伯。他的《考利·西伯生平自辩》也是 1740 年发表的,菲尔丁

---

① 萧乾:《菲尔丁——英国现实主义小说奠基人》,上海:上海译文出版社,1984 年,第 31 页。
② See Battestin's "Introduction" to *Shamela*, in *The Journal of a Voyage to Lisbon, Shamela, and Occasional Writings*, ed. Martin C. Battestin (Oxford: Clarendon Press, 2008), p. 133.
③ See Thomas Keymer and Peter Sabor, ed. *The Pamela Controversy: Criticism, Adaptations of Samuel Richardson's Pamela, 1740—1750* (London: Pickering & Chatto Publishers, 2001).
④ Henry Fielding, *The Journal of a Voyage to Lisbon, Shamela, and Occasional Writings*, p. 147.

已在《斗士》杂志对其进行了抨击。《莎梅拉》不仅书名模仿西伯自传,而且署名也与考利·西伯谐音(Conny Keyber 与 Colley Cibber)。虽然菲尔丁致力于嘲弄理查逊和西伯,但是正如 J. 保罗·亨特所指出的,"菲尔丁在《莎梅拉》中戏仿的作品实际上都对他自己艺术的发展有帮助。比如,西伯的自传代表了班扬之后个人叙事的重要进展"①。由于写作此书时菲尔丁并不知道理查逊为《帕梅拉》的作者,他的讽刺对象主要是帕梅拉这个人物,而她与西伯颇为相似。鲍尔逊指出:"惯于装腔作势的西伯扮演复辟时期的公子哥,关注自己的名誉胜过实际的罪孽生活;帕梅拉必须被读作伪君子,表面上宣扬美德,而实际上表演了一连串诡计、假装的昏厥和以金钱为目的的引诱。"②书名之后是致范妮小姐的献词,这个范妮(Fanny)是蒲柏在讽刺诗中给首相沃波尔的近臣哈维勋爵的名字,意在讽刺他的女性化(甚至双性人)特征。献词本身则是对这种常规的讽刺,极尽阿谀奉承,也大言不惭地自我标榜,把受献词者和写献词人都讽刺到了。

　　小说借两个牧师的书信交流开始,提克尔泰克斯特(Tickletext)牧师对《帕梅拉》赞不绝口:"把别的书都烧掉,白天只读你,夜里只梦你,人类该是多么幸福啊!"③他把书寄给自己的好朋友奥利佛牧师,后者收到书和信十分惊讶,因为他知道《帕梅拉》实际上是一部伪作,帕梅拉真名叫莎梅拉,也不是什么贞洁女子。奥利佛牧师写道:"我认为,这本书给侍女们的教导就是,尽最大努力追她们的主人。这样做的后果是忽视她们各自的职责,尽可能地修饰打扮:如果主人不是傻瓜,她们就会被引诱堕落;如果主人是个傻瓜,那就嫁给他。"④鲍培就是一个这样的大傻瓜。⑤ 里维罗指出:"在菲尔丁看来,鲍培要比堂吉诃德还天真:他在阅读之前就已经相信自己要读东西……与威廉斯牧师和《莎梅拉》的作者不同,鲍培是个天真的读者,

---

①　J. Paul Hunter, *Before Novels* (New York: Norton, 1990), p. 324.
②　Ronald Paulson, *The Life of Henry Fielding: A Critical Biography* (Oxford: Blackwell, 2000), p. 139.
③　Fielding, *The Journal of a Voyage to Lisbon, Shamela, and Occasional Writings*, p. 155. Tickletext,有易受文本刺激的含义。
④　Ibid., p. 158.
⑤　菲尔丁把《帕梅拉》中 B 先生的名字改为 Booby 意为傻瓜,音译"布比"较好;为了同王仲年译《约瑟夫·安德鲁斯的经历》统一,故用"鲍培"。

不知道表现中会有欺骗。"①为了让真相大白,以正视听,奥利佛牧师希望提克尔泰克斯特在看完了真实的书稿之后设法出版《莎梅拉》。

原来莎梅拉是威廉斯牧师的情妇,并有个私生子。她的母亲和管家朋友也全无诚实正直可言,而是利用雇主的愚蠢痴情来攫取最大利益。莎梅拉看到鲍培对自己有意,便欲擒故纵。"借用 20 世纪后期的批评术语,可以说菲尔丁认为《莎梅拉》是《帕梅拉》的关键性亚文本,是只有极少人听到的对话声音。"②菲尔丁对《帕梅拉》中鲍培调戏女仆一节的戏仿很有特色:"他跑过来,把我搂在怀里,扔到一把椅子上,开始抓我的内衣。先生,我说,您最好别无理;好吧,他说,那我就不动了;然后他就出门去了。我气得几乎要哭了。女人被当成傻瓜耍真烦死了!"③这里表现的不是鲍培的强暴,而是莎梅拉欲望没有得到满足的沮丧,这与似乎不知情欲为何物的帕梅拉泾渭分明。由于《莎梅拉》篇幅很短,只有五六十页,原小说中形象各异的女管家杰维斯和朱克斯被简单化,充当了皮条客的角色。小说最后是提克尔泰克斯特在读了《莎梅拉》和奥利佛牧师的信之后写的一封信,表达自己对于虚伪狡猾的莎梅拉之愤慨和鄙视。他在结尾告诉奥利佛牧师说刚刚得到消息,"鲍培先生捉住妻子和威廉斯牧师通奸,已经把她赶出家门,并在宗教法庭起诉他"④。罗纳德·鲍尔逊把《莎梅拉》故事夹在两个牧师的通信评论之间的形式与菲尔丁当年擅长的"彩排"剧联系起来:"前者像闹剧,后者像作者、批评家和演员的评论。这种处理极为适合《帕梅拉》,因为它的问题就是言词与行为不相符"⑤。

莎梅拉在小说中最引人注目的一句话是:"我曾经想凭自己的姿色赚点钱,现在我要借自己的霉德(Vartue)发大财!"⑥结婚以后莎梅拉挥霍无度,几乎每天都赶着鲍培要钱,她这样写道:"我相信我看到什么就要买什么。有钱不花那有什么意思"⑦。听到鲍培抱怨两百个几尼怎么转眼就花

---

① Albert J. Rivero, "*Pamela/ Shamela/ Joseph Andrews*: Henry Fielding and the Duplicities of Representation", in *Augustan Subjects: Essays in Honor of Martin C. Battestin*, ed. Albert J. Rivero (London: Associated University Presses, 1997), p. 212.

② Harold Pagliaro, *Henry Fielding: A Literary Life* (New York: St. Martin's Press, 1998), p. 133.

③ *The Journal of a Voyage to Lisbon, Shamela, and Occasional Writings*, p. 164.

④ Ibid., p. 195.

⑤ Paulson, *Henry Fielding: A Critical Biography*, p. 140.

⑥ *The Journal of a Voyage to Lisbon, Shamela, and Occasional Writings*, p. 178.

⑦ Ibid., p. 185.

光了,莎梅拉说,"我可没想给你汇报每个先令怎么花的;那是仆人才干的事。给你说吧,嫁给你我可没想这么办;另外,你不是说过我该是你家财产的女主人吗?我当定了。尽管我没给你带来家产,我像带来百万家产的一样是你老婆"①。这些话几乎可以说义正词严,掷地有声。正如萧乾所言,"这部'反书'赤裸裸地揭示出一个靠婚姻向上爬的女市侩的灵魂"②。用后现代文论术语来说,这是典型的解构批评:透过贞洁诚实的表面,揭露虚伪放荡的本质。但是,瓦特的批评似乎更加准确:"菲尔丁的小书确实抓住了《帕梅拉》中严重的模棱两可,但是当后来的批评家要我们必须在菲尔丁的解释或理查逊的解释中做出选择时,他们肯定忽略了一种可能:那种模棱两可不一定产生于帕梅拉这一角色的有意识的两重性,而是帕梅拉据以行动的那种女性原则所固有的"③。18世纪英国社会既要求女性纯洁虔诚,当道德楷模,又要求她们对男性富有吸引力,并以获得男性的青睐求婚为目的。前者规范女性纯洁天真,后者引导她们世故虚荣,这就注定了她们性格心理的两面性。黄梅也注意到"《帕梅拉》中占据核心地位的'plot'一词被换成了'strategy'(计谋),由多义词变成了单义词。这种单面化处理是该书的基本手法之一"④。

　　菲尔丁对《帕梅拉》的解构不仅仅限于女主人公的道德问题,而且包括对小说叙事形式的解构或颠覆。《帕梅拉》的叙事形式是书信体,当时被认为是最自然真实的,因为人们在信中对亲人能吐露心声。《帕梅拉》书信体叙事形式的一个突出特点是"写到此刻",意在表明这是写信人自己此时此刻的真实思想,没有过多的反思考虑,因而是真实可信的。瓦特在对《帕梅拉》的分析中就特别强调书信体叙事的这一特点,认为这近乎毫无隔阂的直接叙事,是形式现实主义的基本特点。"这种无拘无束的书信自然比口头交谈通常所提供的机会更适宜于作者充分地、毫无保留地表现自己的个人情感。"⑤用鲍尔逊的话说,"《帕梅拉》'写到此刻'的效果是尽量使读者接近女主人公的思维过程,把天真的读者淹没于帕梅拉的即时经历"⑥。《莎梅拉》也运用了理查逊所谓即时写作方法,甚至女主人公在床上睡觉时

---

① *The Journal of a Voyage to Lisbon*, *Shamela*, *and Occasional Writings*, p.185.
② 《菲尔丁——英国现实主义小说奠基人》,第32页。
③ 伊恩·P.瓦特:《小说的兴起》,高原、董红均译,北京:三联书店,1992年,第185页。
④ 黄梅:《推敲'自我':小说在18世纪的英国》,北京:三联书店,2003年,第147页。
⑤ 《小说的兴起》,第198页。
⑥ Paulson, *The Life of Henry Fielding*, p.141.

也写：

> 杰维斯太太和我刚刚上床，门没有锁；要是主人会来——哇！我听到主人来到门口了。你瞧，我在用现在时写信，如威廉斯牧师说的。啊，他上了床，在我们中间，我们假装睡着了；他偷偷地摸我胸脯，我就像真睡着了，使劲把他的手往身上压，这时假装惊醒了。——我一看着他，就大声喊杰维斯太太，她也假装刚被惊醒。她开始大叫，我就在他身上使劲乱抓。不管什么地方乱抓乱掐了一大阵后，我假装昏死了过去。①

读这段描写，我们可以看到鲍培的所谓强奸图谋实际上完全在莎梅拉的掌控中。无怪乎莎梅拉要发出这样的感慨："乐得大笑时非得板着脸是多么难啊！"②菲尔丁在《莎梅拉》中保留了书信体叙事的基本特点，但他意在表现的却是人物话语的不可信：书信也是人物或作者有意为之，同样可以不真实，甚至是彻头彻尾的欺骗。麦基恩指出："从菲尔丁戏仿颠覆理查逊的书信体形式的方法，可以清楚看到《莎梅拉》用彻底扩展《帕梅拉》的前提来否定它。"③菲尔丁认为书信体这种叙事手法把写信人的观点作为唯一的正确观点，要求读者予以认同，而读者的批评视角就被忽视了。律师出身的菲尔丁对于个人信誓旦旦的自白素有警惕，认为不能轻信。通过两个方面的讽刺性模仿，菲尔丁鲜明地表达了他对理查逊创立的小说形式规范的批评和拒绝。那么，他推崇的是什么样的叙事呢？这是他在下一部小说《约瑟夫·安德鲁斯的经历》所要解决的。

第二节 《约瑟夫·安德鲁斯》序言的遭遇

1742年2月，菲尔丁出版了《约瑟夫·安德鲁斯的经历》，其主人公是帕梅拉的弟弟，给一个贵夫人当男仆。与姐姐不同的是，当丧偶的贵夫人引诱他时，约瑟夫很坚决地拒绝了，并毅然离开了雇主家。从这一方面看，小说是对《帕梅拉》的戏仿，是对理查逊小说表现的道德意识的又一次批判。李赋宁先生这样评价两人的区别："约瑟夫不同于帕梅拉。帕梅拉的

---

① *The Journal of a Voyage to Lisbon, Shamela, and Occasional Writings*, p.165.

② Ibid., p.166.

③ Michael McKeon, *The Origins of the English Novel 1600—1740* (Baltimore: Johns Hopkins University Press, 1987), p.395.

贞操是为了装点门面,掩盖她个人向上爬的目的,而约瑟夫的洁身自好却是真诚的。他的行为是受基督教伦理约束的,但他并不接受清教徒的道德标准,也不随波逐流,不肯与上流社会荒淫堕落的人们同流合污。"①小说的意义还不仅限于此,因为小说中更重要的人物是有堂吉诃德特点的亚当斯牧师。与《帕梅拉》集中表现女主人公与雇主关系的封闭性故事不同,《约瑟夫·安德鲁斯》表现的是主人公在英国乡间旅行途中的遭遇,描写了形形色色的人物,反映了相当广阔的社会生活。另外,小说的叙述者经常对人物的行为进行评说,既形成叙述者与人物的对话关系,也构成叙述者与读者的密切联系。这样一来,小说就从故事本身到叙事形式两方面表现了与《帕梅拉》的明显区别。

为了给自己的小说争得合法地位,菲尔丁在《约瑟夫·安德鲁斯》序言中提出了"散文体喜剧史诗"的观点,从荷马已经失传的喜剧史诗《玛奇特》和亚里士多德的《诗学》中为自己寻找理论根据。他先写道:"史诗跟戏剧一样,也可分为悲剧和喜剧两类。"然后又指出:"这种诗篇既然可以成为悲剧或喜剧,我就毫不犹豫地说它也可以用韵文或者散文来表达:因为它虽然缺少批评家认为是史诗要素之一的韵律;然而,当任何作品包含了史诗所有别的成分,例如结构、情节、人物、情操、措辞,而只缺韵律的时候,我想它仍旧可以称为史诗"②。在这里,菲尔丁的观点与锡德尼在《为诗辩护》中的观点是一致的。锡德尼在提到诗行韵律时就指出:"实际上绝大多数的诗人是把他们那体现诗意的创造穿上那种有节奏的称为诗行的写作形式的。其实,仅仅是穿上,因为诗行只是诗的装饰而非诗的成因,因为曾经有过许多诗人,从来不用诗行写作,而现在成群的诗行写作者却绝不符合诗人的称号。"③从这种相似性可以看出菲尔丁对从古希腊到英国文艺复兴传统的继承。杨绛还指出:"史诗可用散文写,这点意思菲尔丁也有根据。对他起示范作用的塞万提斯在《堂吉诃德》里就有这句话;塞万提斯是采用西班牙16世纪文艺批评家品西阿谟的理论。菲尔丁熟读《堂吉诃德》不会忽略了这句话。"④

---

① 李赋宁:《英国文学论述文集》,北京:外语教学与研究出版社,1997年,第186页。
② 菲尔丁:《约瑟夫·安德鲁斯的经历》,王仲年译,上海:新文艺出版社,1962年,第1页。
③ 锡德尼:《为诗辩护》,钱学熙译,北京:人民文学出版社,1964年,第14页。
④ 杨绛:《春泥集》,上海:上海文艺出版社,1979年,第75页。参看杨绛译:《堂吉诃德》,北京:人民文学出版社,1987年,上卷第442页。

菲尔丁接着写道：

> 一部滑稽的传奇是一部散文的喜剧史诗；它跟喜剧有所区别，正如严肃的史诗跟悲剧不同；它的情节比较广泛绵密；它包含的细节五花八门，介绍的人物形形色色。它跟严肃的传奇不同的地方在于结构和情节；一方面是庄重而严肃，另一方面轻松而可笑；他在人物上的区别是介绍了下层社会的角色，因而也介绍了下层社会的风习；反之，严肃的传奇给我们看到的都是最上等的人物。最后，在情操和措辞方面，它采取的不是高深的，而是戏谑取笑的方式。在措辞上，我认为有时候大可以运用游戏文章。①

这样一来，菲尔丁就从情节、结构、语言、人物等方面把"散文体喜剧史诗"同严肃的史诗或传奇区别开了。这篇序言影响很大，"喜剧史诗"或"史诗叙事"等在英国小说评论中屡见不鲜。1931年埃塞尔·玛格丽特·索恩伯里发表专著《菲尔丁的散文体喜剧史诗理论》，似乎最终确立了菲尔丁的定义。她指出："在菲尔丁的喜剧史诗概念中最重要的内容是赋予他的时代的事件以史诗的广度，把现代事件与希腊史诗的形式结合起来。"②在我国，1930年代茅盾先生就曾把《约瑟夫·安德鲁斯》序言译成中文；1957年杨周翰先生又把它与《汤姆·琼斯》的部分序章一起作为"关于现实主义的创作理论"译出。

但是，1957年伊恩·瓦特却在《小说的兴起》中对史诗叙事理论给予了严厉批评，认为小说本质上是反史诗的。从笛福到理查逊都指责古代史诗渲染暴力、无视道德伦理的倾向，而且小说是关于普通人的生活经历，与史诗关注的英雄业绩迥然不同。菲尔丁虽然将小说定义为"散文体喜剧史诗"，但他并没有真正予以论证，而他的小说实践也与其理论差别极大。对于菲尔丁提出的"散文体喜剧史诗"的小说理论，瓦特从三个方面进行了批评或解构。一，菲尔丁虽然提出了这个名称，但并没有真正进行阐述，他列举的史诗组成元素是任何叙事作品所共有的，不构成史诗的特殊性；二，除了在《约瑟夫·安德鲁斯》序言中提出这个名称，菲尔丁在《汤姆·琼斯》的18篇序章中只有两次提到类似的名称，但都带有调侃特点，而在《里斯本

---

① 《约瑟夫·安德鲁斯的经历》，第2页。
② Ethel Margaret Thornbury, *Henry Fielding's Theory of the Prose Epic* (Madison: University of Wisconsin Press, 1933), p. 110.

海行日记》序言中他更直截了当地批评史诗,推崇史著;三,菲尔丁小说能与史诗挂上钩的主要是他反映生活的广度,而仅此一点显然不能作为小说是散文体史诗的充足证据。① 瓦特最后写道:"像埃塞尔·索恩伯里在她就此问题所写的专著中所做的那样,把菲尔丁称为'英国散文史诗'的奠基者,无异于给了他一个有类于不能生育的父亲的称号。"② 1959 年马丁·白特斯廷发表了他的专著《菲尔丁艺术的道德基础》,强调《约瑟夫·安德鲁斯》是通过约瑟夫和亚当斯牧师这两个男主人公,表达作者关于节制情欲和广施慈善等道德教诲的"喜剧史诗"。③

霍默·古德伯格在《〈约瑟夫·安德鲁斯〉的艺术》第一章分析了这篇序言,认为它的主要作用是说明菲尔丁自己的"滑稽传奇"(Comic Romance)艺术④。菲尔丁首先确定他写的是"滑稽传奇"而非"严肃传奇",因为他描写中下层人物,叙述滑稽可笑的故事。然后,菲尔丁下大气力阐明滑稽艺术在于表现人的荒唐可笑:"依我的看法,真正的'荒唐可笑'的来源只是矫揉造作……产生矫揉造作的原因有二:不是虚荣,就是虚伪:因为虚荣策动我们去冒充虚妄的身份,以骗取赞美;虚伪就唆使我们用德行的外衣来掩饰我们的罪恶,以躲避谴责"⑤。菲尔丁还深刻指出:"世上的不幸和灾祸,或者生而有之的缺陷,固然可以作为嘲笑的对象,但只限于对那些矫揉造作者。毫无疑问,把丑陋、残废、或者贫穷本身看成'荒唐可笑'的人,心地未免太坏。"⑥ 这里提出了一个重要的喜剧理论问题:什么是荒唐可笑的?我们近些年常在喜剧小品中看到对于残疾人或中风偏瘫病人的滑稽摹仿,这在菲尔丁看来太残忍,太缺乏同情心。他接着给了两个真正荒唐可笑的例子:

> 我不信有谁看到一个在街上赶车的邋遢家伙,竟会觉得好笑;如果他看到那个邋遢家伙从一辆六马轿车里款段而下,或者肋下夹着帽

---

① 参看《小说的兴起》,第 286—288 页。菲尔丁在《汤姆·琼斯》提到的类似名称分别是第四卷序章的 heroic, historical, prosaic poem(亦文亦武、亦散文亦诗歌、亦历史亦小说)和第五卷序章的 prosaic comi-epic writing(庄谐兼备的散文史诗),译文引自张谷若译《弃儿汤姆·琼斯史》。

② 同上书,第 296 页。

③ Martin C. Battestin, *The Moral Basis of Fielding's Art*: *A Study of Joseph Andrews* (Middletown, CT: Wesleyan University Press, 1959), Chapter 6.

④ See Homer Goldberg, *The Art of Joseph Andrews* (Chicago: University of Chicago Press, 1969), Chapter I.

⑤⑥ 《约瑟夫·安德鲁斯的经历》,第 6 页。

子从轿子里跳出来,那他尽可以发笑,而且笑得很在理上。同样的,如果我们走进穷人家里,看到他们饥寒交迫、苦恼可怜的样子,我们决不至于哈哈大笑(除非我们丧尽天良,一无人性);可是如果炉格上不摆煤炭,反摆鲜花,餐具架上放着空盆子空碟子,或者他们身上、家具上虚有其表地装出富丽堂皇的样子,我们倒有理由,可以嘲笑那种莫名其妙的现象了。①

菲尔丁用的这些例子生动说明了荒唐可笑的本质是不自然得体。古德伯格指出:"序言自始至终关注的问题——界定荒唐可笑——不仅涉及喜剧作家的素材,而且有关达到其效果的方法。矫揉造作是荒唐可笑的来源,后者不单单代表了喜剧作家的题材或模仿对象。它也是菲尔丁给自己正在界定的这种作品特有的情感效果起的名字。"②也就是说,菲尔丁关注的不仅是描述对象的可笑,而且包括怎样让读者感受可笑的效果。朱迪思·弗兰克的见解颇有道理:除了关注小说对文学经典的继承,"菲尔丁至少同样关注新形式的接受,《序言》也可以被读作表现穷人的某种伦理学"③。

"散文体喜剧史诗"(或略有不同的表述)已经被我国学者广泛接受,以至于"滑稽传奇"这个在菲尔丁的表述中的同义词几乎无人提起。究其原因,主要是在一般理解中"传奇"是与现实主义创作大相径庭的文类,远不如"史诗"来得高雅。而在英美学者中有一个时期"滑稽传奇"或"喜剧史诗"到底哪一个更符合菲尔丁原意曾经引起激烈争论,形成几乎势不两立的两大派。实际上,菲尔丁提出这种观点的主要目的是为他的小说争地位,而且在当时读者的心目中"史诗"不过就是长篇叙事的代名词。亚里士多德在《诗学》中提出的三大文类就是抒情诗、戏剧和史诗,后来演变成诗歌、戏剧和散文叙事(传奇、小说等)。如果说菲尔丁提出"散文体喜剧史诗"这个观点时对于"史诗"的认识并非特别严格,在21世纪的中国,提到"史诗"自然就使读者肃然起敬,因为被称为史诗的是像《红楼梦》、《战争与和平》这样卷帙浩繁、结构缜密、意旨高远的鸿篇巨制。按这个标准来衡量,菲尔丁的代表作《汤姆·琼斯》或许当之无愧,《约瑟夫·安德鲁斯》则似

---

① 《约瑟夫·安德鲁斯的经历》,第6—7页。
② *The Art of Joseph Andrews*, pp. 15—16.
③ Judith Frank, *Common Ground: Eighteenth-Century English Satiric Fiction and the Poor* (Stanford: Stanford University Press, 1997), p. 31.

乎难当"喜剧史诗"的称谓,因此我们在下面的讨论中仍把它称为"滑稽传奇"①。

如果说瓦特的批评还仅仅是从实证角度指出菲尔丁对这种所谓的理论并不太当回事,受后现代文论影响的批评家则从序言的本质上来对这篇序言进行解构。他们的观点主要有两个。

首先,序言本身不可信,带有广告性质。序言是作者在完稿之后为了打开销路而采取的一种策略,对于这种有目的的自我推销,读者大可不必当真,甚至应该自然予以抵制,正如聪明的顾客会抵制广告一样。② 二是序言提出的观点自相矛盾,既对嘲讽(Burlesque)加以明言排斥,又在叙事中积极应用。查尔斯·A. 奈特就指出,"许多学者认为序言本身充满矛盾,并不适合这部小说"③。前一种观点是对序言可信性釜底抽薪,后一种则是反向阅读(reading against the grain)的代表。序言的广告性是不可否认的,从笛福到理查逊的小说序言都证明了这一点。但是,他们的小说序言一般都比较短,或者强调故事多么引人入胜,或者表白道德如何纯洁无瑕。菲尔丁的《约瑟夫·安德鲁斯》序言则有明显不同。一来序言篇幅很长,不能简单地用广告来打发掉,因为谁都知道冗长的广告不吸引人。二来它既没有强调引人入胜的故事,也没有声称道德清白无瑕,而是主要从自己的小说与流行传奇的差异以及与古代史诗的相似方面来论证的。这虽不能完全摆脱广告嫌疑(用小说与史诗这种高雅文类相似来吸引有教养的读者),但毕竟有很大区别。里维罗的观点还是比较公允的:"菲尔丁所做的,首先是向自己和他人说明本书的价值,方法是虚构其与古典文学传统的关系……这样一来,菲尔丁这个受过古典训练、毕业于伊顿却因经济需要被迫写小说的人,就为自己从事这种低级写作找到了合理解释,也使像他这样的人承认阅读虚构小说不感到难堪。"④

对于后现代批评家用解构理论提出的第二种观点,也应该作具体分

---

① 帕格里阿洛写道:"虽然《约瑟夫·安德鲁斯》有传奇成分,也有流浪汉小说成分,它在重要的方面是'喜剧史诗'",这些"重要的方面"主要是节欲和慈善等道德教诲,而从传统来看喜剧在引人发笑的同时也传播道德。See *Henry Fielding: A Literary Life*, pp. 142—143.

② See Joseph F. Bartolomeo, *A New Species of Criticism: Eighteenth-Century Discourse on the Novel* (Newark: University of Delaware Press, 1994), p. 19.

③ Charles A. Knight, "*Joseph Andrews* and the Failure of Authority", *Critical Essays on Henry Fielding*, ed. Albert J. Rivero (New York: G. K. Hall & Co., 1998), p. 70.

④ Rivero, "*Pamela/ Shamela/ Joseph Andrews*: Henry Fielding and the Duplicities of Representation", p. 218.

析。菲尔丁提出的理论严格看来是有些自相矛盾,但是,我们不能忘记他是在小说初创时期谈小说理论。当时可供借鉴的散文叙事作品只有传奇和史诗两类,前者的声誉地位明显低于后者,菲尔丁致力于同后者结盟是很自然的,尤其是在荒诞不经的流行传奇充斥文坛的时候。而嘲讽与喜剧或滑稽的区别更是一个迄今也没有厘清的官司,因为广义的喜剧或滑稽手法显然包括比较夸张的嘲讽在内。关于"Burlesque"这个词的中译也颇费周折。王仲年在《约瑟夫·安德鲁斯的经历》中译为"游戏文章"①;杨周翰在《关于现实主义创作的理论》(选译)中译为"诙谐的模拟",简称"谐模"②,而"谐模"恰恰是王仲年对"Parody"的中译。就菲尔丁的戏剧创作而言,他的作品绝大部分都属于喜剧,而其中又有相当大的一部分属于"Burlesque",至于严格的区分即使菲尔丁研究专家也不能达成一致。菲尔丁在《约瑟夫·安德鲁斯》序言中把他的喜剧手法同"Burlesque"区别开来的主要目的在于强调他的作品人物是合乎自然的,而"Burlesque"则夸张到不自然的程度;他利用 Burlesque 只是在语言方面,而在情感和人物方面则要模仿自然。但是,由于情感和人物都是通过语言来表现的,这种区分有时候很难把握。罗森就曾一针见血地指出:语言方面夸张搞笑的例子是如此之多,"几乎让人无法相信'严格模仿'意味着重视描述事件胜过展示作者表演"③。

但是,如果把《莎梅拉》和《约瑟夫·安德鲁斯的经历》放在一起进行比较,则可以很清楚地看到"游戏文章"和"喜剧作品"的区别:莎梅拉是把邪恶大大夸张的"游戏文章",《约瑟夫·安德鲁斯的经历》中亚当斯的有些举动虽然可笑却不脱自然本色,而对拖瓦斯太太和屈鲁力驳牧师的描写则近似于"游戏文章"。从解构理论的观点来看,喜剧和 Burlesque 的区别本身就是很值得怀疑的,因为 Burlesque 是任何新形式诞生的必要条件。《格列佛游记》相对于游记和《鲁滨孙飘流记》,《乞丐歌剧》相对于流行歌剧的关系正是《约瑟夫·安德鲁斯的经历》相对于《帕梅拉》的关系。小说开头约瑟夫是帕梅拉的弟弟,可以说是受到女主人引诱的男帕梅拉;最后真相大白,原来约瑟夫并不是帕梅拉的弟弟,两者并没有血缘关系。坎贝尔对于

---

① 《约瑟夫·安德鲁斯的经历》,第 2 页。
② 《关于现实主义创作的理论》,《文艺理论译丛》1958 年第 1 期,第 196 页。
③ Claude Rawson, "Henry Fielding", *The Cambridge Companion to the Eighteenth Century Novel*, ed. John Richetti (Cambridge: Cambridge University Press, 1996), p. 132.

约瑟夫和帕梅拉的关系及其象征意义有精湛的论述:"恰如小说结尾的发现解脱了约瑟夫与理查逊的女主人公的血缘关系,菲尔丁的作品也在这个过程中获得了独立于前者的自主性,最后强调其男主人公的准确身份只能来自于叙事本身。"①《约瑟夫·安德鲁斯的经历》与史诗和传奇的关系又何尝不是如此:尽管作者从强调两者的关系开始,最后却创立了一种崭新的小说叙事形式。

第三节　从为读者的翻译到为作者的翻译

《约瑟夫·安德鲁斯的经历》最早的中译本是伍光建先生译的《约瑟·安特路传》,1928 年商务印书馆出版,1933 年重版。1954 年由作家出版社"根据初版本加上标点,并作了一些必要的修订,重排出版"。"出版说明"提到译文对原作"略有删节"。对照原文,可以发现伍光建译本对原作的删节主要涉及三方面的内容。一是压缩了原序和正文中的序章。菲尔丁的原作序言很长,王仲年译本有八页,而伍光建译本只区区两页。另外,原作第一至第三卷各有序章,分别论述传记的特点、小说的分章和喜剧小说的作用问题。虽然伍光建译本保留了这三章,但是具体内容压缩很多。二是删除了涉及古希腊罗马的文学典故,对于小说中提到的当时英国社会人物也大多从略。菲尔丁是受过很好古典教育的作家,对古希腊罗马的文学典故信手拈来,毫不费力。虽然这种写法有掉书袋之嫌,但当时很受教育水平较高的读者欢迎,也是菲尔丁小说区别于一般流行小说的重要标志。这些典故对于译文读者却是阅读障碍,需要借助大量注释才能理解,如何翻译对译者也是个挑战。伍光建译本的做法是几乎全部删除。三是删除了原著中带有"诙谐的模拟"色彩的内容。正如菲尔丁在《约瑟夫·安德鲁斯的经历》序言中指出的,他的人物和故事源于自然本色,但在语言上有时候则借鉴"诙谐的模拟",用史诗中描写英雄大战的笔法来叙述平常人的争斗。

试举一例来看两种译文的区别。第 1 卷第 8 章叙述鲍培夫人引诱约瑟夫,说如果女人屈尊求爱,男人是没有能力拒绝的。约瑟夫回答道:"'假使有这样的事,我盼望我能节制自己,不让我因为浑身发火,抛弃道德。'夫

---

① Jill Campbell, *Natural Masques: Gender and Identity in Fielding's Plays and Novels* (Stanford: Stanford University Press, 1995), pp. 70—71.

人听了,非常诧异,有两分钟,才说道……"①原文在约瑟夫的话后,有大段比喻性叙述,几乎要占两分钟阅读时间。王仲年译本是这样的:

> "太太,"约瑟夫说,"即使是这样,我希望自己能够把它们控制住,决不让它们胜过我的德行。"——读者,你听到诗人所讲的"惊讶"的塑像;你也听到过,不然就是孤陋寡闻了,惊讶怎么使克利塞斯的一个哑巴儿子开口说话。当柏力其华特先生、威廉姆·米尔斯先生或者别的一副鬼相的人擦了一脸白粉,穿着血糊糊、破拉拉的衣衫,随着轻音乐,或者简直没有音乐,从舞台的活板门下冒出来的时候,你在票价十八便士的顶层楼座上见过看客们惊讶的脸色;但是你既不能从这些脸上,也不能从腓提亚斯或普拉雪脱勒斯(假如他们复活的话)所雕刻的塑像上——不,甚至不能从我的朋友霍格斯无比的画笔下——得到映入你眼帘的那份惊讶的概念,因为约瑟夫说出最后几个字的时候,鲍培夫人所显露的惊讶,即使给他们看到了,他们也无法模拟。
>
> "你的德行!"夫人哑口无言了两分钟之后清醒过来说……②

王仲年译本添加了注释,解释克利塞斯的哑巴儿子开口说话的典故,说明柏力其华特和威廉姆·米尔斯是当时的二流演员,指出腓提亚斯或普拉雪脱勒斯是古希腊著名雕塑家。读了这段话,读者会在自己心头对鲍培夫人感到的惊讶有一个更加形象化的反映,这在伍光建译本中就感觉不到了,虽然从故事本身的叙述来说没有什么大损失。

从整个篇幅来看,伍光建译本正文255页,王仲年译本正文368页。虽然前者是早期白话译本,文字比后者简约,说译本对原作"略有删节"显然并不符合实际。应该说伍光建先生对原文作了大幅度删减,这样既减轻了译者本人的压力,又为读者提供了一个可读性更强的译本,这在20世纪早期翻译作品中是非常普遍的做法。由于删除了中国读者不熟悉的各种典故人名,译者也就省去了做注的麻烦。批评界至今对译文的注释问题存有争议,认为大量的注释对读者是种干扰。伍光建干脆把不容易理解的典故人名删除,只保留了最基本的小说故事,全书一共十条注释,分别列在第一卷末和第四卷末,读者可以不费力气地阅读,这或许是该译本流传最广的原因。除了1949年以前的上海商务印书馆版和1954年的北京作家出

---

① 《约瑟·安特路传》,伍光建译,北京:作家出版社,1954年,第20页。
② 《约瑟夫·安德鲁斯的经历》,第31页。"霍格斯"原译文为"何格斯"。

版社版,《约瑟·安特路传》还有香港中流出版社1957年版和台北商务印书馆1966年版,是先后在两岸四地出版的唯一菲尔丁著作中文本。但是,我们也不得不承认,阅读伍光建译本《约瑟·安特路传》的印象与阅读菲尔丁的原作是大不相同的。借用现代翻译研究的话语,可以说伍光建译本是主要为看故事的读者服务的译本。如果读者想通过译本既看了有趣的故事,又了解作者的写作特点,熟悉作者描述的风土人情和社会文化,那么这样的译本显然是不够的。

或许正是从这个方面考虑,虽然作家出版社在1954年重印了伍光建译的《约瑟·安特路传》,上海平明出版社仍然在1955年出版了王仲年的新译本《约瑟夫·安德鲁斯的经历》。译者依据牛津大学出版社1949年版,原原本本地全部译出。鉴于原文充满了各种典故,译者不仅把原版的注释都译出,而且适当增加了一些针对中国读者的注释。比如,在第2卷第16章译者就增加了多条注释。其中一条是"上文的女管家(housekeeper)和管事(butler)以及第一卷和这里的总管(steward)职务各别。女管家经管床单被褥,采购伙食,指派侍女;管事服侍衣着,上菜斟酒;总管管理家政,督察仆役,收取租课,经理账目"。[①] 又如这一章的结尾亚当斯牧师得到店主的款待很高兴,因为此前的不顺畅遭遇曾使"他几乎开始怀疑,自己是待在一个满是犹太人和土耳其人的国度里了。"此处译者加注:"英国一部分人的偏见,认为犹太人多吝啬,土耳其人多凶狠。"[②]前一个注使读者明了管家管事的职责区别,而后一个注则表明了现代中国译者对英国18世纪社会习俗的批评认识。与伍光建主要为读者服务的译本不同,王仲年译本可以说是首先做到了对作者或原作的忠实,并在此基础上尽量采取注释等方法帮助读者了解原作。

王仲年翻译的《约瑟夫·安德鲁斯的经历》1955年出版之后,1957年由新文艺出版社重印,1962年由新组建的上海文艺出版社出新一版。但是,文革之后萧乾译的《大伟人江奈生·魏尔德传》先后出版了好几个版本,菲尔丁的代表作《汤姆·琼斯》有多个译本问世,《阿米莉亚》也有了中译本,《约瑟夫·安德鲁斯的经历》这本英国文学史上的"第一部喜剧(滑稽)小说"[③],在菲尔丁作品中地位仅次于《汤姆·琼斯》的重要著作却几乎被中国

---

① 《约瑟夫·安德鲁斯的经历》,第180页。
② 同上书,第182页。
③ 白特斯廷语。

读者忘记了。从萧乾译《大伟人江奈生·魏尔德传》走红的情况来看,似乎译者的知名度在很大程度上决定了译本的流行与否。在图书馆里,读者一般比较容易借到的仍然是伍光建译的《约瑟·安特路传》,而王仲年的译本多为保存本,只能在馆内阅读。菲尔丁研究在过去半个世纪里有了长足发展,威斯林版菲尔丁著作集被公认为权威版本,其中最早的是1966年出版的由白特斯廷教授编辑的《约瑟夫·安德鲁斯的经历》。在此之前,他曾经在1961年出版河边版《约瑟夫·安德鲁斯》和《莎梅拉》合集,当时就被认为是优秀的现代版本。王仲年译本虽然是全译,也存在一些理解表达方面的问题,语言现在看来有些地方也值得推敲。如果能结合威斯林等现代版本的注释进行修订或重译将是一件惠及广大读者的好事。

　　由于《约瑟夫·安德鲁斯的经历》在中国流传并不太广,关于这部小说的评论也比较少。除了萧乾在《菲尔丁——英国现实主义小说奠基人》的讨论外,笔者只见到两篇批评论文:刘酒银的《论菲尔丁的小说〈约瑟夫·安德鲁斯〉》和吕大年的《18世纪英国文化风习考——约瑟夫和范妮的菲尔丁》,而有意思的是两篇论文都把约瑟夫·安德鲁斯看作是帕梅拉的哥哥。① 我们知道英语只有"brother""sister",没有区分兄弟姐妹的专门词语,译者只能根据上下文来权衡处理。伍光建在他的译本《约瑟·安特路传》中把男主人公译为帕梅拉的哥哥,而王仲年在《约瑟夫·安德鲁斯的经历》中则把男主人公译为帕梅拉的弟弟。到底哪种译法更准确呢?这里有个着眼点问题。在理查逊的小说中帕梅拉只有16岁,而菲尔丁在《约瑟夫·安德鲁斯的经历》第1卷第2章写明约瑟夫是在17岁时成了鲍培夫人的小厮,在第8章指出约瑟夫被鲍培夫人赶出家门时为21岁,这么看来他自然是帕梅拉的哥哥。但是,在第4卷第15章我们知道约瑟夫是被吉普赛人放到安德鲁斯家的摇篮里,换走了范妮,而范妮是在老安德鲁斯去直布罗陀从军期间出生的。安德鲁斯太太当着众人对丈夫说:"当你回来时,约瑟夫,照我看来,大约有五岁光景;因为我相信他比咱们的女儿(我完全相信她是的)大两三岁;当你见到他的时候,你说,他倒是一个硬朗的男孩,始终没有问起他的岁数;因此,你既然没有怀疑,我想还是不露风声的

----

① 参看刘酒银:《论菲尔丁的小说〈约瑟夫·安德鲁斯〉》,《南京师大学报》(社会科学版),1994年第3期,第72—76页和吕大年:《18世纪英国文化风习考——约瑟夫和范妮的菲尔丁》,《外国文学评论》,2006年第1期,第35—48页。

好。"①虽然约瑟夫看上去比范妮大,但是不可能大过帕梅拉;即使真比她大,在家里他也一定是帕梅拉的弟弟!那么,怎么来解释这个矛盾呢?可以从两个方面来看。一方面,作为对《帕梅拉》的戏仿,菲尔丁对年龄问题并不太在意。另一方面,我们可以从这个矛盾看出菲尔丁对 16 岁的帕梅拉颇有怀疑,她的老成世故表明她绝不是个天真少女。我们毕竟是读菲尔丁的小说,应该从小说本身来进行分析,而这种分析的结果证明约瑟夫是帕梅拉的弟弟。

第四节 滑稽传奇中的滑稽人物

虽然从《约瑟夫·安德鲁斯的经历》的书名来看,约瑟夫显然是小说的主角,但是亚伯拉罕·亚当斯牧师才是最引人注目的人物,或者用瑞凯提的话说,"本书真正的主人公,有学问的天真汉"②。亚当斯年近 50,是 6 个孩子的父亲;他学识渊博,特别是古典文学知识十分丰富。"他又是一个相当明达,很有才能,性情和蔼的人;同时却跟一个刚生到世界上的婴孩一样,对于世故人情一窍不通。因为他从不存心欺骗人家,所以永远不疑心人家有这种企图"③。他最具传奇色彩的特征是天真,以至于常常闹出许多笑话。亚当斯要去伦敦出版自己的讲道集。在旅店遇到一个书商,十分高兴,便想把交易谈妥:"他并拢指头,打了一个榧子(那是他的习惯),心花怒放地在屋子里踱了两三个圈。为了诱致书商尽速决定,同时给他的货色提出较好的价格,他恳切地对他们说,这次会面在他是十分幸运的:因为这时候他正迫切需要钱用,身上的差不多要花光了,就在这家栈房里,他还有一个朋友,被强盗打伤,刚复元,境况非常困难。'所以,'他说,'再没有这么巧的机遇啦,为了解决我们两个人的困难,我打算立刻跟你交易'。"④实际上,按照商品社会的交易规矩,他这么说只能使书商尽量压低价格。书中大部分笑料是在亚当斯的天真与其他人的虚伪奸诈的尖锐对立中产生的。我们不得不笑他太天真了,但是笑过之后,我们是否也得回过头来想想,为

---

① 《约瑟夫·安德鲁斯的经历》,第 360 页。
② John Richetti, *The English Novel in History*, *1700—1780* (New York: Routledge, 1999), p. 127.
③ 《约瑟夫·安德鲁斯的经历》,第 11 页。Adams 王仲年译本为"亚当姆斯",笔者随通译用"亚当斯"。
④ 同上书,第 72 页。

世上天真的人太少而难过呢？里维罗指出："《约瑟夫·安德鲁斯》的读者需要双重视点，既嘲笑亚当斯牧师的弱点，又崇尚他的性格，从理智来说是怀疑地读，从心灵来说是真诚地信——简言之，在好心肠基础上增加判断力。"①

亚当斯熟读古书，只相信他从书上读到的古希腊人的经历，还免不了天真地卖弄他的学问。譬如有一次亚当斯同一个当过海员的旅店主争论何为真正的知识："让我来开导你吧，我说的游历是在书本里面，那是唯一可以获得学问的游历方法。"他接着讲了一个关于苏格拉底的故事，并问店主："如果一个人没有念过书.怎能知道这个故事呢？"但店主不买他的账，反驳说"一个人知道不知道这个故事，又有什么关系呢？像我这样闯过江湖跑过码头的人，要知道世故人情，有的是机会，根本不必操心苏格拉底或者类似的人物"②。在唯书不唯实这一点上亚当斯同堂吉诃德最相似，闹出很多笑话。

亚当斯另一个突出的特征是常常心不在焉，或者说健忘，这也引起一些有趣的故事，或导致意外的波折。在第 2 卷第 2 章，亚当斯和约瑟夫离开旅店上路，由于只有一匹马，两人决定轮流骑，好心的牧师硬要刚刚养好伤的约瑟夫先骑，自己步行上路。"约瑟夫一脚已经踏进鞍蹬，客栈圉人忽然送来一张马在客栈的秣料账单。约瑟夫说亚当斯先生都会过了；但是问过拖瓦斯先生之后，他说圉人是对的，那确实也是公道的实话；因为这又说明亚当斯牧师的健忘，那种健忘并不由于才能上的什么缺陷，而是由于他永远匆匆忙忙，缠夹不清的缘故。"③结果约瑟夫就被滞留在客栈，直到史立蒲斯洛蒲乘车来到才帮助解决了困难。已上路的亚当斯总也见不到约瑟夫的踪影，只好慢慢往前走："他不久就走到淹没路面的一片大水前面，除了涉水，他想不出别的办法，他就涉着齐腰深的水里过去；可是刚走过去，他就发觉如果先从树篱上面张望一下的话，他可以抄一条小路，不至打湿鞋子了。"④在一个旅店休息之后，亚当斯看到约瑟夫骑马时腿受了伤，便让他上了马车，自己骑马。但有趣的是，他又把马忘在了客栈："他把约瑟夫

---

① Rivero,"*Pamela/ Shamela/ Joseph Andrews*：Henry Fielding and the Duplicities of Representation", p.222.
② 《约瑟夫·安德鲁斯的经历》，第 188 页。
③ 同上书，第 87—88 页。
④ 同上书，第 89 页。

弄上车子之后觉得非常高兴,把马棚里的牲口忘得干干净净;他的腿劲既然有他心愿那么轻捷,他挥舞着一条山荆子削成的棍子上了路了……史立蒲斯洛蒲要求马车夫去追他,马车夫试了一下,可是失败了;因为他赶得越紧,牧师跑得越快,还不时喊道:'来啊,来啊,你有本事尽管追。'直到最后,马车夫赌神发咒地说,他还是去追一条猎狗的好。"①这里给我们留下深刻印象的不仅是亚当斯的健忘,更有他那仁爱的心肠和健壮的体格。

  除了天真和健忘之外,我们不能忘记小说最初对亚当斯介绍说他是个"渊博的学者。他精通希腊文和拉丁文;此外,他还懂得许多东方语言,并且能阅读和翻译法文、意大利文和西班牙文"②。亚当斯牧师也对自己的渊博学识相当自负。在第2卷第10章,亚当斯解救了面临强暴的范妮,但是罪犯却诬告他们合伙抢劫,于是都被带到治安法官家里。人们看到亚当斯外套下面露出牧师法衣,说他是冒牌货,有个人用近似中国联诗的"行接尾令"开他的玩笑。听到那人的第一句蹩脚的拉丁文,"亚当斯脸上显出不可名状的鄙夷神气,对他讲,他那发音该打屁股"③。麦克尔·麦基恩对此评论道:"菲尔丁让我们在亚当斯对虚荣的鄙视中看到他的虚荣心。"④后来,当地一个绅士认出亚当斯是鲍培所在教区的牧师,治安法官就把他和范妮放了,并"开始自吹自擂,非常推崇自己刚才处理那件案子的英明果断。亚当斯很快就打断了他的话头,他们之间掀起了一场辩论:依照严格法律,他到底可不可以把亚当斯拘押起来;亚当斯主张自己该受拘押,而治安法官竭力说不应该"⑤。两人各不相让,要不是范妮提出要离开,两人的争论有可能引起打斗场面,或者刚刚被释放的亚当斯最终会根据严格法律再被关起来。可以说,亚当斯一时兴起,会为了学问虚荣而不顾个人自由。但是,不久以后,在客栈看到范妮因听到约瑟夫的歌声而惊得晕过去,"亚当斯跳了起来,把手里的埃斯库罗斯诗集甩在火里,大声叫唤屋子里的人过来相助"⑥。他关爱别人的善良之心显然胜过对古典学问的崇拜。他们在威尔逊家中过夜时,主人对他们的身份有些担心,问他是否看过蒲柏新译的荷马史诗,亚当斯说他从来不读译文,只读希腊原文,并长篇大论地评

---

① 《约瑟夫·安德鲁斯的经历》,第127页。
② 同上书,第11页。
③ 同上书,第145页。
④ McKeon, *The Origins of the English Novel 1600—1740*, p.402.
⑤ 《约瑟夫·安德鲁斯的经历》,第150页。
⑥ 同上书,第156页。

论荷马史诗的特点。"接着,亚当斯滔滔不绝地念了许多希腊文的诗句,态度那么郑重,又加上动作,几乎把女人们吓坏了;至于那位先生,他不但不再怀疑亚当斯,反倒弄不明白,他家里是不是光临了一位主教。"①威尔伯·克罗斯曾经指出:"菲尔丁在实践中(如果没有在理论上)承认,一切好的品质都在与弱点的联系中得到加强,只要这些弱点没有发展成严重缺陷。他对亚当斯牧师的自负和健忘的描述就是这个幽默形象的点睛之笔。"②他的评论可以说是一语中的。

这部小说的叙事结构同人物刻画一样继承了滑稽传奇的传统。它的情节结构很松散,此时发生的事情搬到彼时,或此处的故事搬到他处都无碍大局。这并非因为菲尔丁尚未掌握纯熟的结构技巧,而是从罗马滑稽传奇以来的共同特点:滑稽传奇最关注的是反映广阔的社会生活以增强讽刺效果,不是塑造完整的人物或讲述曲折的故事。在《约瑟夫·安德鲁斯的经历》的第二和第三两卷,许多联系不紧的事件排列在一起,目的主要是为了暴露人世间存在的弱点和邪恶或为亚当斯提供表现其天真的舞台。小说人物在一个个客栈的经历展示了当时生活的众生相。在拖瓦斯客栈,我们看到拖瓦斯太太指手画脚,而拖瓦斯先生却不得不暗暗地赔小心;在另一个客栈,老板娘好心地给约瑟夫的伤腿敷药,她的丈夫却性格暴躁,大骂妻子不干正事,说约瑟夫的腿伤若很重,"二十哩不到的地方就有一个外科大夫可以替他锯掉"③。他的蛮横无理引起与亚当斯的一场打斗。一个客栈的女老板因为几个小钱使亚当斯一行几乎走投无路,说"如果他们不会账想动身的话,她马上会用拘票来追捕他们"④,而在接下来的客栈我们遇到一个好心的老板,他听到亚当斯为难付欠账而担忧,便慷慨地邀请他畅饮:"我生平吃的倒账也不止一次;欠账的人老是答应在最短期内全部还清。这次倒很新鲜,我愿意把这笔账挂上。我老实对你讲,这类赊账还是第一次。你说怎么样,大爷,不过多费点笔墨;即使你一个先令也不付我,那笔损失也不至于叫我破产"⑤。由于小说以约瑟夫和亚当斯回乡为主线,许多互相独立的故事排列在一起并不显得有悖常理。对于这种结构特点,批

---

① 《约瑟夫·安德鲁斯的经历》,第 209 页。
② Wilbur L. Cross, *The History of Henry Fielding* (New Haven: Yale UP, 1918), Vol. I, p. 337.
③ 《约瑟夫·安德鲁斯的经历》,第 112 页。
④ 同上书,第 173 页。
⑤ 同上书,第 182 页。

评界也有不同的解释。利奥·布洛迪认为菲尔丁这种松散叙事"显然暗示着对旨在把宏大模式强加于任何历史或知识理论的严厉审视"①。古德伯格则强调,在这些似乎没有严格逻辑联系的卷章中也可以看出作者的用心。他在《〈约瑟夫·安德鲁斯〉的艺术》中通过分析从塞万提斯到马里沃的喜剧小说传承,指出菲尔丁貌似随意的故事安排体现了同中有异,不断丰富发展的总体艺术结构:"菲尔丁在《约瑟夫·安德鲁斯》实现的这种形式整合(formal integration)是此前的小说所没有达到的"②。

  18世纪英国文学的一个重要成就是小说的兴起,尤其是笛福、理查逊和菲尔丁对小说发展的贡献。按照瓦特的观点,三位小说家中笛福是开拓者,但还算不上有意识的小说家;真正奠定英国现实主义小说基础的是理查逊。他不仅开拓了小说情节主题,使爱情婚姻故事成为小说的中心,而且以最接近生活自然的书信体形式,树立了形式现实主义的典范。菲尔丁由于受古典主义传统影响较大,与本质上是反古典主义的现代小说存在一定隔阂。瓦特从小说社会学观点出发,重点考察18世纪小说如何反映了当时社会的意识观点,如何表现了现代人特殊的追求企望。而且自身具有英国中产阶级清教背景的瓦特,在阶级意识上也比较容易与理查逊认同。但是从小说叙事方面来观察菲尔丁,就会发现他的小说富有喜剧色彩,人物的夸张表现恰恰反映了英国人的性格特点。另外,在小说理论尚未成熟的时候,菲尔丁在小说序言和序章中提出的一些批评观点具有很强的吸引力。如果我们不拘泥于菲尔丁关于小说理论的直接表白,而从他的小说创作实践方面加以分析,就可以看出他的小说创作,套用后现代文论话语,是解构与建构的辩证过程。他虽然在《莎梅拉》和《约瑟夫·安德鲁斯》中对理查逊的小说形式和道德意识进行了解构或颠覆,但也从理查逊的创作中学到了许多对于建构自己的小说理论富有意义的东西。同样,虽然理查逊在书信中屡次对菲尔丁出言不逊,他也从菲尔丁的讽刺性批评中受益很多,否则就不会有他的代表作《克拉丽莎》。正是在解构与建构的相互斗争或作用中,富有现代性的英国小说和小说理论诞生了,而菲尔丁更是英国喜剧小说的杰出代表。

---

  ① Leo Braudy, *Narrative Form in History and Fiction* (Princeton: Princeton University Press, 1970), p.113.
  ② Goldberg, *The Art of Joseph Andrews*, p.125.

第七章 《杂集》(一):诗文创作

1743年4月菲尔丁出版了《杂集》三卷,是通过预订方式出版的。三卷的内容相当庞杂,第一卷有诗歌和散论,第二卷包括《从阳世到阴间的旅行》和两部剧作,第三卷是讽刺小说《大伟人江奈生·魏尔德传》。菲尔丁在《杂集》序言中把人分成真正的伟人如苏格拉底,"伟大"而不善良的人(坏人)和善良而不伟大的人(普通人)三类。① 亨利·奈特·米勒最早对《杂集》第一卷进行了研究,写出了专著《菲尔丁〈杂集〉第一卷散论》,1961年由普林斯顿大学出版社出版。他写道:"菲尔丁的大多数正面人物……必须要接受的教训是,缺乏社会能力或谨慎或更高的宗教道德理念的支持,只凭善良本身是难以在现世立足的。《杂集》内容的很大部分是要给善良的人以严肃教育,使他们获得善良以外的其他必需品质,只有这样善良才能成为真正有用的社会力量,才能成为真正的伟大。"②后来由米勒编辑校注的威斯林版《杂集》第一卷于1972年出版,包括诗作37首,③散论杂文8篇。

关于菲尔丁《杂集》的出版,米勒和白特斯廷等批评家都特别强调这是菲尔丁在相当困难时期的作品。1737年的戏剧审查法通过之后,菲尔丁失去了戏剧舞台。经过近三年苦读,菲尔丁在1740年6月取得了律师开业资格。但是作为毫无办案经验的新律师,他的经济收入难有保障,而家庭却随着孩子增多和疾病不断而开支大增。④ 在这种情况下,菲尔丁在1741年决定用预订方式出版《杂集》,主要目的是获得收入,补贴生活。预订方式出版在18世纪并不罕见,蒲柏翻译荷马史诗就是通过预订方式出

---

① "Preface", *Miscellanies by Henry Fielding*, *Esq.* Volume One, ed. Henry Knight Miller (Oxford: Clarendon Press, 1972), pp. 11—12.

② Henry Knight Miller, *Essays on Fielding's Miscellanie: A Commentary on Volume One* (Princeton: Princeton University Press, 1961), p. 47.

③ 按目录看来是38首,但其中一首"Part of Juvenal's Sixth Satire"因有菲尔丁略作修改的拉丁文本,故算两首,实际为37首。See *Miscellanies by Henry Fielding*, *Esq.* Volume One, p. 84.

④ See Battestin, *Henry Fielding: A Life* (New York: Routledge, 1989), pp. 339—341; Miller, *Essays on Fielding's Miscellanies*, pp. 3—6.

版的,从而保证了自己的丰厚收入。但要想获得大量预订者,作者本人的知名度相当重要。菲尔丁在 30 年代是伦敦最著名的剧作家,后来又成为律师,因此《杂集》的预订者中戏剧界和法律界同仁占了相当大的部分。其他的预订者包括各类亲朋好友等。《杂集》共有 425 位预订者,王裁本(Royal paper)每套两个几尼,普通本每套一个几尼。订数最多的是反对派首领威尔士亲王弗雷德里克,订王裁本 15 套,紧随其后的是刚刚辞职的沃波尔首相,订王裁本 10 套。还有许多宫廷派和反对派的重要人物,因此可以说政治态度不是重要因素。①

第一节 《杂集》的诗歌

菲尔丁一生写诗不多。但他第一次发表作品却是 1728 年 1 月出版的讽刺诗《假面舞会》。他在 1742 年 9 月 24 日给詹姆斯·哈里斯(James Harris)的信中明确表示自己天生不是一个诗人,并对诗歌的韵律要求极为反感。② 菲尔丁在《杂集》序言中说他的诗歌都是早期的作品,他对写诗知之甚少,也没有下多少工夫。③《杂集》第一卷发表的 37 首诗歌可以分为四类:一是诗体散论(verse essay)5 首,二是爱情诗歌 14 首,三是讽刺杂诗 15 首,四是译诗 3 首。从重要性来看,当推第一类。三首译诗中最长的是英译尤维纳利斯《讽刺诗之六》,虽非全译,也有 450 多行,是菲尔丁诗作最长的一首。这是一首丑化女性的讽刺诗,诗中攻击女人不贞洁,说贞洁女人同中奖彩票一样难得。④ "丈夫对她是难咽的苦药,/面对情人她无限风骚"⑤。还有女人挥霍无度,"只要邻居有的她都想得到"⑥。婚姻生活充满了烦恼,丈夫在家得不到清静,对夫人的外遇也束手无策:"你是个男人,(她说),这不错,/我们自然也有小过。"⑦ 诗人评论说,"被抓住的女人蛮横

---

① See "The Subscribers to Fielding's *Miscellanies*" in *Miscellanies by Henry Fielding*, *Esq.* Volume Three, ed. Bertrand A. Goldgar and Hugh Amory (Oxford: Clarendon Press, 1997), pp. 295—354.
② *The Correspondence of Henry and Sarah Fielding*, ed. Martin C. Battestin and C. T. Probyn (Oxford: Clarendon Press, 1993), pp. 23—24.
③ "Preface", *Miscellanies by Henry Fielding*, *Esq.* Volume One, p. 3.
④ *Miscellanies by Henry Fielding*, *Esq.* Volume One, p. 91.
⑤ Ibid., p. 97.
⑥ Ibid., p. 103.
⑦ Ibid., p. 115.

无比,/过失正给她们增添勇气"。① 译诗最后以这样四行结束:

> 金钱是我们一切苦难之源;
> 金钱! 奢侈正由你蔓延,
> 像尼罗河那样的洪流,
> 把岛国的美德通通卷走。②

到这里,诗歌的讽刺重点已经从女性转到了金钱的罪恶,两者虽有联系,但毕竟属于不同的主题,这或许是菲尔丁终止翻译的原因。作为一首译诗,本诗不能证明菲尔丁就是一个仇视女性的人,但他受流行观念的影响却是显而易见的。他在《杂集》序言中告诫读者不要因这首译诗而曲解他对女性的尊重,并说这"是我 20 岁以前的习作,是我对受到恋人抛弃而作的报复"③。

菲尔丁的杂诗中引人注目的是两首(第七和第八)写给当朝首相沃波尔请求赏赐职位的诗歌。我们以前常常把菲尔丁理解为一直坚决反对腐败首相的理想化人物。其实,迫于当时的形势和他的经济困境,菲尔丁曾经多次向沃波尔请求帮助提携。对作家社会政治观点的理解不能离开他具体生活的实际。兰福德就指出,"同盖伊一样,斯威夫特也是一个求官未得的失望者"④。《致尊敬的罗伯特·沃波尔爵士》作于 1730 年,菲尔丁一开始就把沃波尔称为"政府的舵手",国家的"骄傲",但紧接着又写道"歌手是比您更伟大的人"。这与常见的献媚求宠的诗歌有明显不同。他是怎么论证自己比首相更伟大的呢?

> 我们曾得到这样的教导
> 更伟大的人位置比我们高。
> 这一点更使我无上光荣,
> 我的住处比你高了四层。
> 从我的阁楼朝下看去,
> 阿灵顿大街尽收眼底。⑤

---

① *Miscellanies by Henry Fielding*, *Esq.* Volume One, p. 115.
② Ibid., p. 117.
③ "Preface", *Miscellanies by Henry Fielding*, *Esq.* Volume One, p. 3.
④ Paul Langford, *A Polite and Commercial People*: *England 1727—1783* (Oxford: Clarendon Press, 1989), pp. 23—24.
⑤ *Miscellanies by Henry Fielding*, *Esq.* Volume One, p. 57.

本来诗人是因为穷困才被迫住上阁楼,他却把困境变成了优势。菲尔丁接着写道,诗人之是否伟大往往是看他有多少追随者,在这一方面他也胜过首相:首相一星期只有两次朝会(Levee),而诗人却只有星期日得到空闲。为什么呢?首相的朝会是他自己规定的,而诗人的所谓朝会指的是没法应付的讨债人,只有星期日他才有自由,因为法律规定不能在星期日抓人。读完全诗,我们才知道诗人所谓更伟大实际上是有反讽意味的:追随者用各种方式接近首相,而诗人只能像印度国王一样在窗口张望,因为他不敢接近讨债的人。最后,他又表白说:"小人野心不大;区区微职/ 足以打发伟大而谦卑的寒士"①。在第二首献给沃波尔的诗中,诗人说他每次到首相的朝会都是苦苦久等,但总也得不到被接见的机会,只有推诿的托词"明天再来",但第二天得到的答复却是"您不在家"②。诗人在自己家里也有朝会,那是聚集来的讨账者。他也像首相那样让家仆以主人不在家来打发,可这些人却不那么文明,他们离去时把仆女和主人一起痛骂,"您若听到也会痛心疾首"。③诗人最后恳求首相或者给自己一个职位以便有钱满足讨债者,或者把门人借给他来应付讨债者:因为首相的门人傲气十足,可以把讨债者吓跑!不难看出,虽然这两首诗表面上是向首相请求帮助的,其中也隐含着讽刺意味。

《杂集》诗歌第 20 首《海员之歌》副标题是"为舞台而作",米勒认为可能是为 1737 年 5 月在草料市场小剧院演出的歌谣剧《海员的歌剧》所作的。④ 大意是说海员生活多么潇洒愉快,不像困守在家的男男女女那么死气沉沉,任何破产的商人或失意的绅士都可以在这里找到欢乐。诗歌第三节淋漓尽致地表现了英国作为海洋大国的气概:

> 当我们自豪地驾驶船只,
> 穿过无数被征服的海洋,
> 我们向全世界郑重宣示,
> 不列颠帝国势不可挡:
> 我们的船帆到过的各地,
> 都必须服从国王的旨意。⑤

这正是 18 世纪殖民帝国形成时的真实心态。在第四节,诗人写道西

---

① *Miscellanies by Henry Fielding*, Esq. Volume One, p. 58.
②③ Ibid., p. 59.
④ See *Miscellanies by Henry Fielding*, Esq. Volume One, p. 67. Note 3.
⑤ *Miscellanies by Henry Fielding*, Esq. Volume One, p. 68.

班牙虽然还有些神气,但我们很快要叫它威风扫地;如果转而对付法国,也一定叫它知道英国人的厉害。西法两国当时是英国在大陆和海洋的两大敌手,诗歌描写反映了当时的现实。结尾是这样写的:

> 最后,世界被征服了,船队
> 会再次胜利返航;
> 我们得到的财富实惠,
> 慷慨花在香槟或女人身上;
> 那时我们的女人会多么自豪,
> 把英勇无畏的我们来拥抱。①

这一首诗歌把英国的殖民帝国气势和海员出海飘荡作战,回国在女人与酗酒中放荡生活的人生图画相当准确地描绘了出来,是《杂集》诗歌中反映当时真实生活的少数作品之一。

《杂集》中有很多短小的格言诗,其中第 13 首《约翰·瓦茨看戏》可以作为代表。按照当时写诗涉及具体人物的习惯,菲尔丁没有在标题上完全拼写出约翰·瓦茨的名字,只给了首尾字母:J——N W——TS,但如米勒注释所示,菲尔丁指的就是著名出版商,曾多次为他出版剧作的约翰·瓦茨。全诗只有六行,试译如下:

> 当中厅充满了嘘声、叹息和谩骂,
> 攻击不幸的诗人缺少才华:
> J——N W——TS,愤怒地发出声音,
> 喊道,在这个时代写作的必是疯人。
> 不对,他的朋友冷笑地回答,
> 诗人不过有点愚,出版商才真疯啦。②

显然菲尔丁是在打趣自己的出版商,而这类经历在他 30 年代的剧作家生涯中是司空见惯的。第 17 首也是很有意思的格言诗,主题是"论某人请多人吃小餐":"彼得(蒲柏说)不会用肉毒死你;/ 不错,因为彼得没有给你什么吃。③"

《杂集》中数量最多的要数爱情诗歌,共有 14 首,而且绝大多数都是写

---

① *Miscellanies by Henry Fielding*, Esq. Volume One, p. 68.
② *Miscellanies by Henry Fielding*, p. 63;参看米勒注 1。
③ Ibid., p. 67.

给菲尔丁的恋人夏洛特·克拉多克的。这些诗歌虽然艺术性并不高,但有两方面的意义:一是相当真实地表现了菲尔丁对夏洛特的爱情;二是反映了当时社会男女关系的情景和习俗。标题为《描述阿普顿-格雷》的诗排在五首诗体散论之后,副标题表明作于1728年,是菲尔丁最早的爱情诗。阿普顿-格雷是菲尔丁1725年以后几年居住过的地方,曾经同当地的女子谈情说爱,这首诗反映的就是这样一种心态。像通常的爱情诗一样,这首诗表现的是男子对于心中情人的迷恋和情人的冷漠,带有相当明显的感伤情调。诗的结尾是这样的:

> 啊,当你倦于对其诗行嘲笑无情,
> 为阿莱克斯的痛苦叹息一声;
> 他的心必屈服于这个景致,
> 只是眷恋和你更幸福的日子;
> 同你一起待上个把幸福时辰,
> 能补偿一切年月的糟心。①

排在两首致沃波尔诗之后的是一首曾经发表在《斗士》杂志的爱情诗,诗中恋人的名字叫格洛里安娜,编者米勒说如果只有致西莉亚的诗歌是写给夏洛特·克拉多克的,那么这首诗应该是作于菲尔丁爱上夏洛特之前。② 诗歌的主题是恋人给了乞丐半便士硬币,诗人用半个克朗(约相当于30便士)给换了过来,这样自己可以拥有恋人摸过的硬币。菲尔丁在这里的描写与《约瑟夫·安德鲁斯的经历》中约瑟夫坚持保存范妮的信物,《阿米莉亚》中阿特金森保存女主角肖像的情节相似。紧接着的另一首诗名为《乞丐》,表现求爱的一方像乞丐一样。米勒在注释中明确指出,最后一节同17世纪诗人卡鲁的诗歌类似,并说明其最初的渊源可以追溯到奥维德。我们可以把这一节试译如下:

> 请你大发慈悲,敢将
> 宝贵的财富分我享;
> 坚信你贡献的欢娱
> 也会被还给你自己。③

---

① *Miscellanies by Henry Fielding*, p.55.
② See *Miscellanies by Henry Fielding*, *Esq.* Volume One, p.59. Note 3.
③ *Miscellanies by Henry Fielding*, *Esq.* Volume One, p.61;参看米勒注1。

在这里乞求者仍在讨乞,但所谓你给的欢乐还给你的断言则在强调爱情的互惠性:双方都有享乐,并不只是付出。

《杂集》的第 11 首是只有十行的格言诗,西莉亚的名字第一次出现。菲尔丁在写给夏洛特·克拉多克的情诗中把她称作西莉亚,这是情诗常用的名字,本·琼森曾写过《致西莉亚》的名诗,说花沾了爱人的气味,他就再不想吻别的了。① 这首诗以天神朱庇特与阿尔克墨涅(Alcmena)相恋的神话故事作比喻,说朱庇特为了和情人欢爱,遮住太阳,使一夜变成两夜那么长;诗人则说,如果他拥有了西莉亚,他要叫太阳再也不升起,以便永远和西莉亚拥抱在一起。接下来的一首标题叫《问题》,说诗人躺在西莉亚怀里,西莉亚问他对自己爱得有多强;诗人试图回答却无言以对,只是把恋人抱得更紧。西莉亚再问仍得不到回答,最后她自己说"我能感觉得到"②。在标题为《致西莉亚》的诗中,诗人像一个愤世嫉俗者,表示痛恨城里的一切,从舞会商场到剧院咖啡店,"我恨这个世界,一切都算在里,/从乞丐到上天晓得任何东西"③。这个双韵句结束了一大段抱怨。接下来是两个小段,一段六行,另一段四行。"西莉亚于是问道,那么/ 你又爱什么呢?宝贝儿,只有你"④。诗人接着发誓说他对西莉亚的爱超过阳光,超过生命,超过一切最亲密最甜美的东西。

在标题为《建议》的诗中,菲尔丁一开始就这样写道:"自负的仙女们,别与西莉亚争,/ 请停止你们的嫉妒和蠢行"⑤。然后他就描述西莉亚多么出众。这首作于 1730 年的诗被现代学者认定为菲尔丁正式与夏洛特·克拉多克相恋的标志。从这时到他们 1734 年结婚还有大约四年,可见两人的恋爱是经历了相当长的考验。另一首《致西莉亚》的诗写的是西莉亚因怕有人来抢劫,雇了一个老人拿着杆没有子弹的枪来当夜间守卫。这首诗有一定滑稽色彩,可能表明两人的恋爱关系已经很稳定,菲尔丁拿这件事来开玩笑。还有一首格言诗题名《代价》,是这样写的:

> 世上有没有,我的西莉亚,
> 我不愿为你花的代价?
> 有,那就是你那宝贵的眼泪,

---

① 参看屠岸选译:《英国历代诗歌选》,南京:译林出版社,2007 年,第 108 页。
② *Miscellanies by Henry Fielding*, *Esq.* Volume One, p. 63.
③④ Ibid., p. 64.
⑤ Ibid., p. 68.

一滴都不能为我得到你而费。①

虽然这些诗的艺术性并不很高,但作为菲尔丁真挚爱情的描写还是很难得的。特别是考虑到17世纪的许多爱情诗歌往往是为歌而歌,菲尔丁对于真挚爱情的表现就更珍贵,虽然他在意象和观点方面显然仍受传统艳诗的影响。

第二节 《杂集》诗体散论

《杂集》卷首的五首诗歌都属于"诗体散论",这是18世纪的流行诗体,以蒲柏的《论批评》、《论人》等为最著名。菲尔丁把这五首诗歌放在卷首,显然表明他自己对这些诗歌的重视。五首诗歌分别是《论真正伟大》、《论性善》、《论自由》、《致友人——论择妻》和《约翰·海伊斯》,最后一首的主题是人的混合品格。第一首诗《论真正伟大》具有特殊意义,因为《杂集》第三卷《大伟人江奈生·魏尔德传》就是专门以反讽手法抨击所谓伟人的,可以说这是贯穿《杂集》三卷的重要主题。《论真正伟大》的副标题是《致乔治·多丁顿的诗札》。虽然其他几首也表明是写给朋友的诗札,但只有这一首用了"诗札"(Epistle)一词。全诗共282行,是《杂集》诗歌中除英译尤维纳利斯《讽刺诗之六》外最长的。本诗的题目《论真正伟大》也颇引人注目。一般来讲,"伟大"是褒义词,是与"渺小"相对的。但是强调"真正伟大"自然就暗含着存在"虚假"的伟大。什么是"虚假"的"伟大"呢? 在菲尔丁写作此诗的1730年代,"伟大"(Greatness)在英国几乎是首相沃波尔的代名词,因为他通过贿赂拉拢、结党营私,而拥有了极大的权力,成为英国历史上第一位"首相"。菲尔丁在《大伟人江奈生·魏尔德传》中把"伟大"(伟人)与"善良"(好人)对立起来,说前者毫无道德良心,只为攫取私利,但往往大获成功,后者诚实善良,却往往被人愚弄欺侮。在《论真正伟大》这首诗中,菲尔丁致力于描述把伟大与善良完美结合的崇高品格。诗是这样开始的:"好奇怪,众人对伟大顶礼膜拜,/ 但很少人对此女神真正了解"②。这也就点出了诗的主题:诗人要向世人描述什么才是真正的伟大。多丁顿曾任财政委员会委员达15年之久,1739年与沃波尔决裂,并立即加入反对派。菲尔丁把已经离开高位的人称

---

① *Miscellanies by Henry Fielding*, *Esq.* Volume One, p. 75.
② Ibid., p. 19.

为"真正伟大"的代表,正表明了他反对沃波尔的政治立场。①

诗人接着描写了生活中常见的现象,当马屁精聚集在一起的时候,得宠者就认为自己是伟人。实际上这是自欺欺人,因为伟大与否是由人的品质决定的。现在的追随者对于权贵们阿谀奉承,好像处在高位的人就必然伟大。菲尔丁以民间传统的5月花柱为例,说过节时它被装扮得花枝招展,但是节日已过,它就成了孤柱一根。现在的许多所谓伟人得势的时候前呼后拥,风光无限;一旦失宠,就树倒猢狲散,立刻被人抛弃:"太阳引昆虫,权势赢宫朋,/ 阳光下狂舞,日落时无影。"②约翰逊后来在《人类欲望多空幻》中对此有精辟的描绘。③ 菲尔丁接着引隐士的话说真正的伟大"是善良和明智",④然后诗人旁征博引,阐述什么是他心目中真正的伟大。他斥责凶残的征服者往往带来灾难,但是歌颂马尔伯罗的功绩,说他是伟大的征服者。⑤ 他指责所谓的学者批评家忙于掉书袋,卖弄学问,言之无物,空话连篇。他把这些人比作无用的"公蜂":

> 醒来吧,无用的公蜂,别再指望
> 那勤劳蜂群采的蜜来供养。
> 请看,商家给千百人提供食物,
> 盈利惠及万众,损失自己担负。⑥

菲尔丁认为商人表现的就是"真正的伟大"。在这里菲尔丁表现出对商业社会的赞扬,反映了当时辉格党人的基本思想。但是,菲尔丁也不是盲目地赞颂商人,他紧接着就写道,如果商人不顾国家利益,没有慈善心肠,只想自己盈利,那他就该受到诗人的谴责。⑦ 诗歌然后赞颂诗人的作用,并悲叹他们的困难处境。

"或许我可自诩有点伟大,/不是因为写诗,而是因向您表达。"⑧从这

---

① Battestin, *Henry Fielding: A Life*, p. 278.
② *Miscellanies by Henry Fielding, Esq.* Volume One, p. 20.
③ See Samuel Johnson, "The Vanity of Human Wishes", ll. 75—90, in *The Norton Anthology of English Literature*, ed. M. H. Abrams et al. 5th Edition (New York: Norton, 1985), Volume One, p. 2302.
④ *Miscellanies by Henry Fielding, Esq.* Volume One, p. 20.
⑤ Ibid., pp. 22—23.
⑥ Ibid., p. 24.
⑦ Ibid., p. 25.
⑧ Ibid., p. 26.

里开始诗歌才转而以多丁顿为中心,说在这个巧智不受重视的"灰铅时代"(Leaden Age),多丁顿是诗人唯一可以依靠的恩主。菲尔丁写道:"您自己曾经弹过不时髦的琴,/把缪斯钟爱的扬格视为己人。"①但是由于追求文名的涂鸦者太多,让有意资助的恩主也无所适从。

> 离开,涂鸦者,离开大路文名,
> 不要因自得而损害诗人的誉声。
> 但是,因为成千人写诗就厌诗,
> 那实在是不公正地对待缪斯。②

然后,菲尔丁对诗坛进行了分析,批评各种各样的涂鸦者。由于自负心态,人们看自己只有优点,看别人一团漆黑。在这种情况下到哪里寻找真正的伟大呢?不在富丽堂皇的王宫,也不在隐者的陋室;不在大臣的高位,也不在征服者的花冠:

> 职业、政党、地位都不能局限,
> 真正的伟大存于高贵心间;
> 对敌人严酷,对朋友忠实,
> 真正伟大经得起风风雨雨。③

这就是菲尔丁在诗中对伟大的定义。反对派中的许多重要人物都拥有这种品格,多丁顿就是他们中最突出的代表。显然,菲尔丁不是在讨论抽象的伟大之定义,而是借此机会为反对派的理想张目。

第二首诗体散论名为《论性善——致里奇蒙公爵》。米勒指出:菲尔丁"在不同的地方对它(Good Nature)的定义是不同的——有时它似乎是种激情,有时是种道德判断力,或者甚至是像'美德'一样的抽象道德概念——但是对他而言这一直是与道德人有关的系列复杂概念的核心"④。

---

① *Miscellanies by Henry Fielding*, Esq. p. 26.
② Ibid., p. 27.
③ Ibid., p. 28.
④ Miller, *Essays on Fielding's Miscellanies*, p. 55. 米勒提出"道德人"(moral man)的概念以同"自然人"相区别。Good Nature 是个看似简单,实际复杂的词,到底怎么译颇费斟酌。哥尔德斯密所著剧作 *The Good-Natured Man* 李赋宁先生在《中国大百科全书》译为《好脾气的人》,而周永启等在中译本则译为《老好人》,两者似乎都有缺憾。我们在本书第四章讨论菲尔丁的同名剧作,译为《好心人》也是不得已而为之。从一定意义上来说,菲尔丁的 Good Nature 与孔子的"仁"、"仁者爱人"相当接近,但直接译成"仁"或"仁爱"似乎也不妥。在这首诗中菲尔丁主要探讨的是"性善""性恶"问题,权且译为"论性善"。

基督教传统强调人的本性堕落,靠上帝的救赎才能得救。17 世纪哲学家霍布斯更进一步发展了性恶论,认为只有法律才能遏制人的恶性,维持社会秩序。但是在 18 世纪许多学者对此提出疑义,认为人的本性是向善的,莎夫茨伯里是这种观点的重要代表。受他的影响,性善论逐渐产生重要影响。戏剧创作中的感伤喜剧和小说创作中后来出现的感伤小说都是从人性为善,对他人不幸感同身受的心理逻辑出发的。菲尔丁小说的许多人物如亚当斯牧师、乡绅奥维资和汤姆等都是善良人性的典型代表。

在《论性善》这首诗中菲尔丁阐述了性善的表现,并把里奇蒙公爵赞扬为性善的典范。里奇蒙公爵是乔治二世的枢密院成员,是沃波尔的坚定支持者,从这首诗也可以看出菲尔丁对沃波尔政府的复杂态度。菲尔丁给了这样一个简单明了的性善定义:"致力于做好事的强烈欲望。"①"从给人快乐中得到享受的心灵,/能够体会他人的安适,感受他人的苦痛。"②性格善良者能以己度人,感受别人的痛苦,分享别人的幸福,从而在行动中尽力助人为乐,而不是损人利己。虽然人的能力有大小,所处地位也不同,性善者都可以行善事。米勒认为这是菲尔丁性善观念的一个基本内容。③ 诗人歌颂公爵心地善良,乐于助人,然后就转到现实生活:由于公爵身处高位,很难体谅下层穷人的处境。作者于是描述穷人的困难生活,以争取同情和帮助:"可怜的生灵,空有天使的模样,/ 但缺少小虫生存的营养"④。接着,菲尔丁写道,"当他以自身为模造人之时,/ 造物主心目中的人类远非如此"。⑤ 世界本来是丰饶富足的,只是由于不平等才出现了贫富差异:

> 地球的物产本来十分丰富,
> 让富人尽享,也让穷人满足。
> 那些人不囤积,这些人不缺食;
> 大卫斯餐桌的剩余足够伊鲁斯。⑥

这可以说表现了某种人道主义的平等思想。在表述了这样一番道理之后,

---

① *Miscellanies by Henry Fieidng*, *Esq.* Volume One, p. 31. 英文原文是"Glorious lust of doing good"。
② Ibid., p. 31.
③ See Miller *Essays on Fielding's Miscellanies*, p. 57.
④ *Miscellanies by Henry Fielding*, *Esq.* Volume One, p. 33.
⑤ *Miscellanies by Henry Fielding*, *Esq.* p. 33.
⑥ 同上书,第 34 页;米勒原注:伊鲁斯(Irus)和大卫斯(Daves)都是荷马史诗《奥德赛》中的人物,前者是乞丐,后者是富人。

作者回归主题,呼吁善良人性的回归,因为只有这样才能让天下人尽享幸福。在最后一段,诗人自己的要求也体现了善良性格:接受自然的馈赠,不要无端地抱怨:"在多数为好的情况下,忍受某些欠缺,/不要指望每个勋爵都是切——德"①。最后的结论同约翰逊在《人类欲望多空幻》的结论相似。②

  第三首诗体散论《论自由》是献给乔治·利特尔顿的。在菲尔丁的一生中,利特尔顿是他最亲密的朋友。他们同为伊顿公学的毕业生,只是由于家境的区别,年轻两岁的利特尔顿进入牛津大学的基督学院,而菲尔丁则辍学在家,后来只在莱顿大学待了不到一年。1734年议会选举之后,利特尔顿加入了沃波尔反对派的行列,这也直接影响了菲尔丁政治立场的转变。帕特·罗杰斯写道:《论自由》"使用了一些当时在辉格爱国者中流行的观念,但是菲尔丁综合这些材料的尝试并非完全成功"③。菲尔丁在《论自由》一开头就强调利特尔顿是"自然和命运的宠儿",④这与他在《汤姆·琼斯》中对奥维资的描述是一样的,后者恰恰是以利特尔顿和拉尔夫·艾伦为原型创作的。但是,平心而论,诗歌开头对利特尔顿的歌颂也的确有些过于肉麻,好在作者很快就进入主题,论述自由的发展过程。

  诗人先描写了平静祥和的自然界,然后转到人类世界,发问:难道人就该受奴役么?这是当时反对派针对沃波尔腐败强权的抗议之声。诗人甚至发出了这样激烈的声音:"让一切限制自由的法律见鬼去吧!/它们蹂躏大众只为少数人说话"⑤。然后诗歌论述自由与强权的发展。人类世界早期强权当道,后来逐渐兴起民权,人民追随领袖,但领袖实际上是为民服务的公仆:"人民,为了维护自由,给了他权力,/那掌权者实际上是人民的奴隶。"⑥但是,后来腐败产生了等级贵族,最后出现了所谓"君权神授"的观念,也就是17世纪后期斯图亚特王朝政治动荡的根源。英国人民崇拜自由,终于以不流血的"光荣革命"赶走了詹姆斯二世。诗最后以蜂作比,指

---

  ① *Miscellanies by Henry Fielding*, *Esq.* p.35;切——德指切斯特菲尔德伯爵。
  ② See Johnson, "The Vanity of Human Wishes", ll. 349—368, in *The Norton Anthology of English Literature*, Volume One, p.2308.
  ③ Pat Rogers, *Henry Fielding: A Biography* (New York: Charles Scribner's Sons, 1979), p.133.
  ④ *Miscellanies by Henry Fielding*, *Esq.* Volume One, p.36.
  ⑤ *Miscellanies by Henry Fielding*, *Esq.* p.37.
  ⑥ Ibid., p.39.

出绝不能让强权破坏自由：

> 但你，伟大的自由，使不列颠免奴役，
> 不让人欺侮我们，如我们欺侮蜂地。
> 不要让无耻公蜂吸我们的蜜发迹，
> 而把那酿蜜者在蜂巢中窒息。①

这首诗写在詹姆斯·汤姆逊的名诗《论自由》之后，表达了传统的追求自由的观点，带有当时政治斗争的鲜明特点。米勒指出："自由对于菲尔丁如同对于江奈生·斯威夫特和塞缪尔·约翰逊一样，属于有教养负责任的社会成员，它同时意味着合理使用和限制的责任，并承认顺从等级秩序。"②这种自由当然与我们今天说的普遍自由概念有很大区别。

诗体散论的第四首标题是《致友人——论择妻》。诗人一开始就写道：

> 人们常常寻求他人的判断，
> 不是为打消，而是为证实自己的意见。
> 他们假装在等我们的建议，
> 就他们所做的，或决心做的事。③

这可以说是一条至理名言，编者米勒在注释中引流行的《闲谈者》和《旁观者》，以及法国作家拉罗什福科的《格言》为证。我们每个人在实际生活中都有切身体会，征求意见往往不过是走形式而已。自己的主意已经基本拿定，听到别人赞同很高兴，而如果遇到反对声则很不愉快。如果人人都能真心实意地征求和尊重他人的意见，这个世界可能会好得多。尽管如此，作者还是就朋友择妻问题提出了中肯的建议。作者先简述了世俗的择妻观念，注重的是财产门第和身材美貌，然后提出了理想的择偶条件：

> 但是你，以诚实的心态对待择偶，
> 选择的是伴侣，真挚的朋友；
> 心地善良能和你一起分享，
> 使担忧减弱，使幸福更强。④

---

① *Miscellanies by Henry Fielding*, Esq. p.41.
② Miller, *Essays on Fielding's Miscellanies*, p.103.
③ *Miscellanies by Henry Fielding*, Esq. Volume One, p.42；参看米勒同页注1。
④ Ibid., p.43.

这是 18 世纪正在形成主导潮流的爱情婚姻的表述。然后,菲尔丁就论述婚姻生活的种种问题。以美貌取人的婚姻往往随着美貌的消失而走向失败,而以财产为条件娶的富家女往往盛气凌人,难以和睦相处。他告诫朋友要慎重选择配偶,但也承认女人的弱点是不太容易发现的,正所谓"情人眼里出西施"。他认为要尽力避免与"野性的调情女和挑剔的假正经"结婚,而"最坏的配偶是妒妇"①。他接着写道:

> 坚定敌视婚姻的人往往发誓,
> 在这种选择中男人必败无疑:
> 我对这类彩票也难以进言,
> 一次中奖空白却要过千。
> 女人生来就都善于伪装,
> 不良教育使她装得更像,
> 欺骗、掩饰、隐藏一切真情,
> 母亲和老师把她教得很精。②

由于题材的原因,这首诗的部分内容近似于菲尔丁翻译的尤维纳利斯《讽刺诗之六》,带有一定的反女性色彩,结尾更表现了大男子主义的偏见。但从这种描述中我们也可以认识当时女性的困境。

第五首诗体散论的标题与前几首不同,没有清楚点明主题,只是《致约翰·海伊斯》。这个约翰·海伊斯的身份也难下定论,米勒推测此人可能在 1730 年开始任律师,诗的写作时间亦难以确定。③ 虽然诗中提到名演员盖里克似乎证明是作于他成名以后,这也可能出于后来的修改。这首诗只有 52 行,是五首诗体散论中最短的,但是却阐述了菲尔丁创作生活中的一个重要观点:绝对的好人或坏人是很少见的,大多数人都是优点缺点共存。诗的开始是这样的:

> 瓦利斯今天鼓起勇气战斗到底,
> 却曾经怯懦逃脱在上个星期,
> 这可能叫考德鲁斯大为吃惊,
> 他眼中的人类只有愚蠢恶行:

---

① *Miscellanies by Henry Fielding*, *Esq.* Volume One, pp. 48—49.
② *Miscellanies by Henry Fielding*, *Esq.* p. 49.
③ See *Miscellanies by Henry Fielding*, *Esq.* Volume One, p. 51. Note 1.

他的知识和艺术都限于此,

每一个人都腐败若看心底。①

这开始的几行似乎是在挑战蒲柏的《群愚史诗》把反对和攻击过自己的人描写成一无是处的愚人,菲尔丁曾经写诗为受到蒲柏攻击的蒙塔古夫人辩护。那首诗保存在蒙塔古夫人的文稿中,1972 年被发现后发表在美国《现代语言学会会刊》上,其基本论点也是人都有优点缺点,不能一棍子打死。② 虽然后来菲尔丁对蒲柏的看法发生了变化,他关于混合型性格的观点却从未改变,他的代表作《汤姆·琼斯》塑造的男主人公就是一个优点和缺点都很突出的青年。在《致约翰·海伊斯》中菲尔丁这样写道:一个人"在这儿拯救了朋友,却在那里把他们抛弃;/ 一会儿在妓院寻欢,一会儿在教堂唱诗"③。那么这种复杂性格是怎么形成的呢?"这种混杂不全来源于本性,/本性只是一半,另一半我们养成。"④人的本性是好的,但是后天的教育习染或社会影响使我们变得离自然本性越来越远,也就是"性相近,习相远"。菲尔丁在诗的最后用戏剧舞台作比喻:人们在台上演的角色是一回事,在台下或具体生活中的角色是另一回事。人生就是一个大舞台,每个人甚至每时每刻都在扮演着不同的角色。最后几行更直接批评现代政治生活:所谓"爱国者"和"廷臣"虽然表面上是对立的,在骨子里却并无区别:"今天的爱国者,明日变廷臣,/ 这又能算什么特大新闻。"⑤这似乎是对沃波尔的反对派(即所谓"爱国者")的批评,或许证明诗歌可能作于,至少是改于菲尔丁对反对派失去信心之后。

第三节 识人与交际

《杂集》第一卷除了 37 首诗之外,还有 8 篇散文作品,内容也相当驳杂。最重要的是《论交流》和《论关于人之性格的知识》。我们先把其他 6 篇作品做一简单介绍,然后集中探讨这两篇。《论空无》是一篇带有滑稽性

---

① See *Miscellanies by Henry Fielding*, *Esq.* Volume One, p. 51.
② 那首诗已收入 *The Journal of a Voyage to Lisbon*, *Shamela*, *and Occasional Writings*, ed. Martin C. Battestin (Oxford: Clarendon Press, 2008), pp. 28—70.
③ *Miscellanies by Henry Fielding*, *Esq.* Volume One, p. 51.
④ Ibid., p. 52.
⑤ Ibid., p. 53.

质的讽刺文,类似鲁迅先生的杂文。文章说世人很少谈论"无"(Nothing),认为"无"没有什么可谈的。但是,作者指出"无"实际上很有必要谈一谈。有出于"无",又归于"无",这不仅是哲学真谛,而且是宗教至理。或曰世间充满万事万物,已够糟心,遑论所谓"无";但作者认为世上的千百种著作学说大多满纸空话,实际是关于"无"的学说。又论及世人对权贵名人的尊崇好像是崇拜什么,而实际上所谓权贵名人多为虚名,因此也可以说是崇拜"无"。如此说来,虽然作者名义上是为"无"正名,而实际上正是讽刺挖苦生活中"实"的缺失。《可在 R——L 学会宣读之论文》是讽刺皇家学会的某些所谓研究论文。为了不背中伤之名,菲尔丁没有把"皇家"(Royal)这个词全部拼写出来。皇家学会 1662 年成立之后在推动科学研究发展方面起了重要作用,但是也有一些研究比较荒唐,或者至少让当时的人看来没有什么实际意义。斯威夫特在《格列佛游记》的第三卷曾经对皇家学会的研究进行了尖刻的讽刺,菲尔丁的这篇文章也属于这一类。《底末塞尼斯论援助奥林瑟斯之一》是一篇译文,这是菲尔丁为了凑足一卷的篇幅而临时翻译的作品。底末塞尼斯是古希腊著名的雄辩家,他在这篇讲演中论证希腊应该援助正在受到攻击的奥林瑟斯,从分析当前形势到回顾历史教训等方面论证了援助的重要性,并对具体援助的方法和财源问题进行了阐述,相当有说服力。菲尔丁在给好友哈里斯的信中请朋友帮助校改译文,说自己的希腊文并不过关。①

《论治愈失去亲人之痛的方法》是一篇相当感人的论文。文章先以治疗身体之疾病作比喻,说哲人也应提出治愈心灵疾病的良方。虽然真正的哲人可能不会受心灵疾病的困扰,普通民众却不能幸免,作者本人就深受丧亲之痛的折磨。他又举例说能使痛风减轻一半或大半者当属良医,而使心灵之痛解脱者更值得尊敬。作者自言对两种痛苦都有亲身体验,此时他也同时承受丧女和葬父之痛。作者并引蒙田为证,说没有亲身经历不宜发言。② 那么怎样对付丧亲之痛呢?菲尔丁在文章中提出的第一条建议,是预先有所准备就能较好地抵御痛苦,而且这种准备也有利于我们珍惜目前的幸福。菲尔丁写道:"智者的心灵可以被搅乱,但不会被征服:前一点使

---

① Clive T. Probyn, *The Sociable Humanist: The Life and Works of James Harris 1709—1780* (Oxford: Clarendon Press, 1991), p. 111. See *The Correspondence of Henry and Sarah Fielding*, pp. 29—30.

② *Miscellanies by Henry Fielding*, Esq. Volume One, p. 215;参看米勒注释。

智者区别于神之完美,后一点使智者区别于愚人。"①但是有两个原因使人不容易接受理性,反而沉溺悲伤:其一是所谓对死者灵魂的责任,其二是生者自身悲伤的释放,"正如空气和水可消除高热"②。菲尔丁认为,以这两点为理由沉溺悲伤是愚蠢的。他觉得珍惜死者遗物来消除悲伤无异于饮鸩止渴,寻求娱乐解脱也无济于事:"说真的,治愈此种及任何心灵疾病的药方只有哲学和宗教。"他指出:"哲学在更纯粹更严格的意义上,就是指爱智慧。"③由此出发,菲尔丁作了下述分析:悲伤逝者离去是不公正的,因为不符合事物生死规律;而且说到底,我们所要求的并不是免除死亡,而只是缓刑,死得晚而已。然后,菲尔丁引拉罗什福科的格言,说在悲伤亲人之丧时我们实际上是为自己之失而悲伤,是自私自利的行为。在进行了哲学探索之后,菲尔丁最后又归结到宗教信仰上:死亡之日要比出生之日更幸福。罗纳德·鲍尔逊叙述了菲尔丁彼时的人生痛苦后写道:"因此他向基督教读者发话,以对来世的信仰结束。或许由于经历了一系列丧亲之痛,这种'希望'似乎引菲尔丁自己信了基督教。"④

《伟人亚历山大与愤世者狄奥吉尼斯对话》主题是讽刺以亚历山大为代表的征服者形象。这篇对话与卢奇安《死人对话》中的《狄奥吉尼斯和亚历山大》有异曲同工之妙。⑤ 狄奥吉尼斯是古希腊愤世嫉俗的哲学家,他为了远离人世的腐败污染而隐居起来。对话开始,亚历山大对狄奥吉尼斯在自己面前不表示恭敬大为不满。他历数自己横扫欧亚大陆的功绩,说作为天神朱庇特之子,他不能容忍狄奥吉尼斯的轻蔑,因为后者不过是个"穷困潦倒的愤世哲人,唯一的财产是件破衣衫"。狄奥吉尼斯回答说:"傲慢的亚历山大,我要把自负之名回敬给你,因为你把耻辱作为功德碑。我承认你所历数的业绩,也认可你为了永世耻辱而屠戮的百万生灵。但是,你能以此证明自己是朱庇特之子吗?任何一场瘟疫或传染病不也可以带来这种效果吗?"⑥亚历山大反驳说狄奥吉尼斯不懂得盖世英雄的荣誉观,但是狄奥吉尼斯强调另一种荣誉观,它源于心灵的满足,得自圣哲和神灵,是

---

① ② *Miscellanies by Henry Fielding*, *Esq. p.* 218.
③ Ibid., p. 220.
④ Ronald Paulson, *The Life of Henry Fielding*: *A Critical Biography* (Oxford: Blackwell, 2000), p. 196.
⑤ 参看周作人译:《路吉阿诺斯(卢奇安)对话集》,北京:中国对外翻译出版公司,2003年,第162—164页。周作人的译名是狄俄革涅斯。
⑥ *Miscellanies by Henry Fielding*, *Esq.* Volume One, p. 228.

与智慧和美德不可分离的影子。下面一段对话很有意思:

亚历山大:你抛弃社会,隐居起来,给树木和石头宣教是为何呢?

狄奥吉尼斯:我离开社会是因为无法忍受社会上充斥的邪恶。

亚历山大:是因为你无法享受你渴望得到的好处。我也因同样原因离开自己的国家,它无法满足我的雄心。

狄奥吉尼斯:但我不像你到国外来抢掠杀戮别人。你的雄心摧毁了百万生灵,我从来没给一个人造成死亡。①

两人继续进行争论。亚历山大说狄奥吉尼斯愤世嫉俗只是因为自己无力实现个人的欲望,狄奥吉尼斯就反驳说亚历山大的力量也不是自己的,而是借助士兵。亚历山大于是略带嘲讽地说,"如果我一个人无力征服世界,你一个人却有能力诅咒世界"。狄奥吉尼斯则反唇相讥:"如果我希望自己的诅咒有效,只需祝愿你长寿发达就够了。"②狄奥吉尼斯的机智对话显然让亚历山大颇感兴趣,于是他主动提出替狄奥吉尼斯报仇,把曾经迫害他的雅典毁灭,并要狄奥吉尼斯一同前往。狄奥吉尼斯欣然同意,但要求也把曾经攻击过自己的考林斯和拉斯德蒙毁灭。亚历山大说还是只把居民杀死,把财富留下分给士兵。狄奥吉尼斯说那就把财富给他一些,一半或稍多点,这样他就可以向世人显示自己是怎样蔑视财富。这让亚历山大抓住把柄,说狄奥吉尼斯所谓轻视财富并非真心,而他为了复仇要毁灭三座城市更显残忍。但狄奥吉尼斯却说自己仍然胜亚历山大一筹:他利用亚历山大做工具,正像亚历山大利用士兵。这时候士兵们想上前杀死狄奥吉尼斯,但是亚历山大把他们制止了。最后亚历山大说:"我如此尊重你,如果我不是亚历山大,那我愿意做狄奥吉尼斯。"狄奥吉尼斯的回答却是:"如果我不是狄奥吉尼斯,我几乎就情愿做个亚历山大。"③这篇对话虽然总体上是讽刺亚历山大之类所谓英雄,但是也对狄奥吉尼斯提出了批评,这是菲尔丁作品区别于一般讽刺的重要特点。

《杂集》的最后一篇是取材于神话故事的《朱庇特、朱诺、阿波罗和墨丘利的短剧》。因为朱庇特与维纳斯有染,天后朱诺醋意大发,菲尔丁借此来讽刺泼妇妒妻形象。第一场是这样开始的:

---

① *Miscellanies by Henry Fielding*, Esq. p. 231.
② Ibid., p. 233.
③ Ibid., p. 235.

>朱庇特:请别生气了。
>
>朱诺:这是不可原谅,没法忍受的,我永远都不能接受。
>
>朱庇特:可是,亲爱的。
>
>朱诺:得了,朱庇特先生,别再用那个恶心的词:你知道我讨厌它。把它用给你那婊子维纳斯,还有你那些别的相好吧。她们的耳朵听起来很受用,但对一个守妇德的女神它听起来恶心。①

在这里,菲尔丁把神话故事变成了家庭的夫妻争吵。菲尔丁的描写显然受到卢奇安《诸神对话》中宙斯与赫拉对话的影响。② 第二场是诗神阿波罗和朱庇特的对话。

>朱庇特:你对人间的事了解很多,那你说什么是男人能做的最愚蠢的事呢?
>
>阿波罗:做诗人。
>
>朱庇特:那很诚实,因为是从诗神口中说的;但你却答错了;因为显然,男人做的最愚蠢的事是结婚。
>
>阿波罗:啊! 那神怎么办? 他当然该比人更聪明,可他是永生的,根本没有机会摆脱他的老婆,而你却给了人这样的机会。
>
>朱庇特:阿波罗,你反驳得不错;我们还是来说点别的事吧:当我老婆听不见的时候,但愿再不提起她。③

于是两人开始谈诗。朱庇特已经读过阿波罗送给他的从人间得来的诗集,诗写得不错,比喻也很漂亮,只是比喻的两方面毫无相似之处,阿波罗解嘲说"那比喻的一半是好的"。菲尔丁借此讽刺诗歌中滥用比喻的倾向。朱庇特接着说,"诗集的献词我很喜欢,很高兴看到地球上竟有那么好的人"④。18世纪出版作品前面都有给权贵名人的献词,其中充满了溢美之词,所以菲尔丁借神之口批评献词中的阿谀奉承。朱庇特说他想到人间去看一看,请阿波罗同行。阿波罗推辞说他上次到地球上去并不受欢迎,还是让财神普路托斯陪同为好,但是朱庇特反对,并说想把普路托斯逐出

---

① *Miscellanies by Henry Fielding*, *Esq.* p. 236.

② 参看周作人译:《路吉阿诺斯(卢奇安)对话集》,第18—23页。《变形记》中《朱庇特、朱诺和伊俄的故事》也类似。参看奥维德著《变形记》,杨周翰译,北京:人民文学出版社1984年版。

③ *Miscellanies by Henry Fielding*, *Esq. Volume One*, p. 238.

④ Ibid., p. 239.

天庭,又怕他到人间造反。阿波罗回答说,"你的担忧是对的,因为财神在那里最得宠,其他所有的神加在一起也抵不过他"①。

第三场开始,朱庇特之子窃贼的保护神墨丘利请求父王赐福。朱庇特叫墨丘利和他一起造访地球,墨丘利很高兴,说他想结识一下地球上的有德之人。他说道,"我上次去地球,相信一年之内我的熟人有三批被送上了绞架,其中没有一个是家境殷实的;有一两个富人是被判了罪,但不知何故,他们最后都被证明是诚实之人。父王,我得给您说明白,如果您再容忍富人成不了罪犯这种信条,我就再也不当罪犯之神了"②。这也是借神之口抨击人世的不平等:穷人犯罪上绞架,富人犯法却总能证明无罪,逍遥法外。第四场是墨丘利和阿波罗的对话。阿波罗说朱庇特想造访地球是因为被诗集献词中对人的赞美所打动,墨丘利说这些写献词的人实际上与强盗没有什么两样:强盗是持枪抢劫,写献词的人是用笔抢劫,因为他们的目的无非是为了钱财。阿波罗说,"如此说来,你要把颂歌作者从我这里抢走了"。墨丘利接着说,"你的讽刺作者也一样,至少是其中的大部分;因为不公正的讽刺与不公正的赞美一样坏"③。

  阿波罗:如果不公正的话——但是,先生,我想你不会对我的剧作家说什么,那些诗既不是讽刺也不是颂歌。

  墨丘利:不,先生,所有互相偷窃的盗贼都属于我。

  阿波罗:我想,先生,你不该在我这个诗神面前对诗人说三道四。

  墨丘利:得了吧,先生,你也不该在我这个窃贼之神面前谈论窃贼。我们没有什么理由来为我们的随从争论,他们都差不多一个样:正如常言所说,诗人都是穷汉;也有这样的信条,穷人都是窃贼。

  阿波罗:先生,先生,我知道富人也有写诗的。

  墨丘利:对,先生,我也知道富人有行窃的;但是正如你那些人不叫诗人,这些人也不叫窃贼:前者没有诗才可以写诗,后者不算窃贼却仍在行窃。我想,这就是人们说的特权。④

这段对话是对现代文坛和政坛的辛辣讽刺,同《大伟人江奈生·魏尔德传》表现的主题是一致的,由此可见菲尔丁的社会讽刺态度。虽然在文集里加

---

① *Miscellanies by Henry Fielding, Esq. Volume One*, p. 239.
② Ibid., pp. 240—241.
③ Ibid., pp. 241—242.
④ Ibid., p. 242.

上对话和短剧可能是补充篇幅的权宜之计,这些作品的内容在主题上与整部文集是一致的。

《论交流》(An Essay on Conversation)和《论关于人之性格的知识》(An Essay on the Knowledge of the Characters of Men)是《杂集》第一卷中最重要的两篇文章,也是篇幅最长的两篇。菲尔丁在《杂集》序言专门对这两篇文章作了介绍,说《论交流》旨在抨击傲慢,表明"真正有教养指的是竭尽全力为相交者的幸福和满足作贡献",而《论关于人之性格的知识》的目的是教人抵御虚伪。① 《论关于人之性格的知识》开篇就谈人性之堕落,举例之一是有很多教人怎么样精明处事的著作,却很少有教人保持纯真的书。然后他指出所谓人之本性的论断往往不正确,因为人的本性是复杂多样的。他说,世间的教育可称作发达之术,教人如何占别人的便宜,而不是教人如何在社会和谐相处。于是导出"政治艺术(权术)"的本质是"欺骗"②。米勒在注释中提示可以参阅《大伟人江奈生·魏尔德传》第2卷第5章,那一章的最后一段是这样的:"这位道地的伟人手腕确实高强。他善于运用俗人所说的暗中使坏、装聋作哑、轻诺寡信,以及瞪眼撒谎等等伟人手段来操纵别人的感情,叫他们彼此不和,使他们争风吃醋,你争我夺,以便他达到自己的目的。伟人管这些都叫作'政策'、'政治'或'政治把戏',这是人性最高的境界,而我们这位伟人也许是能手中的能手"③。

菲尔丁指出,"世界变成一个庞大的假面舞会,绝大多数人都着伪装,只有少数人没有伪装,于是成为众人惊讶或嘲弄的对象。但是,如果认真辨析,伪装总有露真相的地方。本文的目的就是向人们提供几条识别真相的原则"④。菲尔丁提出的第一条原则就是不要受表相的迷惑。表情严肃常常被视为纯洁或守德,实际上却往往是"傲慢、邪恶和狡猾"的伪装⑤。然后,菲尔丁提出识别人要看行动。但是在这一方面人们往往受两个因素影响:一是行为人的言辞;二是别人的观点。他认为靠别人的评价来判断人并不可靠,应该有自己的独立见解。他又进一步论述说,第一要警惕谄媚者,因为谄媚者总善于伪装;第二要警惕过于热情的新交"朋友";第三要

---

① "Preface", *Miscellanies by Henry Fielding*, Esq. Volume One, p. 4.
②④ *Miscellanies by Henry Fielding*, Esq. Volume One, p. 155.
③ 《大伟人江奈生·魏尔德传》,萧乾译,南京:译林出版社,1997年,第59页。译者加注说"政治把戏""原文是 Politricks,是把'政治'和'把戏'两个词拼起来的。"
⑤ *Miscellanies by Henry Fielding*, Esq. Volume One, p. 157.

警惕慷慨的允诺者。这一点《约瑟夫·安德鲁斯的经历》第 2 卷第 16 章有生动的描写,而菲尔丁在这里不忘刺激一下空头许愿,从不兑现的政客。第四是警惕过于热切的探密者;第五是警惕诽谤者;第六是警惕一本正经的圣人。他说自命为圣贤的人百分之九十九是伪君子。菲尔丁在这一方面花费气力最大,足见其对伪君子的痛斥,而他的小说更是充满了对各种各样伪君子的揭露。在介绍了各种防止受骗的方法之后,菲尔丁仍不得不承认诚实无欺者容易受骗,此说似乎为《汤姆·琼斯》中奥维资的形象提供了依据。为了能更有效地防范,菲尔丁提出要注意观察他人与相关人的行为,因为行为是心灵的最好标志。最后两段总结全文,说他的原则有三条:不受表相迷惑;看对我们的行为;看对相关人的行为。米勒把这篇散文称作"论虚伪的手册"可以说是抓住了要害①,菲尔丁的观点今天读来仍有现实意义。

《杂集》散论部分的第一篇,也是最长的一篇是《论交流》。② 文章开始,菲尔丁先强调人是社会动物,而体现人社会性的最突出标志是交谈。但是他在这篇文章中涉及的却绝不只是交谈,而且包括人际交流的各个方面。罗纳德·鲍尔逊认为,"《论交流》是篇经典演说,从一般论题('人是社会动物')开始,经过定义(因此'交流之术就是娱人或为善之术')到对于'有教养'的具体内容的讨论,按部就班地从'行为'到'言辞'"③。菲尔丁指出交流基本有三种:与上帝交流,与自己交流,与他人交流。他在这篇文章关注的是与他人交流或人与人之间的交流。从这里也可以看出菲尔丁创作的一个重要特点:他对宗教和心理问题兴趣不大,最关心的是人际关系。他指出,既然交流是人的本性,不善交流就有些不合人的本性。交流的首要条件是要有善意(Inoffensive),但是这还不够,还必须要对双方有益处(Positive good)。有教养的人懂得,"交流之术"就是"尽量使你的交流对象得到安适快乐"④。他接着指出,有教养或善交流体现在两个方面:行为和言语,或者说言谈举止,而基本的原则可以归结为《圣经》的教义:对

---

① Miller, *Essays on Fielding's Miscellanies*, p.191.
② 这篇文章的题目翻译成中文颇费周折,因为虽然人区别于其他动物的最主要能力是语言,这篇文章却涉及交谈、交际、交流等各个方面。权且译为交流,但其他动物当然也有交流,只是方式不同或不为人类熟悉罢了。
③ Paulson, *The Life of Henry Fielding: A Critical Biography*, p.191.
④ *Miscellanies by Henry Fielding*, Esq. Volume One, p.123.

别人做你希望别人对你做的事。① 反过来,就是中国人的格言:己所不欲,勿施于人。

接着,菲尔丁具体分析交流方面应该注意的问题。他指出,既然交流的目的是使双方获益或得到快乐,那么首先需要注意的就是不要伤害对方,而傲慢无理是最伤害人的。他用一大段来说明傲慢无理在社交场合的危害,最后举切斯特菲尔德伯爵作为交际的典范:"请看 C——伯爵,出身高贵,富有财产,且思维敏捷清晰;他是多么和蔼,多么谦恭!似乎只有他自己不知道他在各方面都是屋里最伟大的人物。"② 不要傲慢无理是最基本的要求,还应该尽量向对方表示尊重。菲尔丁举了这样一个例子:"莎夫茨伯里勋爵曾经生动地指出,一个乞丐对大车上的人说勋爵当然不会冒犯任何人,尽管车上没有勋爵;但是,反过来说,如果对一位贵族简单地称呼先生,那会引起多大的不快?"③菲尔丁认为,在社交场合必须要遵循礼仪常规,并说这是区分人的等级地位的基本标志,而享有这些称号的人如果没有得到会感到不快。在论述了基本要求之后,菲尔丁分别举例谈私人聚会的礼节和公共场所的礼仪。他提出的观点虽然都是常规,在今天看来可能显得陈腐,但对于了解他那个时代还是有一定意义的。作为主人要在门口迎接客人,而不能打发仆人接待;在餐桌上要把美食分给每一位客人,而不能多寡不均;不要强行劝酒;客人要离开时不要强行挽留等等。作为客人则应准时赴约,对于主人偶然没有顾及的失礼不要挑剔,适时离场不要过于盘桓等等。这些在今天看来仍然是基本礼仪规范。米勒评论说,"菲尔丁《论交流》的特点并非其独创性,而是在他探讨这个传统的常规时特有的热情、幽默和道德诚实"④。

关于公共场合的礼节,菲尔丁首先强调的是等级关系,因为 18 世纪等级制度还是很严格的。他指出:"在我国,人们之间的等级差别是依爵位、出身、职级和年龄来决定的;很少——或不——考虑财产,虽然它起很大作用,并受到大众推崇。在我看来,自愿卑躬屈膝地拜倒在财富面前是最卑下的。"⑤这或许可以解释菲尔丁为何对《帕梅拉》表现的财富崇拜如此鄙

---

① 参看《新约》马太 7:12;路加:6:31。
② *Miscellanies by Henry Fieidng*, *Esq.* Volume One, p. 126.
③ Ibid., p. 126.
④ Miller, *Essays on Fielding's Miscellanies*, p. 179.
⑤ *Miscellanies by Henry Fielding*, *Esq.* Volume One, p. 133.

视。然后,菲尔丁分析了公共场合因自视地位高而傲慢无理的人,自命不凡刻意引起注意的人,还有一个劲儿地盯视让人感到不快的人。他提出的基本原则是对地位高于自己的人要尊敬但不卑下,对地位相同的人要尊重,对地位低的人要体谅而不傲慢。

最后,菲尔丁论述交流的另一方面,即话语交谈。他先指出,同与自己比较接近的人交谈最容易获得教益。但是那种理想状况不多见,实际生活中往往要和没有多少共同语言的人打交道,在这里解决困难的方法无非两条:降低自己或提升对方。首先是不要卖弄自己的学问,要避开过于专业的话题,从而为对方或他人参与交流创造条件。要避免一个人谈起来滔滔不绝,因为没有交流对方就会失去兴趣。要避免有争议性的话题,不要中伤别人,不要对某一国家、宗教或职业做总体性的评价,不要亵渎宗教信仰,不要在女性面前谈论粗俗的话题,不要提及对别人有伤害的事件等等。最后谈到开玩笑的问题,说虽然没有玩笑交流会显得沉闷,但是开玩笑一定要注意场合,不能伤害在场的人。菲尔丁在这里提出的观点今天看来也很有道理。

第八章 《杂集》(二)：
《从阳世到阴间的旅行》

《从阳世到阴间的旅行》1743年发表于《杂集》第二卷，是一部未完成的作品，有仓促结束应付出版的迹象。它在菲尔丁作品中的地位次于四部主要小说，但是最早被翻译成中文的一部。虽然这部作品有些明显弱点，要深入了解菲尔丁却不可不读。帕特·罗杰斯认为《从阳世到阴间的旅行》"是菲尔丁作品中最被低估的；它的睿智和奇幻构思提供了生动的表层叙述，而深层寓意则让人想起兰格伦和班扬。任何没有读过《旅行》的人都不能说充分了解菲尔丁"①。本章先简述《从阳世到阴间的旅行》的发表和流行，然后分别评述其前后两个部分。

第一节　出版和流行

1921年5月，林纾和陈家麟翻译的《洞冥记》作为"说部丛书第四集第二编"由商务印书馆出版，这是菲尔丁作品第一次被译成中文。20世纪早期林纾翻译了大量外国文学作品，但在原著的选择上不够严谨，在介绍了许多优秀作品的同时，也译了一些品味不太高的作品。在菲尔丁作品中首先翻译《从阳世到阴间的旅行》就属于选择不太得当的例子。但在外国文学作品刚刚开始介绍到中国的时候，这也是难以避免的。有趣的是，由于《从阳世到阴间的旅行》虽然不十分重要却在20世纪早期被译成中文出版，中文译本引起了西方学者的注意。

威斯林版菲尔丁著作集《杂集》第二卷的文本编辑休·艾默里教授在《文本导论》开篇简述了法、德、意、丹等西文译本后，就提到了林译《洞冥记》来证明这部著作的生命力，并引了林纾译本最后的一段话："译者曰：此书托为鬼语。而鬼不能著笔署稿。何由流传于世。只能以不了了之。意在骂世。故

---

① Pat Rogers, *Henry Fielding*: *A Biography* (New York: Charles Scribner's Sons, 1979), p. 135.

以周里莺（现通译：朱里安）所言。历述其转劫之家。在在皆冒过失。且其所列之过失。亦世人所习有者。然鬼既不能复生。则万不能道出此书之结穴。至此书亦不能叙其传自何人。作如此结束。颇有思致。"① 然后，艾默里教授写道："评论者对人物和文本流传略显太诚实的敏感让英国人听来有些滑稽；但是，他也提醒我们《旅行》创作史的这些方面至今仍然少有研究。"② 这是现代菲尔丁著作编者提到中文译本的唯一例证。更为有意思的是，由于林纾的译本是文言文，1937 年上海大通书社又出版了殷雄翻译的白话文译本《灵魂游历记》。笔者最初看到萧乾先生在《菲尔丁——英国现实主义小说奠基人》中提到《灵魂游历记》以为是把书名弄错了，后来才发现有两个不同译本。③《中国现代翻译文学史》在列举了伍光建先生翻译的多部菲尔丁小说后写道，"菲尔丁作品的中译还有林纾、陈家麟翻译的《洞冥记》(1921)和殷雄翻译的《灵魂游历记》(1937)"，④这样的表述似乎暗示这是两部不同作品的译本。尽管《从阳世到阴间的旅行》曾享有文言和白话两个中文译本的殊荣，1949 年以后却再没有得到重印，现在读者只能在个别大图书馆的善本书库找到。

《从阳世到阴间的旅行》的书名就清楚表明这不是一部现实主义作品，而是带有神秘色彩的阴间或灵魂旅行记。菲尔丁在《杂集》序言中指出：有人可能指责他借朱里安之口所述的历史不准确，作者答复"我是在虚构；尽管我选择了一些史实来做点缀，还勾画了编年顺序，但是我没有把自己局限于事实"⑤。这部作品显然受到古希腊作家卢奇安《诸神对话》的影响，克罗斯认为这是卢奇安现代版的最佳作品。⑥ 在 18 世纪这种神灵旅

---

① 《洞冥记》，林纾、陈家麟译，上海：商务印书馆，1921 年，第 77 页。
② Hugh Amory, "Textual Introduction" to *Miscellanies by Henry Fielding*, *Esq.*, Volume Two (Oxford: Clarendon Press, 1993), pp. 225-226. 这一卷的排印有些特别，"文本导论"作为"附录一"排在正文之后，而其他各卷都是在正文之前。艾默里的译文引自 R. W. Compton, "A Study of the Translations of Lin Shu, 1852—1924", Stanford University Ph. D. dissertation, 1971, p. 278.
③ 参看萧乾：《菲尔丁——英国现实主义小说奠基人》，上海：上海译文出版社，1984 年，第 37 页注释。
④ 谢天振、查明建：《中国现代翻译文学史》，上海：上海外语教育出版社，2004 年，第 226 页。
⑤ "Preface", *Miscellanies by Henry Fielding*, *Esq.*, Volume One, ed. Henry Knight Miller (Oxford: Clarendon Press, 1972), p. 4.
⑥ Wilbur L. Cross, *The History of Henry Fielding* (New Haven: Yale University Press, 1918), Vol. I, p. 394. 卢奇安（又译琉善）出生在罗马帝国时代的叙利亚，但用古典希腊文写作，所以称为希腊作家。他的名字拉丁文为 Lucianus，英文为 Lucian，周作人译为"路吉阿诺斯"，他的《路吉阿诺斯对话集》（中国对外翻译出版公司 2003 年版）是国内最完整的译本。卢奇安是《中国大百科全书》（外国文学卷）用的译名。

行是挺时髦的一种作品,近似的还有马修·普赖尔、威廉·金和乔治·利特尔顿分别创作的《死者对话》等。菲尔丁 1730 年写的《作家的闹剧》中的木偶剧《城市娱乐》、1737 年初上演的闹剧《欧律狄刻》和《杂集》第一卷发表的《亚历山大和狄奥吉尼斯的对话》都有这种特征。《从阳世到阴间的旅行》在 18 世纪曾经出现法、德、丹、意、瑞典语等译本,由此可见它在当时还是相当流行的。亨利·奈特·米勒强调卢奇安对菲尔丁的影响,认为两人都同样抨击虚伪和邪恶,反对嫉妒与中伤,嘲讽自负和贪婪;都同样赞美言行一致的善行,为维护真正理想而努力斗争,但两人也有明显区别。"菲尔丁并不认同卢奇安彻底的怀疑论;他更多更经常展示对善的偏爱……卢奇安那无情的、深刻严酷并像金刚石般璀璨的反讽更清楚地表现于斯威夫特的作品中。"①《从阳世到阴间的旅行》自 18 世纪末开始作为小说单行本出版,1973 年人人文库版是现代最流行的版本,克劳德·罗森写的导言是关于这部小说的重要批评文献,后来收入他的专著《混乱出秩序》中。威斯林版菲尔丁著作集的《杂集》第二卷 1993 年出版,是权威的学术版;1996 年牛津大学出版社的"世界经典丛书"把《从阳世到阴间的旅行》与《里斯本海行日记》合为一册出版,使读者可以在菲尔丁的四大小说之外方便地读到他的另外两部重要著作。

《从阳世到阴间的旅行》正文前有导言,说明本书的"来历"。编者从一个文具店老板包笔用的纸发现此书稿,然后找到老板询问。老板说是一个欠了房租的客人留下的稿子,他找过几个出版商都没有兴趣,便用来包笔。编者于是把剩下的文稿全部买下,包括第 1 卷 25 章,第 19 卷第 7 章,表明原稿很长。菲尔丁还利用自己刚刚出版正在走红的《约瑟夫·安德鲁斯的经历》来做广告,说曾经请亚当斯牧师看过,他认为内容像柏拉图的观点。最后,编者说该书表现的主题仍在强调"拥有善心和美德是真正的幸福"②。伯特兰·A.戈尔德卡认为主题来源于柏拉图《理想国》第十卷中的厄尔(Er)神话:"柏拉图强调赞美属于抵制住诱惑的伟人,这是有权力的人

---

① Henry Knight Miller, *Essays on Henry Fielding's Miscellanies: A Commentary on Volume One* (Princeton: Princeton University Press, 1961), p.368.

② *A Journey from This World to the Next*, in *Miscellanies*, Volume Two, p.5. 由于林纾、陈家麟译《洞冥记》是文言,且有很多删节,殷雄译《灵魂游历记》没有找到,本章《从阳世到阴间的旅行》为笔者根据威斯林版自译。

难以做到的;菲尔丁的特征是强调这种人拥有的施展其慈善能力的机会"①。正文开始提到作者在1741年12月1日去世,因此有批评家认为菲尔丁可能是在这一天开始创作此书。人死之后灵魂离开肉体开始游历。由于死者口合眼闭,灵魂是借助一点亮光,通过烟囱样的通道从鼻孔里逃出来的。把灵魂脱离肉体比作因犯逃脱监狱,是基督教的通行观点。灵魂出来之后看到只有一个年老的女仆在守灵,而且喝醉了酒打盹儿,其他亲戚朋友都在楼下为遗嘱而发生争执,说明亲友只关心财产。关于此处的描写,罗纳德·鲍尔逊认为与斯威夫特在讽刺诗《斯威夫特博士之死》中描写的自己死后友人的反应有异曲同工之妙。②

第二节 叙述者灵魂的旅行

叙述者的灵魂从窗口跳出,在街上碰到收集灵魂的天神墨丘利,被带到正要驶向阴间的灵车。灵车停的地方在皇家医学院附近,意味着是医生把病人送到阴间的。车上已经有六个灵魂,稍挤一下给他让出了地方。然后对车夫略加介绍,他的特点是瘦得皮包骨头,因为曾经服侍过有名的吝啬鬼彼得·沃尔特,菲尔丁在《约瑟夫·安德鲁斯的经历》中塑造的彼得·庞斯也是为了讽刺他。在第2章叙述者介绍了同车的其他鬼魂,第一个说是被谋杀的,实际是被庸医治死的。他说到得天花,吓醒了其他鬼魂。其中一个鬼魂说因为怕得天花,曾经30年没敢来伦敦,五天前有事不得不来,却因贪食蛤贝丧了命;另一个是为名誉决斗而死。一个女鬼死于跳舞过度,另一女性死于结核,但到死两个医生也没有统一意见;还有一个女性温和善良,显然是正常死亡。从这些对死因的描述中可以看出菲尔丁一贯的对庸医和决斗的讽刺态度,对贪食狂舞等社会现象的批评。鬼魂在谈话中表达了对人世间各种问题灾难的反思,对于挣脱人世苦难感到满足:"不过值得注意的是,尽管我们对死亡感到高兴,每个人在提到导致死亡的事件时都表示若有可能会尽量避免。"③这还是表现了对现实生活的肯定态度,

---

① Bertrand A. Goldgar, "Myth and History in Fielding's *Journey from This World to the Next*," *Modern Language Quarterly* 47 (1986): 239.

② Ronald Paulson, *The Life of Henry Fielding: A Critical Biography* (Oxford: Blackwell, 2000), p. 124.

③ *A Journey from This World to the Next*, in *Miscellanies*, Volume Two, p. 13.

与仇视世俗生活的极端宗教态度是迥然不同的。

第3章写鬼魂们来到病城参拜掌管各种疾病的所谓管病夫人,但要访问此城必须给小费。鬼魂们哪有钱?于是主人告诉他们可以从斯克雷普(Scrape)勋爵处获得。这个斯克雷普又是菲尔丁用来讽刺吝啬鬼彼得·沃尔特的,名字的意思就是吝啬敛财。由于他在人间舍不得花一分钱,在阴间他就被罚给每个来访的鬼魂发钱,而每次往外拿钱都使他像割肉一样痛苦。这种描写不禁使人联想到《儒林外史》对吝啬鬼的描述:他在临死前因为看到灯碗里有两根芯而不能合眼,直到家人拿去一根灯芯他才闭上眼睛。拿钱付了费之后鬼魂们便分别去拜访各自所得疾病的管病夫人。离开病城,鬼魂们的下一站是死亡宫,作者要找的真正英雄马尔伯罗公爵找不到,只有亚历山大和查理十二世这类所谓英雄。过了死亡宫,鬼魂们在前进的路上碰到许多返回阳世的人,通过他们的不同表情,作者表达了一些有趣的观点。首先看到兴高采烈的车夫和愁眉苦脸的公爵像老熟人一样交谈,而在现实世界他们之间的等级差别很严格。一打听,原来公爵回阳世要娶悍妇,而车夫却可以独身,以此来讽刺婚姻生活中的烦恼。后来又看到一个人忧心忡忡,原来他得了十万镑正为不知如何处置而发愁,跟在他后面的一群乞丐却欢天喜地,无忧无虑。鬼魂们看到了两条路:一条路崎岖不平,险阻不断,另一条路平坦开阔,花木繁茂。可奇怪的是前一条路上熙熙攘攘,后一条路上却行人稀少。作者一问,方知前一条路通往"伟大",后一条路通往"善良"。在这里,菲尔丁有意修改了邪恶之路短而平,美德之路长而险的传统观点,致力于强调尽管善良之路平坦开阔,世人却仍然追求邪恶的"伟大",不愿走善良之路。① 第6章是命运轮,命运女神在此分派不同的命运;虽然名义上每人只能抽一个签,女神却让她青睐的人多拿几个。作者写道:"我看到有个模样可笑的人拿了一把,打开一看,有主教、将军、内阁顾问、演员和桂冠诗人等,他把前三个交回去,高兴地拿着后两个走了"②。这显然是借机讽刺演员出身的蹩脚桂冠诗人考利·西伯。随后列举了十种不同的命运,几乎每种都是好坏参半,只有爱国者享有盛誉可以算是好运,这表现了菲尔丁的政治态度。在这个地方刚到的新鬼魂要服催吐药,服药之后人的激情得到净化,眼睛豁然一亮。

接着鬼魂们来到冥河岸边,这里米诺斯(Minos)在对进入阴间福地

---

① 参看 Goldgar 在 25 页注释。
② *A Journey from This World to the Next*, in *Miscellanies*, Volume Two, pp. 29—30.

(Elysium)的人进行审查。除了罪大恶极者直接下地狱外,其他人都必须接受审查,而且大部分人通不过审查,只好返回阳世。米诺斯的审查标准清楚体现了作者要表现的道德伦理态度。第一个人说他建了慈善医院,但这并不能表明他就真正慈善。第二个人说他一生洁身自好,恪守伦理,把养了私生子的儿子赶出家门,米诺斯认为他没有人性,也予以拒绝。第三个人一辈子专爱收集研究蝴蝶,也不行;第四个自视清高,拒绝了许多求婚者,到死仍是处女,不行。第五个是剧作家,写了很多剧本劝人弃恶从善,米诺斯说要等受他感化从善的人来了才行。这时候剧作家说他曾经用剧本带来的收入接济穷人,救了一家。米诺斯这才把他放进去。第六个是漂亮绅士,第七个是吝啬鬼,第八个是公爵,他们都没能进入福地,只好再回人间修度。而第九个是因为穷困偷了18便士被处绞刑的人,米诺斯立刻把他接了进去。通过这些描写,作者的褒贬态度很鲜明地表现出来。罗纳德·鲍尔逊评论说,"《旅行》值得注意的一点就是它表达了这样的正义观:一个好的或坏的行为就可能使人免进地狱或不能进福地"①。接下来出现的是批军人,声称是为国捐躯的。米诺斯正要开门让他们进福地时,顺便问了一句他们抗击的敌人是谁,原来他们是到所谓敌国去烧杀抢掠的。于是米诺斯把他们拒之门外,并谴责他们把侵略当卫国。下一批是一家四口因冻饿而死,旁边有牧师可以作证。穷人进去了,牧师却被拦下了,因为他虽然有多个教区的收入,却没有尽力帮助穷人。紧接着出现的是个"爱国者",米诺斯要放他进去,但是听到"爱国者"说后来得到宫廷职位,相当风光,就把他挡在外边,借机讽刺投奔宫廷的变节"爱国者"。然后是伦敦市长,他一到就被恭恭敬敬地迎进了福地。这时候终于轮到作者所在的这一帮了,严守妇德的好心肠女人被迎进福地,故作庄重的女人被拒之门外。作者自己坦白说曾经生活荒唐,但心地善良,从未加害于人,米诺斯让他顺利进入福地。

第8章叙述作者进入福地之后与好心女人结伴同行,不久遇到了自己死去的女儿。这一段描写十分感人:"我很快见到几年前去世的女儿。天啊!什么言语可以描述那种狂喜,那种强烈的柔情!我们带着无尽的喜悦,紧紧拥抱,亲密接吻,如果用人世的时间来计算,持续的时间要长达半年。"②白特斯廷教授指出,菲尔丁的长女夏洛特1742年3月去世,这段描

---

① Paulson, *The Life of Henry Fielding: A Critical Biography*, p.123.
② *A Journey from This World to the Next*, in Miscellanies, Volume Two, pp.36—37.

写带有很强的自传性。他还特别提到,"一个世纪以后,菲尔丁最伟大的崇拜者把这看作是安慰痛苦人的最有效作品。狄更斯——他如此尊敬菲尔丁以至于用他的名字来给儿子起名——在安慰丧子的友人时,两次引用这段描写"①。后来叙述者见到了荷马、维吉尔和莎士比亚等大诗人的灵魂。接着在第9章见到大拇指汤姆,是菲尔丁在剧作中描写过的人物;而对于克伦威尔的叙述则带有一定批评性,说他死后未能进福地而是被罚托生给查理二世和詹姆斯二世服务,后来受尽苦难,终于赢得进入福地的许可。到此为止可以算是《从阳世到阴间的旅行》的上半部,叙述有声有色,达登认为是全书最有价值的部分②。罗森长达20页的论文也重点放在前半部分,只用最后两页简单介绍后半部分,指出"每个片断都表明朱里安不配进福地,但还没有坏到入地狱的程度"③。

第三节 背教者朱里安的灵魂流浪记

从叙述故事的角度来看,批评家关于前半部分的观点无疑都是正确的。但是如果从讽刺的广度来看,后半部分却自有其特色,值得进行认真探讨。戈尔德卡注意到《旅行》前后部分在格调上的区别:"但是菲尔丁很可能认为,这种变化是他从柏拉图神话转到人类历史痛苦现状所需要的。我们至少应该对《旅行》的第一个读者亚当斯牧师的判断予以认真对待。菲尔丁在导言中写道,亚当斯在把原稿归还叙述者时表示'他的观点,本书有更深的寓意'"④。第10章作者遇见了罗马皇帝、背教者朱里安的鬼魂,对他进入福地感到很惊讶,因为他是该下地狱的人。朱里安说自己千余年来经历几十次托生,做过"奴隶、犹太人、将军、财产继承人、木匠、纨绔子、僧人、琴师、聪明人、国王、小丑、乞丐、王子、政客、军人、裁缝、市长、诗人、骑士、舞师、三次主教、烈士"等等,才最终获得进入福地的资格。⑤ 作者说

---

① Martin C. Battestin, with Ruthe R. Battestin, *Henry Fielding: A Life* (New York: Rutledge), p. 341.
② F. Homes Dudden, *Henry Fielding: His Life, Works and Times* (Oxford: Clarendon Press, 1952), p. 431.
③ Claude Rawson, *Order from Confusion Sprung: Studies in Eighteenth-Century Literature from Swift to Cowper* (London: Geroege Allen & Unwin, 1985), p. 328.
④ Goldgar, "Myth and History in Fielding's *Journey from This World to the Next*," p. 252.
⑤ *A Journey from This World to the Next*, in *Miscellanies*, Volume Two, pp. 45—46.

这样的经历一定很有趣,何不讲来听听。朱里安说,"他清楚记得自己的经历,至于说闲暇,在这块福地唯一可做的事就是互相给予快乐。他感谢我提出的方法给他增添了快乐。于是,我一手拉着女儿,一手拉着最喜欢的同行者,和他一起来到阳光明媚,鲜花盛开的岸边坐下,听他讲故事"①。朱里安的故事构成了《从阳世到阴间的旅行》下半部分的基本内容。通过朱里安的生活经历,菲尔丁从许多不同侧面反映了社会生活,表达了自己的政治和道德观点。如果说前半部分作者鬼魂在阴间的游历有些像但丁的《神曲》,后半部分关于朱里安的不同生活描写就有些像西班牙流浪汉小说的形象。罗纳德·鲍尔逊强调朱里安叙事的流浪汉小说特征,同时指出:"朱里安也与精神自传的主人公有关——饥饿的灵魂渴望救赎;一个结果就是系列短小传记"②。

朱里安在第 10 章叙述的奴隶经历可以算是典型代表。他出生在叙利亚不太富有的家庭,17 岁时来到君士坦丁堡,被一个军官夫人的美貌所吸引,自愿卖给军官为奴。军官生性不存嫉妒心,高兴地让他服侍自己的夫人。两人眉来眼去,互相钟情,但夫人恪守妇德,不敢越雷池半步,最后是奴隶自己主动出击:"因此,我利用主人外出,她一人在家的机会,向堡垒勇敢地发起攻击,用暴力摧毁。我可以说是用暴力,因为我遇到了顽强抵抗,说实话,就像完美得体所要求的。她多次发誓说要大喊呼救;但我说那没有用处,因为没有人能救她;可能她真的相信了我的话,因为她一次也没有大喊;而她真要喊叫,我说不定就撒手了。"③此后两人经常偷情,终于被主人发觉,作为惩罚把朱里安给阉了。女主人对他极为鄙视,不久抓住机会用他并搭上钱换了个罗马寡妇的小狗。在罗马寡妇家朱里安受尽蹂躏,最后被当作礼物送给一个异教祭司。在这里朱里安很得宠,但是主人特别贪食,四年之后因暴食而死。此后,朱里安到了一个希腊神父家,情景大变,经常挨饿受冻,不久变得骨瘦如柴。这个祭司酷爱阿里斯托芬的喜剧,经常让朱里安念给他听。他后来进入官宦家庭,陷入政治斗争阴谋,最后被杀。米诺斯本来要把他打入地狱,但考虑到他在阳世已经受到惩罚,便宽容一下,打发他再回人间。

通过朱里安的经历,菲尔丁表现了他的一些社会政治观点。比如他强

---

① *A Journey from This World to the Next*, p. 46.
② Paulson, *The Life of Henry Fielding: A Critical Biography*, p. 123.
③ *A Journey from This World to the Next*, in *Miscellanies*, Volume Two, p. 47.

调同情心和慈善行为,对于视钱如命的吝啬鬼、守财奴特别鄙视。第 11 章描写朱里安托生为犹太珠宝商人,他为了省钱假扮乞丐旅行,吃草根,喝生水,结果一路行来还赚了钱。他有一次请客,客人喜欢喝酒,但是知道他吝啬,就自己先把酒送来,而朱里安给酒兑了水,以一半待客,另一半又卖给酒商。朱里安说道,"我不仅总能占别人的便宜,就是对自己也聪明得太过了。我曾因为舍不得吃饭穿衣而冻饿得病,结果为治病叫医生赚了钱;不,我有一次几乎因为服劣药而丧了命,就为了省下药费的百分之一"①。由于省吃俭用,再加上坑蒙行骗,他积攒起大笔家产,数钱成了他的最大乐趣,但却受到两种担忧的困扰:一是总有一天要死,钱带不走;二是怎样使钱变得更多。他坦言:"说真的,一方面要千方百计赚钱,另一方面要想尽办法存钱,这两方面的担忧使我白天没有一刻舒适,夜里没有一刻安宁。在我托生的其他所有人物生活中受的折磨都不及当吝啬鬼的一半。"②这是让吝啬鬼自我揭露的好机会,不过他的苦恼今天仍然折磨着不少人。

菲尔丁认为自负虚荣是人们常有的弱点,许多好人也难以避免,如《约瑟夫·安德鲁斯的经历》中的亚当斯牧师。第 22 章描写朱里安托生当了裁缝,他视这一行十分重要,因为它不仅使人免受寒冷侵扰,而且人的虚荣心多半是靠裁缝来满足的。伟人得到尊敬依靠穿着打扮,女人得到追捧也多依赖裁缝的力量。有趣的是在强调了衣服满足世人虚荣心之后,朱里安禁不住表达自己的虚荣心。他说在斯蒂芬王的加冕仪式上,有三位贵族的衣服是他做的:"加冕那天我钻到人群里,看到我做的衣服闪过,听到旁人说'天啊,从来没有像德汶伯爵这么漂亮的'!'没说的,他和休·毕格特爵士是穿得最漂亮的两个人',我的喜悦是没法形容的。他们两人的衣服都是我裁的"③。由于人人都有虚荣心,阿谀奉承成了求得宠爱的有效方法,但有时也会引起预想不到的后果。第 15 章描写朱里安托生为琴师,得到一个喜欢音乐的人青睐,被请进家门授业:

> 他对音乐情有独钟,要学弹琴;但是由于缺少这方面的天赋,总也学不好。我奉承说他弹得好,这叫他很高兴。如果我就这样做下去,可能会从他那里得到很大好处;可是我的奉承使他觉得自己的琴艺真的已经很高,甚至认为超过了我的琴艺,这是我绝不能忍受的。一天

---

① *A Journey from This World to the Next*, p. 54.
② Ibid., p. 55.
③ Ibid., p. 98.

我们正在演奏,他弹得很差,由于他把曲调全打乱了,我不得不纠正他。他不但不接受我的指导,反而说我弹错了。自己的学生对我这么不礼貌是不可忍受的。我不禁大为光火,气得扔下琴说在我这个年纪用不着别人教训。他同样火气很大,说他也用不着流浪琴师的指教。①

两人各不相让,只好通过比赛让人仲裁;虽然朱里安赢得了比赛,却失去了朋友和饭碗,实在得不偿失。

如果说虚荣心得到的是善意的嘲笑,虚伪则是菲尔丁致力于讽刺抨击的对象。第20章朱里安的身份是政客,依据是英国历史上诺曼底公爵威廉征服时代之前朝廷最有权势的大臣。他在宫廷中用计谋取得特权,又把女儿嫁给国王以加强自己的地位。他控制国王,愚弄民众。在国王对他失去信任的时候,他不惜策动民众叛乱来夺回权势地位。他讲道:"更值得注意的是,当我从流放地回到英国,并带领着一队福莱芒军队准备进攻伦敦的时候,我仍然坚持说自己是来保卫英国抵御外敌,并因此得到了信任。说真的,只要民众相信你是他们的领袖和保卫者,你想怎么骗他们都行。"②但是,他再次得到政权之后并没有享受多久,国王因不能忍受他的威权而把他毒死了。朱里安最后总结说:"这次做政客是我在人世生活最不幸经历中的一段。那个职位每天都面临巨大危险和焦虑,少有欢乐,更少安适。"③在福地门口,米诺斯说他"总会放过首相,只要他曾经做过一件好事,不管他犯了多少罪恶。说实话,我对他的话理解得有些随意,便继续往门口走。但他一把拉住我的袖子,说还从来没有一个首相进入福地"④。菲尔丁再次借机抨击以腐败闻名的沃波尔首相,甚至在看来根本没有联系的地方把政治讽刺表现出来。在描写裁缝生活的故事最后,朱里安说他只是剪裁,具体的缝纫等粗活是他的下人做的。由于他离不开下人,下人逐渐得势,有时他也不得不让着点:"实际上,他就像野心勃勃又勤勤恳恳的首相对能忍耐又好享乐的国王一样,是我绝对的主人。我的其他同行尊敬他胜过尊敬我;他们把在我这里得到好处看作是在他那里施惠的自然结

---

① *A Journey from This World to the Next*, p. 65.
② Ibid., p. 91.
③ Ibid., pp. 91—92.
④ Ibid., p. 92.

果。"①这是讽刺在沃波尔当政的时候,国王成了空有虚名的摆设,实权落在名义上的"臣子"手中。但是,菲尔丁的政治态度总体来看是支持"光荣革命"以后形成的限制国王权力的君主立宪制度的。

第19章讲述朱里安作乞丐的经历。他把乞丐生活作为一种职业,要成功必须具有三种本能:表情悲惨,声音可怜,想哭就能流泪。他说做乞丐和做政客差不多,就是必须会行骗,会说假话。对任何人都要善于奉承,不是勋爵的人称他勋爵他也高兴,而把勋爵误称为先生则会惹祸。女性一般比较富有同情心,但要真正让她们打开钱包,乞丐必须要有阿谀奉承的本事:"对女性我有一套行话:可爱的漂亮夫人,上帝保佑您太太,上帝呵护您的美貌。这些话总能有效;但是,我注意到,对方长得越丑,我就越有把握获得成功"②。他还讲道,要善于观察具体情况,同样的人在不同情况下对乞丐的态度也不一样。但是,一般来说越穷的人越愿意施舍;而如果贫困中突然发了一笔财,他多半会出手大方。他举例说有一次他乞求一个便士,结果得到一个几尼,而且听到施舍者在回答朋友指责时说:"我不是还有50个么?"他认为"乞丐生活,如果考虑其实际而不是虚假的外表,或许是更值得向往的生活,远胜过在野心的驱使下经历重重困难、危险甚至罪恶而得到的生活"③。他说,他也有爱情,同乞丐邻居的女儿结了婚,生活幸福;而他们生活的一大乐趣就是在晚上嘲笑他们白天欺骗的傻瓜施主。这种乞丐生活让他"活了102岁,在那期间没有得过一次病"④。这简直就是一种无病无灾,无忧无虑的理想生活,虽然这种理想化描述与乞丐的实际生活没有什么关系。朱里安做乞丐死后仍然没能进福地:米诺斯让他算算一辈子说了多少谎话:"我回答说,得有五千万次吧。他皱起眉头严厉地说:'这样的畜生还想进福地么?'"⑤

《从阳世到阴间的旅行》是一部不完整的书,这也是导言做解释的原因。第1部在第25章中间结束,甚至最后一个句子都没有完;也许菲尔丁认为只有这样才能更充分表明该书的片断性。关于这种结尾,达登做了如下推测:"显然,菲尔丁开始创作此书时充满激情,但是在叙述朱里安的变

---

① *A Journey from This World to the Next*, p. 100.
② Ibid., p. 83.
③ Ibid., p. 85.
④⑤ Ibid., p. 86.

形故事过程中逐渐丧失了兴趣,没有找到确定的安排,最后只好不了了之。"①在简述了作者关于本书来龙去脉的说明之后,罗森从模仿残存古代作品的角度指出,"这些事实表明,习惯上假定的所谓不完整性,在一定程度上是试图使实际上不完整的作品,在所谓不完整的文类或惯例之内显得完整。这个花招并不完全成功"②。林纾和陈家麟译的《洞冥记》的结尾是:"语至此,以下稿本散失,遂不可知。"③接下来是第 19 卷第 7 章,由安娜·保琳讲述她的故事。张俊才在《林纾评传》"附录(二)"所列 24 种未刊稿中有《洞冥记续集》,译稿存商务印书馆,后来焚于战火,指的应该就是安娜·保琳的故事。④

　　就篇幅来说,"第 19 卷第 7 章"是全书最长的一章。学界认为这一章是萨拉·菲尔丁所撰,主要描写女性爱情婚姻生活上的心理变化,与第一部风格迥然不同。⑤ 关于安娜·保琳与亨利八世的关系历来颇有争议。天主教徒认为保琳利用年轻貌美引诱亨利八世同妻子离婚,并不惜与教皇决裂;新教徒则强调亨利八世与妻子疏远在先,后来才爱上了保琳。菲尔丁在《从阳世到阴间的旅行》里持的当然是反天主教的观点,所以描写保琳是 20 岁才回到英国,不是天主教作家所说的 14 到 17 岁之间。为此还虚构了她在巴黎和某个贵族相爱的情节,而且描写相当生动。安娜·保琳 7 岁时随出嫁法国的亨利八世之女来到巴黎,随后她成了王后克劳德的随从,开始参加社交生活时天真无邪。后来爱上法国贵族,但是不久却发现这个贵族青年只是跟她调情,在把她征服之后马上就去和别的女人调情。在这种情况下女性往往是处于被遗弃受伤害的境地,但是保琳很快从伤害中挣脱出来,认识到反击的最好办法就是在社交场合更加风光,而对原来的情人不予理睬。她还认识到在社交场上要想得到青睐必须对男方表现出不一样的特点:对于活泼的男士要严肃;对于严肃的男士要会调侃等等,结果大获成功。随任职期满的父亲回到英国之后,她开始满足于乡间的田园生

---

① Dudden, *Henry Fielding: His Life, Works and Times*, p. 432.
② Rawson, *Order from Confusion Sprung*, p. 316. 现代批评家罗森以文笔犀利著称,拙译实在难以完全表达其意,故录原文如下供读者参考。These facts suggest that the conventionally assumed device of pseudo-incompleteness is partly an attempt to make a really incomplete work seem to be complete within a genre or convention of pseudo-incompleteness.
③ 《洞冥记》,第 77 页。
④ 张俊才:《林纾评传》,天津:南开大学出版社,1992 年,第 321 页。
⑤ Battestin, *Henry Fielding: A Life*, p. 371.

活,远离社交场。后来帕西伯爵偶然来此,并立刻爱上了她,两人订立婚约。在一次出席宫廷舞会的时候被国王亨利八世发现,经坎特伯雷大主教干预,父亲要女儿解除与帕西伯爵的婚约,以便嫁给国王,当王后。她开始并不同意,但是当她征求帕西伯爵意见时,后者回答说只要她幸福,他甘愿解除婚约。这使保琳认为帕西伯爵对自己并没有多少感情,于是转而接受国王的爱意。此时国王还没有下定决心离婚,她便施展女人特有的手腕,终于促使亨利离婚再娶,她当了王后。但是,婚后不久,她就发现这种生活并不幸福,结果后来被判通奸斩首。这是一个女人的悲剧,描写特别注意女人的特点,是相当感人的。从《杂集》整个主题来看,这可以说是女人在野心促使下追求伟人地位而最终失败的悲剧。

可能是因为完成的故事太短,菲尔丁让妹妹萨拉来帮助写作。而且即使加上安娜·保琳的故事,《从阳世到阴间的旅行》作为一卷仍然篇幅不够,只好又增加了两部戏剧《欧律狄刻》和《婚礼日》。应该说菲尔丁在登出广告出版《杂集》并收取预订费之后,因为种种原因不能尽快完稿付印,是比较狼狈的。这既有生活中的不幸,主要是女儿和夫人的疾病,也有写作上的创新:他的小说名作《约瑟夫·安得鲁斯的经历》就是在《杂集》准备过程中创作的。但是,菲尔丁通过朱里安一次次不同的人生经历生动表现了他的讽刺观点,今天读来仍富有现实意义。或许在林纾的早期译本出版80多年之后,我们该期待新的译本问世了。

第九章 《杂集》(三)：
《大伟人江奈生·魏尔德传》

与一般小说主要描写虚构人物有所不同,《大伟人江奈生·魏尔德传》的主人公是一个真实人物。历史上的江奈生·魏尔德以向警方提供窃贼消息为业,后来被发现他自己同时也是窃贼团伙的头领,于是在1725年被处绞刑。这部小说可以看作是对魏尔德的讽刺与对正直商人哈特弗利略带感伤色彩的表现两者的结合。《江奈生·魏尔德》既不是纯粹的讽刺,也不是一般意义上的现实主义小说。达登在最后总结菲尔丁的创作时明确指出：《江奈生·魏尔德》"是以寓言形式出现的讽刺作品,严格意义上不能归为小说"①。研究菲尔丁小说的多不把它列入,这与英美批评传统注重文类形式有关。这种现象到1970年代以后才有了改变,但是约翰·瑞凯提至今认为菲尔丁共写了"三部小说"②。我国学者历来把《江奈生·魏尔德》看作讽刺小说,正如把《格列佛游记》看作讽刺小说一样。

第一节 关于创作时间的争论

《大伟人江奈生·魏尔德传》的创作时间,一般认为应该在《约瑟夫·安德鲁斯的经历》之前。菲尔丁在1741年开始筹划用预订方式出版《杂集》,把一些未发表的文稿结集出版,《江奈生·魏尔德》是在1743年作为《杂集》第三卷出版的。因此,可以推断它的创作应在1741年前后。另外,从小说内容来看,《江奈生·魏尔德》具有明显的政治讽刺性,尤其是针对英国第一位首相罗伯特·沃波尔,而沃波尔在1742年2月被迫辞职,菲尔丁不大可能在那以后写作《江奈生·魏尔德》,打死老虎。还有《江奈生·魏尔德》的讽

---

① F. Homes Dudden, *Henry Fielding: His Life, Works, and Times* (Oxford: Clarendon Press, 1952), p. 1110.

② John Richetti, *The English Novel in History, 1700—1780* (New York: Routledge, 1999), p. 121.

刺风格更接近菲尔丁30年代的讽刺剧,不像是在写完《约瑟夫·安德鲁斯的经历》创立了喜剧小说形式之后的作品。① 但是,威斯林版菲尔丁著作集《杂集》第三卷的编者伯特兰·戈尔德卡和休·艾默里却对这一传统共识提出挑战。他们的观点主要包括两个方面:一、本书是讽刺所谓伟人的,并不是专门针对首相沃波尔的;二、针对首相沃波尔的讽刺在他1742年初被迫辞职以后仍然很流行,即使针对他的也不一定作于他倒台之前。而且由于《大伟人江奈生·魏尔德传》的主题与《约瑟夫·安德鲁斯的经历》完全不同,其在风格上的差别并不能确定创作时间的先后。戈尔德卡教授的下面这段话对这一争议作了总结:"很久以前,威尔伯·克罗斯认为菲尔丁在1742年春开始写作《江奈生·魏尔德》……不久前,罗艾·B.弗利曼对大家都接受的观点进行了全面评析,得出结论说菲尔丁是在1742年春完成了《约瑟夫·安德鲁斯》第二版的修订之后才开始写作的,并可能在那一年完成了大部分。他用菲尔丁在那一阶段的痛苦生活经历来解释《江奈生·魏尔德》的阴郁色调"②。

因此,关于《大伟人江奈生·魏尔德传》创作时间的争论或许可以告一段落了。在这里,笔者想强调一点,就是菲尔丁在1741年发广告,征集《杂集》的预订者,说《杂集》将在当年年底或1742年年初出版,似乎表明他此时应该有基本文稿在手,若尚无文稿则不宜先发广告。在2000年出版的《菲尔丁评传》中,著名批评家罗纳德·鲍尔逊仍然认为《江奈生·魏尔德》的创作时间应该是1740年下半年:"随着《斗士》政治性增强,开始出现魏尔德的名字,这似乎是写作《江奈生·魏尔德》最合适的时间"③。关于讽刺对象不仅限于沃波尔的问题,萧乾先生在《菲尔丁——英国现实主义小说奠基人》中评论此书时就鲜明地指出其广泛的讽刺意义:

> 有些评论家过分强调了这部作品与当时英国首相沃波尔的关系,

---

① 关于《大伟人江奈生·魏尔德传》的创作时间问题,See Dudden, *Henry Fielding: His Life, Works, and Times*, pp. 480-483; Martin C. Battestin, with Ruthe R. Battestin, *Henry Fielding: A Life* (New York: Routledge, 1989), p. 281.

② Bertrand Goldgar, "General Introduction" to *Miscellanies by Henry Fielding, Esq.*, Volume Three (Oxford: Clarendon Press, 1997), p. xxxvii. 罗艾·B.弗利曼(Roy B. Friedman)的观点是他在1982年纽约城市大学博士论文"Fielding's *Life of Mr. Jonathan Wild the Great*: A Textual and Critical Study"中提出的。

③ Ronald Paulson, *The Life of Henry Fielding: A Critical Biography* (Oxford: Blackwell, 2000), p. 125.

认为魏尔德就是首相沃波尔,甚至着意推敲作品中的一些细节,如魏尔德父亲(罗伯特)和祖父(爱德华)的名字恰好与沃波尔先人的名字雷同等等,这样就大大贬低了这部作品的意义和价值……然而全书所写的绝不是个别"伟人",它概括了以剥削起家,凭暴力奴役人民的整个反动统治阶层。也许正是为了避免误会,作者在 1754 年的修订本里,把全书的"首相"字样一律改为"政治家"。①

由于其在《杂集》中出版的特殊形式,以及关于实际历史人物的特殊主题,《江奈生·魏尔德》在菲尔丁作品中的地位一直存在很大争议。很多批评家认为这是部政治或社会讽刺作品,与以塑造生动人物为宗旨的小说有区别,因此不能算作小说。也有的批评家认为《江奈生·魏尔德》在写作上有明显拼凑的痕迹,艺术成就不高,因此对它也不太重视。在 1970 年之前,有关《江奈生·魏尔德》的批评主要集中在好人与"伟人"之对比的道德寓言,针对首相沃波尔和其他腐败政客的政治讽刺,在叙事形式方面对传记、历史和传奇的戏仿等。威廉·R. 欧文 1941 年出版的专著《江奈生·魏尔德的形成》探讨了上述各方面的问题,是关于《魏尔德传》研究的经典论著,1966 年得到重印。②

从 20 世纪 70 年代以来,形势开始发生了可喜的变化。在《历史与小说的叙事形式》一书中,利奥·布洛迪从菲尔丁对当代史学的批判方面探讨了这部小说:"魏尔德的故事充满了可以充当解释作用的断言。但是,认真观察就可以发现这些断言正表明了发出者在想象和技术能力方面的贫乏。"③也就是说,菲尔丁借此在对当代史学的方法技巧进行讽刺性戏仿。针对该书是对"伟人"纯粹讽刺和魏尔德是恶棍化身等司空见惯的批评观点,克劳德·罗森认为魏尔德实际上是个小丑。关于该书与其他写作形式的关系,他指出,"《江奈生·魏尔德》的故事是对史诗和历史的滑稽摹仿,是两者在小人时代的翻版"④。到了 80 年代,随着文化研究的兴起,尤其是

---

① 萧乾:《菲尔丁——英国现实主义小说奠基人》,上海:上海译文出版社,1984 年,第 44 页。萧乾把 Walpole 译为"华尔普",本书统一按《英语姓名译名手册》译为"沃波尔"。

② William I. Irwin, *The Making of Jonathan Wild* (1941; Hamden, CT: Archon Books, 1966).

③ Leo Braudy, *Narrative Form in History and Fiction: Hume, Fielding, and Gibbon* (Princeton: Princeton University Press, 1970), p. 139.

④ Claude Rawson, *Henry Fielding and the Augustan Ideal Under Stress* (1972; New Jersey & London: Humanities Press International, Inc., 1991), p. 154.

巴赫金对话理论在西方学术界的影响，批评家对小说的定义已经摆脱了詹姆斯对小说形式的极端见解而倾向于从更广的范围上探讨小说的发展。1997 年，威斯林版《江奈生·魏尔德》(《杂集》第三卷) 的出版更为该书的研究提供了前所未有的有利条件，因为此前 1743 年初版本几乎销声匿迹。

虽然《江奈生·魏尔德》在英美学界的地位曾经很有争议，它在中国的境遇却是相当幸运的。早在 1926 年，伍光建先生就把这部小说用白话文译出，作为商务印书馆"世界文学名著"的一种出版，书名是《大伟人威立特传》，是菲尔丁四部主要小说中最先译成中文的。这个译本的封面很有意思，"世界文学名著"是红字标示，封面下方附英文书名和作者名。作为早期白话译文，这个译本语言很简洁，没有现代标点。译本共 192 页，中文字数约为八万字，是个基本完整的译本。由于该译本现在已经很难见到，在此特引第 1 卷第 1 章(回)的开篇以展示这个译本的特色："世界上惊人的伟业。须有伟人定计。实行办到完满。故此伟人的一切言动。说是历史的精华。遇有良史记载传世。后人读之。不独觉得有许多趣味。并令读者得了多少教诲。"①萧乾的译文如下："既然由于人类卓绝的创造与技巧所设计，指导以至于完成的一切伟大惊人的事迹都必须从伟大知名的人物手里产生出来，那么，把这些大人物的生平称为历史的精华也许是恰当合适的。这些伟人的生平从明达的作家笔下叙述出来，我们读起来不但津津有味，而且还会得到许多好处。"②两相比较，可以看出伍光建译本仍与文言比较接近，而萧乾译本则更具现代汉语的特征。

1954 年，为了纪念菲尔丁逝世 200 周年，萧乾翻译的《大伟人江奈生·魏尔德传》第 4 卷在《译文》10 月号刊出，全译本则在 1956 年由作家出版社出版。在萧乾的全译本出版的前一年，上海文艺联合社已经出版了景行、万紫的译本《大伟人华尔德传》。笔者在查阅北京大学图书馆的藏书目录时发现，《大伟人江奈生·魏尔德传》1956 分别由作家出版社和人民文学出版社出版。一本书怎么可能由两个出版社同时出版呢？更为奇怪的是，萧

---

① 伍光建译：《大伟人威立特传》，上海：商务印书馆，1926 年，第 1 页。原文如下：As it is necessary that all great and surprising events, the designs of which are laid, conducted, and brought to perfection by the utmost force of human invention and art, should be produced by great and eminent men, so the lives of such may be justly and properly styled the quintessence of history. In these, when delivered to us by sensible writers, we are not only most agreeably entertained, but most usefully instructed.

② 萧乾译：《大伟人江奈生·魏尔德传》，南京：译林出版社，1997 年，第 1 页。

乾自己 1996 年 10 月 26 日在为译林出版社再版本写的《译者的话》注明，"这个译本 1956 年由作家出版社首次出版时，曾承潘家洵先生校阅"。译者自己总会清楚到底是哪个出版社吧？后来，在《解读萧乾》一书中，读到作者 1957 年 5 月 20 日发表在《文汇报》的文章《"人民"的出版社为什么成了衙门——从个人经历谈出版界的今昔》，其中写到与人民文学出版社打交道的经历。他说曾在人民文学出版社出版两本书，"可是没有一本可以算得上是顺利的"：

> 第一本书写的是 18 世纪一件真人真事，主人公是一个彻头彻尾的坏蛋（大伟人魏尔德）。我提供了两幅画片，一幅是作者菲尔丁的肖像，已用于封面上了，另一幅是那个坏蛋的肖像，准备作扉页。可是书出来，扉页不见了，仔细一看，夹缝里有一页铜版纸被裁掉了，后来才从侧面打听出来：原来封面有了作者像，出版社又在坏蛋的木刻下面误印上了"作者菲尔丁"，糟蹋了一批宝贵的铜版纸，使书没有了这幅不经见的插图，然而出版社对我这个提供图片的译者，始终也没解释过一句。①

这段话清清楚楚表明出版《大伟人江奈生·魏尔德传》是同人民文学出版社打交道的。到底是怎么一回事呢？原来人民文学出版社成立于 1951 年，作家出版社是人民文学出版社在 1953 年成立的一个下属分支机构，两者当时的地址都是北京东四头条胡同 4 号。找到图书馆里 1956 年出的《大伟人江奈生·魏尔德传》一看：作家出版社的标明 1956 年 1 月北京第一版，第一次印刷，印数 1—7500，没有魏尔德的木刻肖像；人民文学出版社的标明 1956 年北京第一版，1957 年 12 月北京第二次印刷，印数是 7501—9200，是接着作家出版社的印数。两者的区别除了后者有魏尔德的木刻肖像外，主要是作家出版社版把萧乾写的《菲尔丁及其〈大伟人江奈生·魏尔德传〉》放在卷首，目录在后；人民文学出版社版则把这篇评论性文章放在目录之后。此外，作家版在目录之后有个"人物表"，括号内是人名的意译，而人文版则没有"人物表"。严格说来，1956 年只有作家出版社版，而 1957 年的"第二次印刷"应该算是人民文学出版社的第一版。

景行、万紫的译本《大伟人华尔德传》后来在 1957 年和 1962 年两次重印，并因上海的出版机构调整、名称变化而称为新版。萧乾则在"反右"过

---

① 傅光明编：《解读萧乾》，北京：大众文艺出版社，2001 年，第 273 页。

程中被错划右派,于是他的译本也被打入冷宫。直到"文革"以后,萧乾被平反昭雪,恢复名誉,他的译本也随之走红。1981年,人民文学出版社最先重印了《大伟人江奈生·魏尔德传》,而且一次印数竟达55,000册!此后,1992年河南人民出版社再版;1997年译林出版社再版;2005年这个译本又被收入西安太白出版社出版的《萧乾译文集》。借着译者的声望,这个译本成为菲尔丁著作在中国版本最多,印数最多的一种,而景行、万紫的译本《大伟人华尔德传》和伍光建更早的《大伟人威立特传》则基本被人遗忘了。国内关于这部小说的批评除了萧乾先生的专著外,笔者只看到刘迺银的文章《论菲尔丁的小说〈大伟人江奈生·魏尔德传〉》,论述了小说写作动机、政治讽刺和社会批评等问题,指出"菲尔丁把讽刺矛头指向当时统治阶级的最上层,深刻揭露并批判了他们的营私舞弊、腐朽与堕落,同时又肯定当时社会的基本秩序"①。

第二节 魏尔德其人与在小说中的形象

既然《江奈生·魏尔德》是以真人真事为原型写作而成,我们就有必要了解魏尔德其人。他出生在斯塔福德郡,父母虽不富裕,但很本分。1700年前后魏尔德来到伦敦,不久与兼当妓女、扒手双重身分的玛丽·米利纳结婚,也以偷盗为生。"1708年,魏尔德放弃了普通偷盗生意,变成了收赃、抓贼并任盗窃团伙头领的三位一体的特殊人物,直到1725年被处绞刑。"②魏尔德的团伙以抢劫犯罪为生,他作为幕后主持,坐收渔利。如果哪个同伙不听他的指挥,他就向治安法官告发。对每一个由于他告密而被判死刑的人,他可获得40镑赏金。由于他神通广大,对偷盗团伙了如指掌,经常给政府提供消息,于是便获得了"捉贼大王"(Thief-Taker General)的绰号。后来,因为内部斗争,阴谋败露,魏尔德被抓捕,关押在新门监狱。惯于撰写真假罪犯传记的笛福曾经在监狱里采访魏尔德,然后撰写了《江奈生·魏尔德生活与行为》,流行一时。笛福写道:江奈生·魏尔德"大约生于1683年,到他被处决时约42岁,其中约有13年是在最骇人

---

① 刘迺银:《论菲尔丁的小说〈大伟人江奈生·魏尔德传〉》,《南京师大学报》(社会科学版)1987年第4期,第46页。

② Irwin, *The Making of Jonathan Wild*, p.4.

听闻的邪恶中度过的"。① 那时伦敦处死犯人都是公开进行,被普通大众当作节日一般。魏尔德由于臭名昭著,他刑前在伦敦的游街颇为轰动,死后也曾长期是个热门话题。1725 年菲尔丁刚从伊顿公学毕业不久,有可能在伦敦游逛期间亲眼目睹了魏尔德被执行绞刑的热闹场面。②

1728 年 1 月,约翰·盖伊在伦敦上演的《乞丐歌剧》就是以江奈生·魏尔德为原型创作的。剧中的治安法官皮楚姆和罪犯麦克希思都有魏尔德的影子。皮楚姆和狱守洛基特两人只关心如何从犯人身上捞钱,他们的女儿为了麦克希思而争风吃醋,最后又出来几个抱孩子的女人指认麦克希思是她们孩子的父亲。在这里,麦克希思几乎成了人见人爱的花花公子。歌剧最后,麦克希思被判了绞刑,但是观众不忍心看他死,于是在最后一刻他被赦免,流放到西印度群岛。《乞丐歌剧》在伦敦连续演出一个月,到 6 月 19 日演季结束时共演出 62 场,创下新纪录,盖伊的收入约 800 镑。关于《乞丐歌剧》的政治讽刺意义,埃德加·V. 罗伯茨认为皮楚姆和麦克希思都暗指首相沃波尔。③

菲尔丁的讽刺小说在江奈生·魏尔德的生平事迹方面没有提供任何新的信息,但讽刺的锋芒比盖伊更尖锐。他不仅称江奈生·魏尔德是"大伟人",而且还常常把他在抢劫团伙中的地位同首相相提并论。约翰·本德指出,"菲尔丁的《江奈生·魏尔德》以盖伊的'全反讽'为其出发点。但是,尽管菲尔丁在利用江奈生·魏尔德代替沃波尔方面直接模仿《乞丐歌剧》,他却完全拒绝了盖伊那不忠诚的妥协"④。虽然魏尔德是个流氓恶棍(rogue),菲尔丁的写作主要模仿的不是流行的罪囚传记,而是正规的史传作品,尤其是描写帝王的史传。在小说开头,他对魏尔德的家族来历追根溯源,指出其祖先中两位特别有名:一是生活在 5 世纪的先祖吴尔夫斯坦(Wolfstan),名字的意思是"狼",另一位生活在 13 世纪亨利三世时期,别号"朗方格或是朗分格"(Longfanger or Longfinger),意思是"长手指",他们共同的特点是善于偷窃。同"伟人"出生大都有所谓预兆一样,魏尔德出

---

① Daniel Defoe, "The Life and Actions of Jonathan Wild", in *Tales of Piracy*, *Crime and Ghosts* by Daniel Defoe, ed. Carl Withers (New York: Penguin Books, 1945), p. 139.

② See Battestin, *Henry Fielding: A Life*, p. 46.

③ See Edgar V. Roberts, "Introduction" to *The Beggar's Opera*, ed. Edgar V. Roberts (London: Edward Arnold, 1969), pp. xviii—xx.

④ John Bender, *Imagining the Penitentiary: Fiction and the Architecture of Mind in Eighteenth-Century England* (Chicago: University of Chicago Press, 1987), p. 150.

生前他母亲曾"梦见同时跟墨丘利和普里阿波斯交合。这个梦把当时的饱学的星相家都弄糊涂了,因为其中似乎含有一个矛盾:墨丘利是智巧的守护神,而普里阿波斯是使用智巧者的煞神"①。菲尔丁就是用这个矛盾来象征性地表现魏尔德既是盗贼,又是捉贼大王的双重身份。魏尔德上学时就表现不凡,孩子们要去果园偷果子靠他出谋划策,偷来的果子交给他掌管。如果有人不遵守规矩,他就会向老师报告。他很崇拜古今英雄,尤其是亚历山大和瑞典的国王查理十二世。在 18 世纪早期这两个人物往往被作为古今好大喜功,侵略成性的恶的"伟人"代表,菲尔丁在此不仅讽刺魏尔德,而且也在讽刺所有这样的"大伟人"。

魏尔德作为"大伟人"形象的主要表现可以归纳为几个特征:强词夺理,软硬兼施,心狠手辣,寡廉鲜耻。首先,菲尔丁把魏尔德描绘成善于强词夺理的人。他第一次真正出场是在第 1 卷第 5 章与拉·鲁斯伯爵的对话。这个拉·鲁斯伯爵在书中是个有趣的人物,他虽然贵为伯爵,出场时却因欠裁缝的债被监禁在司法官斯耐普的家里。帕特·罗杰斯指出:"虚假的拉·鲁斯伯爵代表 18 世纪一类骗子——许多闯荡江湖的冒险家自称伯爵",有的可能是破落的名门之后,大多数是自我标榜的。② 在一起打牌时魏尔德常偷伯爵的钱,伯爵后来发现了,但他不仅没有生气,反而很佩服魏尔德的偷窃本领,觉得这样一个人物应该在上流社会显身手,于是他自告奋勇要把魏尔德介绍给自己的一班朋友:"那些人专能赏识有才干的人;我把你介绍给他们,他们就能提拔你,也一定乐意那样做。"③但是魏尔德对此却不感兴趣:"老实说,我生来就有一股很别扭的傲气,我宁愿在最卑贱的人中间当头目,不愿在最高贵的人后头当尾巴。"④伯爵坚持说如果在上流社会也能当头,那自然比在下流社会强得多,而且"在上流社会毫无忌惮地施展自己的高强本领比在下流社会安全得多,因为经验证明台伯恩每年执行死刑的次数比塔山一世纪执行的还要多。"⑤台伯恩(Tyburn)是一般罪犯执行死刑的地方,塔山则是关押或处决高官罪犯的场所。在这里,菲尔丁通过伯爵之口表达这样的观点:许多在上流社会为官的人实际上早该

---

① 萧乾译:《大伟人江奈生·魏尔德传》,第 7 页。Mercury(墨丘利)萧乾译为墨鸠瑞。
② Pat Rogers, *Henry Fielding: A Biography* (New York: Charles Scribner's Sons, 1979), p. 137.
③ 萧乾译:《大伟人江奈生·魏尔德传》,第 13 页。
④ 同上书,第 14 页。
⑤ 同上书,第 16 页。

上绞架。刘廼银评论说:"窃钩者诛,窃国者侯,同是强盗行为,差别就在于此。鲁斯伯爵的话最后果然应验。"①但是,生性要做贼匪之首的魏尔德仍然固执己见:"如果你的意思是说:每个贼匪如果愿意的话都可以做大官,我马上会同意;可是假如你认为这样做对他本人有好处,认为每个人的野心一定会逼着他选择做大官这条路,简单一句话,要是你认为做大官比当贼匪更伟大、更快活,那我可就不敢同意了。"②说到这里,魏尔德滔滔不绝地说了一大通当贼匪的道理,到头来却发现伯爵早已经睡着了。在只有两个人的对话中,一方已经悄然入睡,另一方却毫无知觉地慷慨陈词,这是一个多么滑稽的场面。

但是魏尔德真正施展其口才是在喽啰面前。在第1卷第8章拉·鲁斯伯爵在赌场上大发横财,于是魏尔德让白格沙特在路上抢劫伯爵。抢劫得手以后,白格沙特把所得的钱分成两堆,一堆稍大,但稍小的一堆外加金鼻烟壶,然后大度地让魏尔德先挑。魏尔德拿了大堆,但当白格沙特要拿小堆时,魏尔德却拦住他说这样不行。接着他讲了这样一番大道理:主意是他出的,白格沙特只不过是个执行者;这就像工厂主和劳工的关系,所有收获应该交给主人,劳工该得多少由主人决定。③詹姆斯·汤普森评论说:"像许多奥古斯都讽刺作家一样,菲尔丁把他的中心人物表现为戏仿或颠倒的资本家。魏尔德和他的团伙被描写为资本与劳工的关系,团伙头领剥削其他成员的劳动。"④但是,白格沙特不吃这一套,并拔出手枪要较量一场。在这里魏尔德软硬兼施的功夫派上用场了。

> 他对白格沙特说,他只是开玩笑。可是他这种镇定并没能使对方的火气冷静下来,白格沙特反而气焰更高了。他怒气冲冲地大声说:"妈的,我可不喜欢开玩笑。我看出你这人是个无耻的流氓,你是个恶棍。"魏尔德用了很可以叫人佩服的涵养回答道:"你满嘴胡骂,我倒不在乎。可是为了叫你相信我不怕你,咱们把赃物全摊在桌子上,然后拼他一场,谁捐了东西就归谁。"说完这话,他就拔出一把雪亮的短剑来,一道闪光晃得白格沙特的眼睛只发花。他立刻就完全改了口气

---

① 《论菲尔丁的小说〈大伟人江奈生·魏尔德传〉》,第43—44页。
② 同上书,第16页。
③ 同上书,第22—23页。
④ James Thompson, *Models of Value: Eighteenth-Century Political Economy and the Novel* (Durham: Duke University Press, 1996), p.140.

说：好吧，给他多少就算多少。①

最后，白格沙特只好让魏尔德把小堆的钱再拿走一半。这样一来在这次抢劫所得中魏尔德拿了其中的四分之三，而白格沙特只拿到四分之一。魏尔德强词夺理，软硬兼施的"伟人"本领得到了充分的展现。

后来，魏尔德看到白格沙特在赌场上赢了钱，便想从他那里诈取钱财，就说伯爵已经知道自己的钱是被白格沙特抢劫的，要控告他，因此需要把钱还回去。但白格沙特说：

"我知道有人跟我同样犯了抢劫罪！"我们的英雄一把抓住白格沙特的领子，回答说："你的话不假。你既然敢来吓唬我，告诉你，你犯的是抢劫罪，我犯的至多是同谋包庇罪，我给你看看这两种罪的分别。我可以承认你把那笔钱拿给我的时候，我曾经怀疑过那笔钱的来路不明。"白格沙特听了又是惊讶又是害怕，说道："哦，难道你想不认账吗？"魏尔德回答说："你这流氓一点也没说错，我什么账也不认。你找得出一个证人来吗？为了给你看看我多么不在乎你怎么对付我，我马上就去告你——"②

最后，白格沙特把口袋里的钱都交了出来，共"21个半几尼"，魏尔德拿走21个，只留给白格沙特半个几尼。叙述者评论说："就这样，我们的英雄没费吹灰之力就干了一件大事，这都是仗了造物赋给他的那些卓绝本事：一颗勇敢的心，一副雷吼般的嗓音，和一张不动声色的脸。"③现代批评家利奥·布洛迪特别强调，"魏尔德通过修辞手段和抽象论辩控制他的团伙和外界。他获得的大部分成功源于他力图控制的人恰恰相信那些他知道如何利用的偏见"④。

魏尔德的性格另一个特点就是寡廉鲜耻，几乎毫无道德良心。他刚刚欺诈抢劫了哈特弗利，第二天却厚着脸皮再去见朋友。看到受伤的哈特弗利，听着他诉说自己的遭遇，魏尔德"先表示十分难过，随后狠命发泄他对于强盗的愤慨"⑤。他的言语甚至让哈特弗利感动不已，可见其做假的本

---

① 萧乾译：《大伟人江奈生·魏尔德传》，第23—24页。
② 同上书，第45—46页。译林版在45页脱落一句，根据1956年作家版52页补。
③ 同上书，第46页。
④ Braudy, *Narrative Form in History and Fiction*, p. 124.
⑤ 萧乾译：《大伟人江奈生·魏尔德传》，第56页。

领之高超。当时哈特弗利觉得虽然一千镑被抢劫,汇票还在,损失还不是致命的。等到他发现汇票原来是假的,根本无法兑现时,才知道自己陷入灭顶之灾。作为这一切灾祸的根源,魏尔德竟然去严厉指责哈特弗利。第2卷第8章的标题是"在这一章里,我们的英雄伟大得越过顶峰了"!叙述者说道:

> 这时,我们的英雄脸上并没有挂出一个身受某位绅士提拔的牧师,在选举时却跟那位绅士作过对头,事后会面时那种尴尬神情;没挂出一个医生知道把病人治死后偷偷走过那家门口的狼狈神情;也没挂出一个人在善与恶之间经过激烈的斗争,终于向罪恶投降,然而第一次犯罪就被抓到的那副懊丧神情。不,挂在我们英雄脸上的是一副理直气壮、高贵伟大的神情,就像一位首相答应给他部下一个职位,如今又通知他那个职位已经给别人了。魏尔德表示的神情宛如他初次见到哈特弗利时候一样满脸的关切和焦急。正像那位首相竟然反过来怪他的部下不早把要求提出来,我们的英雄也厉声责备哈特弗利不该赊给伯爵。没等哈特弗利插嘴,他接着就用一连串的话把他臭骂了一顿;用意尽管很友善,可是骂的话很难听,仇人也赶不上。①

在这里,引起读者注意的不仅仅是魏尔德虚伪狡诈、厚颜无耻的性格,还有作者通过魏尔德而广泛联系的现实社会众生相和官场生态。

魏尔德还有一个特点是心狠手辣。本来是他指使费尔斯和另一个人去抢劫哈特弗利,为了丢卒保车,他让茉莉·丝特拉托尔指认费尔斯为劫匪。后来觉得她的指认还难以保证定罪,便让另一个劫匪也出来作证,他却装模作样地到监狱探望费尔斯,说正在为他获释而奔波。最后,"所有的证据都十分明白,他没提辩护就由陪审团定了罪,庭上判了他死刑,由一个克赤先生把他执行了"②。在第3卷第3章,魏尔德要派手下的马立布恩去抢劫杀人,但是马立布恩只同意去抢劫,不愿杀人,说那要遭天罚。魏尔德给他讲了一番杀人的大道理,最后威胁说"你要不听我使唤的话,就休想在我帮伙里待下去。谁要是有忌,或者遵守我的意志之外的法律,就休想在我手里得到好处"③。但是,马立布恩仍然不愿意去杀人。"于是,魏尔

---

① 萧乾译:《大伟人江奈生·魏尔德传》,第64页。
② 同上书,第59页。
③ 同上书,第87页。

德立刻就把他记在黑名册上,作为一个不够可靠的喽啰,不久他就受到控告,处了死刑。这样,马立布恩就和许多土匪一样,不是死于他的土匪行为,而是死于他的良心。"① 魏尔德手下的一个喽啰布留斯金原来是个屠户,后来觉得正常生意赚钱不过瘾,便加入了团伙。一次布留斯金抢劫了一只金表不肯交出来,魏尔德尽管善辩也没能说服他交出金表,反而遇到对方的挑战:"我抢来的,我要留着自己用。你尽可以把自己的手枪掏出来,到大路上去抢劫呀。你休想偷懒呆在这里,叫别人冒危险,吃苦头,你坐享其成。"② 于是魏尔德向司法官告密,金表是不可否认的罪证,布留斯金被关进新门监狱。威廉·欧文指出,布留斯金的确是魏尔德团伙中的一个重要人物,并曾经造反另组团伙,后来被魏尔德带领警方破获。③ 菲尔丁为了充分表现魏尔德心狠手辣的特点,在小说中对有关史实进行了改动,布留斯金要造反还未动手就被送进了监狱。

但是魏尔德对布留斯金下的毒手也得到了报应。"当魏尔德正如一切伟人那样对于在自己手下遭害的人们毫不在意,漫不经心地站在他身旁的时候,布留斯金暗地里抽出把尖刀,就往我们这位英雄的身上扎去,劲头之猛,使得在一旁见到的人都以为他一定呜呼哀哉了。"④ 虽然布留斯金并没有扎中魏尔德的要害部位,这件事却让在场的人怀疑一定有什么隐情。后来议会通过一条法律,"凡利用别人的手去盗窃的贼,应处以死刑。这条法案明明就是为了消灭一切盗贼的伟大行径,我们这位英雄实在没法逃脱"⑤。魏尔德果然在向物主转售失盗物品时被逮捕,关进了新门监狱,并最终被送上绞架。弗雷德里克·伯格尔用当代解构批评关于语言的能指与所指之间的模糊关系问题来分析魏尔德的语言,说他强词夺理的诡辩表现了一种取消所指的欲望。他需要的布留斯金是对他言听计从,百依百顺的符号;当布留斯金不愿意做这个符号时,魏尔德就要把他除掉,这个行动可以解释为试图消除所指。但是布留斯金刺他一刀及其引起的连锁反应却表明所指并不能完全消除:"如果说魏尔德生命的完结反讽性地印证了他所认同的符号空白,他的命运在这里也重复了他努力治服并最终成功消灭

---

① 萧乾译:《大伟人江奈生·魏尔德传》,第 87 页。
② 同上书,第 118 页。
③ See Irwin, *The Making of Jonathan Wild*, p.7.
④ 萧乾译:《大伟人江奈生·魏尔德传》,第 123 页。
⑤ 同上书,第 124 页。

的对手的结局。"①

　　除了上述这些流氓恶棍特征,魏尔德性格中还有小丑的一面。他的行为大多是小偷小摸的勾当,比如在打牌时偷拉·鲁斯的钱;看到他睡着了便摸他的包,偷得三个先令;甚至手痒得明知对方没钱也要去掏包。② 另外,他往往在费尽心机获得钱财之后马上遭遇挫折。魏尔德通过软硬兼施从白格沙特手里得到了他抢劫来的大部分钱财之后,从商店里买了"一只很雅致的鼻烟壶"作礼物去拜访他的情人莱蒂希亚,并有些动手动脚的行为,结果引起小姐反感,两人发生冲突:"她虽然没有学会捏拳头,然而老天还是给她一套自卫的本事;她的手指尖儿上都带着武器,她运用得非常之巧妙。不多一会儿,魏尔德先生脸上有了好几个红点子。"③兴冲冲奔来的魏尔德只好悻悻而去。紧接着,在下一章开头我们了解到,原来莱蒂希亚屋里还藏着纨绔子托姆·斯米尔克,那才是她钟情的人。在第1卷最后一章,魏尔德盘算着"想做伟人只消结成一个帮,叫这个帮里的人都听我使唤。帮里的人抢来的东西全归我,任凭我随便给他们一点点酬劳"④。这可以说是魏尔德建立窃贼帮伙的宏伟计划。可是手头钱不够,只有65个几尼,便回赌场想办法。"那时候赌场正开着,但是他不想到赌桌上碰运气,却想玩一张更有把握的牌——等在路上抢赢家。可是到了赌场里他一想不如先抓把骰子试一试手气,把抢人留在末一着。可是命运女神正像一切女性一样,并不是严格按照每人的能力来分配她的恩惠的。因此我们的英雄把口袋里的钱输得一文都不剩。"⑤虽然他最后找到一个人和他一起抢劫赢家,"可是赃款很有限,因为这位先生是替人来赌的,赢的钱当场就交给东家了"⑥。胸有大志的魏尔德这时候可以说是鸡飞蛋打。

　　更具有滑稽色彩的场面发生在抢劫了哈特弗利之后。在第2卷第3章,魏尔德利用欺骗手段使哈特弗利把贵重珠宝卖给拉·鲁斯伯爵,又指使手下的两个喽啰在路上抢劫了哈特弗利所得的一千镑,其中九百镑归魏尔德,一百镑归两个劫匪。魏尔德带着贵重珠宝和九百镑现金再次去会莱蒂

---

① Fredric V. Bogel, *The Difference Satire Makes: Rhetoric and Reading from Jonson to Byron* (Ithaca: Cornell University Press, 2001), p.170.
② 萧乾译:《大伟人江奈生·魏尔德传》,第12,17,18页。
③ 同上书,第26页。
④ 同上书,第40页。
⑤ 同上书,第40页(译文有改动)。
⑥ 同上书,第41页。

希亚。路上遇到旧情人茉莉·丝特拉托尔,先捡便宜寻欢一番。到了莱蒂希亚家,开始只见到年长的杜希小姐。魏尔德拿出首饰盒给她看,杜希小姐便答应去把妹妹找来。实际上,莱蒂希亚正在楼上与白格沙特幽会。但是珠宝首饰的魅力是强大的,莱蒂希亚小姐很快来到。而就在这段时间,魏尔德却发现九百镑现款已经不翼而飞。好在他有"伟人"强大的控制力,暂且把丢钱的事放在一边。等到情人进屋,魏尔德赶紧打开首饰盒让情人欣赏珠宝,却发现里面装的并不是贵重珠宝,而是廉价市场上的假货:拉·鲁斯已经把珠宝掉了包。莱蒂希亚小姐对珠宝颇为内行,见此假货便"大发雷霆,骂魏尔德是无赖,是流氓,是恶棍。我们这位倒霉的英雄站在那里哑口无言,心里惊慌万分"①。过后魏尔德赶紧去找拉·鲁斯算账:"魏尔德敲伯爵的门时那股猛劲,连最有教养的贵妇人豢养得最肥的听差也比不上,门马上开了,出来一个打扮得很漂亮的仆役,说主人不在家。"②原来伯爵已经拿了珠宝,溜之大吉。罗森评论说,这个情节"让我们看到魏尔德仆人般的可怜相,然后又被真正的仆人所拒绝。后者'礼貌'的回答使魏尔德的小丑相更加可笑,加强了他受到的羞辱"③。严重的挫折使魏尔德似乎茅塞顿开,他自言自语道:"人世间的伟大是多么空洞啊!尽管我们这种能力超群的伟人可以不受俗人那些狭窄的规矩礼法的约束,一切都安排得十分周到,然而到头却还是一败涂地,那有什么好处呢?"④想到无法防范受骗上当,魏尔德觉得做贼匪真是难:"一个谨慎小心的人走在人多的地方,可以把手插在自己衣袋里提防人家来扒他,然而一个做贼的要把自己的手伸到别人衣袋里,他怎么顾得到自己的衣袋呢?从这一点来看,谁能比一个贼匪更惨呢?他弄到手的东西是多么不可靠!他据为己有的东西是多么不安全,多么不稳当!"⑤读到这里,魏尔德的处境简直要引起我们的怜悯了。虽然像哈罗德·帕格里阿洛那样把"魏尔德的心理看作菲尔丁最关注的主题"有些言过其实⑥,作者的确在刻画罪犯魏尔德心理活动方面下了工夫。

作为一个毫无良知的邪恶"伟人",魏尔德不仅贪财,而且好色,或者说

---

① 萧乾译:《大伟人江奈生·魏尔德传》,第 52 页。
②④ 同上书,第 53 页。
③ Rawson, *Henry Fielding and the Augustan Ideal Under Stress*, p. 107.
⑤ 萧乾译:《大伟人江奈生·魏尔德传》,第 54 页。
⑥ Harold Pagliaro, *Henry Fielding:A Literary Life* (New York: St. Martin's Press, 1998), p. 157.

贪财是为好色提供物质基础。但是在好色上面他却处处碰壁。他虽然从小就好像注定与莱蒂希亚小姐有缘,但他两次带着钱财去求欢却都碰了壁,因为莱蒂希亚小姐"有三宗主要爱好:她一好虚荣,二好放荡,三好贪得无厌。她利用斯米尔克先生和他的朋友们来满足头一宗爱好;利用白格沙特先生和他的朋友来满足第二宗;我们的英雄很荣幸,第三宗由他一个人单独包下来了"①。也就是说,他只有给情人送钱的份,却享受不到"爱情"。在哈特弗利入狱之后,他骗哈特弗利夫人与他一起出走,转移财产,并在遭遇海难的情况下要强暴她而没有得逞。后来他的帮伙发展起来,势力越来越大,"他设立了一个办事处,一切被抢的人可以照原价(或者稍高一点)把他们丢的东西赎回去"②。于是财运亨通,更得斯耐普赏识,两家长辈便决定让魏尔德和莱蒂希亚小姐两人结婚。魏尔德写了情书让他最信赖的法尔勃洛德送去。小姐对他的信不屑一顾,却对法尔勃洛德温柔多情,结果两人立刻勾搭成奸,魏尔德还没结婚就被戴上了绿帽子。③ 双方家长为了嫁妆财产问题互相欺骗,勾心斗角,"最后,双方父母把一切都协议好了,产权也安排妥当,小姐名下的家当(共计 17 镑 9 先令,包括现款和实物)也付清了"④。这最后给出的数字加强了小说对所谓"大伟人"魏尔德的讽刺,两个人的婚后生活更是互相折磨的生动写照。菲尔丁在第 2 卷第 8 章摈弃了叙述手法,改用戏剧对白,描写更加逼真。请看下面的对话:

　　江奈生:如果你结婚不是为了爱情,请问,你干吗结婚呢?
　　莱蒂希亚:因为结了方便。而且是我父母强迫我结的。
　　江奈生:夫人,我至少希望你不要当面告诉我,你把我当成了你的方便。
　　莱蒂希亚:我把你什么也不当,我也不希望得到把你当成什么的光荣。
　　江奈生:当了,你把我当成丈夫了。
　　莱蒂希亚:不对,那是你自己要当的。⑤

　　魏尔德被关进新门监狱之后见到莱蒂希亚,以为是来看自己的,却发

---
① 萧乾译:《大伟人江奈生·魏尔德传》,第 51 页。
② 同上书,第 94 页。
③ 同上书,第 96 页。
④ 同上书,第 97—98 页。
⑤ 同上书,第 100 页。

现她是为法尔勃洛德而来。他在情场上的表现，完全是个屡战屡败的小丑。魏尔德偷盗成性，至死不改，"当牧师嘴里正在朗念经文，同时，四下里石头砖块像雨点似的纷纷投来的时候，魏尔德却趁势把手伸进牧师的口袋里，摸出一只开瓶塞的钻子；他就握着那件赃物离开了人世"①。魏尔德最后的行为可以说是小丑本色的最突出表现，因为他是本能地做着毫无意义的偷窃活动。

菲尔丁对魏尔德小丑形象的描写有多方面的意义。首先，就政治讽刺来说，突出魏尔德的小丑形象就在一定程度上瓦解了他的反面强人形象，使读者看到这类所谓"伟人"并不可怕，从而增强战胜他们的信心。从菲尔丁的戏仿英雄史传写作风格来看，小丑形象也有很重要作用，这是魏尔德区别于亚历山大或查理十二世那类造成更大危害的"伟人"的基本特点，他难以达到那类"英雄"的高度。此外，从菲尔丁喜剧艺术发展来看，魏尔德的小丑形象使他比较接近滑稽喜剧人物，与纯粹的讽刺对象有一定区别。白特斯廷在《菲尔丁传》中提到这么一件佚事，说多丁顿最乐意向朋友朗读《江奈生·魏尔德》。② 我们前面曾经谈到菲尔丁在《论真正伟大》一诗中赞美多丁顿与沃波尔不同的伟大，《江奈生·魏尔德》刻画的男主角既是恶棍又是小丑的形象更让多丁顿乐此不疲地朗读。

第三节 反讽手法和魏尔德的复杂作用

《江奈生·魏尔德》最突出的写作特点是反讽的应用。萧乾先生指出："这部小说自始至终用的都是反笔。在标题上菲尔丁就作了反笔文章：他把天字第一号的恶棍称作'大伟人'，而书中却用'卑鄙'来形容正面人物哈特弗利。作者对魏尔德这个恶棍是深恶痛绝的，然而字面上他却作出'礼赞'的姿态。结果，作者越是称赞他的'伟大'，魏尔德在读者心目中就越显得渺小可鄙。"③菲尔丁是反讽艺术的大师，他的所有作品里都可以找到反讽的例子，但是只有在《江奈生·魏尔德》里反讽是占主导地位的。菲尔丁之所以这样做可以从多方面来探讨。首先，反讽与讽刺有不解之缘，许多

---

① 萧乾译：《大伟人江奈生·魏尔德传》，第167页。
② Battestin, *Henry Fielding: A Life*, pp. 280—281.
③ 萧乾：《菲尔丁——英国现实主义小说奠基人》，第42页。萧乾指的"反笔"（Irony）一般词典译为"反语、冷嘲、讥讽"，笔直倾向于用"反讽"。

情况下利用反讽可以收到更好的讽刺效果。直截了当的正面表现可能难免说教之嫌,利用反讽却可以在不经意间取得特殊效果。18世纪早期文学中利用反讽最突出的例子是笛福的《对付不信国教者的简易办法》和斯威夫特的《一个小小的建议》:前者建议最好是把不信国教者送上绞架,后者则提出解决爱尔兰人口问题的有效方法是把穷人婴儿作为富人的佳肴。罗纳德·鲍尔逊认为同斯威夫特相比,菲尔丁的特点在于把反讽与评论结合起来:"他感到有必要用剧作家或律师的指挥来给讽刺描述的混乱以秩序,把意思确切无误地表达出来"①。关于反讽艺术的传统观点是"正话反说",但是现代批评理论家更强调反讽的作用在于正反两种理解都可讲得通,从而增强了阐释的复杂性。克劳德·罗森这样写道:"反讽是种姓徽章,是密码语言,对少数人是一种意思,而对多数人是另一种意思"②。以笛福《对付不信国教者的简易办法》为例,他的用意是攻击托利党人,但一开始却被托利党人信以为真,当成对付政敌的好办法,在发觉上当之后竟恼羞成怒地把笛福戴枷示众。虽然正如萧乾先生所指出的,哈特弗利和魏尔德作为正反面形象的对立是很清楚的,但是就世俗观点来看,哈特弗利的轻信受骗的确可鄙,而魏尔德的能言善辩,把手下喽啰和往日朋友玩弄于股掌之间的本事实在不凡。更为重要的是,社会上的"大伟人"取得成功的手段往往与魏尔德的伎俩如出一辙,难分伯仲。这些腐败政客才是菲尔丁真正要讽刺的目标,而他们自诩是当之无愧的"大伟人",这种特殊的讽刺效果只有反讽才能充分表达。

作为一部讽刺小说的主人公,江奈生·魏尔德显然是作者主要的讽刺对象。但是他有时也充当作者代言人的角色,或者说作者通过他来表达具有广泛社会意义的批评观点。在论证为什么他应该占有白格沙特抢劫来的钱时,魏尔德就曾引经据典地说,"亚里士多德在他的《政治》第1卷里清清楚楚地证明过,人类中间那低微、卑贱、专供使用的一群人生来就是奴隶,就是专为听任上流人使用的,而且实际上他们跟牲畜同样是上流人的财产。有句话说得很对:我们这种上流人生来就是专为吞食地上果实的,下流人生来就是专为替我们生产果实的"③。虽然生活在18世纪早期的

---

① Paulson, *The Life of Henry Fielding: A Critical Biography*, p. 129.
② Claude Rawson, "Henry Fielding", in *The Cambridge Companion to the Eighteenth Century Novel*, ed. John Richetti (Cambridge: Cambridge University Press, 1996), p. 121.
③ 萧乾译:《大伟人江奈生·魏尔德传》,第22—23页。

菲尔丁还没有现代人的平等观点，但通过魏尔德引用亚里士多德为自己找根据，菲尔丁也在一定程度上表现了对这种不平等制度的批评。

　　第2卷第6章标题是《关于帽子》，说的是魏尔德的窃贼团伙不断壮大，人数越来越多，于是以所戴帽子样式的不同分成两派，互相争吵。魏尔德为了解决团伙内的争吵问题发表了一番高论，说帽子只不过是用来骗人的："因此，当着大庭广众你们为这些事争吵不休，叫大众寻寻开心是很聪明的，因为当大家倾听你们的胡言乱语时你们就更可以趁机从容不迫、万无一失地去扒他们的衣袋了。要是你们在背地里认真吵起嘴来，那可就愚蠢无比、荒唐到家了。当你们知道了你们个个究竟都是'贼匪'，那么，戴宽檐帽子跟窄檐帽子又有什么区别？"①这在某种程度上表现了作者对两党政治的观点。英国两党政治的端倪最早出现在查理二世在位后期，支持信天主教的约克公爵詹姆斯为王位继承人的被称为托利党，反对者被称为辉格党。虽然辉格党人没能成功阻止詹姆斯继位，却在三年后与托利党人联合起来，迫使詹姆斯二世退位逃往法国，这就是所谓"光荣革命"。安妮女王在位后期，当权的托利党人曾经试图让詹姆斯二世的儿子继位。因此，来自汉诺威的乔治王继位之后，托利党人就被视为新王朝的敌人，在半个世纪里没能掌权。这一时期英国的两党政治实际上主要是以沃波尔首相为代表的宫廷派辉格党人与他的反对派，自封为"爱国者"的失势辉格党人之争。在这场争执中菲尔丁的态度是彷徨不定的。从这种社会政治背景出发，我们可以清楚看到魏尔德的话实际上就是作者对政党政治本质的揭露。

　　魏尔德为说服马立布恩去杀人，曾经讲了这么一番话："你睁开眼睛四面看看，有多少人由于破产或者伤心而夭折。不提那些屠杀过多少民族的英雄，他们的光荣是永垂不朽了；难道你认为那些人与人之间的迫害、欺诈和污蔑，硬把人的灵魂和身体分裂开来就不算杀人了吗？把一个人的财产抢光了，然后叫他长眠，不是比用奸计破坏一个人的名誉，然后叫他憔悴而死，或者，更坏一些，叫他奄奄一息地活着更仁慈，更善良吗？"②虽然魏尔德力劝马立布恩杀人的用意是邪恶的，他关于人世间各种不动刀枪杀人的描述却有作者代言人的意味。魏尔德进了新门监狱之后与原来在囚犯里面当头的罗杰·强森发生了冲突，他发表了一篇慷慨陈词的演讲。如果从

---

① 萧乾译：《大伟人江奈生·魏尔德传》，第60页。
② 同上书，第86页。

政治寓言的角度来分析,在这里罗杰·强森是宫廷当权派的代表,而魏尔德则代表着向当权者挑战的反对派。本来罗杰·强森是魏尔德团伙的成员,他被逮捕之后魏尔德曾经带人冲击监狱,给他提供机会越狱。① 但是菲尔丁为了表现讽刺主题,把同伙改编为对手。叙述者进行了这样的评论:"贼匪们的利害确实是不相调和的:强森占有新门的掠夺品,他的部下因而也就分沾到一些油水;而捧魏尔德场的,心目中准备一旦魏尔德登场,也分享点好处。因此,难怪双方竞争得十分激烈。奇怪的倒是那些债户,他们跟这场争执本来毫不相干,而且他们注定了是双方掠夺的对象,但是他们也很起劲地参加进去,有的赞成魏尔德,有的拥护强森。"②这正是对社会政治生活的写照:相争的两派都是为了自己的利益,而普通民众被糊里糊涂地裹挟进去。

威斯林版编者戈尔德卡教授在评论这一段时写道:"这一章的突出特征是对政党之争过程的总体厌恶,这或许也可以说是全书的特征。"③于是,作者让一位"很严肃并且很有威望的人"出来阐述了这样一种理想:"把掠夺者消灭掉总比仅仅换个掠夺者好。要达到这个目的,除了把风气完全改变过来,还有什么更好的办法呢?我们这些只是为了还不上债而关进来的人应当跟那些贼匪截然分开,不跟他们吃酒,也不跟他们谈话。我们尤其不要沾着贼匪行为的一点边儿。我们不要一有机会就准备互相掠夺,我们要满足于我们每个人那份诚实的报酬,我们要凭自己的辛劳去取得份内的报酬。"④这是对理想社会的呼唤,能否实现就是另一个问题了。萧乾先生就曾一针见血地指出,"凭这种洁身自好的办法是不可能消灭菲尔丁所谴责的掠夺的"⑤。

第四节 哈特弗利夫妇故事的意义

哈特弗利的形象历来是批评界争论的焦点。一般来说讽刺作品重点不在塑造人物,更不注重描写正面人物。在《江奈生·魏尔德》中除了作为

---

① Irwin, *The Making of Jonathan Wild*, p.9.
② 萧乾译:《大伟人江奈生·魏尔德传》,第129页。
③ Goldgar, "General Introduction", p. xxxii.
④ 萧乾译:《大伟人江奈生·魏尔德传》,第130页。
⑤ 萧乾:《菲尔丁——英国现实主义小说奠基人》,第48页。

讽刺对象的魏尔德外,还有正面形象哈特弗利夫妇。由于这对夫妇的形象比较苍白,不够生动,有批评家认为这是菲尔丁在出版前为了扩充篇幅而临时增加的,虽然是正面人物,但是没有多少吸引力。托马斯·R.克利里认为,"最先写的魏尔德传较短,沃波尔倒台使它显得过时了,于是菲尔丁又陆续添加了关于魏尔德-哈特弗利的内容和哈特弗利太太的旅行。"①还有的批评家甚至提出哈特弗利同江奈生·魏尔德一样都是讽刺对象:后者只有能力没有善意,而前者虽然善良却没有能力。艾伦·温德特是这种观点的代表:"哈特弗利形象不完美,但不是如欧文教授所主张的就美学而言,而是在道德方面有缺陷,这是菲尔丁刻意关注的。"②这种说法有一定道理,因为菲尔丁在《杂集》序言中提出最理想的是既有能力又善良的人,并举了苏格拉底和布鲁图为代表,是真正"崇高"(Sublime)的人物。但是,这样的理想人物毕竟十分少见,绝大多数人是属于另外两类,大多数人善良而没有超人的能力,而有些人能力超群却没有善良之心。③

克罗斯这样归纳两者的区别:"善良的要素属于心灵,包括'仁爱、荣誉、诚实和慈善';这些要素构成善良的人。伟大的要素属于意志和理解力,被称为'才华',或能力和勇气。"④从《江奈生·魏尔德》这部小说本身来看,哈特弗利显然是与江奈生·魏尔德相对应的正面形象。戈尔德卡还特别强调哈特弗利的形象是以《伦敦商人》的作者、菲尔丁的朋友、珠宝商约翰·李洛为原型的,因此是个完全正面的形象。⑤ 这种分析有道理,但是也不能走到另一个极端,说既然是以好人为原型,菲尔丁对这个人物就没有批评。实际上,生活中的人物作为原型出现在文学作品中,他们的身份就变了,其言语行为必须服从作家创作的需要。因此,虽然作家总体上肯定哈特弗利这个新兴商人的形象,对他的刻画也带有菲尔丁对现代商业社会和商业道德的思考和批评。W. A. 斯派克认为,"在《江奈生·魏尔德》中,菲尔丁把伦敦西区同主人公的罪行和邪恶联系在一起,而把伦敦城与哈特

---

① Thomas R. Cleary, *Henry Fielding: Political Writer* (Walterloo, ON: Wilfred Laurier University Press, 1984), p. 192.

② Allen Wendt, "The Moral Allegory of *Jonathan Wild*", *ELH* 24 (1957): 309.

③ Fielding, "Preface", *Miscellanies by Henry Fielding, Esq. Volume One*, ed. Henry Knight Miller (Oxford: Clarendon Press, 1972), pp. 11—12.

④ Wilbur L. Cross, *The History of Henry Fielding* (New Haven: Yale University Press, 1918), Vol. I, p. 412.

⑤ Goldgar, "General Introduction", p. xxxix.

弗利的坚定美德相联系"①。这也不失为一种有趣的解读。苏联批评家爱利斯特拉托娃则指出:"魏尔德的对手,善良的哈特弗利的形象,就没有写得这样生动,因为其中体现出来的并非真实的社会规律,而是作者的乌托邦幻想。"②这是传统马克思主义批评的基本观点。但是,《大伟人江奈生·魏尔德传》毕竟是一部讽刺小说,其主要目的是讽刺魏尔德这类人,不是塑造完美无缺的正面形象。哈特弗利夫妇一方面是与魏尔德对立的正面形象,另一方面作者也利用他们来表现其他的讽刺作用。

哈特弗利作为珠宝商人,诚实待客,童叟无欺,有很好的信誉。他的家庭生活也很美满,妻子漂亮贤惠,女儿温和规矩。但是,哈特弗利在与魏尔德交往中显然过于轻信,从而铸成大错。利奥·布洛迪这样指出:"像亚当斯一样,哈特弗利对表象的轻信不仅在于他天真得缺乏知识,而且他把表象视为认识世界的唯一正路。"③这自然是他受骗的基本原因,但同时我们也不能忽视相关因素。魏尔德虽然是他早年的同学,两人毕竟多年未见,对其底细并不了解。刚一见面就慷慨应允为他的朋友提供价值几千镑的珠宝,显然表现了哈特弗利作为商人贪心的一面。商界人所共知的法则是交易量越大,赚取的利润就越多;哈特弗利在自己的店里缺少贵重珠宝的情况下,不惜从同行赊借来完成魏尔德介绍的交易,可以说是菲尔丁对商人利欲的委婉批评。在《鲁滨孙飘流记》中,当主人公时隔近30年重回英国,打听在巴西种植园的消息时,发现自己的产业很兴旺,合伙人经营有方,已经积累了大笔资产:"我现在已经突然之间成了五千金镑现款的主人翁,同时在巴西还有一份产业,每年可以收入一千镑以上,就像英国的田产一样可靠。"④这是商人出身的笛福对商业道德的理想化表现,菲尔丁显然没有这么乐观。他在《约瑟夫·安德鲁斯的经历》中曾通过威尔逊的自述,说明经商失败的原因仅仅是自己不愿意像别人那样往酒里兑水:"我既不懂得生意的诀窍,又经营得老老实实规规矩矩,很快就发觉我们的财产走了下坡路,我的生意逐渐减少;因为我的酒进口之后,从不掺水,卖出时的成分跟运来时一模一样,那便引起了全体酒店老板的诋毁,因为我卖给他

---

① W. A. Speck, *Society and Literature in England 1700—1760* (London: Gill and Macmillan, 1983), p. 135.
② 爱利斯特拉托娃:《菲尔丁》,李从弼译,上海:新文艺出版社,1957年,第45页。
③ Braudy, *Narrative Form in History and Fiction*, p. 125.
④ 《鲁滨孙飘流记》,徐霞村译,北京:人民文学出版社,1959年,第269—270页。

们的价钱不能像某些酒商的那么便宜,他们的售价比我低,赚头却比我大一倍。"①在哈特弗利的故事中我们也可以看出作者菲尔丁对商人不顾一切的赚钱欲望的批评,尽管这种批评在小说中只占次要地位。

由于魏尔德及其同伙的欺骗抢劫和栽赃陷害,诚实的哈特弗利被捕入狱,此后小说转入哈特弗利太太的故事。第2卷第9章是这样描写的:魏尔德"劝她马上带着珠宝细软逃到荷兰去,因为要是法院正式宣告了她丈夫破产,再想跑也跑不掉了"②。虽然哈特弗利太太希望在离开之前见丈夫一面或带着孩子一快逃,最终还是被魏尔德的花言巧语说服,同他一起外逃。他们在海上遇到风暴,眼看船就要沉没,魏尔德却要利用这个机会实施强暴,终于被同船的人治服。后来英国船被法国船劫掠,法国船主迷上了哈特弗利太太,把魏尔德扔到小舢板上听天由命。此后小说接着叙述魏尔德如何脱险回到伦敦,并诬告哈特弗利指使夫人转移财产,从而判定大罪。福兰德里虽然忠心耿耿,却没有能力解救主人,只能答应以后会与主人的长女结婚并照顾次女。在最后时刻,哈特弗利太太的突然出现解救了哈特弗利,接着她讲述了自己具有传奇色彩的经历。法国船主"很快就对我表露了他的心思,并且用尽了时常足以打动我们女人心肠的温柔手段来劝我答应他,但是他从不曾恫吓过我,或动一点武力"③。因此她得以保持贞洁。后来,这艘法国船又遇到一艘"英国的三级兵舰。我们的船主说,我们既不能战又不能逃。因此,没等它向我们开起准备好了的排炮就投降了","这位英国船主也向我表示爱情,而且比起那位法国船主来要粗鲁多了。"④一天,他想调戏哈特弗利太太,"亏了一位跟我处境相同,即是先被那条私掠船所俘又被这条兵舰夺来的先生,把我从他手里搭救出来"⑤。后来,就在这位英国船主决心满足自己情欲的时候,他竟然被哈特弗利太太骗得喝醉了:

> 我也大杯大杯地奉陪,喝得尽量快,而且自己也得跟他喝得一般多;换个时候,我一定老早就失掉理智了,然而这时我却没有醉。最后,看到他醉得差不多了,我抓个机会就溜出舱房,下定决心:要是遇

---

① 《约瑟夫·安德鲁斯的经历》,王仲年译,上海:新文艺出版社,1962年,第234页。
② 萧乾译:《大伟人江奈生·魏尔德传》,第68页。
③ 同上书,第139页。
④ 同上书,第140页。
⑤ 同上书,第141页。

不到人搭救,就宁可跳下海去。但是天不绝人,我果然有了救。当他打算追我的时候,他摇晃着向后一倒,摔下楼梯去了。他的肩胛骨脱了节,浑身摔得净是伤;我不但逃脱了这个歹徒那一晚的威胁,这一意外事件还使他发起高烧,性命几乎不保。①

一个毫无海上经验的家庭主妇竟然把以海为家的船长灌醉,即便不是天方夜谭,也极难让人信服。

此后,代理船长允许哈特弗利太太和那个曾经帮助她的人上了"一艘开往阔尔刻的英国船"②。但又遇到风暴,船员几乎都绝望了,只剩下祷告上帝的能耐。后来风浪平息,他们又在海上飘荡,最后到了非洲海岸,却又在靠岸前再遇风暴,靠弃船乘小舢板脱险。最后,哈特弗利太太实在走不动了,便在那位朋友陪伴下留在众人后面稍作休息。谁知此时朋友却"开始强烈地向我表示爱慕,比以前那两位来得还要热烈"③。那人又拿出一些珠宝来引诱哈特弗利太太,而她"后来无意中看见其中一副钻石项链,灵机一动,猛然认出那正是你卖给那个该杀的伯爵的项链,正是那件东西给我们招来这些灾祸"④。就在她要被强暴的关键时刻,突然出现一个当地土人救了她。"这个人除了腰部和脚,浑身一丝不挂,处处都是毛发,几乎和野兽一般无二。"⑤哈特弗利太太后来了解到此人本为法国人,30多年前遇险和妻子流落此地,后来妻子死了,自己决心老死此地。显然,这是戏仿笛福的《鲁滨孙飘流记》的主人公。可是他不久也向哈特弗利太太求爱,好在他"一面向我表示爱情,一面竭力声明除了哀求以外绝不采用别的办法"⑥。哈特弗利太太似乎也乐意复述他说的"许多恭维她的话",只可惜被外面传来的吵闹声打断,原来魏尔德"瞅见他的可爱的妻子莱蒂希亚偎在法尔勃洛德的怀抱里了"⑦。关于这番闹剧,鲍尔逊有很精辟的评论:"这段插曲可以理解为哈特弗利太太的忠贞与蒂希背叛的对比,但是也可以理解为哈特弗利和魏尔德不同反应的对比——一方面是轻信,另一方面是明白真相之后的愤怒。而第二个对比使我们注意到两位太太

---

① 萧乾译:《大伟人江奈生·魏尔德传》,第142页。
② 同上书,第143页。
③ 同上书,第146页。
④ 同上书,第147页。
⑤ 同上书,第147—148页。
⑥ 同上书,第149页。
⑦ 同上书,第150页。

之间的有趣相似"①。这番闹剧过后,哈特弗利太太继续讲她的故事。不管那人如何请求,她坚决不答应,最后正好有同伴来寻她,从而得以脱险。

拜见当地酋长之后,这个酋长也喜欢上哈特弗利太太,并要赠送她"一份贵重的礼物(这似乎就是他们普通表示爱情的方式)。我谢绝了那份礼物,以后他也就没再来求。原来这里男人第一次向女人求婚的时候她就答应下来,算不得丢脸;一次不成功,男人也就不会再求了"②。在这地方住了一个星期,碰上有战俘要被押往海边卖给贩奴船,哈特弗利太太就和一同脱险的船主等人准备搭船去美洲,再转船回英国。临行前酋长"送给我一颗十分名贵的宝石,他说,它的价值还远比不上我的贞洁"③。更幸运的是,他们在海上刚航行了三天,就"遇到一艘正在开回本国的英国兵船"。"船主对女人很周到。起初,他向我表示了一下柔情,及至看到我对自己的丈夫坚贞不移,他言语之间渐渐也就冷淡下来了。不久,他就表现出一种使我非常愉快的态度,而且为了我是个女人,待我十分恭顺,这样大家相处得都很痛快。"④虽然几乎每个见到哈特弗利太太的男人都对她图谋不轨,她却总能化险为夷,最后不仅保全了贞节,而且还带回了被骗的珠宝。两百多年前,18世纪英国名诗人威廉·考珀就在给友人的信中评论说,"哈特弗利太太这个形象保持得不好——在后来的故事中不够文雅——她的美貌使每个见到她的人都为之倾倒不断重复,让人生厌,表现了作者的粗心大意或者缺乏创造力"⑤。即使菲尔丁本意并不在讽刺哈特弗利太太,她所叙述的冒险故事有太多的奇遇和巧合,读者不能不对故事的真实性有所怀疑。这也进一步说明,菲尔丁关注的是如何利用哈特弗利太太为自己的讽刺目的服务,而不是塑造真实可信的人物形象。哈罗德·帕格里阿洛从另一个角度提出的观点很有启发意义:"实际上,她的故事是喜剧性重述,部分源于她和丈夫脱险之后回顾自己离奇经历时的极大兴奋喜悦。"⑥

菲尔丁在这部分故事中不仅嘲讽了当时流行的游记,而且表达了铲除政治腐败的理想。哈特弗利太太讲述她在非洲酋长国的经历时说道:

---

① Paulson, *The Life of Henry Fielding: A Critical Biography*, p.130.
②③ 萧乾译:《大伟人江奈生·魏尔德传》,第155页。
④ 同上书,第155—156页。
⑤ *A Selection from Cowper's Letters*, ed. E. V. Lucas (London: Oxford University Press, 1911), p.507.
⑥ Pagliaro, *Henry Fielding: A Literary Life*, p.161.

照当地的习俗,他当选酋长是由于勇敢和智慧都超出常人。在他当酋长的任内,他的权力是绝对的,但是一旦他违反了正义公道,马上就会被人民罢免,并且要受惩罚。民间的长老每年聚会一次,检查酋长的举止言行。当酋长的不但要经受这种非常严格的检查可能给他带来的危险,并且事情既劳累又麻烦,只有世间那些十分渴望掌权的人才会乐意干,因为他确实是全部落土人中唯一的奴仆……为了使他谦逊,每天晚上由一名差役私下里在他的屁股上轻轻踢一脚。①

这可以说是对民选政府必须受人民监督制约这种理想社会秩序的憧憬。虽然在18世纪英国这只不过是乌托邦一类的幻想,两百多年后重读这些描写我们仍不禁对作者的深刻见解感到惊叹。

《大伟人江奈生·魏尔德》1743年是作为《杂集》的第三卷问世的,同《杂集》前两卷的内容类似,重点在于表达作者的各种社会观点,不在于描写生动真实的小说人物。1752年菲尔丁对《大伟人江奈生·魏尔德》进行了修改,删除了第2卷第12章《格言》和第4卷第9章,修订版1754年3月出版。②《格言》一章几乎全部是模仿当时出版的一本杂志,只增加了一些讽刺性评论,目的在于表现作者诙谐机智的观点。这一章出现在魏尔德跳海之后,好像一下子停下故事,专门探索格言及其作用。这虽然按小说叙事常规来说不太合适,却更适合文人口味,而且还增强了读者阅读的悬念。这一章的内容实际上取自1742年的一期杂志,威斯林版菲尔丁著作集的编者因此认为《大伟人江奈生·魏尔德》不是早就写成的。③ 但是,我们也可以从另一方面来论证,这种与上下文不相关的插入特征,恰好说明它是后来为了扩大篇幅而增加的内容。第4卷第9章出现在哈特弗利太太关于自己在海外历险的叙述中,标题是《绝妙的一章;没有看过很多游记的读者可能觉得不可信,但信不信读者自定》。哈特弗利太太等人在非洲大陆遇到一个巨型怪物,"样子长得像大象,但体型巨大,大象与它比起来就像小鳌虾比大龙虾"④。一个海员从它口中进去,在里面开枪打中怪物心脏,然后从屁股走了出来。其他海员惊讶之余,也一起跟着走了一趟,并在内脏发现了被整个吞食的狮子。后来他们又遇到各种野兽,但哈特弗利

---

① 萧乾译:《大伟人江奈生·魏尔德传》,第154页。
② 参看威斯林版 *Miscellanies*, Volume Three, pp. 82—86, 162—165.
③ Goldgar, "General Introduction", p. xxxiii.
④ *Miscellanies*, Volume Three, p. 162.

太太最感震惊的是一种爬行动物,"颜色和形状像蛇,但长度差不多四分之一英里,相比而言六头牛大的体型倒显得太细了"①。菲尔丁在原版的序言中特别指出,这一章的目的在于讽刺流行的海外游记中荒诞不经的描写。

关于这个修订本,萧乾写道:"当菲尔丁病危时,他在床榻间还对全书作了一次相当大的修改——其中包括整两章的删节,足见这部作品构思之缜密及作者对它的重视。"②这种说法多少有些溢美之嫌。菲尔丁之所以修改《江奈生·魏尔德传》,最重要的原因是滑稽搞笑的内容作为《杂集》整体的一部分还是可以接受的,但作为单行本小说就很不合适。用罗纳德·鲍尔逊的话说,"修订本力图按照此前出版的三部小说的样子刻画逼真——使《魏尔德》尽量远离闹剧"③。尽管如此,修订本仍有些明显的不足。比如第1卷第7章"魏尔德少爷出外旅行,又回家来。这一章很短,在全书中是包括时间最长而事情最少的一章",叙述魏尔德被流放到美洲7年,这是讽刺18世纪上层青年教育过程的一环,到欧洲大陆的所谓观光旅行(Grand Tour)。第8章第二段结尾说伯爵又被抓住,萧乾译文是这样的:"他们一把逮住倒霉的伯爵,又把他送回他刚才在好朋友的帮助下逃出来的那所住宅里幽禁起来了。"④而按照书中的叙述时间,这个"刚才"已经是7年前的事了,如果修改本把第7章删除会更好一些。另外,菲尔丁修改《江奈生·魏尔德传》的目的是要弱化对首相的讽刺,因为小说的最初版本毕竟在很大程度上是以沃波尔首相为讽刺对象的,继任首相的佩勒姆是沃波尔提拔培养的,而他在菲尔丁看来却是个理想正派的政治家形象。时过境迁,党派色彩突出的政治讽刺让位于涵盖面更加广泛的社会讽刺,也正因如此《江奈生·魏尔德传》在两百多年后的今天仍然有现实意义。

---

① *Miscellanies*, p. 164.
② 《菲尔丁——英国现实主义小说奠基人》,第40页。
③ Ronald Paulson, *The Life of Henry Fielding*, p. 316.
④ 萧乾译:《大伟人江奈生·魏尔德传》,第21—22页。

第十章 政府的喉舌:《真爱国者》与《詹姆斯党人杂志》

1745年下半年发生了詹姆斯党人叛乱。作为汉诺威王朝的坚定支持者,菲尔丁积极投身到了反对叛乱的宣传工作中。他不仅发表了小册子号召人们为了宗教信仰和人身自由而抗击叛乱,还创办了《真爱国者》为平息叛乱造舆论。1747年,针对佩勒姆政府的反对派(其中包括詹姆斯党人)对政府的攻击,他又创办了《詹姆斯党人杂志》,用反讽手法来批驳反对派。菲尔丁还把詹姆斯党人叛乱事件穿插到《汤姆·琼斯》小说中,使小说本身具有鲜明的政治色彩。在这一阶段菲尔丁是不折不扣的宫廷派,是政府的喉舌或代言人。威斯林版菲尔丁著作集的《真爱国者》和《詹姆斯党人杂志》两卷除了收录菲尔丁在两份期刊的文章外,还包括内容相关的论著。本章将介绍这些文章,并对两份期刊所表现的基本内容进行归纳总结,以便读者更好地在具体的历史语境中理解菲尔丁的作品。

第一节 詹姆斯党人叛乱与菲尔丁的反应

《真爱国者》卷除了菲尔丁发表在期刊的文章外,还收有他办刊前发表的反击詹姆斯党人叛乱的三篇文章。第一篇发表于1745年10月3日,题目是《就苏格兰出现的叛乱致全国人民》,有点像告人民书的口气。菲尔丁首先指出,叛乱已经出现,必须坚决反击,但又告诫人们不应惊慌失措。他先历数了詹姆斯二世的罪行,然后指出其子"觊觎王位者"(Pretender)的天主教徒本质,最后说明现在领导叛乱的"小觊觎王位者"(Young Pretender)查尔斯·爱德华与其父亲祖父是一丘之貉,都是要恢复所谓天赋王权和天主教统治,剥夺人民的政治权利和信仰自由。然后,菲尔丁进一步指出由于他们是法国人豢养支持的,让詹姆斯党人复辟就等于屈服于暴政极权的法王统治。他很富有激情地反问:英国人难道要拿"无比的自由换法国奴役,拿自由强大繁荣之邦的财富和商贸换臣服行省的苦难与贫困吗?"① 文章还引经据典,列举天主教法庭的残酷无情,指出如果叛乱阴谋得逞,英国人民所珍视的一切都将丧失;这是一场关系国家民族生死存亡的严重斗争。文章最后写道:"因此,让我们立刻武装起来,为了真正的英国事业而唤醒古有的英国精神,抛弃恐惧和懈怠,勇敢承担起保卫国家的责任,共同抗击威胁我们的财产、家庭、自由、生命和宗教的入侵者。"②

几天之后的 10 月 7 日,菲尔丁又发表了题为《正在苏格兰发生的叛乱史》的小册子,具体描述从 8 月初"小觊觎王位者"在苏格兰登陆以来叛乱发展的过程。他在小册子开头就强调,展现给读者的叛乱发展的事实真相,依据是曾经参与叛乱的名叫麦克弗森的苏格兰人提供的材料。威斯林版菲尔丁著作集的编者考利教授指出,这个麦克弗森可能是杜撰的,文章中列举的许多材料也查无实据。③ 实际上,菲尔丁是利用了当时可以收集到的材料,结合自己的想象发挥,着力刻画以"小觊觎王位者"为代表的叛军的残酷无情和天主教狂热,以此向人们展示如果叛乱得逞可能带来的恶果,从而激发人们行动起来抗击叛乱的决心和信心。虽然小册子的题目是"史",其目的不在于叙述史实,而在于激发士气和斗志。尽管如此,从菲尔丁的叙述中仍然可以大致归纳出叛乱的发展过程,而且在交通不发达的情况下本来也很难保证消息准确。约翰·B.欧文在《18 世纪英国史》中写道:"现在看来 1745 年的叛乱似乎同 1715 年那次一样注定要失败,但在当时的威胁似乎是确凿无疑的。英国(在大陆)陷入一场打不赢的战争,除了无能的约翰·科普(Cope)爵士指挥的部署在苏格兰的三四千守备部队,国内军队很少,国王在国外,政府陷入严重分裂"④。在这种形势下菲尔丁的宣传工作就显得很有必要。

《正在苏格兰发生的叛乱史》叙述说,"小觊觎王位者"大约在 7 月底或 8 月初(实际上是 7 月 23 日)到达苏格兰西海岸,然后开始笼络比较倾向于斯图亚特王朝的高地人。到 8 月 14 日前后聚集起第一批大约 300 多人,

---

① Henry Fielding, "A Serious Address to the People of Great Britain," in *The True Patriot and Related Writings*, ed. W. B. Coley (Middletown, CT: Wesleyan University Press, 1987), p. 29.

② Ibid., p. 31.

③ See W. B. Coley, "General Introduction" to *The True Patriot and Related Writings*, p. xlviii.

④ John B. Owen, *The Eighteenth Century: 1714—1815* (Totowa, N.J.: Rowman & Littlefield, 1975), p. 63.

进行军事训练和宗教洗脑。到8月20日,已经集中了1200多人,并打出叛乱旗帜。由于此前一直是隐蔽活动,远在伦敦的王室以及民众对于叛乱能否发生持怀疑态度,许多人认为即使"小觊觎王位者"笼络起乌合之众也不堪一击。8月23日,400叛军第一次进攻国王的军队,并且获胜,这才使人们警觉起来。到28日叛军人数达到2000多人,政府军方面有科普将军指挥的1500到2000人。他本来准备在苏格兰西部与爱丁堡之间布防,阻止叛军进入爱丁堡。但伦敦方面因担心叛军势力增大,便强迫科普将军率领军队前进迎敌。叛军却避开政府军,迂回到爱丁堡城下。因为城中防御空虚,叛军于9月17日不战而得城,只有著名的爱丁堡城堡因为防御坚固没有失守。占领爱丁堡城之后,叛军人数大增,菲尔丁给出的数字是正规军4000人,民兵3000人;除留2500人守城,4500人投入对政府军的进攻。编者考利教授引现代史学家的观点说叛军大约有2500人,即使如此,人数也比政府军多。9月21日普雷斯顿潘茨(Prestonpants)战斗打响。政府军虽然有炮,但因多年未用,而且炮手生疏,结果炮打不响,没有发挥作用。战事以政府军方面失败告终,死伤700多人,还有500多人被俘。① 此战之后"麦克弗森"逃离叛军,他提供的消息也就到此为止。

在叙述这一段史实的过程中,菲尔丁充分发挥小说家的特长,用一些引人入胜的故事趣闻来表达思想观点。比如,他写道,"小觊觎王位者"为了提高叛军的战斗力,十分强调纪律严明,对于违法乱纪者严惩不贷。有个叛军偷了一只羊便遭到军法审判,被处死刑;但是有一个强奸幼女者却被免于惩罚。因为偷羊的叛军是新教徒,而强奸犯是个天主教徒,他强暴的女孩则不信教,所以强暴她也不算什么罪。② 虽然考利教授在注释中指出这些故事似乎并不可信,但从反对詹姆斯党人叛乱的需要来说确实有鼓动作用。菲尔丁后来又写道,8月31日小"觊觎王位者"举行大规模天主教弥撒,信奉长老会的军官因不服从而被处决。通过这些描写,菲尔丁向读者展现了叛军的暴行,告诫人们如果这帮宗教狂热分子阴谋得逞,英国人民将无安宁之日。小册子结尾再次号召人们行动起来,参军参战,抗击叛军。唐纳德·托马斯指出,如果《正在苏格兰发生的叛乱史》"不是严格的

---

① "The History of the Present Rebellion in Scotland", in *The True Patriot and Related Writings*, p. 70.
② *The True Patriot and Related Writings*, p. 47.

招募志愿兵来准备保卫伦敦的演讲,至少它使人们进入要当志愿兵的心态"①。

后来菲尔丁又发表了小册子《魔鬼、教皇和觊觎王位者的对话》,大约在 10 月 15 日前后出版。由此可见在不到半个月的时间里菲尔丁连续发表文章,可以说是把全部精力投入到了反对叛乱的斗争中。《魔鬼、教皇和觊觎王位者的对话》这个题目清清楚楚地把三者联系起来,强调与詹姆斯党人叛乱的斗争是正义与邪恶的斗争,是信仰自由与宗教狂热的斗争。对话一开始,魔鬼与教皇互相吹捧,称兄道弟,打得火热。教皇很明确地对魔鬼说:"我得通知你,在法国和西班牙国王的支持下,为了保护自由、财产和英国国教,我已经派觊觎王位者的儿子查尔斯去了"②。这时候,觊觎王位者匆匆赶来,报告普雷斯顿潘茨战斗的胜利喜讯,教皇说他一定能成功把宗教审判庭带到英国去。觊觎王位者请求教皇免除履行以前做出承诺的义务,教皇说,"对于不信天主教的人所做的承诺都不算数,根本不用履行"③。菲尔丁就是用这种策略来打碎有些人对觊觎王位者的幻想。教皇还特别强调教皇—国王—民众这种不可动摇的等级关系,他自己享有绝对权威,国王只需向他负责,而民众不过是些奴隶。最后,觊觎王位者表示他要把珠宝交给教皇,换取资金支持,但从教皇的言谈中读者可以看出他不过是要骗得珠宝罢了。觊觎王位者下场之后是魔鬼和教皇的对话,两人各有一段很长的话。教皇认为叛乱一定能成功,因为英国的军队都在大陆,国内很少;很多天主教徒不满汉诺威王朝统治,必然支持叛乱;英国人现在沉溺于奢侈生活,道德堕落,不堪一击。但是,魔鬼似乎并不这么乐观。他说在大陆的军队可以很快调回,天主教徒们不会冒险参战,而过惯了奢侈生活的英国人为了维护自己的奢侈也会起来反击叛乱。④ 菲尔丁这是用教皇和魔鬼之口分析形势,借以向英国人民阐明他们的处境,鼓动人民抗击叛乱。

---

① Donald Thomas, *Henry Fielding: A Life* (New York: St. Martin's Press, 1990), p. 247.

② "A Dialogue Between the Devil, the Pope, and the Pretender", in *The True Patriot and Related Writings*, p. 80.

③ Ibid., p. 86.

④ *The True Patriot and Related Writings*, p. 98.

第二节 《真爱国者》的基本内容

　　叛军在取得普雷斯顿潘茨战斗胜利之后休整了一个时期,然后在11月份开始向英格兰进军,兵力大约有七八千人。此时英国的大部分军队仍然在大陆,国内的防御力量很弱,因此局势相当危险。正是在这种形势下,菲尔丁主编的《真爱国者》11月5日创刊,每周二出版,定价三便士,到1746年6月17日停刊,共出版33期。关于创办该周刊的原因,白特斯廷教授认为虽然不能肯定是政府授意,但可能得到了有些政府人士的支持。① 《真爱国者》主要有三个方面的内容:一是像《旁观者》那样的头版散论(leader 或 lead essay),二是介绍"欧洲现状"和"大不列颠现状",三是像文摘一样刊登其他报纸的消息,称作"道听途说"的"伪经",有时还加上讽刺性评论。威斯林版菲尔丁著作集《真爱国者》卷的编者考利教授综合以往研究者的成果,认为头版散论基本上均为菲尔丁所作,前几期"大不列颠现状"为菲尔丁作,其他内容则出自合作者的手笔。我们的分析主要是关于头版散论的内容。英文报刊的"Leader"习惯上译为"社论",《真爱国者》的一些"Leader"有"社论"性质,但是大部分是以"读者来信"、"来稿"出现的,有的是主编以詹姆斯党人的口气写的,所以统称为"社论"并不合适。《真爱国者》的内容围绕两大主题:抗击叛乱,支持政府,两者是紧密联系在一起的。

　　周刊定名《真爱国者》具有特殊意义。在18世纪英国政坛斗争中,居于执政地位的当权人物被称为"廷臣",而处于在野地位的人则自封为"爱国者"。因此,"爱国者"一般都是现政府的"反对派";菲尔丁在《真爱国者》第2期强调,现在真正的"爱国者"要与政府站在一起抗击詹姆斯党人叛乱。11月6日(也就是《真爱国者》创刊后的第二天),詹姆斯党叛军渡过特威德(Tweed)河进入英格兰境内。此后一个月不断推进,避开了政府军两道防线的阻击,12月4日到达德比郡,距伦敦只有120英里(约200公里)。但是,由于叛军人数不占优势,原指望获得的英格兰支持者没有出现,所谓法国援军也没来,"小觊觎王位者"在德比待了两天之后开始撤退,12月底在卡莱尔(Carlisle)重创由王子坎布兰公爵率领的政府军,退回苏

---

① Martin C. Battestin, *Henry Fielding*: *A Life* (New York: Routledge, 1989), p.401.

格兰。从 11 月初到 12 月底这两个月是叛乱最危险的时期,《真爱国者》连续发表文章号召人民抗击叛乱。针对当时民众的恐慌心态,菲尔丁在第 1 期的"当前叛乱形势"专栏指出叛军多为苏格兰高地下来的乌合之众,广大的苏格兰人民并不支持叛乱①;他在第 2 期指出,"把所有天主教徒都视为叛军支持者"是不正确的②,同时又告诫人们不能因为政府军占优势就掉以轻心。帕特·罗杰斯评论说,"菲尔丁试图把叛军与苏格兰民众区别开来取得了一些成功"③。如果说前两期的基本目的是要消除人们的恐慌心理,第 3 期则以叙述作者噩梦的方式描绘了叛军到来之后的残酷处境。第 10 期更以虚构日记形式,想象在复辟的斯图亚特王朝高压下,英国人度日如年的悲惨生活。这一期是菲尔丁的挚友詹姆斯·哈里斯所写,但表达的观点与菲尔丁的主张完全一致,从一个方面表现了两个密友的合作。普罗宾指出:"哈里斯想象的日记用常见的讨厌外国人词语,表现了英国人对教会极权的憎恨和对现存政体的自豪。缺少了立宪君主制和司法独立,英国就会成为另一个法国或意大利"④。

《真爱国者》前期的重点在于抗击叛乱,而后期的重点则在支持政府,抨击反对派。自从 1742 年首相沃波尔下台之后,英国政坛处在不稳定状态。虽然名义上亨利·佩勒姆处于政权中心,但是国王更青睐卡特雷特和普尔特尼(分别被授予巴斯伯爵和格兰威尔伯爵)。他们两人本来是沃波尔反对派的领袖,但在 1741 年匆匆抛弃反对派盟友而加入了政府。菲尔丁 1741 年底发表《反对派:一个幻象》中攻击反对派就是针对他们两个。到了詹姆斯党人叛乱的时候,菲尔丁的朋友利特尔顿和切斯特菲尔德等已经加入了以佩勒姆为中心的所谓"广基政府"(Broad-Bottom)。但是这个政府并不稳固,巴斯伯爵和格兰威尔伯爵凭借在上院的地位和国王的偏爱,仍力图取佩勒姆而代之。这一冲突到 1746 年 2 月 10 日达到高潮,佩勒姆及其支持者总辞职,国王 11 日任命巴斯和格兰威尔组阁。但是,由于支持者太少,他们根本无法组成一个最基本的内阁,好运只维持了两天,被讥讽为"48 小时内阁"。2 月 14 日佩勒姆重新受命组阁,这一次他把原来

---

① *The True Patriot and Related Writings*, pp. 113—115.
② Ibid., p. 124.
③ Pat Rogers, *Henry Fielding: A Biography* (New York: Charles Scribner's Sons, 1979), p. 144.
④ Clive T. Probyn, *The Sociable Humanist: The Life and Works of James Harris 1709—1780* (Oxford: Clarendon Press, 1991), p. 129.

国王反对的老威廉·皮特也拉了进来,实现了名副其实的"广基政府"。菲尔丁曾经在《真爱国者》第8期强调政府应该把一切有能力的人吸收进来,实现最强有力的领导,为老皮特入阁造舆论。虽然佩勒姆最后吸收皮特入阁并不是受舆论影响,但这件事却是菲尔丁和他的政界朋友们所一直为之努力的。因此,在"48小时内阁"的时候菲尔丁在《真爱国者》第16期旁征博引,对这场夺权闹剧极尽讽刺嘲弄。第17期的"大不列颠现状"专栏在欢呼叛乱受到重创的同时,尤其强调政坛的变革:"但是,最令人感到欣慰的是,行政管理权现在掌握在实践证明最诚实正直的人手中,从而使人确信我们享有自由,而且我们的自由是有保障的"①。威尔伯·L.克罗斯指出,在菲尔丁看来,随着"广基政府"的诞生,他在《杂集》序言中憧憬的善良与伟大结合一起的局面终于出现了。② 自此以后,佩勒姆得到了国王的坚定支持,反对派已经名存实亡。

从文学方面来看,《真爱国者》最有价值的是菲尔丁对斯威夫特的高度评价。斯威夫特是英国作家中对菲尔丁影响最大的一位,也是他最看重的当代作家。1745年10月19日,斯威夫特在都柏林去世。菲尔丁在《真爱国者》的创刊号中这样写道:斯威夫特"具有卢奇安、拉伯雷和塞万提斯那样的才华,而且在著作中超过了他们。他把自己的才智用到了最崇高的事业中,他抨击的对象既包括宗教迷信也包括无信仰,以及时代经常出现的错误和不道德;他为保卫国家同邪恶政客的罪恶阴谋斗争。他不仅是一个天才和爱国者;他在私人生活中是个慈善的好人,经常借钱给穷人和勤奋的人,从而使许多家庭免遭毁坏。"③虽然威斯林版著作集的编者把这段内容放在附录内,但它出自菲尔丁的手笔是毫无疑问的,这是学界的共识。④《约瑟夫·安德鲁斯的经历》的主要人物亚当斯牧师的出现也值得注意。亚当斯是诚实正直的牧师典型,菲尔丁在《真爱国者》中让他出面写了两封读者来信,评论时局。他在《真爱国者》第7期刊登的一封信中强调,当前出现的叛乱是上帝对英国人腐化堕落的惩罚,告诫人们要以此为契机,改恶从善。这既适合于他的牧师身份,也是菲尔丁宣传自己小说的机会。过了

---

① *The True Patriot and Related Writings*, p. 227.

② Wilbur L. Cross, *The History of Henry Fielding* (New Haven: Yale University Press, 1918), Vol. II, pp. 33—34.

③ *The True Patriot and Related Writings*, p. 336.

④ See Battestin, *Henry Fielding: A Life*, p. 405; Donald Thomas, *Henry Fielding: A Life*, p. 251.

一个多月,《真爱国者》第 13 期再次刊登亚当斯牧师来信,抨击从赌博嫖妓到酗酒发誓等等罪孽,并在最后引用亚里士多德《政治学》中的话强调教育青年的重要性:"毫无疑问,立法者应该切实关注对青年的教育,否则会给每个城邦的文明秩序带来严重损害。"①从逻辑上来说这一封信的内容是上一封的继续。菲尔丁还进一步强调亚当斯牧师是在与威尔逊的交谈中表达其想法的,而威尔逊在《约瑟夫·安德鲁斯的经历》中就是青年堕落又获得新生的典型。

1746 年 4 月 16 日,坎布兰公爵率领的政府军与苏格兰叛军在卡罗登(Culloden)决战,以 300 多人伤亡的代价歼灭叛军 2000 多人,彻底粉碎了叛乱。4 月 29 日出版的《真爱国者》第 26 期庆祝英国化险为夷,全面胜利:"任何人如果认真考虑回想几个月前国家面临的形势,再比较当前的局面,都必须承认,没有哪一个国家如此突然间转危为安,走向最美好的幸福前景。"②然后,菲尔丁列举了国家曾经面临的内外危局——欧战不顺、叛军进攻、股市暴跌、政府危机,而现在卡罗登战斗的胜利标志着国家从此走向新的明天:"叛乱现在可以说是结束了,因为少数参与者将很快被肃清。我们再不用为财产、家庭、宗教和自由受到威胁而恐惧,应该充满信心,并期望叫敌人承受那些恐惧。"③第 27 期专门赞扬王室一家,从国王到威尔士亲王和坎布兰公爵,特别把后者的英勇无畏同"小觊觎王位者"临阵脱逃作了鲜明对比:"小觊觎王位者""面对的军队人数不如自己的多,却卑怯地(尽管他的一切希望都寄予此战)不考虑胜利,只关心自己的安危,早早逃离战场,而勇敢的坎布兰公爵却冲锋在前,置身于最危险和困难的位置"④。两相比较,泾渭分明,具有浪漫骑士色彩的查尔斯·艾德华·斯图亚特成了菲尔丁笔下的一个小丑,他的命甚至比不上他那些最低级的追随者。

为了增强《真爱国者》的可读性,扩大宣传效果,菲尔丁还采取了一种让敌人自暴其丑的反讽手法。第 12 期刊登的是所谓"觊觎王位者"给儿子的信,预祝"小觊觎王位者"打进伦敦过圣诞节。他写道:"我感到吃惊的是还没有英格兰人敢于宣布支持我们。但是,我们有机会报复,不仅针对积

---

① *The True Patriot and Related Writings*, p. 206.
② Ibid., p. 270.
③ Ibid., p. 276.
④ Ibid., p. 283.

极的敌人,而且包括不积极的朋友。实际上,我们必须尽量没收财产,因为法国和西班牙好兄弟会提出高额要求,不能为我们的争端而赔本。"①他还接着提到罗马教廷财政困难,需要他们支援等等。菲尔丁就这样借"觊觎王位者"之口陈述了英国人不支持叛乱的实际,又表明叛乱如果得逞人们面临的威胁。在第24期,菲尔丁虚构了一封老詹姆斯党人在威廉三世时代给在牛津大学读书的儿子的信,证明詹姆斯党人的顽固不化,绝不能幻想他们会有任何的仁慈理智。第29期刊登了两封信,一封是"反对派"给《真爱国者》的请愿信,说他们被报纸的攻击吓破了胆,请求编辑大人原谅,他们当反对派只不过受到记忆、情感或教育方面的影响,或者说是不过有点儿野心或实际需求:"他们并非痛恨权力,就像猎狗并不痛恨野兔,它们在它后面叫是因为它跑得快,追不上。他们不过想得到职位,而且许多人也没指望要高职。"②而另一封信的署名人奥利弗·旧大衣(Oldcoat)则表明他的信条是"爱国者就是反政府的人",政府做什么都是错的,政客都没有诚信。③ 在这些假托敌手或反对派写的信中,菲尔丁更形象深刻地抨击了对手,也使得《真爱国者》的论辩更生动活泼,避免了政论的呆板生硬。这种手法在《真爱国者》后期使用较多,而菲尔丁在1747年12月开始创办的《詹姆斯党人杂志》则完全是从敌手的角度来写的。

第三节 再次办刊为政府辩护

詹姆斯党人叛乱被粉碎之后不久,《真爱国者》就停刊了,菲尔丁专心从事《汤姆·琼斯》的创作。但是,一年多以后,英国政治形势的变化促使他在1747年再度卷入政论写作。18世纪英国王室一个很有趣的现象是威尔士亲王总是与在位国王有矛盾,支持反对派。乔治一世在位时与他的儿子矛盾很深,因此乔治二世即位之后就试图解除沃波尔的职务,任用自己的支持者。但是他的支持者能力实在太差,老谋深算的沃波尔不久便成了新国王的亲信,并长期掌权,乔治二世的儿子则成了新的反对派首领。1745年詹姆斯党人叛乱最严重的时候,威尔士亲王要求挂帅出征,但是国王根本不理睬他,而是从欧洲战场召回了自己的小儿子坎布兰公爵,这更

---

① *The True Patriot and Related Writings*, p. 194.
② Ibid., p. 291.
③ Ibid., p. 294.

加深了父子矛盾。1747年初威尔士亲王与已经失势的巴斯伯爵和格兰威尔伯爵等组成新的反对派，与国王支持的佩勒姆政府展开斗争。为了利用粉碎叛乱之后的有利形势，在反对派还没有真正稳固的情况下击败他们，佩勒姆决定解散议会，提前一年举行大选。1747年6月23日，菲尔丁匿名发表了小册子《一个绅士与一个市政官的对话》，为大选造舆论。

《对话》中的绅士和市政官本来是老朋友。绅士从伦敦来到小镇，市政官到客店去见老朋友，还抱怨为何不直接住到他家里。但是绅士说因为他有公务，到朋友家会添很多麻烦，于是两人很快进入选举的话题。菲尔丁的这种安排应该说是挺聪明的，避免了两派针锋相对、水火难容的局面，可以在比较平心静气的对话中辩明观点。对话中的绅士（Gentleman）是代表宫廷（Court 即政府）利益的，支持的候选人名叫英国人（English）和新教徒（Protestant），而市政官（Alderman）则代表乡村（Country 反对派）利益，他支持的是托马斯·呆脑爵士（Sir Thomas Leadheaded）和酒鬼（Toastum）。从候选人的名字可以很清楚地看出菲尔丁给他们定的性质：宫廷候选人是真正的英国人，新教徒；而反对派候选人则是愚蠢又顽固。这种情形与他在十年前的政治讽刺剧中表现的情形差不多，只不过他自己的政治立场已经从反对派转到了宫廷派。市政官一听到绅士说的候选人名字就马上表示反对，因为他们是在政府任职的人（Placemen），而他自己的观点则是一切在位人都是腐败分子，不能当选议员。绅士则反驳他的观点，说如果议员对国家事务一无所知，就根本不能治理好国家。① 绅士指责反对派的候选人是詹姆斯党人，而市政官则声明自己只想看到变化，不在乎什么人当国王，这种对国家前途不负责任的态度受到绅士指责。②

在进行了短暂的直接交锋之后，绅士质问市政官到底有什么可抱怨的。于是，对话进入实质问题，有些像现在选举中的辩论。市政官提的第一条是"自由面临危险"，但是绅士很快把他驳倒。接着市政官提出政府腐败，这是反对派最常见的指责。针对这一指责，绅士从各个方面给予了驳斥：腐败问题由来已久，不是现任政府可以解决的；选举中的腐败贿赂对于执政在野两方面来说都是半斤八两，反对派没有资格指责；政府有些做法

---

① "A Dialogue Between a Gentleman of London and an Honest Alderman of the Country Party", in *The Jacobite's Journal and Related Writings*, ed. W. B. Coley (Middletown, CT: Wesleyan University Press, 1975), pp. 4—5.

② Ibid., p. 8.

是反对派的腐蚀活动逼出来的；现在的政府是历来最诚实清廉的。① 市政官提出的另一项指责是"汉诺威战争"拖垮了国家。所谓"汉诺威战争"是指 1741 年开始的"奥地利王位继承战争"，以法国、西班牙为一方，英国、荷兰、德国等为另一方，到 1748 年春才实现停战。绅士首先说明这不是什么"汉诺威战争"，而是关系英国切身利益的战争；然后指出正是反对派当年迫使政府进行战争，而现在政府的各项努力都在争取尽快以最有利的条件结束战争，但是绝不能盲目地立即从大陆撤军，因为那样做只会丧失朋友，壮大敌人，损害自身，最终可能引狼入室。② 这两个问题是反对派攻击的重点，菲尔丁也以大量论证给予回击，占了全文一半以上的篇幅。此外，绅士还反驳了关于增税问题的指责，对涉及苏格兰的法案和解散议会等问题的质疑，最后把市政官说得心服口服，表示要在大选中投宫廷派候选人的票。这份宣传小册子初版就印了 3500 份，7 月初还加印了 1000 份，是菲尔丁的政论写作中印数最多的。白特斯廷教授认为这是菲尔丁最出色的政论，就连向来对这类写作不感兴趣的首相佩勒姆也对他大加赞赏。③

从 6 月 23 日发表《一个绅士与一个市政官的对话》到 12 月 5 日出版《詹姆斯党人杂志》有大约半年时间，此时菲尔丁在抓紧《汤姆·琼斯》的写作。7 月份大选结束之后佩勒姆政府在议会拥有了压倒多数（341 对 216），"足以确定亨利·佩勒姆在下院的权威，而反对派只剩下追随威尔士亲王的少数三流政客和托利党后座议员。"④政府在 1747 年下半年争取订立欧战和平协定。反对派在大选失败之后更加紧了对政府施政的攻击，而伦敦的几乎所有报纸都与反对派站在一起。这部分原因是新闻自由的本质所决定的。在面临叛乱的严重形势时报刊几乎一致支持政府，表现爱国；严重危机过后，则要找政府的毛病。另一个原因是佩勒姆自己历来不重视报刊舆论，不像前任沃波尔那样拥有御用文人。正是在这种情况下，考虑到《一个绅士与一个市政官的对话》所起的作用，佩勒姆政府起用菲尔丁来主办新的支持政府的杂志。虽然菲尔丁坚定支持佩勒姆政府，他却不习惯于直接给政府唱赞歌。于是他就利用自己擅长的反讽手法，从詹姆斯党人自己的角度来讽刺攻击政敌，所以期刊定名为《詹姆斯党人杂志》。同

---

① *The Jacobite's Journal and Related Writings*, pp. 17—32.
② Ibid., pp. 33—43.
③ See Battestin, *Henry Fielding: A Life*, pp. 419—420.
④ Owen, *The Eighteenth Century*, p. 67.

第十章　政府的喉舌：《真爱国者》与《詹姆斯党人杂志》　　227

《真爱国者》一样，《詹姆斯党人杂志》是每周一期，每期除了头版散论外还有选自其他报刊的"外交事务"、"国内新闻"，并从真正的反对派报纸搞文摘集萃，加以讽刺性评论。根据反对派的说法，菲尔丁每期得到两个半几尼的津贴，政府包销两千份。① 这是一份地地道道的"党派"期刊，是直接为政府服务的喉舌，因此受到同时代其他报刊攻击也最多。②《詹姆斯党人杂志》最可取的是其反讽手法；但是反讽手法用一段时间可以，一直用起来，特别是别人对其态度立场完全了解之后再用就有些装模作样了，所以菲尔丁在16期以后就放弃了这种手法。

《詹姆斯党人杂志》第1期引贺拉斯《讽刺诗》的一句作为题词："嘲笑要比严厉指责更有力"，这就基本上说明了办刊的宗旨。第1期正文开始就指出现在几乎人人办报，且质量低劣，因此本报的出现也用不着什么借口。办刊人毫不掩饰自己作为"詹姆斯党人"的政治立场，但承认没有什么"原则"："就詹姆斯主义这类神秘事物而言，只要信仰就行，知识毫无关系；只要穿花格背心，在赛马会和狩猎场上大喊大叫，饮酒时为健康干杯，就是个合格的詹姆斯党人，即使他不知道自己行为的原因，甚至也不知道自己在干什么。"③这段所谓定义把詹姆斯党人愚昧褊狭的特性表达了出来。至于为什么叛乱刚刚被粉碎不到两年，詹姆斯党人又蠢蠢欲动，有人说是气候原因，有人说是喝酒之故，也有人说是政府太宽大仁慈，办刊人说这些都不对，但真正原因对自己也是个秘密。在第2期办刊人介绍自己的老婆，说她也是个坚定的詹姆斯党人；第3期具体列举詹姆斯主义的几大秘密：一是君权为上帝所授，二是国王犯错不纠，三是人民必须被动服从，四是天主教国王可以保护新教信仰自由。前三条是"光荣革命"之后被抛弃的旧信条，第四条是1745年詹姆斯党人叛乱时"小觊觎王位者"的宣传。菲尔丁在这里再次把四条和盘托出，证明其荒谬愚蠢。由于对詹姆斯党人的指责基本上都是老生常谈，菲尔丁只能在论辩角度上下点工夫，其中突出的做法就是利用所谓来信。他在办《斗士》和《真爱国者》杂志时也刊登"来信"，但没有像在《詹姆斯党人杂志》这么集中。有时一期竟然会有五六封信，以便从不同侧面表现詹姆斯党人的荒唐；信的内容也经常互相抵触，矛盾重重。他在第9期特别强调詹姆斯党人的论辩特点是自相矛盾

---

① See Battestin, *Henry Fielding: A Life*, p.426.
② See Thomas, *Henry Fielding: A Life*, p.273.
③ *The Jacobite's Journal and Related Writings*, pp.92—93.

(Contrariety)。比如关于当时的欧洲战事,詹姆斯党人忽而大力攻击战争,要求立即休战;忽而反对停战,要求必须彻底打败法国和西班牙。这一期刊登的两封信,一封坚决反对与法国的贸易,说那等于支援敌人作战;另一封坚持对法贸易,说否则农民将卖不出粮食,交不上租税。①

从 1747 年 12 月 5 日的创刊号开始,《詹姆斯党人杂志》有这样一幅讽刺画做刊头:天主教神父牵着一头驴,上面坐着身穿苏格兰花格衣服的一男一女,男的举杯,高呼"万岁",女的握剑,振臂喊叫,驴尾巴上则有法国在刺驴前进,寓意法国是幕后支持,而女詹姆斯党人更好战。第 2 期的文章强调以作者夫人为代表的女詹姆斯党人的作用,说她们是中坚力量。文章还写道:她对于"女性事业的热情同对詹姆斯党事业的热情一样强烈,最积极地支持女性的权利,主张女性在一切方面都与男性平等"②。吉尔·坎贝尔指出,刊头画上振臂喊叫的女詹姆斯党人反映了当时报刊政论的习惯做法,指责狂热凶残的女詹姆斯党人不仅是叛乱的生力军,而且迫使她们的丈夫屈服。③ 从第 13 期开始刊头讽刺画被取消了,原因是容易引起误解。此后,杂志刊登的直接抨击詹姆斯党人的内容明显增多。第 14 期登了两封来信,其对政府的无端攻击愚不可及;第 15 期以模仿奥维德《爱之艺术》为名,指出詹姆斯党人的行为就是"撒谎曲解之艺术";第 16 期则直接刊登了一封政府支持者的信,虽然编者仍"鄙视"这种理性分析。在第 17 期开头,菲尔丁这样写道:"那头驴从本刊消失以后,詹姆斯党人自然也就待不长了",因为前者是后者的象征。④ 在这一期他终于正式宣布抛弃"詹姆斯党人"的伪装,并给出了如下的理由:反讽手法容易引起误解,当前的时代不喜欢这种幽默诙谐风格,而最主要的原因是詹姆斯党人的所作所为给国家和人民造成极大威胁,是很严肃的事情,不能当玩笑看。从第 13 期取消讽刺画刊头之后,菲尔丁就开始抛弃伪装,经过差不多一个月,可以说完成了从"詹姆斯党人"到政府代言人的角色转换。第 18 期刊登的内容是针对詹姆斯党人的攻击来为财政国务大臣利特尔顿辩护,而第 19 期更是直接就议会关于白金汉郡夏季庭审地点的争议声援佩勒姆。帕特·罗杰斯指

---

① *The Jacobite's Journal and Related Writings*, pp. 142—145.
② Ibid., p. 101.
③ Jill Campbell, *Natural Masques: Gender and Identity in Fielding's Plays and Novels* (Stanford: Stanford University Press, 1995), p. 139.
④ *The Jacobite's Journal and Related Writings*, p. 210.

出:"斯图亚特复辟事业基本上已经无望,真正的争论中心越来越集中在政府政策的另一个方面——佩勒姆政府争取缔结比较有利的和平协定,来结束奥地利王位继承战争。"①菲尔丁自然受到反对派报刊的猛烈攻击,在第 20 期他抱怨自己受到的攻击污蔑是任何人都不曾受过的。他写道,反对派报刊"用各种方式来污蔑我的名声;追查我的私人生活,甚至我的孩童时代,把所能想象的几乎一切邪恶强加于我。还有,他们以非凡的努力追究我的职业生涯,煞有介事地声称我既缺知识,又无业务。最后,作为一个作家,他们对我给予的蔑视超过蒲柏先生——他有作家的极大优点和相应的自豪——对于最低级涂鸦者的蔑视"②。

作为政府的辩护人,菲尔丁在《詹姆斯党人杂志》的角色与他在《斗士》的角色是截然相反的,因此他的许多政治观点也可以说前后矛盾。需要注意的是,菲尔丁从来就不是一个政治家,让他出来做政论辩护实在有些勉为其难。从基本政治观点来说,菲尔丁一直属于辉格党,支持光荣革命及其以后形成的君主立宪制度,支持信仰新教的汉诺威王朝,因此与 1714 年以来一直执政的辉格党没有什么原则分歧。他 1730 年代后期为反对派服务是因为他的朋友加入了沃波尔反对派的行列,1740 年代中期随着他的朋友先后在政府中得到职位,他的立场也自然转到政府一边来,当然不能指望他会提出什么激进的社会政治观点。攻击当权的人腐败是反对派报刊最常用的武器,而且在当时社会(甚至现在)要举出腐败的例子毫不困难。詹姆斯党人等反对派也是这么做的,而菲尔丁唯一能做的就是反复强调以佩勒姆为实际首相的政府是最廉洁的。虽然比起他的前任沃波尔来说亨利·佩勒姆是一位比较清廉的廷臣,但是他的长兄纽卡斯尔公爵位高权重,而且经常越职干预,也是人们经常指出的大问题。反对派有时指责政府是富人当权,不管穷人利益;菲尔丁就论证说拥有大量财产的富人才懂得怎样维护国民的财产。这种观点虽然保守,也不能说没有道理;18 世纪英国的政权都掌握在大土地贵族手中是不争的事实。作为政府的代言人,菲尔丁经常指责反对派造谣中伤,无中生有,有时甚至表示英国的言论自由政策带来极大的弊病。

菲尔丁在第 21 期刊登了两封詹姆斯党人的来信,说他们怎样在教学

---

① Pat Rogers, *Henry Fielding: A Biography* (London: Charles Scribner's Sons, 1979), p. 157.

② *The Jacobite's Journal and Related Writings*, pp. 235—236.

中迫使学生接受詹姆斯党人的主张。第一封信讲述了牧师罗伯特·阿特福尔(Artful 狡猾)阳奉阴违、口是心非的故事:"尽管他在公开布道中表示忠于乔治王,在内心里却一直忠于詹姆斯";不仅如此,他"还这样精心地教育学生,让他们懂得在这种情况下作伪即使是罪过,也很轻微"①。写第二封信的詹姆斯党人是个校长,他写道:"我有大量的机会用我们党的神秘故事和规则来影响学生不成熟的心灵;我向你保证,我绝不放过任何机会,因为(众所周知)我把这看得比向他们传授基督教原理更重要。"②在接下来的一期,菲尔丁专门论述教育问题,指出要向学生宣传斯图亚特王朝的罪恶,灌输汉诺威王朝的合法性。他认为詹姆斯党人仍然存在这个事实就证明在这一方面的教育是不太成功的。因此,他提出要对教师队伍进行甄别,把詹姆斯党人清除出去,由真正支持现政府的人担任教师。③ 坎贝尔评论说:菲尔丁"悲叹国人竟愿意恢复斯图亚特王朝的奴役时,经常把这种意愿描绘成儿童时代所受体罚的后果。"④菲尔丁在 30 年代末 40 年代初为反对派做宣传时经常攻击的是所谓"伟人",有时把"伟人"等同于"恶人"、"坏人";但在《詹姆斯党人杂志》中他反复宣传的一个重要论点就是现在当权的"伟人"是最好的人:出身高贵,家庭富有,才华出众,正直清廉。⑤ 克罗斯指出,"看到《巴斯昆》的作者对当权者,对贿赂和享有津贴持容忍态度,让人有些尴尬。尽管他并不完全赞同腐败——这在佩勒姆兄弟时期与在沃波尔时期一样公开——他有意缩小其广度和影响。他甚至设想某种防御性腐败是合理的"⑥。

　　1740 年代后期的反对派主要包括两个方面,一是在政权争夺中失势的巴斯伯爵和格兰威尔伯爵等人,二是詹姆斯党人的残余势力;因为前一类人与王室还有种种瓜葛,所以菲尔丁的论点主要是针对詹姆斯党人。但是,关于詹姆斯党人的指责就那么几条,翻来覆去地说有些让人生厌。他有时指责詹姆斯党人像"幽灵或鬼魂";有时说现在仍然有人支持詹姆斯党人简直最清楚表现了人的"奴性";有时又说人类与动物相比处于劣势的一

---

① *The Jacobite's Journal and Related Writings*, p. 247.
② Ibid., p. 248.
③ Ibid., pp. 259—260.
④ Campbell, *Natural Masques*, p. 191.
⑤ *The Jacobite's Journal and Related Writings*, pp. 340, 358, 398, 405.
⑥ Cross, *The History of Henry Fielding*, Vol. II, p. 59.

点就是人类喜欢组成"党派",这是最荒唐无理性的①。在第36期,他干脆重印了约瑟夫·艾狄生在1716年所办的《自由人》第28期的文章,说这篇关于1715年詹姆斯党人叛乱的文章完全适合现在的形势。在第44期刊登的是别人刚发表的小册子中关于辉格党人和詹姆斯党人的对话,这都表明他似乎对继续主办这份报纸有些失去兴趣了。第45期除了继续赞颂佩勒姆政府之外,菲尔丁又特别强调政治不是一般大众所能把握的:"说得简明一些,我有些怀疑政治(尽管它在目前被认为是谁都理解的普通科学)是否真的适合于大众;因为经验——如果不是理性——也一定会告诉我们大众要比他们的上级更易于犯错误。我承认,他们所要达到的目的大多是正确的,但是具体应用的方法却往往有缺陷。"②而他在第46期对反政府思潮的来源是人的"奴性"的分析,似乎从反面来论证真正的自由就是服从支持现政府。这些观点在反对派,特别是带有"共和"色彩的反对派看来几乎是有些"反动"了!

第四节 《詹姆斯党人杂志》的文学意义

从文学方面来看,值得注意的是《詹姆斯党人杂志》从第7期开始增加的"批评园地"(Court of Criticism),菲尔丁在其中发表了许多关于当时作品的见解。在"批评园地"开办之前,菲尔丁对理查逊新作《克拉丽莎》的评论引人注目。1747年12月,《克拉丽莎》前两卷出版,菲尔丁读后很受感动。在1748年1月2日出版的《詹姆斯党人杂志》第5期,他以读者来信的口吻发表了对《克拉丽莎》热情洋溢的评论:"如此简洁,如此动人,对自然本性的如此深刻理解,激发并震撼情感的如此力量,这在从古到今的作家中都是少见的。已经读过的内容紧紧地吸引我的感情,强烈地激起我的恐惧,使我无法表达对后来内容的热切期待"③。菲尔丁接着抨击对《克拉丽莎》的各种不公正指责:"克拉丽莎不听话;她太听话了。她太冷淡;她热情过头了。她待父亲、母亲、叔叔、哥哥、姐姐、恋人太坏了,待他们太好了。简言之,我几乎听到了所有关于人物性格的矛盾,都被以某种原因给加在这个可怜的姑娘身上;而她是一个最值得同情的人物,也正像她被描写的

---

① *The Jacobite's Journal and Related Writings*, pp. 381, 409, 390.
② Ibid., p. 405.
③ Ibid., p. 119.

那样好。"①菲尔丁能对写作风格、思想意识等方面与自己截然不同的竞争对手做出如此感人的评论是十分难得的。3月5日第14期的"批评园地"专栏再次发表读者来信,引第5期的评论为知己:"我很高兴读到您在第5期对《克拉丽莎》的评论,不仅是因为评论(按我的见解)完全公正,而且还给予我这样的期待,除了对作家的攻击,公众也可以读到些值得欣赏的东西"②。"读者"接着写道,"但是,当我此后在参加的几乎每一次聚会中,都听到有人嘲讽说《克拉丽莎》在《詹姆斯党人杂志》上得到大力吹捧(Finely Puffed),我有多大的受辱之感?请问,先生,能把一切赞扬都叫做吹捧吗?"③我们必须注意所谓"读者来信"只是编者的幌子,两封信实际上都是菲尔丁写的,是他在文学批评方面的珍品。

鉴于菲尔丁对《克拉丽莎》的热情赞扬,理查逊后来把尚未出版的《克拉丽莎》第五卷提前给他看。菲尔丁读后于1748年10月15日给理查逊写信表示感谢。菲尔丁自己是不喜欢写信的,在18世纪这个以写信闻名的时代,菲尔丁留下的信少得可怜。有鉴于此,他阅读了《克拉丽莎》第五卷之后写的信就尤其珍贵,更幸运的是理查逊虽然对菲尔丁很有偏见,却把这封信保存了下来。如果没有菲尔丁在《詹姆斯党人杂志》对《克拉丽莎》的热情赞扬,我们甚至要怀疑理查逊保存下来的信是否真实。菲尔丁在信中写道:"新的人物很自然有趣,寡妇贝维斯的形象带有很强的喜剧色彩。我经常见到这种人物,我敢说你的描写很准确。"④菲尔丁是喜剧小说家,他在这里对理查逊小说中的喜剧人物评价很高。他对克拉丽莎遭强暴的反应更加感人:"克拉丽莎回到住处圣克莱时警钟响了,我的心开始了自己的叙述。我惊呆了;我的恐惧感加强,我对这个遭到背叛的可怜人物极为担忧。——但是当我看到她拿着一封信进来,经过一些绝望的努力之后抱住那坏蛋的膝,称他为亲爱的洛夫莱斯,渴望却又不能够乞求他的保护或者更确切说怜悯;我都被同情心融化了,在所谓女性化的解脱中释放了我的恐惧。"⑤在这里,向来以无畏男子出现的菲尔丁,在为克拉丽莎的悲剧而流泪。白特斯廷写道:"那些只看到他满足于调侃生活表面现象,浅薄

---

① *The Jacobite's Journal and Related Writings*, p. 120.
②③ Ibid., p. 188.
④ *The Correspondence of Henry and Sarah Fielding*, ed. by Martin C. Battestin and Clive T. Probyn (Oxford: Clarendon Press, 1993), p. 70.
⑤ Ibid., p. 70.

第十章　政府的喉舌:《真爱国者》与《詹姆斯党人杂志》　　233

幽默和轻松善行的人,可以从这封信看到他性格的另一面,那是哈里斯和李洛等密友熟悉的。"①

第27期"批评园地"刊登了对詹姆斯·汤姆逊的新作《懒散堡》(Castle of Indolence)的评论。汤姆逊以长诗《四季》闻名,《懒散堡》是他从1733年就开始创作的模仿斯宾塞风格的寓言诗,1748年5月出版,是他最后一部作品。他在晚年得到利特尔顿的赞助,与菲尔丁的政治观点相同,出版商也是安德鲁·米勒,因此得到菲尔丁在《詹姆斯党人杂志》的赞誉是很自然的。汤姆逊诗歌的现代编者阿兰·杜格尔德·麦吉洛普教授指出,菲尔丁的评论是对《懒散堡》"最早的全面评价"②。菲尔丁首先从《懒散堡》的立意指出它体现了诗人要摹仿的斯宾塞精神,然后赞扬对城堡的描写"充满诗意","形象丰富自然",表现了"非凡的想象力"。③ 菲尔丁写道,他要省略诗人对友人的赞美,"但仍然忍不住要说这些赞美很得体;第65和66节的内容,我知道是完全公正的;而且作者的自我描写,尽管性格很可爱,我相信也一点不失公正"④。考利教授在注释中指出第65和66节赞美利特尔顿,而《牛津英国文学指南》则提到作者的自我描写实际上是利特尔顿写的。虽然严格说来这好像互相吹捧,但是对两人都深有了解的菲尔丁强调的是朋友之间的理解支持和公正评价。他在不久以后出版的《弃儿汤姆·琼斯史》献词中和正文内都有对利特尔顿的赞美。

从政论的文学性来看,《詹姆斯党人杂志》第31期特别值得注意。这一期开篇是这么一句话:"否定论敌自身所具有的最突出优点不仅有失公正,而且也是极不明智的"⑤。然后菲尔丁举例说大诗人蒲柏就犯了这样的错误:"因为这个原因我常觉得蒲柏先生一气之下斥责西伯先生是个无趣(Dull)的人,他实在是走得太远了。"⑥西伯是著名的喜剧演员,终生以扮演丑角逗观众乐为职业,因此说他"无趣"显然不准确。当然菲尔丁在这里做出的"指责"也是带有反讽意味的,因为蒲柏原意主要是指西伯的愚蠢(Dullness)。蒲柏本人是当时首屈一指的大诗人,却因其天主教信仰而得不到官方任用;自知缺乏诗才的西伯则被国王定为桂冠诗人,这也是蒲柏

---

① Battestin, *Henry Fielding: A Life*, p.443.
② 参看编者考利302页的注释。
③ *The Jacobite's Journal and Related Writings*, p.301.
④ Ibid., p.301.
⑤ Ibid., p.322.
⑥ Ibid., pp.322—323.

把他定为1743年版《群愚史诗》愚国新王的重要原因。在有了这样一个文学味十足的开头之后,菲尔丁进一步表示他自己不要犯同样的错误,所以要在这一期专门论述反对派的一大特长,这就是"勇气"(Courage),并再度引蒲柏《群愚史诗》中的诗句加以说明:这勇气"无所畏惧,/不在乎嘘声棒喝,耳朵长短或丧失"①。这里菲尔丁有意更换了一个词,把原文的"有无"(Want)换为"长短"(Length),意在强调詹姆斯党人反对派的顽驴性格。接着菲尔丁给出了表示反对派"勇气"的例证:一段讽刺诗歌,指责议会和从沃波尔到佩勒姆两任首相腐败透顶,一无是处。菲尔丁写道:"难道还有比两个默默无闻的新闻写手直接攻击议会下院更勇猛、更惊人的事情吗?"②然后,菲尔丁分析说勇猛无畏是他从这段恶意攻击中可以找到的唯一长处:"我在做的事情就像从臭气中蒸馏酒精:因为我好意找到的观点读者大众不易发现,就像从造酒的脏东西中不易想到杜松子酒"③。当时伦敦嗜酒成风,只有少量高档杜松子酒是松子所酿,而大部分都是用松节油,所以菲尔丁称其为"脏东西"(Filth)。他接着指出,反对派写手的攻击是如此荒诞无稽,头脑再简单的读者也不会相信。菲尔丁最后推断说,写手们只不过是为了挣饭糊口而不择手段,因此"这些从格拉布街和比灵斯门(Billingsgate)的垃圾中讨食的人,值得可怜而不是憎恶"④。菲尔丁的这种论辩策略,也清楚表明了他作为绅士对于默默无闻的下等写手的不屑之情。对这一点现代批评家都不讳言,白特斯廷教授甚至从这一方面论证为何文学观点颇为相近的约翰逊对菲尔丁严加排斥,因为约翰逊就曾经在长达十几年的时间里充当默默无闻的新闻写手:"在1740年代,当菲尔丁正在享有自创的'散文体喜剧史诗'作者声誉的时候,约翰逊正在艰难地寻找自己的文人身份,在《绅士杂志》发表虚构的议员演讲,写作理查德·塞维奇传,献身于编写英语词典。"⑤

另外,值得注意的是菲尔丁在"批评园地"对当时戏剧创作及演出的批

---

① 蒲柏的原文是"knows no fears/ Of hisses, blows, or want, or loss of ears."参看 *The Dunciad*, ed. James Sutherland (London: Methuen & Co. Ltd., 1943), p. 65.
② *The Jacobite's Journal and Related Writings*, p. 325.
③ Ibid., pp. 325—326.
④ Ibid., p. 328. 格拉布街是下层文人聚居地;比灵斯门是伦敦鱼市。
⑤ Martin C. Battestin, "Dr. Johnson and the Case of Harry Fielding", in *Eighteenth-Century Genre and Culture: Serious Reflections on Occasional Forms*, ed. Dennis Todd and Cynthia Wall (Newark: University of Delaware Press, 2001), pp. 100—101.

评,其中最重要的是第 16 期发表的对《弃儿》的评论。《弃儿》的作者是艾德华·莫尔,比菲尔丁年龄略小。该剧 1748 年 2 月 13 日在德鲁里巷剧院演出,主角小贝尔蒙特由盖里克扮演。菲尔丁在评论中首先指出,该剧的弱点是开头不够合理,作为"弃儿"菲德丽娅(Fidelia)不可能一到贝尔蒙特家就得到贵族小姐罗塞塔(Rosetta)的倾心喜爱,成为知己。罗塞塔与纨绔子法德尔(Faddle)调情,借以折磨情人雷蒙德上校也不合适。在指出了上述缺点之后,菲尔丁接着热情赞扬剧作的优点:"菲德丽娅的故事很有趣:她的形象很迷人,她遭遇的苦难令人同情,具体情节的描写既自然又富有艺术魅力。小贝尔蒙特的形象刻画很精彩。对善良性格与邪恶习惯之间斗争的描写最珍贵有益。"他还写道,"整部剧作充满慷慨高尚的情感,语言很生动,既诙谐又典雅"①。然后菲尔丁还对该剧遭到的诸如剽窃嫌疑、结局安排等方面的指责进行了反驳。整篇评论有理有据,持论公正,是很难得的。《弃儿》得到菲尔丁的高度评价可能也与菲尔丁正在创作《弃儿汤姆·琼斯史》有关,而且该剧在情节安排和人物刻画等方面与他的喜剧创作风格很接近。《弃儿》最后查尔斯爵士发现所谓弃儿菲德丽娅原来是自己的女儿,这与《婚礼日》的结局相仿,而罗杰爵士和查尔斯爵士两对儿女之间的换亲联姻与《父亲们》描述的情节近似。

菲尔丁 30 年代担任德鲁里巷剧院作家时对于发现吉蒂·克拉夫的演技颇为自得,并曾经特意为她创作剧目。后来菲尔丁虽然退出了剧坛,但对戏剧舞台仍然十分重视,并且是剧院的常客。在《詹姆斯党人杂志》第 9 期,他称赞克拉夫"是有史以来最出色的女演员"②。在第 10 期,他针对别人的指责专门指出,克拉夫新近的演出角色不太成功是因为这些人物性格做作,缺乏幽默风趣,没有给她提供发挥喜剧表演特长的机会:"如果她没能给观众带来快乐,责任不在她本身,而在于作者。"③菲尔丁也经常利用各种机会赞扬盖里克的表演成就。作为 18 世纪最伟大演员,盖里克的地位是戏剧史上人所共知的,但是克拉夫的名声就小得多,这似乎是不够公正的。实际上不仅菲尔丁,约翰逊对克拉夫评价也很高,霍勒斯·沃波尔还为克拉夫提供了养老年金。

1748 年 10 月底,"奥地利王位继承战争"终于以英法正式签署和平协

---

① *The Jacobite's Journal and Related Writings*, p. 208.
② Ibid., p. 146.
③ Ibid., p. 153.

议而结束。虽然一直呼吁结束战争的反对派这时又在和平协议条款问题上做文章,那也无关大局了。在这种情况下,菲尔丁在 11 月 5 日出版的第 49 期发表停刊声明。从个人生活来说,此时他已经被政府任命为威斯敏斯特区的治安法官,可以说为政府服务得到了回报(虽然这种职位是相当低的),他正好借机转入新的角色。如果说治安法官的任命标志着新事业的开始,1748 年底也正是菲尔丁的代表作《汤姆·琼斯》即将问世的时刻。在过去的几年中他不仅通过期刊散论为反击詹姆斯党人叛乱和反对派对政府的攻击而斗争,这种政治斗争也融入了他精心创作的小说中。了解他在 1740 年代中后期的政论写作对于更深刻理解《汤姆·琼斯》是很有帮助的。

第十一章 关于《汤姆·琼斯》的几个问题

1749 年出版的《汤姆·琼斯》是菲尔丁最有影响的代表作,也被有的批评家誉为英国"18 世纪最伟大的文学作品"①。关于《汤姆·琼斯》的创作时间学界有不同见解。克罗斯和达登提出菲尔丁应该是在 1746 年 6 月结束主办《真爱国者》以后开始创作的,到 1748 年底完成,大约用时两年半。② 但是,有一个突出的矛盾解决不了。小说前六卷基本上没有涉及詹姆斯党人叛乱问题,而中间六卷却直接以这次叛乱为背景,时间也从 6 月末跨越到 11 月下旬。白特斯廷教授在编辑威斯林版《汤姆·琼斯》时,根据小说在时间上出现的混乱,推测说菲尔丁可能在叛乱开始前已经完成了小说的前六卷,叛乱过程中正在撰写中间的六卷。为了把叛乱引入小说,他把故事时间从第 6 卷的夏季改为第 8 卷的冬季。③ 这一推断被大多数学者所接受。帕特·罗杰斯认为,"虽然证据并不充分,白特斯廷的观点很有道理"④。戴维斯为了强调小说与新闻写作的关系,甚至推测菲尔丁是白天编辑《真爱国者》,晚上就把实际发生的故事写入小说中。⑤ 但是,弗雷德里克·里波尔在研究菲尔丁友人通信过程中,发现写于 1747 年 3 月的信提到菲尔丁在写作新著,写于 1747 年 11 月的信说《汤姆·琼斯》已经完成了第一部(指前三卷或六卷)。因此里波尔提出菲尔丁显然是结束了《真爱国

---

① Leopold Damrosch, Jr., *God's Plot and Man's Stories* (Chicago: University of Chicago Press, 1985), p. 263.

② Wilbur L. Cross, *The History of Henry Fielding* (New Haven: Yale University Press, 1918), Vol. II, p. 100; F. Homes Dudden, *Henry Fielding: His Life, Works, and Times* (Oxford: Clarendon Press, 1952), p. 585.

③ Martin C. Battestin, "General Introduction", *The History of Tom Jones, A Foundling*, ed. Martin C. Battestin and Fredson Bowers (Middletown, CT: Wesleyan University Press, 1975), pp. xxxv—xlii.

④ Rogers, *Henry Fielding: A Biography* (New York: Charles Scribner's Sons, 1979), p. 144.

⑤ Lennard Davis, *Factual Fictions: The Origins of the English Novel* (New York: Columbia University Press, 1983), p. 204.

者》周刊的编辑以后在 1746 年下半年开始创作的,从而间接证实了克罗斯和达登的观点。①

虽然《汤姆·琼斯》这部长篇小说全部译成中文的时间是在 20 世纪后期,我国读者对它的了解并不晚。1920 年吴宓先生发表《红楼梦新谈》,引用哈佛大学菲尔丁研究学者 G. H. 麦格纳迪尔在《〈汤姆·琼斯〉导言》中"采诸家之说,融会折衷,定为绳墨"提出的小说杰作的六大特点来评论《红楼梦》:宗旨正大、范围宽广、结构严谨、事实众多、情景逼真和人物生动。②这不仅是我国比较文学研究的开拓性论文,也让国人初步了解了菲尔丁和《汤姆·琼斯》。现在《汤姆·琼斯》已经有多个中文译本,在中国拥有广泛的读者。关于这部小说的批评也常见于学术刊物,大多数中国学者有关菲尔丁的研究论文都以这部小说为主。③ 本章先简述《汤姆·琼斯》在中国的翻译,然后讨论几个有争议的问题。

第一节 《汤姆·琼斯》在中国的翻译和流行

由于《汤姆·琼斯》篇幅很长,翻译起来非常不易。伍光建先生分别从《汤姆·琼斯》第 1、3、4、5、13、14 卷选取部分章节,构成了汤姆与苏菲娅爱情的主线。1934 年,商务印书馆把伍光建的节译本《汤姆·琼斯》作为英汉对照"世界著名小说"的一种出版。虽然节译本只有 45 页,还是向中国读者介绍了菲尔丁代表作的梗概。伍光建的节译本名为《妥木宗斯》,译本前有他撰写的"斐勒丁(菲尔丁)传略",对作者生平作了介绍。④ 鉴于此前不管是林纾译的《洞冥记》,还是伍光建自己译的《大伟人威立特传》和《约瑟·安特路传》都没有译者介绍,这篇不满两页的菲尔丁"传略"可以说是比较系统地向中国读者介绍菲尔丁的最早文字。中英对照的《妥木宗斯》出版之后很受欢迎,一年之内就两次再版,后来还曾在香港出版。1954 年,为了纪念菲尔丁去世两百周年,潘家洵先生翻译的《汤姆·琼斯》第 3 卷在《人

---

① Frederick G. Ribble, "New Light on Henry Fielding from the Malmesbury Papers," *Modern Philology* 103 (2005): 79—80.
② 吴宓:《〈红楼梦〉新谈》,载《中国比较文学研究资料 1919—1949》,北京大学比较文学研究所编,北京大学出版社,1989 年,第 306 页。
③ 参看拙文《菲尔丁在中国》,《四川外语学院学报》2006 年第 4 期,第 6—8 页。
④ 参看《妥木宗斯》,伍光建译,上海:商务印书馆 1934 年版。笔者在北京师范大学图书馆看到的版本注明"8 月再版,10 月三版"。

民文学》第6期发表。但是,第3卷毕竟只是原著的十八分之一,翻译全文的任务是很艰巨的。笔者1970年代末读大学的时候对《汤姆·琼斯》没有中文译本感到很遗憾。后来在研究过程中才发现《汤姆·琼斯》的中译有很复杂的故事。

1950年代中期,李从弼在翻译了苏联学者爱利斯特拉托娃著《菲尔丁》之后,便开始翻译《汤姆·琼斯》,到60年代初把译稿交给了人民文学出版社。由于《汤姆·琼斯》卷帙浩繁,菲尔丁的写作风格又很有特点,人民文学出版社对译稿不是特别满意。于是邀请因被打成右派而下放农场劳动改造的著名作家、翻译家萧乾先生对译稿进行修改。经过几年努力,到1966年译稿基本修改完成。《中华读书报》2002年7月10日发表萧乾夫人文洁若的文章《萧乾和我为什么合译"天书"〈尤利西斯〉》,第一段谈到这件往事:"60年代,他曾与李从弼合译《弃儿汤姆·琼斯的历史》,把他害苦了。这原是人民文学出版社的约稿,编辑部主张退掉,由萧乾重译。但是萧乾认为,自己作为'右派分子',反正也得用笔名。跟一位没有政治问题的大学教授合译,对这本书来说,更好一些。不过他贯彻了自己的意志之后,真着手校改起来,才发现,由于两个人的文字风格悬殊太大,只好另外起稿。一部70万字的译稿,足足重译了五年(1961年6月至1966年6月)方完成。"①但是,不久"文革"开始,外国文学的翻译研究遭到严重破坏,《汤姆·琼斯》中文本的出版也就耽搁下来了。直到1970年代末,"文革"十年动乱结束,萧乾先生才有机会进一步修改译稿,准备出版。由于"文革"的影响,第一部中文全译本《汤姆·琼斯》是台北远景出版公司1979年出版的宋碧云译本。

1981年,《国外文学》第2期和第3期发表了张谷若先生翻译的《汤姆·琼斯》的18篇序章,杨周翰先生撰写了《菲尔丁论小说和小说家》予以介绍。译文之前有"译者前言",还有编者按(该书中译本将于1981年由人民文学出版社出版,张谷若、李从弼等合译,其中每卷第1章共18章,张谷若译)②。这可能是《国外文学》发表18篇序章时的推测,实际上全译本《弃儿汤姆·琼斯的历史》1984年才由人民文学出版社出版,译者署名是萧乾、李从弼,序章没有用张谷若先生的译文。或许是因为译文风格不同,张谷

---

① 《中华读书报》,2002年7月10日,第5版。此为一说;也有另一种观点认为萧乾是译稿修改者,署名合译,而且排名在前,并不妥当。

② 参看《国外文学》1981年第2期,第27页。

若先生在这个译本出版之后,独自坚持继续翻译全书,1993年《弃儿汤姆·琼斯史》由上海译文出版社作为"外国文学名著丛书"的一种出版,并在1995年获得国家图书奖翻译文学二等奖。张谷若先生1994年8月去世,可以说是把他最后的十年献给了翻译《汤姆·琼斯》这一艰巨工程。张译《弃儿汤姆·琼斯史》继承先生译作的一贯传统,增加了许多有关英国历史文化的注释。虽然有些注释之必要与否或可商榷,但先生的良苦用心和严谨态度为年青一代译者树立了榜样。2004年,译林出版社在"译林世界名著"丛书中出版了黄乔生的译本《汤姆·琼斯》。[①] 考虑到《红楼梦》的英文全译本直到现在也只有英国学者霍克斯与闵福德翁婿和中国学者杨宪益与戴乃迭伉俪分别翻译的两种,《汤姆·琼斯》在中国的译本可以说是洋洋大观了。上述不同的译本大都有比较详细的译本序言,对这部小说的爱情故事、情节结构、全面反映英国18世纪社会风貌等方面进行综述。各种英国小说史、文学史对《汤姆·琼斯》的介绍也都有相当篇幅[②],英国文学读者或研究者对此都有大致了解。因此本章下面重点探讨现实主义、全书结构意义和结局处理等几个有争议的问题。本书《汤姆·琼斯》译文引自张谷若译本,有时参考原文和其他译本略作修改。

先简单谈一下与翻译有关的译名问题。除了主人公汤姆·琼斯的译名没有疑义,其他名字三个译本都有所不同。译名中的一个突出困难是仆人该怎么称呼,尤其是年长女性的称呼问题。《汤姆·琼斯》中的 Mrs. Deborah Wilkins 是比较年长的女仆,Honour 是年轻女仆,张译把女仆通称"阿姨",萧一李译本分别称为大娘、大姐,黄译则分别称太太和大姐。

由于受喜剧传统的影响,菲尔丁小说很多人物的名字都带有特别的寓

[①] 除了上面提到的三个译本,2000年前后还出现了题名《弃儿汤姆·琼斯》的译本。笔者在山东省图书馆看到的译本是内蒙古人民出版社,2000年,译者署名邢建华、毕德详,但是译者的名字很小,因此目录卡上误为"毕德祥"。该版本是"世界文学经典名著大系"下的"英国文学大家经典文库"的一种,版权页没有提译者,只说由张海军主编。同样的译本2001年由延边人民出版社作为梁羽龙、张海军主编的"新汉译世界名著宝库"的第四辑"新汉译美欧文学大师经典文库"的一种再次出版,但译者署名是邢建华、华德详,版权页也有译者的名字。这两个译本的封面是相同的图案。2002年这个版本又作为同样由梁羽龙、张海军主编的"世界文学名著经典译林"丛书第七辑的一种,由中国戏剧出版社出版。这个版本与前两个版本的区别是分三册,没有版权页,只在后封面列出第七辑小说名录。笔者将这个先后出版三次的译本与张谷若的译本作了比较,发现它只对张译作了少量修改,删除了绝大部分注释,所以难称新译本。

[②] 参看刘意青主编:《英国18世纪文学史》(增补版),北京:外语教学与研究出版社,2005年,第196—198页。

意,但又不是简单的寓言性人物,因此怎样在译文中表现出应有的寓意是个很棘手的难题。中译英也有相似的问题。如《红楼梦》元春四姐妹的名字暗含"原应叹息",四个大丫头的名字含"琴棋书画"等,在译文中很难表达。英译者戴维·霍克斯把女主人名字音译,把仆人名字意译,也是引起争议的抉择。英若诚翻译的《咖啡店政客》在剧中人物介绍中除了译名,还给出了原名的含义,如渥尔及(可敬者),斯奎曾姆(压榨者),兰勒尔(流浪汉)等。他在注释中解释说:"菲尔丁的喜剧常用一些表现性格或职业的字作人物的名字。这里人名是译音,括号中的则是原字的含意。"①我们在讨论该剧时对此已有了解。潘家洵在翻译《汤姆·琼斯》第 3 卷时,把 Allworthy 译为"甄可敬",把 Square 译为"方正"是比较典型的意译,不过这种译法并没有为后来的译者所接受。由于《汤姆·琼斯》的许多人物名字确实具有丰富的含义,我们在这里则其要者略作介绍。

Allworthy 名字译为"甄可敬"(张译"奥维资")可以说是比较清楚地表达了他的性格特点。我们记得在《咖啡店政客》中公正无私的治安法官的名字是 Worthy,而《汤姆·琼斯》的大家长是 Allworthy,更加强调其在各方面完美无缺的特征。作者菲尔丁还郑重声明这个形象是以他最崇敬的两位恩主利特尔顿和艾伦为原型创造的,台湾学者侯健在其比较文学论著中把 Allworthy 译为"全善",也是突出他的完美形象。② 但是,从他在小说中的整个表现来看,Allworthy 离完美无缺还有很大距离;或者说虽然他自己一心为善,却总是受到坏人的愚弄,好心办坏事。从一定意义上来说,他也是一个受到讽刺的角色。菲尔丁最重要的艺术手法是反讽,而说一个人 Allworthy 本身就带有反讽意味,因为人非圣贤,孰能无过! 他的形象多少让人想到《红楼梦》中的贾政。"政"当然包含着"正直""公正"的意思,而且把贾政与贾赦、贾珍等比一比也确实可以看出他更正直公正的性格,但俞平伯先生则指出,"贾政者,假正也,假正经的意思。书中正描写这么一个形象"③。从小说总体来看贾政显然属于被讽刺批判的行列,不仅因为他与宝玉的对立,而且因为他交结单聘仁、詹光这类食客,宠爱赵姨娘这种女人。但菲尔丁对 Allworthy 则是在总体肯定前提下的善意批评。

汤姆在小说中的对立面卜利福(Blifil)没有名,只有姓,而这个姓听起

---

① 参看英若诚译:《咖啡店政客》,北京:人民文学出版社,1957 年,第 1 页。
② 侯健:《中国小说比较研究》,台北:东大图书公司,2005 年,第 108 页。
③ 俞平伯:《点评红楼梦》,北京:团结出版社,2004 年,第 247 页。

来近似魔鬼(Devil)的名字,J.保罗·亨特称其为"魔鬼般的卜利福"(Satanic Blifil)。① 两位年轻人的家庭教师斯威克姆(Thwackum)和斯侩厄(Square)各有特殊含义。斯威克姆的意思是(thwack them)用棍子或板子打人的意思,而他在小说中就时时准备对汤姆动武,像个严酷的孰师,萧乾—李从弼译本用"屠瓦孔"较好地表达了他的暴力特征。斯侩厄意思是"方正"或"方方正正",因为他很会诡辩,总能找到理由为自己的行为辩护。斯威克姆是最相信"上帝恩典的神圣威力"的牧师,斯侩厄则是信仰"人类道德的自然美丽"的哲学家。两人的观点总是针锋相对,"只在一点上,他们二人相同,那就是,他们在所有关于道德的长篇大论中,从来都不提一个善字"②。汤姆的朋友黑乔治名字乍看上去没有什么特别,但是约翰·艾伦·斯蒂文森在2005年出版的专著中对他的名字提出了新的解读,认为菲尔丁用"黑"来映射关于惩治黑衣人偷猎的法案,用"乔治"来间接表现对汉诺威王朝的批评。③

《汤姆·琼斯》的女主人公苏菲娅(Sophia),其名字原意是"聪明、智慧",而她也确实当之无愧。主人公汤姆·琼斯最后与苏菲娅结合不仅是一般的婚姻,而且预示着他获得了智慧,学会了谨慎从事,将在以后的生活中成为合格的大家长,不会再有那些一时性起的荒唐行为。白特斯廷教授特别强调这一方面的含意,虽然他的解读有时也让人觉得他似乎忘记了苏菲娅说到底还是一个活生生的人物形象。④ 苏菲娅的父亲威斯屯(Western)的名字代表他是英格兰西部乡绅,他那沉醉于打猎酗酒的形象给人深刻印象。杰里米·帕克斯曼在《英国人》中就指出:"虚构的典型乡绅是菲尔丁的小说《汤姆·琼斯》里的那位一本正经的西部乡绅。"⑤苏菲娅的女仆昂纳(Honour)含义是名誉或名声,但是她的行为很多时候并不很光彩。这个名字显然带有反讽成分,而她最后离开苏菲娅,成为最没有名誉的白乐丝屯夫人的女仆更证明她仅有的一点名誉感也丧失殆尽。

---

① J. Paul Hunter, *Occational Form: Henry Fielding and the Chains fo Circumstance* (Chicago: University of Chicago Press, 1975), p. 148.

② 张谷若译:《弃儿汤姆·琼斯史》,上海:上海译文出版社,1983年,第147页。

③ John Allen Stevenson, *The Real History of Tom Jones* (New York: Palgrave, 2005).

④ Martin C. Battestin, *The Providence of Wit: Aspects of Form in Augustan Literature and the Arts* (1974; Charlottesville: University Press of Virginia, 1989), pp. 179−192.

⑤ 杰里米·帕克斯曼:《英国人》,严维明译,上海:上海译文出版社,2000年,第202页。但是把乡绅威斯屯(Western)直接意译为"西部乡绅"显然值得商榷,因为那样以来苏菲娅就成了"西部小姐"!

派崔济(Partridge)的名字也有一定寓意。他让人想起曾经受到斯威夫特讽刺的占星术师约翰·派崔济。《汤姆·琼斯》中的派崔济主要是模仿《堂吉诃德》中的仆人桑丘的形象，但是他的迷信特点，对鬼魂的恐惧与约翰·派崔济有些相像。另外，Partridge 原意是山鹑，是飞来飞去的鸟，从一个方面表现了他到处漂泊的经历。而奈廷给勒(Nightingale)意为"夜莺"，似乎暗示他是靠自己的甜言蜜语引房东的女儿南希落入他的怀抱，幸亏汤姆的帮助才使南希避免始乱终弃的悲剧结局。曾被怀疑为汤姆之母的珍妮·琼斯后来的身份是洼特太太(Waters)，意思是"水"，寓意她水性杨花，随波逐流的特点。弗兹派崔克(Fitzpatrick)则从名字上就知道是爱尔兰人的代表，因为派崔克是爱尔兰的保护神，弗兹派崔克就是派崔克"之子"。而瓦特所说的英语中"两个最普通的名字合成的"汤姆·琼斯或许正好证明他是英国人或人性的代表，①因为菲尔丁在开卷就申明其目的是"描写人性"。在《汤姆·琼斯》中"托马斯"(或汤姆)不仅是主人公的名，也是奥维资和斯伲厄的名，还是只偶然出现一次的爱德华兹之名。小说第 15 卷第 3 章叙述四人打牌的场面，女的是白乐丝屯和苏菲娅，男的是费拉玛和汤姆·爱德华兹。白特斯廷在威斯林版《汤姆·琼斯》注释中说明菲尔丁是暗指当时的一个叫托马斯·爱德华兹的纨绔子。② 从以上的简单讨论就可以看出人名的寓意双关是《汤姆·琼斯》这部小说的一个重要特点，但在译名时又不能过于强调寓意，因为这毕竟不是《天路历程》那样的寓言小说。

第二节 关于现实主义的争议

《人民文学》1954 年第 6 期发表了潘家洵译《汤姆·琼斯》第 3 卷，译文前有"编者的话"，指出"《汤姆·琼斯》是 18 世纪英国伟大的现实主义作家亨利·菲尔丁的"代表作品之一。③ 同期刊登萧乾的读书札记《关于亨利·菲尔丁》也是强调菲尔丁的现实主义创作成就。当时国内唯一的大学文科学报山东大学《文史哲》发表黄嘉德教授的论文，除简述菲尔丁的创作成就

---

① 伊恩·P.瓦特：《小说的兴起》，高原、董红均译，北京：三联书店，1992 年，第 313 页。
② 张谷若译：《弃儿汤姆·琼斯史》，第 1149 页。参看 Battestin and Bowers ed. *The History of Tom Jones*，第 790 页注 1。
③ 《人民文学》1954 年第 6 期，第 97 页。参看萧乾的读书札记《关于亨利·菲尔丁》。

外,主要分析《汤姆·琼斯》,尤其是小说表现的社会批判意义。① 杨周翰先生将摘译的《约瑟夫·安德鲁斯的经历》序言和《汤姆·琼斯》五篇序章以《关于现实主义创作的理论》为题也强调这一点。② 萧乾 1984 年发表的专著《菲尔丁——英国现实主义小说奠基人》,更鲜明地指出菲尔丁对英国小说发展的基本贡献在于其现实主义创作理论和实践。从以上简述不难看出菲尔丁的现实主义作家地位是中国学者的共识。

从 18 世纪英国小说发展的实际情况来看,对于现实主义的强调是大多数小说家的共同特点,英美学术界也曾长期把菲尔丁看作现实主义作家。威尔伯·L. 克罗斯谈到《汤姆·琼斯》人物和主人公旅行的路线时写道,"这里我们看到菲尔丁艺术的另一个现实主义特点。正如他依据熟悉的人来刻画人物,他把这些人物送上旅途时也是走他最熟悉的路"③。F. 霍默斯·达登在评论《汤姆·琼斯》时,反复强调菲尔丁是现实主义小说家,包括从实际生活中选择人物,按照实际可能发生的故事进行描写,人物并非完美无缺等等。④ 但是 1957 年伊恩·瓦特在批评名著《小说的兴起》中论证说形式现实主义的真正代表是笛福和理查逊,尤其是后者,而菲尔丁则由于其叙事特点与形式现实主义大相径庭而对后世小说影响较小。⑤ 在 1960 年代出版的菲尔丁研究专著大多接受了瓦特的观点,转而从小说叙事风格特点方面探讨菲尔丁的贡献。比如,安德鲁·莱特把菲尔丁的小说看作是戴着面具的叙述者主持的盛宴⑥;谢尔登·塞克斯指出菲尔丁关注的是可以说服读者的小说形式,"小说家通过他对人物的行为和思想的判断表达了自己的信念、观点和偏见"⑦。罗伯特·奥尔特认为菲尔丁的特色是叙事风格探索,"风格化在菲尔丁小说中无处不在,这是其成功的原因之一;不仅语言,他的喜剧小说中的世界——虽然以现实为摹本——也经

---

① 黄嘉德:《菲尔丁和他的代表作〈汤姆·琼斯〉——纪念亨利·菲尔丁逝世 200 周年》,《文史哲》1954 年第 12 期,第 8—15 页。
② 菲尔丁:《关于现实主义创作的理论》,杨周翰译,《文艺理论译丛》1958 年第一期,第 194—230 页。
③ Cross, *The History of Henry Fielding*, Vol. II, p. 180.
④ Dudden, *Henry Fielding: His Life, Works, and Times*, pp. 668, 678.
⑤ 瓦特:《小说的兴起》,第 331 页。
⑥ Andrew Wright, *Henry Fielding: Mask and Feast* (Berkeley: University of California Press, 1965), p. 20.
⑦ Sheldon Sacks, *Fiction and the Shape of Belief: A Study of Henry Fielding* (1964; Chicago: University of Chicago Press, 1975), p. 66.

过了细致的风格化"①;亨利·奈特·米勒则强调菲尔丁的小说《汤姆·琼斯》不是反传奇,而是与传奇密不可分,"在一切基本方面都是传奇"②。当代菲尔丁研究权威马丁·C.白特斯廷认为"《汤姆·琼斯》是英国奥古斯都时代文学最后的完美成就",象征性地体现了天意控制人生的观点③。

在1960年代以后的理论狂潮中现实主义创作理论本身受到广泛的质疑,对菲尔丁小说的现实主义探索就更少了。后来在文化研究兴起的新形势下,菲尔丁小说在反映社会现实方面的卓越成就又成了学者们谈论的热门话题。1987年,迈克尔·麦基恩在《英国小说之源:1600—1740》中提到巴赫金的对话和杂糅理论把菲尔丁看作更为典型的小说叙事代表,力图修正瓦特的观点。④ 此后也有批评家从与现实主义相对照的角度谈论菲尔丁,如德雷克在1999年发表的论文中指出,"文学现实主义一般是以心理现实主义和自然细节现实主义为两极来分析的……而菲尔丁从未自诩为现实主义者:他描写的'不是人,而是风俗'。但是,恰恰是通过描写风俗——通过转向社会环境而非心理和自然,菲尔丁才得以表现了历史空间"⑤。

怎样来解释中外学者围绕菲尔丁的现实主义问题产生的争议呢?表面看来,双方的争议几乎是针锋相对:一方认为菲尔丁是英国现实主义小说的奠基人和杰出代表,一方认为菲尔丁根本不重视现实主义,他对现实主义创作的贡献也不能同理查逊相提并论。当然,我们也可以说这表面的严重分歧原因在于两方面讨论的不是一回事:强调菲尔丁现实主义的中国学者关注的是菲尔丁小说广泛反映现实,表现了对英国社会的全面描绘,而强调理查逊现实主义的则关注他细致真实刻画人物心理的小说技巧。前者侧重小说内容,后者重视小说形式,而且瓦特的定义很清楚写明"形式现实主义"。那么这两种现实主义观点谁是谁非呢?研究现实主义小说难

---

① Robert Alter, *Fielding and the Nature of the Novel* (Cambridge, MA: Harvard University Press, 1968), p.50.

② Henry Knight Miller, *Henry Fielding's "Tom Jones" and the Romance Tradition* (Victoria, BC: University of Victoria Press, 1976), p.9.

③ Battestin, *The Providence of Wit*, p.141.

④ Michael McKeon, *The Origins of the English Novel 1600—1740* (Baltimore: Johns Hopkins University Press, 1987), p.14. 参看宋美华对麦基恩论著的评价,《18世纪英国文学——讽刺诗与小说》,台北:东大图书有限公司,1995年,第130—133页。

⑤ George A. Drake, "Historical Space in the 'History of': Between Public and Private in *Tom Jones*", *ELH* 66 (1999): 707.

道能把小说形式和表现内容这么截然分开吗? 哈利·E. 肖在《叙述真实》提出的观点或许可以帮助我们解决这个问题。

肖在《叙述真实》一书中首先梳理了对现实主义的批评,然后指出约翰·L. 奥斯丁的言语行为理论可以为研究现实主义问题提供借鉴:"奥斯丁的理论认识到,语言总是包含各种与现实世界结合的方式。我们因此应该期待现实主义小说语言包含语内表现行为的、非语内表现行为的和言语表达效果的不同因素。"①按照言语行为理论,批评家要探讨的不仅是小说语言表达了什么,还包括语言暗含了什么,要达到什么目的,起到了什么效果等等方面。语言不是局限在符号的牢笼里,而是与小说中的世界和小说外的世界,与小说所描写时代的世界和小说阅读时代的世界有着千丝万缕的联系。

肖引进了雅克布森的语言学理论,并对其进行了改造。在《语言的两个方面》一文中雅克布森指出:"在诗歌中,有各种各样的动机决定着在这些交替函数中的选择。隐喻性过程在浪漫主义和象征主义文学流派中的首要地位被一再承认,但是还没有足够认识到的是,支撑和决定所谓'现实主义'思潮的主要是换喻,现实主义思潮处于浪漫主义衰弱和象征主义兴起的中间过渡阶段,但又对立于两者。现实主义作家遵循临近关系的路线,以换喻的方式偏离情节而转向氛围,偏离人物而转向时空场景。"②肖借用了雅克布森的观点,但有一个明显的区别:雅克布森强调换喻的临近性在后来者的批评中演变成偶然性,而肖强调的则是换喻两关联内容之间的因果关系。这种因果关系虽然仍具有某种偶然性,但却与现实社会生活有很强的一致性:现实生活就是偶然性与必然性相结合的产物。如果说雅克布森的观点仍然拘泥于语言的牢笼,肖则在小说语言与社会现实之间架起了一道桥梁。肖强调,现实主义小说的换喻并不是说在修辞意义上常用换喻,而是指的一种"思维习惯"。他还以司各特小说《威佛利》的一个片段为例,细致阐述了尽管在修辞层面上隐喻占有突出地位,但在"思维习惯"层面上则是换喻更重要。由于现实主义小说与现实社会之间的这种相关性,虽然小说不可能真正表现社会全貌,但在相当程度上的确达到了广泛

---

① Harry E. Shaw, *Narrating Reality*: *Austen*, *Scott*, *Eliot* (Ithaca: Cornell Univeristy Press, 1999), pp. 85—86.

② 拉曼·塞尔登编:《文学批评理论:从柏拉图到现在》,刘象愚、陈永国等译,北京:北京大学出版社,2000年,第398—399页。

反映复杂现实的目的。

在论述了以换喻为特征的现实主义思维习惯之后,肖进一步借助现代叙事学理论探讨读者与文本的关系,以突破所谓"透明表现"的束缚。肖认为,奥尔巴赫"在叙述中体现的思维习惯在关键的方面与现实主义小说要昭示的思维习惯是类似的。我在这一节将指出《模仿》向我们显示叙事可以是'有方向的'(directed)但不是'封闭的'(closed)或'天定的'(providential),虽然历史叙事不可避免地受到我们当今关切的影响,但不应该被当今关切所左右"①。传统小说强调结局,强调小说的一切故事情节都为结局服务。比如,研究《汤姆·琼斯》许多批评家就强调整个小说故事最后汇集于结局。这种观点不能说没有道理,任何读者在阅读过程中都对小说结局有一定期待。菲尔丁高超的小说叙事艺术就最突出地体现在他怎样把众多的故事线索与最终结局联系起来。《红楼梦》引出的大量续书更说明了中国文化传统对结局的看重。但是,我们又不得不承认小说的真正魅力并不在小说的结局,而是在小说故事复杂曲折的情节过程。当我们沉醉于阅读一部好小说时,甚至怕结局到来得太快!关注情节结构的批评家可能会对小说的结局(以及如何达到结局)津津乐道,但关注小说所表现之现实的读者则更醉心于具体的片段故事。肖指出,虽然《模仿》是对从荷马史诗和《圣经》以来叙事作品的分析,不可避免地带有朝向现代结局的目的性,但是作者显然并不太看重这种目的性。"实际上,诸事朝向唯一结局的所谓天定史,与奥尔巴赫心目中最关注的内容是格格不入的。"②

具体到菲尔丁研究,肖的批评至少有两方面的意义:第一,他对天定史(providential history)的否定有助于我们摆脱某些程式化批评的束缚;第二,他对具体片段的分析可以引为范例,加强分析的深度。运用强调关联的换喻方式来看小说叙事,貌似离题的内容并不一定真正离题,这可用来解释菲尔丁小说中的插入故事。《汤姆·琼斯》第8卷第11至15章是"山中人"(Man of the Hill)讲述他自己的故事,几乎占第8卷的一半。山中人1657年出生于殷实家庭,兄弟两人,排行第二。他曾经就读牛津大学,在四年级时由于受到出身富有而本性堕落的同学乔治·格莱舍姆影响,沉溺于酒色生活,几乎被开除。但他不思悔改,堕落到偷窃同学,与情人逃到伦敦,后来被情人出卖而被捕入狱。所幸被偷的同学已经毕业离校,不再追

---

① Shaw, *Narrating Reality: Austen, Scott, Eliot*, p.109.
② Ibid., p.113.

究案件,他得以逃脱牢狱惩罚。此后他流落伦敦,又受到朋友洼特孙的引诱而沉醉赌场。但他的人性尚没有完全泯灭,在街上救助了一位突然犯病的老人,后来竟发现那正是来伦敦寻找他的老父亲。他随父亲回到家乡,度过了四年平静的生活,专心研读古典哲学和宗教理论。父亲去世以后,他因与长兄不和,离家到巴思温泉疗养。在这里他救了要跳河自杀的老朋友洼特孙,并和他一起参加了1685年的蒙默斯起义,反对詹姆斯二世。但是,洼特孙却向当局出卖了他,后来侥幸逃脱。他对人世的真情完全失望,把所有家产让给兄长,自己只得了一千镑现款和一份固定年金。从此他自愿隐居山林,但曾到欧洲大陆游历,到过许多国家。综合自己一生的经历,他对人类作出了这样悲观的评价:"只有人类,在这个地球上,号称万物之灵,在光天化日下,号称是至高无上的神创造的一种伟大而空前绝后的精品杰作;只有这样的人类,才卑鄙地把他们的本性玷污了;因为人类虚伪奸诈、残酷暴虐、忘恩负义、背信弃义,才连上帝的仁爱也使人怀疑起来;因为一位仁爱慈善的神,怎么会创造出这样一种愚蠢、邪恶的动物来,实在是我们大感不解的。"①

　　由于"山中人"的故事与小说主人公的故事没有明显联系,这个插入故事历来遭受批评家指责最多。1751年弗朗西斯·考文垂发表了《论菲尔丁创立的新型作品》的小册子,高度评价菲尔丁的作品,尤其是《汤姆·琼斯》,但对"山中人"故事严加斥责,说这是"读者既不感兴趣也得不到愉悦的故事,起的唯一作用是填充篇幅"。② 类似批评此后持续不断。20世纪的许多批评家,包括R.S.克兰都对"山中人"的故事有所责备,③而对《汤姆·琼斯》评价极高的达登更是把"山中人"故事列为这部小说的最大缺陷,说"几乎找不到借口。或许可以说插入这个故事的目的是给汤姆——这个无知的乡下孩子——介绍一些伦敦生活可能存在的陷阱。但是,就是说点好听的,这也是多余的"④。利用哈利·肖提出的现实主义小说换喻特点,我们却可以从几个方面来分析"山中人"在反映18世纪社会现实方面所起的

---

① 张谷若译:《弃儿汤姆·琼斯史》,第692—693页。

② "An Essay on the New Species of Writing Founded by Mr. Fielding", in *Henry Fielding*: *The Critical Heritage*, ed. Ronald Paulson and Thomas Lockwood (New York: Routledge, 1969), p.268.

③ R. S. Crane, "The Plot of *Tom Jones*", *Tom Jones*: *An Authoritative Text, Contemporary Reactions, Criticism*, ed. Sheridan Baker (New York: Norton, 1973), p.865.

④ Dudden, *Henry Fielding*: *His Life, Works, and Times*, p.622.

作用。

首先,"山中人"故事给小说增加了历史的深度:不仅关注现实,而且关注历史,关注从复辟时代到18世纪中期,从反抗詹姆斯二世的蒙默斯起义到1745年的詹姆斯党人叛乱。"山中人"在伦敦堕落的嫖赌经历是对复辟时代生活的反映,而他直接参加蒙默斯起义更把他的命运与英国的命运结合起来。其次,插入故事是史诗叙事常规,是开阔场面的有效方法。菲尔丁把他的小说定义为"散文体喜剧史诗","山中人"插入故事正是利用史诗特点开阔了小说涵盖的广度。如果说1745年秋发生的詹姆斯党人叛乱给菲尔丁提供了现时的小说背景,"山中人"故事则增加了历时的厚度。尤其是在"山中人"的故事结束以后他还讲述了自己在欧洲大陆游历的经历,菲尔丁在标题中直接将其称为"欧洲简史"。但是,"山中人"对欧洲的观感同样受到他的悲观态度的影响:

> "那些到各地旅行,以期熟悉人类不同情况的人,只要参加一次威尼斯的狂欢节,就可以省去许多麻烦;因为在那儿,他们可以把欧洲各国宫廷里的一切情况,一下就都看在眼里。在那儿,有同样的假仁假义,有同样的招摇撞骗;一句话,有同样的愚蠢、邪恶,不过外面披着不同的服色装饰而已。在西班牙,这类愚蠢和邪恶,装饰得特别庄重严肃;在意大利,则穷奢极侈、富丽堂皇。在法国,不择手段的骗子穿戴得花里胡哨,和一个花花公子一样;在北欧各国,则穿戴得邋里邋遢,和懒婆娘一般。但是人类的性情,可到处都是一个样子,到处都是可厌可恨,可卑可鄙。"①

"山中人"还起教师的作用,以亲身经历教育汤姆。《汤姆·琼斯》从一定意义上可以说是描写主人公成长经历的小说,但从小长在乡间的汤姆社会生活经历并不丰富,80多岁的"山中人"用自己的生活经历给年轻的琼斯上了生动的一课。"山中人"的个人经历也显示与人交往中选择不当产生的恶果,因此对汤姆有警示作用。"山中人"本来是牛津大学的好学生,而且快要毕业了。但因为受到坏同学的引诱,一步步堕落下去,沉溺声色,不思进取,终于坠入到偷窃犯罪的深渊。他的情妇是在妓院结识的,他最好的朋友则是赌场的伙伴,两个人先后将他出卖,他因此对人类丧失信心。但是,这个故事也给汤姆提供了表现其性格特征的机会。他虽然年轻,对

---

① 张谷若译:《弃儿汤姆·琼斯史》,第689页。

一些问题的认识却比"山中人"更清楚。听到"山中人"抱怨情人和朋友的背弃,并以此作为人性恶的证据,汤姆很中肯地说:"在妓院里求爱情,能够得到真正的爱情吗?在赌案前交往、培养起来的友情,能是真正的友谊吗?用娼妓的品格,衡量一切妇女的品格,用赌棍的品格,衡量一切男人的品格,这何异于因为在厕所里闻到空气污浊、恶心,就说所有的空气都污浊、恶心?"①正如 J. 保罗·亨特所言,"我们继续了解汤姆和派崔济的形象,他们对别人言论和行为作出反应的整个过程,实例教育的特点(了解的实际上正好与山中人显然希望的相反);尽管小说主要情节没有发展(除非把山中人经历作为对汤姆的警示),插入故事仍然与小说的基本结构融为一体"②。

"山中人"既像老年的鲁滨孙,又是现代的格列佛。关于"山中人"的形象,作者有这样的描写:"他这个人,身材高大无比,一把很长的胡须像雪一样白。他身上披了一张驴皮,做得像一件褂子,也不像一件褂子。他脚上穿的长统靴子,头上戴的便帽,也同样是用别的兽皮作成的。"③熟悉《鲁滨孙飘流记》的读者可以想到鲁滨孙身披兽皮的形象。但是,流落荒岛 28 年的鲁滨孙战胜各种困难,是个胜利的殖民者形象,而"山中人"最后对人类本性做的悲观厌世的结论则更像《格列佛游记》第四卷主人公被迫离开慧骃国时的情形。我们知道,斯威夫特在 1726 年出版的《格列佛游记》是针对笛福《鲁滨孙飘流记》的讽刺性模仿,两书很快成为经典。④ 菲尔丁则通过"山中人"的故事把这两个针锋相对的小说人物结合了起来。虽然"山中人"在过去几十年里隐居深山,不与外界接触,但他的故事前半部主要描述在伦敦这个浮华都市的腐败生活,不管是对汤姆还是对(当时的和现在的)读者而言,"山中人"故事都提供了关于伦敦生活的初步描写,在叙事上有重要作用。正如斯帕克斯在其新著《小说之始》中所指出的,"除了故事本身的意义,这类插入叙事提醒读者注意每个人的生活是多么紧密地与故事联系,从故事中认识自己。它们的存在也再次告诫我们小说文类并不是直线发展的,而是与汤姆·琼斯自己的进步类似:有前进,有后退,既融合了过

---

① 张谷若译:《弃儿汤姆·琼斯史》,第 693—694 页,有改动。
② J. Paul Hunter, *Before Novels*: *The Cultural Contexts of Eighteenth-Century English Fiction* (New York: Norton, 1990), p. 49.
③ 张谷若译:《弃儿汤姆·琼斯史》,第 642 页。
④ 参看 McKeon, *The Origins of the English Novel* 第 9、10 两章对这两部小说的对比分析。

去的经验教训,也探索新的可能性"①。因此,虽然从严格的"形式现实主义"观点来看"山中人"故事是背离现实主义的——它不仅打断了小说中心情节的发展,而且在当时的英国几乎不可能出现在山中隐居几十年的情形——从换喻联系角度来看则是现实主义的特殊表现。

第三节 天意问题再探讨

《汤姆·琼斯》是菲尔丁的代表作,对它的解读也是众说纷纭。斯帕克斯曾经指出:"灌输谨慎美德,诘问行为动机,赞美真挚爱情,引导读者探讨现实和小说中的道德复杂性——这些不过是众多阐释假设中的几种。"②我们还可以借用鲁迅先生评价《红楼梦》时的话,革命者从汤姆身上看到对旧制度的反叛,道德家唾弃汤姆的放荡不羁;有的形式主义学者惊叹小说的完美结构,有的则抱怨作者干预很不自然;激进女权主义者抨击作者的男权偏见,温和女性主义者褒扬作者的平等意识;重历史的看到对18世纪中期英国生活的生动再现,重人性的却发现这里描写的是亘古不变的人性本质。在这些对于《汤姆·琼斯》见仁见智的批评阐释中,最有影响的是当代菲尔丁研究权威、弗吉尼亚大学退休教授马丁·白特斯廷的观点。他认为《汤姆·琼斯》的喜剧结局并不是现实主义小说情节的自然发展,而是体现菲尔丁对基督教来世幸福这种天意(Providence)的理解。由于我们并没有生活在基督教文化背景中,白特斯廷教授的分析具有某种启蒙作用。但是,过分强调所谓天意则有可能把这部含义丰富的小说简单化。从中国学者的角度重读《汤姆·琼斯》,我们可以看到虽然菲尔丁表面上否定善恶在现世有报的观点,实际上却总是给他的人物善恶有报的结局。幸福结局的某种不自然正反映了他对现实生活复杂性的认识。

白特斯廷在编辑《汤姆·琼斯》过程中发表了多篇重要论文,其中一篇专门论述这部小说主题结构方面的意义,最初发表在献给他的导师路易·兰达的文集《奥古斯都时代》,后来收入牛津大学出版社1974年出版的专著《才智的天意:奥古斯都文学和艺术的形式面面观》。白特斯廷论证说,

---

① Patricia Meyer Spacks, *Novel Beginnings: Experiments in Eighteenth-Century English Fiction* (New Haven: Yale University Press, 2006), p.72.

② Patricia Meyer Spacks, *Desire and Truth: Functions of Plot in Eighteenth-Century English Novels* (Chicago: University of Chicago Press, 1990), p.81.

18世纪知识界普遍接受这样的观点：世界或自然是上帝创作的艺术品，或者说自然等于艺术，上帝就是创造自然的艺术家，他创作的这个艺术作品有秩序和规划；菲尔丁把《汤姆·琼斯》看作是自己创作的艺术品，也有秩序和规划，最突出的表现就是小说结构的三大部分。因此，菲尔丁的作用类似于上帝创造世界或自然的作用。而人们把菲尔丁笔下的第三人称叙述者称作"无所不在"的叙述者也正说明了小说的创作者菲尔丁与世界的创作者上帝这种类比关系。① 由于我们生活在非基督教文化环境中，本质上是无神论者，我们在阅读像《汤姆·琼斯》这类小说时往往对其中的宗教文化内涵理解不够，甚至完全忽略。关于18世纪英国文学，我们强调比较多的是当时宗教影响减弱，自然神论流行，菲尔丁受启蒙思想影响对宗教持批评态度，他笔下的许多牧师是反面形象可以为证。但是，在18世纪英国宗教的影响仍然很大，当时的出版物数量最多的也是神学布道词之类。除了《圣经》之外，最流行的散文作品是班扬的宗教寓言小说《天路历程》。从这个意义上来说，白特斯廷强调菲尔丁小说的宗教寓意或宗教对其小说的影响是无可厚非的。但是，过于强调宗教影响，甚至认为"宣示世界的规划和天意这个主题确实是菲尔丁喜剧景象的基础"则有些武断。②

  关于世界的秩序和规划的观点，与其说是正统基督教的观点，不如说是自然神论的观点更确切。自然神论不承认耶稣降临、宗教启示，但是认为自然世界如此规则有序，其背后一定有一个充满智慧的创造者或造物主：他们强调的不是上帝创造世界，而是这个世界背后有个创造者，如果没有也得"造"一个。因此，把菲尔丁对秩序、规划的强调纳入正统基督教教义是有争议的。事实上，不少批评家认为菲尔丁的许多观点与自然神论并无二致。但是，白特斯廷强调菲尔丁在报刊政论中对"自由思想者"（自然神论的代名词）的抨击，在《汤姆·琼斯》中对哲学家斯侩厄的讽刺描写，并以此为依据否定自然神论对菲尔丁的影响。这在一定程度上削弱了他的论点。还有一点必须清楚，这就是基督教本身特别强调信徒对上帝的谦卑恭顺，许多人都不愿把上帝这个词完全拼出来，就像我国传统文化对皇帝和祖先的避讳。因此，菲尔丁在《汤姆·琼斯》的写作中把它说成是自己的"创造物"（Creation），他自己有权按照个人意愿来安排故事情节，不能受到卑劣的"批评家"影响等等就带有相当大的调侃意味，是其喜剧小说的重要

---

① Battestin, *The Providence of Wit*, Chapter V, "Fielding: The Argument of Design".
② Battestin, *The Providence of Wit*, p.159.

特征。把这种特征混同或等同于上帝创世也值得商榷。兹莫门就指出,尽管以主人公回归乐园府为结局的叙事结构"表明这是堕落世界朝圣者的故事,但是小说关注的是现实世界及在其中认识和行动的可能性,而不是可以类比的圣经叙事"①。

《汤姆·琼斯》中大量的巧合是个值得研究的问题。奥斯丁·道伯森对《汤姆·琼斯》评价极高,但仍抱怨说"金钱方便地丢失又找到;最难以致信的巧合层出不穷;人物恰好在最急迫的时间、最准确的地点突然出现,并与主要人物建立最需要的关系"。② 达登在1952年出版的《菲尔丁传》中也把这个问题作为《汤姆·琼斯》的突出局限。③ 白特斯廷的观点带有直接回应这些批评的性质。他写道:"我在此力图说明,影响《汤姆·琼斯》故事发展的幸运事件与惊人转折既不是作者无能的拙劣表现,也不是传奇的愉悦幻想;它们在表现菲尔丁的基督教生活观方面起关键作用。正如《汤姆·琼斯》总体框架结构是宇宙秩序的象征,叙事本身则具体表现了那创造宇宙秩序的天意。"④于是白特斯廷花费很大的气力寻找原因。他广泛征引17、18世纪神学家和牧师的论著布道,强调天意深不可测,日常的巧合偶遇正是慈善上帝天意的表现。《汤姆·琼斯》充满的离奇巧合并不是菲尔丁小说艺术的缺陷,而是表明天意不可预测的自由武断。劳伦斯·利普金曾经指出,"有普林斯顿背景的学者(特别是路易·兰达的学生)常常密切注意18世纪作品中无处不在的基督教因素"。⑤ 白特斯廷恰恰是普林斯顿大学毕业的,并且是兰达的学生。他的第一部专著《菲尔丁艺术的道德基础》正是论述宗教影响问题。此后他对《汤姆·琼斯》的编注评论同样关注宗教问题也就顺理成章了。

平心而论,对于我们这些不熟悉18世纪宗教背景的中国读者,白特斯廷的有些观点的确令人有茅塞顿开之感。小说中"命运"、"幸运"、"天意"等频繁出现,有时候给人的印象是对主人公不利时多有"命运"作祟,而对

---

① Everett Zimmerman, *The Boundaries of Fiction: History and the Eighteenth-Century British Novel* (Ithaca: Cornell University Press, 1996), p.141.

② Austin Dobson, *Henry Fielding: A Memoir* (New York: Dodd, Mead & Company, 1900), p.174.

③ F. Homes Dudden, *Henry Fielding: His Life, Works, and Times*, pp.621—622.

④ Battestin, *The Providence of Wit*, p.151.

⑤ Lawrence Lipking, "Inventing the Eighteenth Centuries: A Long View", *The Profession of Eighteenth-Century Literature*, ed. Leo Damrosch (Madison: University of Wisconsin Press, 1992), p.22.

主人公有利的事可以说是"天意"眷顾。这有些近似于我们在中国传统小说中常常读到的抱怨"不幸"或"有命无运",感谢"上苍保佑"或"天赐良机"。但这是宗教感不强的中国人的反应,深受基督教文化影响的英美人显然不同。即使现在,对于英美许多受过良好教育的知识分子,星期天去教堂做礼拜,听布道都是必修课。那么,在宗教感要比现在强烈得多的 18 世纪,作者、人物和读者怎么理解这类所谓命运天意的问题显然是值得探究的。白特斯廷的做法就是查阅当时的神学著作和布道词,并参考菲尔丁的政论散文,找到两者的共同点,以此为据来解释《汤姆·琼斯》中的巧合。由于神学著作和布道词中充满了上帝无处不在,常用巧合事件来干预人生的叙述,菲尔丁自己的散文写作中也屡有相似论述,①白特斯廷就得出了菲尔丁在《汤姆·琼斯》中利用巧合表达天意的结论。

这种分析应该说不无道理,菲尔丁自己毕竟生活于那个环境中,受到那个时代的影响;他在散文政论中或许比在小说中更直接地表达了自己的思想观点。用这种分析得出的结论对于理解菲尔丁的小说显然是有帮助的。但是,把这种分析得出的结论作为理解小说的基础或是对小说的正确解释就大可商榷了,因为小说毕竟不同于政论,文学也完全不同于神学。对于《汤姆·琼斯》中大量巧合的最简单也最合适的解释应该从喜剧艺术的特点来找。可以说喜剧艺术最突出的特点就是误会巧合,正是它们引读者观众开怀大笑,乐不可支。我们感到惋惜的可以解释为上天对世人的愚弄,我们感到欣慰的可以说是命运的眷顾垂青。另外,由于最终的幸福结局得益于种种误会巧合,这种情节安排也在提醒世人不要过于自信,幸福来自于作者的巧妙安排。西蒙·瓦雷这样写道:"《汤姆·琼斯》得到众多读者欣赏并不是因为它肯定了基督教价值,而是因为它用欢快、轻松、喜悦的笔调表明善良的人在这个虚构的世界得到了报偿。小说的结构也满足了人们对于完整、秩序和平衡事物的欲望。"②

菲尔丁在《汤姆·琼斯》第 15 卷的序章明确拒绝了关于美德在现世有报的观点:"有一派宗教作家,或者毋宁说伦理作家,教导我们说,在现世的世界上,为善必定走上幸福之路,为恶必定走上灾祸之途。这种教导,益人

---

① See "Examples of the Interposition of Providence in the Detection and Punishment of Murder", in *An Enquiry into the Causes of the Late Increase of Robbers and Related Writings*, ed. Malvin R. Zirker (Middletown, CT: Wesleyan University Press, 1988), pp. 175—217.

② Simon Varey, *Henry Fielding* (Cambridge: Cambridge University Press, 1986), p. 86.

心智，慰人心神。我们只能有一点对之反对，那就是与事实不符。"①但菲尔丁自己的小说却无一例外地给其中的好人以美满结局。怎么解释这个矛盾呢？白特斯廷直接引用了菲尔丁的原话，然后把菲尔丁和理查逊的不同处理进行了比较："理查逊把《帕梅拉》作为现实的直接转换，而菲尔丁的意图最终却是象征性的。"②换言之，理查逊表现的幸福结局是现实世界的，由于现实生活中好人难以得到好报，因而这种结局（在菲尔丁看来）是"与事实不符"的；菲尔丁自己在《汤姆·琼斯》表现的男女主人公幸福结合是象征性的，象征基督教信仰中的启示录（Apocalypse），也就是到了世界的末日，信徒得到上帝拯救，进入极乐世界这个最终的幸福结局。这种幸福来源于慈善上帝的拯救，而不是个人美德在现实中赢得的。这种解释应该说也言之有理，对于我们这些对基督教义很陌生的中国读者还是挺新颖的。但是，说到底，我们又不能不承认这种幸福结局实在是离读者生活太远了，甚至可以说是有些违背常理地舍近求远，因为就我们每个读者来说，大家真正关心的是小说男女主人公在小说世界（现实世界的再现）的幸福结局，而不是那个遥远的未来世界。

那么有没有解决菲尔丁矛盾的其他方法呢？我觉得，虽然菲尔丁名义上否定了现实世界的美德有报，但他实际上是赞成，并且希望好人在现实世界得到好的报偿，而且总是给他的小说人物以这样的报偿。正如亨利·奈特·米勒所指出的，"尽管菲尔丁自己的贝拉基主义使自由教牧师成为他的自然盟友，他的重点却不像牧师们那样首先放在来世的拯救，其次才是现世的心理和社会改良。虽然基督教哲学对他很重要，菲尔丁的重点却是在另一面。否则他就不会成为一个出色的喜剧作家"③。《汤姆·琼斯》与《帕梅拉》的区别在于帕梅拉处处考虑自己的得失，着力经营自己，最终与B先生结婚，从女仆摇身一变而成为女主人。汤姆·琼斯则心地善良，坦荡无私，乐于助人，而又行事莽撞，有失检点，常常陷入困境。他对自己的前途没有多少算计，与"谨小慎微"，三思后行的帕梅拉大相径庭。黄梅指出，"琼斯不同于笛福或理查逊的主人公，他非但不是自觉的自我塑造者，甚至

---

① 张谷若译《弃儿汤姆·琼斯史》，第1139页。
② Battestin, *The Providence of Wit*, p.161.
③ Henry Knight Miller, *Essays on Fielding's Miscellanies: A Commentary on Volume One* (Princeton: Princeton University Press, 1961), p.81. 贝拉基主义（Pelagianism）强调人本性善及人有自由意志。

没有多少自我意识。没有明确人生设计的琼斯几乎像一匹小儿马那样随波逐流地过日子"①。如果说帕梅拉的幸福结局是她苦心经营的自然结果,汤姆的美满姻缘却是慈悲为怀的作者赏赐于他的。

中国读者比较容易喜欢汤姆,因为他自然单纯,天真可爱;而16岁的帕梅拉却实在是少年老成,满腹经纶,或者甚至可以说"诡计多端"。打个不一定妥当的比方,帕梅拉就像是个善于经营或钻营的官场老手,左右逢源,明哲保身,最后得偿所愿;而汤姆·琼斯则见义勇为,做了好事不留名,但行为放纵,毛病很多,正常情况下难以得到升迁报偿,但在小说中却如愿以偿。用普拉斯的话说,"菲尔丁给他的人物奖赏因为他们不追求奖赏。像蒲柏一样,他要解除我们对秩序的迷信,不再轻信善能在地球上得到善报。善能得到的报偿只能是自身:行善得到的愉悦和保持自身纯洁。除此之外善并无所求,而正因为无所求才得到作者给予的奖赏"②。现实生活中虽然政策规定要提拔为人正直,真正干事创业的,不能重用那些私欲膨胀,跑官要官的人,但帕梅拉和汤姆谁走得更远似乎是不言自明的。特里·伊格尔顿在其新著《英国小说导论》中写道:"如果《汤姆·琼斯》是实际生活,汤姆最后毫无疑问会被吊死,而卜利福则有可能成为首相。"③或许正是因为现实生活中像汤姆那样的好人得到的报偿太少,我们才更乐于在虚构的小说中看到他那样的人得到好运,即使有那么多难以置信的巧合也无关大局,最多不过是提醒读者这样的好运是可遇而不可求的。

第四节 《汤姆·琼斯》的结尾

《汤姆·琼斯》是一部卷帙浩繁的巨著,18卷,约两百章,企鹅经典版有八百多页,中文译本都在千页以上。这样一部小说的结尾自然也是引人注目的。J. 保罗·亨特在他论菲尔丁的专著中从多方面对《汤姆·琼斯》进行了精湛的分析,给予了高度评价,但对小说的结尾颇有微词。他的批评主要两有个方面。一是从第18卷第5章起的各章标题大同小异,只是表明

---

① 黄梅:《推敲"自我":小说在18世纪的英国》,北京:三联书店,2003年,第228页。
② Martin Price, *To the Palace of Wisdom: Studies in Order and Energy from Dryden to Blake* (Garden City, NY: Doubleday & Company, Inc, 1965), p. 304.
③ Terry Eagleton, *The English Novel: An Introduction* (Malden, MA: Blackwell Publishing, 2005), p. 59.

故事在继续,后来进入尾声,这与菲尔丁乐于在标题上进行修辞调侃的风格大相径庭,似乎表明写到此已有些厌倦情绪;二是女主人公苏菲娅先明确拒绝汤姆,又说要进一步考验他,转眼却同意马上结婚,这样的处理太过匆忙草率,经不起推敲。① 亨特对《汤姆·琼斯》结尾表达的保留意见也见于其他批评家。同样对《汤姆·琼斯》赞不绝口的达登就曾细数小说的缺陷,特别指出到最后几章故事发展太快。菲尔丁一反四平八稳,侃侃而谈的常态,似乎在匆匆忙忙地结束小说,甚至对故事发生的时间是在一天还是两天都交代不清,而且在第10章和第11章出现了由于疏忽大意引起的重复。②

请看这两处重复的中译:在第10章开头,"奥维资回到寓所的时候,听说琼斯恰好在他以前也刚来到。因此他马上急忙走进了一个空闲的房间,吩咐人把琼斯单独带到那儿"③。接下来是两人推心置腹的长谈。到了第11章,我们却又读到这样一段话:"奥维资回到寓所以后,马上就把琼斯带到自己屋里,跟着把事情的全部经过,——不但他从洼特太太那儿听说的,而且他从道令那儿逼出来的,——全都对他说了。"④白特斯廷在威斯林版《汤姆·琼斯》相关引文后面加了这样的注释:"菲尔丁显然忘记奥维资在上一章就回到了住所,琼斯随之了解了卜利福针对他的阴谋。这一章的其他错漏表明菲尔丁在匆匆忙忙地结束小说。"⑤由于菲尔丁在1748年11月被任命为威斯敏斯特区的治安法官,他显然没有太多的时间来仔细推敲修改,出现一些破绽在所难免。我们知道,即使被曹雪芹"批阅十载,删繁五次"的《红楼梦》仍有个别疏漏。达登在列举了《汤姆·琼斯》的疏漏之后就这样写道:"说实话,令人惊讶的并不是这部长篇复杂故事有疏漏,而是疏漏如此少,并且如此无关紧要(两个时间上的大错除外)。"⑥

---

① Hunter, *Occasional Form*, p. 190.
② Dudden, *Henry Fielding*, p. 625.
③ 张谷若译:《弃儿汤姆·琼斯史》,第18卷第10章,第1404页。
④ 同上书,第18卷第11章,第1414页。
⑤ *The History of Tom Jones, A Foundling*, ed. Battestin and Bowers, p. 965, note 1.
⑥ Dudden, *Henry Fielding*, p. 627. 达登在这里提到的两大时间错漏,一是指在第六、七卷小说时间只过去了三个星期,却从6月末跳到了11月下旬。这是所有批评家都很清楚的。白特斯廷曾设法予以解释:前六卷是詹姆斯党人叛乱之前写的,后来发生了叛乱,菲尔丁转而从事政论写作,编辑《真爱国者》周报。等到叛乱平息,重新续写小说时就把时间从夏天改到了初冬,以便把汤姆的旅行同反击叛乱结合起来。第二个时间错漏是按达登参考1748年历书作出的每天故事分析,许多故事是发生在星期天,按基督教的常理是不合适的。(624页)我们可以用这一点来反证达登的时间推断有问题,或者说菲尔丁并没有真正严格按照年历来安排故事,因为他毕竟是在写小说。

批评家已经指出菲尔丁对《汤姆·琼斯》规划设计颇具匠心,最后三卷小说结局对应开始的三卷:一部巨著开篇需要相当长的篇幅逐渐介绍众多人物事件,同样也需要相应的篇幅逐渐收尾总结。细心的读者稍一比较就发现各卷的章数也是对应的:第1卷与第18卷各13章;第2卷与第17卷各9章;第3卷与第16卷各10章。再把第1卷与第18卷的13章分别比较,可以看到除了两卷的序章,第1卷大致可以分成各有四章的三个部分:第2至第5章介绍奥维资兄妹和汤姆的出生,第6至第9章主要关于寻找弃儿的母亲,而最后四章主要是关于卜利福上尉为了财产同白蕊姞成婚。第18卷的第2至第5章介绍分别叙述汤姆的困境,奥维资拜访老奈廷给勒,两位塾师的信和卜利福花言巧语骗过舅父,第6至第9章反复表明继续再续,分别描写派崔济叙述经历,洼特太太叙述,卜利福被揭露,奥维资拜访苏菲娅。最后四章构成尾声,主要是汤姆与奥维资交流,然后是汤姆见苏菲娅到归结全书。我们可以看到,最后四章基本对应第1卷开篇四章,中间四章对应第一卷中间四章:在第一卷是寻找弃儿生母受到蒙骗,在最后一卷是真相大白。第18卷开头四章对应第一卷最后四章:那里是关于老卜利福行骗得逞,这里是小卜利福暂保安身。而且第1卷的中间四章与珍妮有关,特别是第7章奥维资审珍妮·琼斯,第18卷的中间几章同样与珍妮(现在是洼特太太)有关,她在第6章快结束时出现,第7章是向奥维资说明真相,在第8章仍然发挥重要作用。虽然各章的对应相当清楚,却有一个明显区别:第1卷的各章标题内容相当丰富,而最后一卷从第5章开始的标题却聊胜于无。用亨特的话说,"在早先的标题中菲尔丁有意模糊或用标题来嘲弄、调侃,表示允诺,而到了结尾这些标题既没有说明什么,也没有刺激修辞期待"①。亨特据此认为菲尔丁厌倦了,不愿继续在标题上展示他的喜剧才华。我觉得更合理的解释是在小说开篇时的各章标题在于引起读者的兴趣,塑造叙述者的特点,越丰富多彩越好;而在结尾时各章的内容在于揭开谜团,叙述者的风格读者已经十分熟悉,没有必要再加以强调,喜剧效果在于出其不意,因此不宜在标题上给出任何暗示。《论菲尔丁创立的新型作品》就曾指出:"为了防止读者窥探真情,他设计了多么令人赞叹的标题呀!例如,此史始进尾声,此史更近尾声等等。每个读者都会感到莫大愉悦,洞察力最低的读者也可以看到这些不起眼的标题引

---

① Hunter, *Occasional Form*, p. 190.

出的篇章比他开始想象的要丰富得多。"①

如果说各章的对应还只是表面上显示了菲尔丁的刻意安排,最后一卷的某些章节更显出作者的特殊关注。第 6 章是派崔济对奥维资的讲述。虽然奥维资感兴趣的只是关于汤姆的情况,派崔济却要"把所有的情况,都一一陈述"②。他从自己受到奥维资审判丢掉塾师教职开始,讲到自己到索尔兹伯里在律师手下供职,后来到了利明屯,再后来办了个学塾却又遭了官司,坐了 7 年监狱,然后漂泊到爱尔兰再度尝试办学,半年多前回到英格兰,不久前遇到汤姆。奥维资对他的冗长叙述不感兴趣,几次打断他:"你用不着把这些细节琐事都说出来"③;"不要说得这样细啦"④;"把这一段略过去,再接着说你回到英国来好啦"。⑤但是,通过奥维资的不耐烦与派崔济不厌其烦的叙述之间的鲜明对比,我们却可以感到派崔济,还有小说的叙述者,在间接地批评奥维资,因为正是他多年前凭借派崔济太太的指控而认定派崔济为汤姆之父,才导致了他后来漂泊各地的不幸遭遇。叙述完了以后,派崔济"庄重严肃起咒赌誓地说,他不是琼斯的父亲,也就和他不是罗马教皇的父亲一样"⑥。这不啻对奥维资的当头一击。

此时的奥维资当然更急于了解到底谁是汤姆的生身父母。幸运的是派崔济还没有离开,洼特太太就来到了。第 7 章是她的叙述,这里的叙述同样是奇闻迭出,妙趣横生。洼特太太首先证实派崔济不是汤姆的父亲,然后说汤姆的生父是大学毕业生色末(Summer):"我得说,他那样翩翩少年的风度,天上少有,人间无双;因为,我所看见过的人物中,他除了人物顶秀美而外,还那样举止文雅,那样锦衣绣口,妙绪泉涌,风流倜傥。"⑦她对色末这番动情的描述让现代批评家约翰·萨瑟兰推测她可能也是色末的情人,并从他那儿学到比派崔济更好的拉丁文。⑧ 洼特太太既然说明色末是汤姆的父亲,在奥维资看来汤姆自然是她与色末的私生子,因为她早就承认自己是汤姆的母亲。然而洼特太太接下来却否认自己是汤姆的母亲,引得奥维资警告她"可不要因为想脱掉任何别的罪,而犯了撒谎欺骗的罪。

---

① *Henry Fielding: The Critical Heritage*, p. 266.
② 张谷若译:《弃儿汤姆·琼斯史》,第 1370 页。
③ 同上书,第 1371 页。
④⑤⑥ 同上书,第 1372 页。
⑦ 同上书,第 1376 页。
⑧ John Sutherland, "Who is Tom Jones' Father?", in *Can Jane Eyre Be Happy?: More Puzzles in Classic Fiction* (Oxford: Oxford University Press, 2000), pp. 21–24.

你不要忘了,有一个冥冥在上的神灵,什么事都瞒不过。在他的法座前面,撒谎欺骗,只能罪上加罪"①。最后,洼特太太说出奥维资的妹妹白蕊娡才是汤姆生身母亲。她的叙述使奥维资相信她"决不会也决不能编造出这么多的详情细节来,作撒谎弄虚的证据。我承认,我想起关于那个色末的一些经过来了。当时我只有一种想法儿,认为我妹妹对他有些喜欢。我把这种情况对我妹妹提过……但是她对于我这种不善体谅的怀疑之心(这是她的说法儿)可表示了顶大的鄙夷"②。洼特太太不仅解开了围绕汤姆出身的谜团,而且还对奥维资的行为提出指责:"哎呀,老爷呀,要是那位小姐还活着,亲眼看到您把那个可怜的年轻人当作一个无业游民,赶出门去;不但这样,要是她还活着,听到您亲自雇了律师,去告他实在并没犯的杀人罪——那我得求老爷您,我的奥维资老爷啊,不要怪我,因为我一定得说那是恩断义绝——一点儿不错,您受了骗了。他多会儿也没有应该受到您这种待遇的时候。"③这比斯侩厄的信更清楚无误地指出有人刻意欺骗奥维资,陷害汤姆。奥维资急于要找道令律师核实洼特太太所说的是否属实,进门来的却是威斯屯先生,而正是从他口中奥维资间接证实了洼特太太的话:"道令律师告诉我,到底没有指望能把那小子绞死了;原来那个受伤的人还活着,大有越来越好的盼望儿。"④不久威斯屯离去,道令进来,奥维资利用洼特太太仍在的机会和他对质。道令无可抵赖,只好说出卜利福是陷害汤姆的主谋。

第9章叙述奥维资去拜访苏菲娅,在路上他看了琼斯给苏菲娅的信,"信中有一些话,说到奥维资自己,叫他看了,不觉满眼含泪。"⑤但小说中并没有这封信的文本,作为读者我们不知道信中到底写了什么让他如此动情。奥维资见到苏菲娅,说现在真相大白,汤姆受到了陷害,自己要立汤姆为继承人,但缺了苏菲娅的爱情汤姆的幸福就不完满。苏菲娅的回答却令他大吃一惊:"我深信不疑,琼斯先生有许多优良品质;但是我永远也不能把他看作是我未来的丈夫来接待他。我以荣誉为质,我永远也不能那样。"⑥甚至还有这样的话:"在现在这个时候,世界上没有任何别人能比琼

---

① 张谷若译:《弃儿汤姆·琼斯史》,第1376页。
② 同上书,第1379页。
③ 同上书,第1380页。
④ 同上书,第1382页。
⑤ 同上书,第1394页。
⑥ 同上书,第1398页。

斯先生,更要使我坚决拒绝的了,连卜利福先生自己对我求婚,也不能比琼斯先生更使我觉得别扭违心。"①不仅如此,米勒太太告诉汤姆说她又去见了苏菲娅为汤姆说情,得到的回答极为严厉:"太太,我一度曾有一种想法儿,认为我在琼斯先生身上看到他能行至善大德;我承认,我对那种情况有一种真心诚意的尊敬;但是一种完全浮华浪荡的行为,要把世界上顶好的心地都腐蚀了的;一个心地善良可行为放荡的浮华子弟所能指望的一切,就是我们对他鄙夷、厌恶,中间仅仅掺杂上几点怜悯而已。"②这似乎表明苏菲娅已经彻底拒绝了汤姆。但是有两个线索暗示她的心实际上没有变。一是当米勒太太说到汤姆拒绝了寡妇亨特太太的求婚时,苏菲娅"一下就满脸像火一样红起来;这就是一字不差她亲口说的,'我决不否认,说我相信,他对我还算有情有义'"③;二是在奥维资的拜访以后准备接待汤姆的来访时,苏菲娅"虽然娇嗔填膺,心中不平,但是却也同样打扮得尽艳极力,丰姿千状(至于为什么,只有留待闺中读者阐发解释了),所以显得妍美绝俦,娟秀无双"④。这只有一个解释:苏菲娅已经准备好结婚做新娘了!

为什么两个人单独在一起时苏菲娅又似乎一万个不情愿呢?亨特这样写道:"她一会儿显得绝不会接受他,后来她又接受了,没有向我们解释她为何犹豫,为何改变心思。我们要愿意,只能解释说她有些谨慎,或故作忸怩。"⑤关于苏菲娅服从父亲,同意立刻结婚,黄梅认为,"讲故事人为快快打发琼斯去往那早已为他选定的圆满归宿而或多或少地牺牲了女主人公性格的一致性,致使叙事中出现了一道不大不小的裂痕"⑥。这种观点自然有一定道理。但是,从《汤姆·琼斯》本身的叙述来看,菲尔丁的处理更符合苏菲娅的性格。虽然苏菲娅在比较短的时间里从拒绝转为接受汤姆,但是这并不能作为菲尔丁临近结尾匆忙应付的证据;相反,这种变化恰恰符合人物性格和喜剧情节发展的要求。

这一章的故事(或对话)发展可以分为四步。首先是解疑释惑。虽然汤姆曾经给苏菲娅写信,米勒太太也曾向苏菲娅解释汤姆给白乐丝屯夫人求婚信的原因,但是苏菲娅需要听到汤姆自己的亲口解释。关于那封求婚

---

① 张谷若译:《弃儿汤姆·琼斯史》,第 1400 页。
② 同上书,第 1409 页。
③ 同上书,第 1410 页。
④ 同上书,第 1421 页。
⑤ Hunter, *Occasional Form*, p. 190.
⑥ 黄梅:《推敲"自我"》,第 245 页。

信,汤姆"以最庄重严肃的态度表白,您所听到的全属事实"①。接着,汤姆又从当时写信的目的、解脱方法等方面进行了解释,最后对此信让苏菲娅受到折磨而后悔不已。这一番解释终于得到了苏菲娅的谅解,说她"不相信,也并不能相信"此信还能有别的目的。但是,她接着单刀直入,提到汤姆与白乐丝屯夫人的暧昧关系:"经过厄普顿那一场以后,我痴心妄想,认为您为我心肝摧折,您也装模作样,显得您为我心肝摧折,正在那个时候,您可那样快当麻利,就跟另一个女人又搞起幽期密约来!一点儿不错,您的作为真得说是荒唐离奇。难道我对这样一个人说的甜言蜜语,能相信是真挚诚实的吗?退一步说,就算我能相信,那我跟了这样一个特好翻云覆雨的人,敢保能有幸福可言吗?"②汤姆与白乐丝屯夫人的关系是在特殊境况下的特殊事件,要解释清楚谈何容易。汤姆只能以自己当时处于"山穷水尽、日暮徒穷之中"来辩解。他还恳求道:"如果您的善良之心,足以对既往不再深究,那就求您不要因为担心将来,而残酷地堵塞了您对我的仁慈之路吧"③。汤姆的推理是这样的:他以前走错路是因为爱情没有希望,如果苏菲娅原谅了他的过失,他敢保证以后绝不会再犯类似的错误。正如塞克斯所指出的,"团聚的情感冲击逐渐消失,取而代之的是道德话语,它清楚表明了我们已经据以评判汤姆行为的伦理标准;它既强调汤姆本质的善,也指明他为自己的不幸应负的责任。话语的表述方式使我们觉得汤姆应该得到苏菲娅,又不责备女主人公暂时拒绝他的求婚,并由此推迟了小说幸福结局的到来"④。

汤姆这一番话打动了苏菲娅。她说:"不过,如果我能为您的忏悔所感动而对您宽恕,那您只能指望,我至少也得要求您能对您的真诚给我最坚强可靠的证明。"⑤这个"最坚强可靠的证明"是"时光"。但是,在苏菲娅提出要用"时光"来考验汤姆的爱情时,她是当真吗?作为读者,我们觉得她不可能当真,因为谁都知道"时光"不等人。每个英语读者都不会忘记马维尔那首著名的《给羞怯的情人》:

> 只要我们有足够的余地和时光,

---

① 张谷若译:《弃儿汤姆·琼斯史》,第 1423 页。
② 同上书,第 1423 页。
③ 同上书,第 1423—1424 页。
④ Sacks, *Fiction and the Shape of Belief*, p. 144.
⑤ 张谷若译:《弃儿汤姆·琼斯史》,第 1424 页。

> 你这怕羞就不算罪过了,姑娘。
> ……
> 但是,在我背后我永远听到
> 时间的飞车正在急急地来到:
> 我看见我们前面远远地横着
> 无边永恒的一片广袤荒漠。①

汤姆表示他一定接受考验,但苏菲娅反问道:"从过去发生的事看来,先生,您还能指望我把您的空话信以为实吗?"②此处汤姆的回答可以说是绝妙无比:"请您不要只把我的空话信以为实;我有一种更好的保证,一种对我永不变心、信誓旦旦的保证,这种保证,一眼所见,疑无可施。"③苏菲娅都有些被弄糊涂了。于是,汤姆把她领到镜子前,指着里面的苏菲娅身影说那足可以让一切浪子改邪归正,包括罗彻斯特。"苏菲娅晕生红潮,瓠犀半露;但是却又硬把双眉紧皱,强作颦蹙。"④张谷若先生此处的译文似乎受到《红楼梦》的影响,让人想起第 23 回宝黛读《西厢记》:宝玉说"我就是个'多愁多病身',你就是那'倾国倾城貌'"后,"林黛玉听了,不觉带腮连耳通红,登时直竖起两道似蹙非蹙的眉,瞪起了两只似睁非睁的眼,微腮带怒,薄面含嗔"⑤。

接下来是一段很有趣的对话:

> "如果我据以往以判将来,"她说,"那我这个人一离开您的眼底,我的形影也就不会仍旧留在您的心头了,这就像我一走出屋外,它就不会仍旧留在镜子里一样"。
>
> "上天鉴临,一切神灵鉴临!"琼斯喊道,"您的形影从来也没有一时片刻不在我的心头的。你们的心灵精细娇柔、玲珑剔透,不懂得我们有多么粗俗拙笨,也不能辨别,某种拈花惹草的勾当,和真正爱情多么没有关系"。
>
> "要是一个人,"苏菲娅庄颜正容地答道,"不想学得精粹纯正、优雅灵透,像我这样,不能分辨这类异同,我就永远不能嫁他"。

---

① 屠岸选译:《英国历代诗歌选》(上册),南京:译林出版社,2006 年,第 181—182 页。
② 张谷若译:《弃儿汤姆·琼斯史》,第 1424 页。
③ 同上书,第 1424—1425 页,译文有改动。
④ 同上书,第 1425 页。
⑤ 曹雪芹、高鹗:《红楼梦》,北京:人民文学出版社,1982 年,第 325 页。

"我一定学着那样，"琼斯说，"我现在就已经学会了。我刚一想到，我和我的苏菲娅还有齐体同心的希望那一刹那，就一下学会了"。①

在这段对话中汤姆的话把性爱与爱情作了区分，这也是菲尔丁在第 6 卷第 1 章论爱情时作的区分。"普通所谓的爱，表达得更恰当一些，应该叫作馋；一个老饕可以毫不羞愧，用爱这个字眼儿，表示他的口腹之所嗜，说他爱吃什么肴馔；一个以人肉满足所嗜的人，也可以同样恰当地说，他看到某某女子秀色可餐，他很想拿她解一解馋……我所持的这种爱，虽然在满足自己的方式方面非常斯文温柔，但是他要求满足所欲之时的热烈程度，也不下于我们一切欲望之中最粗俗不堪的那一种所表现的。"②后面这种爱才是真正的爱情，源于"敬重之心和感戴之情"③，而由欲或馋导致的"某种拈花惹草的勾当"，和真正爱情没有多少关系。苏菲娅强调的是爱情（包括性爱）的专一，这在当时是所谓爱情双重标准中的女性标准，男性可以不受此限制，而汤姆的回答则表明他现在与苏菲娅的观点是一致的。④ 接下来关于到底要考验汤姆多长时间的对话具有调侃性质，因为两人之间的分歧已经解决，谈婚论嫁的时机已经成熟，苏菲娅也深知保持汤姆忠诚的最有效办法就是尽快结婚。汤姆要求苏菲娅定一个考验的时限，并希望能够尽量短一些。苏菲娅答说"也许 12 个月吧"，而这让汤姆听起来像"千秋万古、地老天荒了"。最后，苏菲娅说"那个日子，是在您自己的掌握之中的"⑤。这句话应该说是一语双关：既可以理解为考验时间的长短要看汤姆的表现，也可以理解为汤姆定什么时间都行。而这种模棱两可正符合苏菲娅淑女特征：作为屡受磨难的恋人，她当然希望尽快完婚；作为有教养的女性，她又要服从男性（父亲/丈夫）的意志。汤姆激动万分，"把她搂在怀里，用他向来没敢冒昧用过的一种炽焰烈火的热烈，把她痛吻"⑥。

就在这时，威斯屯迫不及待地冲进屋里，要苏菲娅立刻定下完婚的日子，"是明儿个还是后儿个"？他还对汤姆发表了这样一通高论："我还只当

---

① 张谷若译：《弃儿汤姆·琼斯史》，第 1425 页。
② 同上书，第 373—374 页。
③ 同上书，第 374 页。
④ 关于双重标准，参看瓦特：《小说的兴起》，第 173—174 页。
⑤ 张谷若译：《弃儿汤姆·琼斯史》，第 1426—1427 页。
⑥ 同上书，第 1427 页。

你是个有种的小子,不听婆婆妈妈、扭扭捏捏、羞羞答答、没出阁的姑娘那一套把戏啦。我告诉你吧,那都是装模作样,装腔作势。真他妈活见鬼!她不一心一意,只想今儿个晚上就入洞房才怪哪!"①这虽然说的有些粗俗,却也都是大实话。经过一番有意思的对话,苏菲娅说:"既是您愿意明儿个早晨就把事办了,爸爸,那就是明儿早晨好啦。"②就这样,曾经对父亲意志表现出鲜明反抗精神的苏菲娅最后以完全服从父亲意志的姿态取得了父亲的欢心,而这正是喜剧艺术所要求的。从解惑释疑尽释前嫌,经过镜子前面认保证,再到男女双方认同爱情的专一,到最后服从父亲意志定日完婚。虽然时间不长,一步步发展演变都是符合逻辑的,也看不出菲尔丁出尔反尔,匆忙结束的痕迹。尽管在小说最后几章的确存在一些疏忽缺陷,第12章对于两个恋人对话的描写还是相当成功的。

阿兰·D. 麦基洛普曾经写道:"《汤姆·琼斯》经得起反复阅读(这样的小说并不多),叙事风格既准确无误,又丰富多彩,不经意的词语常常传递诙谐睿智,无足轻重的文句会展示新的景观。"③对于这样一部经典名著,不同的读者会有不同的感受,不同的批评家会从不同的视角来解读。关于《汤姆·琼斯》的批评超过其他菲尔丁小说的总和就是明证。④ 我们在本章所做的只是从中国读者的视角,结合其在中国的翻译传播,对几个有争议的问题进行探讨,希望能对这部小说的理解有所帮助。J. 保罗·亨特在论菲尔丁的专著中这样解读小说的结局:"通过最终把汤姆立为乐园府的财产继承人,菲尔丁做了神学、哲学、心理、法理和政治的宣示。作为一个自己赢得财产的继承人——在道德权利方面是合法的继承人——汤姆是英国社会的新人,是一个需要教育、经验、谨慎、智慧和善意神灵护佑才能肩负起他在英格兰民族生命机体中负责任地位的人。"⑤从这个意义上来说,《汤姆·琼斯》远不止讲述了一个带有传奇色彩的爱情故事,而是现代英国人的散文史诗。

---

① 张谷若译:《弃儿汤姆·琼斯史》,第 1427—1428 页。
② 同上书,第 1428 页。
③ Alan D. McKillop, *The Early Masters of English Fiction* (Lawrence: University Press of Kansas, 1956), p. 133.
④ See H. George Hahn, *Henry Fielding: An Annotated Bibliography* (Metuchen, N.J.: Scarecrow Press, Inc., 1979).
⑤ Hunter, *Occasional Form*, p. 184.

第十二章 不应忽视的《阿米莉亚》

《阿米莉亚》是菲尔丁的最后一部小说,也是受到评论家注意比较少的作品,直到1970年代以后这种局面才得到改变。中国批评界对《阿米莉亚》也较少关注,最值得注意的批评是前辈学者范存忠先生1950年代发表的《菲尔丁的〈阿米莉亚〉》。范先生的论文有八个部分,先论述了《阿米莉亚》在什么情况下创作"出版的,有哪些基本内容,提出了哪些社会问题,存在着哪些缺陷或局限",最后分析了小说的艺术形式,认为是"宽阔宏大的史诗格调与质朴无华的散文史传相结合"①。过了将近50年,黄梅在2003年出版的《推敲'自我':小说在18世纪的英国》第6章第4节讨论"《阿米莉亚》和写作的'断裂'",从喜剧风格到悲剧风格的变化、介入性叙述者形象的改变、对复杂女性人物的刻画等方面探讨《阿米莉亚》对《汤姆·琼斯》的发展。②《阿米莉亚》的中译本直到2004年才出现。译者吴辉在译序中写道,"菲尔丁的四部长篇小说,前三部在我国都已出版,而且每一部都不止一种译本,只有这部《阿米莉亚》还未见有译本;在译林出版社的大力支持下,我很高兴能填补上这个重要的空白"③。该译本的出现必将推动我国菲尔丁研究的发展。本章主要从《阿米莉亚》的出版和影响、对贵族和下层人物的刻画和女性形象的塑造等方面进行探讨。

第一节　出版和影响

吴辉的译序对《阿米莉亚》的情节、主题和写作特点给予了简明扼要的介绍,对读者很有帮助。译者写道:"这部小说发表后,由于故事内容十分

---

① 范存忠:《菲尔丁的〈阿米莉亚〉》,引自《英国文学论文集》,北京:人民文学出版社,1981年,第41、44页。范先生的论文"改于1954年12月",但未注明最先发表的刊物。
② 黄梅:《推敲"自我":小说在18世纪的英国》,北京:三联书店,2003年,第248—264页。范存忠先生的文章中小说译名是"阿美丽亚",黄梅用的是"阿米丽亚",现根据吴辉的中译本统一为"阿米莉亚"。
③ 吴辉:《译序》,《阿米莉亚》,吴辉译,南京:译林出版社,2004年,第6页。

有趣,曾经产生了轰动效应,书籍在出版的当天上午就被读者抢购一空,当天晚上就要求出版商重印;在菲尔丁的所有小说中,这部小说的销路是最好的。"①这是一个曾经被长期接受的观点,其来源是大名鼎鼎的约翰逊博士。但是,在威斯林版《阿米莉亚》导言中,马丁·白特斯廷教授指出上面这种说法是出版商制造的神话。出版商安德鲁·米勒鉴于《汤姆·琼斯》的巨大成功,为《阿米莉亚》支付了 800 镑版税,并一次印刷 5000 部。一位好友看过小说之后,认为销路可能不好,劝他尽快脱手。米勒便制造了装订赶不上需求的传言,说只能简装供应书商,刺激书商大量订购,出版第一天就批发完,但真正零售却相当缓慢。"首版 5000 册的印数满足了读者大众在许多年里的需要。真正意义上的《阿米莉亚》第二版直到 1762 年米勒出版《菲尔丁著作集》时才问世"②。《阿米莉亚》1751 年 12 月 18 日出版,由于《汤姆·琼斯》的影响和前期宣传的作用读者对本书寄予厚望,但是出版之后却让很多读者失望。

《阿米莉亚》出版之后没有受到读者欢迎是有客观原因的。首先,读者期待的是一部像《汤姆·琼斯》那样的带有传奇色彩的喜剧小说,《阿米莉亚》却是一部关于婚姻生活的格调沉郁的悲剧小说。它不以曲折离奇的情节来愉悦读者,而以直面社会现实、抨击腐败罪孽的史笔表现生活。正如范存忠先生所说,在他的最后一部小说中,菲尔丁"对社会现实的观察比以前更锐利了,他对社会问题的分析也比以前更深刻、透辟了",它"表现了作者对于工业革命前夕英国社会矛盾的进一步认识,表现了作者对当前根本问题的深刻的理解与无可奈何的情绪。在艺术上,这作品是作者现实主义的进一步的发展","从启蒙时期西欧文学的历史发展来谈,《阿米莉亚》是狄德罗等的问题戏剧和葛德汶等的问题小说的先驱"③。但是,菲尔丁"喜剧小说的大部分技巧对一部严肃揭露现代生活中的制度性缺陷的小说显然是力不从心的"④。另外,菲尔丁由于治安法官职责繁重,小说写作比较仓促,也留下了一些疏漏,其中最突出的有两点:一是在写了阿米莉亚由于翻车"鼻子被摔碎"之后却没有提怎样治疗,结果使小说的女主人公成了

---

① 吴辉:"译序",第 6 页。

② See Martin C. Battestin, "General Introduction", *Amelia*, ed. Martin C. Battestin (Middletown, Conn.: Wesleyan University Press, 1983), pp. xlv−l.

③ 范存忠:《英国文学论文集》,第 46 页。

④ Robert Alter, *Fielding and the Nature of the Novel* (Cambridge, Mass.: Harvard University Press, 1968), p. 149.

"没有鼻子"的美女;二是急于为"万有登记处"做宣传的菲尔丁把这个创办于1750年的机构写进了发生在1730年代的小说故事里。针对文人墨客关于阿米莉亚"没有鼻子"的大肆攻击,菲尔丁在自己新创办的《考文特花园杂志》第3期的"考文特花园"专栏写了这样一段话:"据报道,曾经完全治愈了阿米莉亚·布思太太严重的鼻伤,几乎没有留下一点疤痕的著名外科医生,准备起诉几个居心不良、恶意中伤的人。他们胡说那位夫人没有鼻子,依据不过是作者忙中有失,忘了叙述治鼻手术,而那些读者如果自己有鼻子的话自然会嗅出来,除非他们长的是本期引言中提到的犀牛鼻子"①。菲尔丁的目的是以此平息别人的攻击,却事与愿违,招来更多的攻击嘲弄。

于是,菲尔丁只好在《考文特花园杂志》的第7和第8两期的"监察院记事"专栏以《阿米莉亚》受审和作者答辩方式为小说辩护。在第7期,公诉人"堂"(Town)先生列举《阿米莉亚》的罪状(或缺陷):首先是无聊(Dullness)。他说,"当今时代的风俗或习趣是嘲笑一切,取悦于人的唯一办法是使他发笑",而《阿米莉亚》没有做到。然后他给了一连串罪名:阿米莉亚人格卑下,行为愚蠢,溺爱子女,屈从丈夫,没有活力;哈里森博士是低级、无聊、不合常理的人物;巴思上校愚蠢低下;对监狱场面的描写既低下又毫无意义等等②。第8期的"监察院记事"开始写道,有一大帮游手好闲的纨绔子弟、风流女人涌到法庭要为指控《阿米莉亚》作证,这时"一个严肃的人站起来,请求发言"。这个"严肃的人"就是作者菲尔丁。他首先说道:"监察官先生,如果您自己是个父亲,您会对我抱有同情,因为我就是庭上这个可怜女犯的父亲;不,我还要进一步发誓,在我的所有子女中她是我最喜欢的孩子。"③菲尔丁在这里说《阿米莉亚》是他"最喜欢的孩子",是否表明在他心目中《汤姆·琼斯》地位就不高呢?实际上不能这么看。就像文学分析不能脱离具体语境一样,对这段话的理解也不能脱离具体的时间地点。菲尔丁在这里是为《阿米莉亚》,为一个受到欺侮的孩子申辩,说她是自己"最喜欢的孩子"并不说明他不喜欢自己其他的孩子(小说)。

---

① *The Covent-Garden Journal and A Plan of the Universal Register-Office*, ed. Bertrand A. Goldgar (Oxford: Clarendon Press, 1988), p. 395. 由于这个专栏的大部分内容为菲尔丁的文书所作,故放在《考文特花园杂志》正文之后的"附录一"内。

② Ibid., pp. 58—59.

③ *The Covent-Garden Journal and A Plan of the Universal Register-Office*, p. 65.

第十二章 不应忽视的《阿米莉亚》

接着，菲尔丁写道："我可以郑重地说我对她的教育倾注了非同一般的心血；我敢保证，我遵循了最优秀作家普遍认可的规则；如果对她的举止进行公正的检查，就可以发现她在严守规则方面很少有偏离；荷马和维吉尔也不比我更在意规则，诚实而有学养的读者会发现，后者正是我这一次写作中的榜样"①。在这一段话中菲尔丁有时用比喻，用"她的教育"来比《阿米莉亚》的写作，用"她的举止"来比小说叙事；有时又直接论写作，引荷马和维吉尔为范例。现代批评家曾经就维吉尔的史诗《埃涅阿斯纪》对《阿米莉亚》的影响进行探讨，认为两者从叙事结构到主题内容方面都有明显渊源关系。约翰·E.洛夫提斯指出："在《阿米莉亚》中，菲尔丁在结构、情节、人物、背景等方面系统地效仿维吉尔的《埃涅阿斯纪》，这些模仿有时是高度集中具体的，有时只是松散的类比。这样，菲尔丁引导读者把《阿米莉亚》中的人物事件与维吉尔的《埃涅阿斯纪》中的类似人物事件进行对比，进而与史诗价值进行对比。以这种史诗价值和期望为背景，菲尔丁在《阿米莉亚》中探讨了个人、家庭和社会的道德关系。"②菲尔丁也承认《阿米莉亚》有缺陷，但强调任何作品都有缺陷，而对《阿米莉亚》的种种恶意诽谤却明显不公平。他最后写道："因此，监察官先生，我向您郑重宣告，从此以后我再也不会受这个缪斯启示来创作了。"③换言之，他再也不会写这类小说了。

尽管当时的很多读者对《阿米莉亚》大加攻击，这部小说在英国文学史上的地位却是不容否定的，因为菲尔丁在人物刻画和主题内容等方面进行了可贵的创新性探索。阿兰·麦基洛普写道，"说来似乎奇怪，阿米莉亚是续集中的帕梅拉之外，英国小说中第一个值得尊敬的已婚女主人公；这部小说是除《帕梅拉》续集之外全面描写有子女的年轻夫妇家庭生活的第一部英国小说"④。由于理查逊的《帕梅拉》续集充满道德说教，作为小说并非成功之作，因此《阿米莉亚》实际上是第一部真正描写婚姻生活的英国小说。小说的主题并不是小家庭婚姻生活的恩恩爱爱，而是由于社会不公、司法腐败给主人公一家带来的沉痛灾难。在这个意义上，《阿米莉亚》是第

---

① *The Covent-Garden Journal and A Plan of the Universal Register-Office*, p.65.
② John E. Loftis, "Imitation in the Novel: Fielding's *Amelia*", *Rocky Mountain Review of Language and Literature* 31 (1977): 214—215.
③ *The Covent-Garden Journal and A Plan of the Universal Register-Office*, p.66.
④ Alan D. McKillop, *The Early Masters of English Fiction* (Lawrence: University Press of Kansas, 1956), p.139.

一部英国社会谴责小说,对 19 世纪小说有很大影响。① 斯帕克斯这样评价《阿米莉亚》:"在《汤姆·琼斯》之后,菲尔丁写了《阿米莉亚》,另一部成长小说,但是开辟了新领域。与菲尔丁早先的小说不同,它关注的不是十几岁青年人的经历,也不以婚姻为结束。它的女主人公表现了妻子的勇敢,支持帮助不谨慎的丈夫布思上尉。故事的大部分是关于上尉的成长。"②《阿米莉亚》以小说的女主人公为书名,主要关注的却是男主人公的成长经历,这与理查逊的最后一部小说《查尔斯·格兰迪森》以男主人公为书名,却仍以表现一系列女性人物为主可谓异曲同工:原因一方面是两部小说的男女主人公各自太完美,另一方面是两位小说家各以表现女性或男性人物见长,虽然我们不能把这种区别绝对化。③

《阿米莉亚》是菲尔丁小说中与作者关系最密切最复杂的小说。女主人公阿米莉亚的形象是以菲尔丁的前妻夏洛特为原型所创造的理想女性形象,男主人公比尔·布思有菲尔丁自己生活的影子。布思与阿米莉亚的爱情反映了菲尔丁与妻子的爱情;布思处事不够谨慎,不擅理财,时常使家庭生活处于困境在很大程度上是菲尔丁生活的写照。布思有时酗酒,喜好赌博,钱来得容易去得快,正反映了菲尔丁在 30 年代当剧作家时的生活经历。克罗斯把《阿米莉亚》的自传性与《大卫·科波菲尔》相比较,说狄更斯的主人公没有什么污点,而菲尔丁主人公不仅有作者的污点,而且还有夸大和杜撰的污点,结果给作者声誉造成损害。④ 如果说布思的基本性格特征像作者亨利·菲尔丁,他的军旅生涯则在一定程度上反映了亨利的父亲艾德蒙的经历,而布思与阿米莉亚私奔结婚更是亨利父母当时的举动。布思退役以后成为领半薪的军官,只好从事农业劳动来补贴家用,这种经历也是以菲尔丁父亲的生活为原型的。鉴于小说与作者及其父亲的复杂关系,马丁·白特斯廷教授写道:"尽管在艾德蒙有生之年父子隔阂颇深,但在布思的形象上菲尔丁和他的父亲成为一体。这种虚构的和解是否有某种

---

① Mona Scheuermann, *Social Protest in the 18th-Century English Novel* (Columbus: Ohio State University Press, 1985), Chapter I.

② Patricia Meyer Spacks, *Novel Beginnings: Experiments in Eighteen-Century English Fiction* (New Haven: Yale University Press, 2006), p. 72.

③ See Liu Yiqing, *Samuel Richardson as Writer of Female Heart: Epistolarity in "Sir Charles Grandison"* (Beijing: Peking University Press, 1995).

④ Wilbur L. Cross, *The History of Henry Fielding* (New Haven: Yale University Press, 1918), Vol. II, p. 335.

象征意义呢?……或许《阿米莉亚》代表了菲尔丁与其父关系中一个最后的,更融洽的阶段。"① 另一位著名学者罗纳德·鲍尔逊则对此存疑,认为"通过融合两代,回忆父亲在特殊家庭生活环境中的行为,他也可以说是把一切都归罪于父亲,把自己的处境困难归咎于父辈"②。虽然布思的形象融合了作者菲尔丁和父亲的生活经历,布思的性格也与菲尔丁父子有很大区别。比如菲尔丁和他的父亲都是敢做敢为的形象,而小说中的布思则主要是一个被动形象,很少有自主行动,多是被人牵着鼻子走。布思仅有的两次自主行动都带来了灾难性后果。一是他在乡村时主动扩大租地规模,并买了辆旧车,结果既引起乡邻的嫉妒,又因经营不善导致负债累累,为了躲债而逃往伦敦;二是在伦敦夜间看到两人殴打一人,自己主动帮助解救遭殴打者,结果被捕入狱。此外他几乎没有什么积极行动。他在监狱里与马修斯发生的通奸关系是受女方引诱;他把得到军队任职的希望寄托于詹姆斯上校,并且直到最后也没有认清这位所谓朋友的真面目等等。

与菲尔丁此前出版的《约瑟夫·安德鲁斯》和《汤姆·琼斯》主要描写乡间生活不同,《阿米莉亚》的故事基本上发生在伦敦,是一部关于现代都市生活的小说。虽然笛福的《莫尔·弗兰德斯》和《罗克珊纳》主人公大都生活在城市,但那些小说关注的是主人公自己的冒险经历,对城市生活的整体反映还比较有限。理查逊的《帕梅拉》是写的乡绅生活,《克拉丽莎》的女主人公虽然被挟持到伦敦,但她处于被监禁状态,小说又以表现人物心理情感为主,所以并没有充分表现伦敦生活。可以说《阿米莉亚》是第一部以伦敦都市生活为主题的小说。瓦特曾经指出,"在理查逊的步履和姿态中有着某种颇具特色的都市化的东西",而"菲尔丁确实具有许多乡下人的粗鲁",③但是《阿米莉亚》对都市生活的描写反映远胜于理查逊的小说。以都市生活为主题的小说只有在现代都市获得很大发展以后才能产生。到18世纪中期,伦敦已经奠定了现代大都市的地位,是英国政治、经济、文化、交通的中心。菲尔丁自1730年代从事戏剧创作开始就基本上没有离开过伦敦,而成为威斯敏斯特地区和米德尔塞克斯郡的治安法官之后更是

---

① Martin C. Battestin, *Henry Fielding: A Life* (New York: Rutledge, 1989), pp. 541—542.

② Ronald Paulson, *The Life of Henry Fielding: A Critical Biography* (Oxford: Blackwell, 2000), p. 297.

③ 伊恩·P. 瓦特:《小说的兴起》,高原、董红均译,北京:三联书店,1992年,第206—207页。

在日常工作中对这个大都市的方方面面,特别是其阴暗角落了如指掌。现代商业都市的重要特点或污点就是金钱决定一切,犯罪和腐败行为泛滥,《阿米莉亚》深刻揭露了这一点。巴特这样写道:《阿米莉亚》"不仅写了布思和他的夫人,而且写了18世纪中期伦敦生活中典型的苦难和艰辛。其他任何一部小说都没有如此广阔地反映伦敦社会或更好地传达1750年代伦敦生活景象"①。关于女主人公阿米莉亚,19世纪大小说家萨克雷留下了这样的评论:"阿米莉亚的肖像(依笔者的愚见)实在是所有作家的作品(连莎士比亚也不例外)中最美的、最妙的人物的描绘。真是怪事,被这位鲁莽的讽刺家所嘲弄的老理查逊,《帕梅拉》的作者,怎么会气得那么头昏眼花,以致看不见他的竞争者的绝妙的成绩的真价值呢?"②

小说开始,布思在大街上看到两个人殴打一个人,便上前劝架,却不料被这时赶到的巡警逮捕,押到了治安法官面前。这个治安法官只相信钱能通神的道理,布思没有钱只好被关起来。幸运的是布思入狱的当天就碰到了他以前的朋友马修斯小姐,并在她的"关心"下解决了生活问题。通过布思与马修斯的交谈,我们了解了布思的经历,他与阿米莉亚从恋爱到结婚的过程以及他们后来的生活。小说的前三卷基本上是马修斯和布思两人先后各自讲述的生活经历,叙述手法明显借鉴了维吉尔的史诗《埃涅阿斯纪》。小说中对英国监狱生活的描写生动逼真,又富于象征意义。虽然当时的一些读者认为这样的描写是低级趣味,品格不高,但是很得现代批评家好评。克劳德·罗森写道,"一种新的风格出现了,评论者不再高屋建瓴地抒发巧智洞见,而是面对残忍荒诞无能为力"③。小说第4卷开始,就在马修斯和布思一起出狱时,阿米莉亚赶到了,终于使布思暂时摆脱了马修斯。但是由于布思债务缠身,被迫待在离宫廷比较近的法律豁免地区,只有在星期日才能走出禁地。作为一个职业军人,布思一心希望得到全薪职位,并为此费尽心机。

在那个时代,得到官职需要恩主推荐提携,布思夫妇便千方百计寻找这样的恩主。小说的中心故事就是围绕着这个问题展开的。可以充当恩主角色的主要有两个人:一个是布思以前的战友詹姆斯上校,另一个是阿

---

① John Butt, *Fielding* (London: Longman's, Green & Co., 1959), p.27.
② 萨克雷:《论菲尔丁的作品》,刘若端译,《古典文艺理论译丛》1961年第2期,第181页。
③ Claude Rawson, *Henry Fielding and the Augustan Ideal Under Stress* (London: Routledge & Kegan Paul Ltd., 1972), p.74.

米丽亚新结识的某勋爵。詹姆斯上校曾经与布思情同手足,常常慷慨解囊相助,因此布思一直把他当成自己最可信赖的朋友。但是,作为读者,我们却清楚看到这个所谓的知心朋友实际上在处心积虑地引诱阿米莉亚。虽然他可以轻而易举地在伦敦为布思获得军官职位,他却要布思到西印度群岛任职,并把阿米莉亚留在英国,托他照管,以便实现自己的罪恶图谋。在小说中我们读到布思为了说服阿米莉亚同意自己去西印度群岛,安慰她说自己走了以后,好朋友詹姆斯"会像丈夫一样关爱"她。① 但是,布思不知道詹姆斯已经在言谈话语中把自己的图谋表露清楚,阿美莉亚最担心的就是丈夫远行之后,詹姆斯"会像丈夫一样关爱"对待自己。挚友变情敌,为了满足私欲而不择手段正是菲尔丁要严厉谴责的现代社会怪现象。

  批评界多指责布思的形象软弱,特别是他受特伦特之劝参与赌博,不仅输光了身上带的钱,还向特伦特借了50镑债;尤其不能容忍的是在阿米莉亚典当一切终于凑够了50镑让他还特伦特的赌债时,他却又听从旧相识鲍波·邦德之劝,把钱全给另一个大人物行了贿。但是,仔细分析菲尔丁的描写,应该说对布思在这一段的形象刻画还是比较可信的。特伦特作为勋爵的帮手,他是打定主意要逼布思就范的,而布思对特伦特的本性并不了解,还是把他当作军官伙伴。因此,当特伦特邀布思一起吃饭时,布思并没有戒心;布思素喜饮酒,在喝多了酒的情况下跟着特伦特上了赌桌,又在他的劝导下欠债越来越多。等到布思清醒过来以后,他对自己的行为感到悔恨不已。后来他在阿米莉亚的安慰下凑足了钱去还债,却根本找不到特伦特,因为后者的目的就是用赌债再逼布思入狱,为勋爵实现其阴谋创造条件。在这种情况下布思又遇到了邦德中尉,后者劝他先用这笔钱向已经许诺帮忙的大人物行贿:"布思长时间拒绝采纳他朋友的意见,直到喝酒喝得兴奋起来以后(因为他们讨论时并不是干着嘴巴的),那位老先生终于胜利了。"②这一章的结尾是这样的:"可怜的布思虽然极为勉强,但终于听从了。说实在的,如果他像读者那样充分了解了特伦特,那么不论是什么动机,它都无法说服他接受那位老先生的劝告。"③即便如此,布思并没有立刻就去办。他在家里向阿米莉亚说了自己的想法,一向有主见的阿米莉亚也没有坚决反对,而是说这种事情更适于丈夫拿主意。帕格里阿洛写道:

---

① 吴辉译:《阿米莉亚》,第431页。
② 同上书,第560页。
③ 同上书,第561页。

"或许最好是把阿米莉亚看作男性想象中构思培育起来的理想女性。"①在这种情况下,布思又看到邦德在一心一意地为自己奔走,"因此不好意思承认他的决心仍在摇摆不定之中",才与邦德一起去"拜访那位身材矮小的大人物"。菲尔丁写道:"大人物收下了钱,不是像一条钩鱼吞下鱼饵一样,而是像一条梭鱼把一条钩鱼吞进它的喉咙里一样。"②一心指望得到提拔任职获得生活保障的布思,在这里成了贪得无厌的大人物的牺牲品。

菲尔丁接着写道:"我在这里将停一会儿,温厚的读者也许也要停一会儿;因为当一个人想到这一小笔可怜的钱是以什么方式筹集起来,又是以什么方式赠送出去时,如果心里不感动,那它一定是一颗冷酷无情的心了。"③他还提醒那些吸血的当权者:"如果任何一位读者像我所说的,实际上正好是这样一位有权有势的人物,当他看到这样一幅可怕的图景时,他也许就会完全终止接受贿赂这一可恶的行径了;因为有了这种做法,我们就会允许一批吸血鬼去吸取勇士和穷人的血,寡妇和孤儿的血。"④当然,严格说来布思在这里做的也是要用金钱打通的贿赂行为,难说有什么光明正大可言。但是在当时具体形势下,菲尔丁的讽刺矛头当然是指向凭借权势收取钱财的当权者,指向无权无势的人求助无门、难以为生的不平等社会现实。

第二节 贵族与平民形象

《阿米莉亚》以两个相互联系的主题为中心:一是阿米莉亚必须处处提防某高贵勋爵(Noble Lord)和詹姆斯等人对其贞洁美德的引诱侵害;二是布思为了使家庭摆脱困境而千方百计地寻求新的任职。勋爵和詹姆斯这两个有权有势的人都许诺要为布思谋得任职令,但他们真正热衷的却是引诱阿米莉亚,满足自己的情欲。小说中着力描写的是一心想引诱阿米莉亚的勋爵,埃利森太太是他行使诡计的助手。他先是在听音乐会时以陌生人身份出现考察自己的猎物,然后又通过给阿米莉亚的孩子送礼物来博得母亲的欢心。"这位勋爵虽然不在任何政府部门里任职,但他由于财产富有,

---

① Harold Pagliaro, *Henry Fielding*: *A Literary Life* (New York: St. Martin's Press, 1998), p.181.
② 吴辉译:《阿米莉亚》,第561页。
③④ 同上书,第562页。

因而能对那些在政府部门里任职的人施加很大影响。于是埃利森太太就找了个机会直率地向他推荐布思,请他考虑"①。不久布思前去拜访勋爵,后者表示很乐意为布思尽力,并说很快就能有好消息。仅仅过了两天,勋爵就突然赶到布思夫妇居住的埃利森太太家,告诉他们说,已经为布思到政府部门走动过了。布思深表感谢,在此叙述者有这么一段评论:"这种许诺的技巧是大人物摆弄高傲架子的精明门道,是他们赐于恩惠时善于打算的表现;采用这种办法,他们赐予每一个恩惠,都接受到十倍的感谢;我这里是指那些真正有意帮助的人;还有其他一些人,他们骗取可怜人们的感谢,却根本从来不打算做出一点受之无愧的事情。"②这段评论可以说是屡遭大人物许诺愚弄的人发出的肺腑之言。等到勋爵告辞之后,布思和阿米莉亚都为他的彬彬有礼而倾倒。后来,这位勋爵再次来到布思夫妇的住所:"勋爵好像跟那位大人物见了第二次面;由于布思的事情更有希望获得成功(我想,还没有得到绝对的许诺),他出于良好的心意就立刻来告诉布思。"③这段叙述很有菲尔丁所擅长的反讽意味。"好像"暗示实际上可能没有第二次会面;没有"绝对许诺"的所谓"更有希望"等于空话。因此勋爵的"良好的心意"就颇为可疑了。

后来勋爵通过埃利森太太给阿米莉亚送来假面舞会的票邀她赴会。由于布思已经从詹姆斯口中知道勋爵惯于勾引女性,他坚决反对阿米莉亚参加假面舞会,夫妇俩为此大吵了一架。但是,第二天一早听说军职有空缺,他们又后悔头一天拒绝了舞会的票,向埃利森夫人表示那是个玩笑。④幸亏贝内特太太以自己的亲身经历帮助阿米莉亚识破了勋爵的诡计。后来在一个社交聚会上,勋爵仍然试图引诱阿米莉亚:"他直接走到阿米莉亚跟前,信心十足地对她说话,仿佛他丝毫不知道他曾经以任何方式使她不高兴过;但读者并不会认为,埃利森太太曾向他隐瞒过任何秘密。"⑤阿米莉亚天真纯洁,是作者描绘道德楷模,可她不断受到各种人引诱欺骗的遭遇则告诫人们不能太天真。切里尔·旺库指出,"小说要我们做的——模仿

---

① 吴辉译:《阿米莉亚》,第212页。
② 同上书,第224页。
③ 同上书,第241页。
④ 同上书,第291页。
⑤ 同上书,第450页。

道德典范——与小说教我们做的——对遇到的所有人保持警惕存在矛盾"。① 这或许正反映了菲尔丁对现实的认识：他推崇阿米莉亚那样天真纯洁的道德楷模，但又清楚知道现实世界充满邪恶的威胁。

除了这位勋爵，小说中还有三位勋爵。为了使布思得到任职令，哈里森博士向一位曾经和自己做邻居的勋爵求助。他指出布思经验丰富，并有军功，理应得到为祖国服务的职位；另外他的家庭现在处于困境，急需帮助。但是，勋爵却说他帮助布思完全是看哈里森的面子，而且要以哈里森在市长竞选中支持特朗平顿上校为条件。由于哈里森知道另一个候选人更加称职，不能违背良心支持特朗平顿上校，勋爵便答道："如果您决定反对我们，那么我必须不客气地对待您，并坦率地告诉您，您所提出的那件事情，我不能为您效劳。"② 针对任人唯亲的官场腐败，哈里森博士发出了这样的感慨：

> 现在不提升一个该提升的人，但却提升了另一个不该提升的人，这显然是一个不公正的行为，因而不符合道义和正直的原则。这不仅对那个人是不公正的，而且对公众也是不公正的，因为所有的公共机构主要是或应当是为了公众的利益才设立的。只有根据人们的能力来任用所有的人，否则就决不能取得这种利益或者取得的利益决不能完满。不论在什么地方，任用人们不凭他们真正的功绩，而以自己的宠爱和偏心来代替；把职权交托给人们使用，完全不注意他们的能力和品德，那么那个国家的事情将永远处于悲惨可叹的状态。③

茂娜·舒尔曼在评论这一段故事时指出，"通过哈里森博士，菲尔丁强调不管是从个人还是从社会的健康方面来看，德行都必须得到报偿。而勋爵则认为博士的观点太理想化，在现实社会中德行与报偿没有必然联系"④。遗憾的是这种状况直到今天仍然大量存在。

还有一个勋爵是贝内特在大学的同学。贝内特夫妇婚后来到伦敦，生活困难，本来希望得到勋爵同学的帮助，却遭到冷遇。下面是贝内特太太的叙述：

---

① Cheryl Wanko, "Characterization and the Reader's Quandary in Fielding's *Amelia*", *Journal of English and Germanic Philology*, 94 (1991), pp. 517–518.
② 吴辉译：《阿米莉亚》，第542页。
③ 同上书，第545页。
④ Scheuermann, *Social Protest in the 18th-Century English Novel*, p. 29.

"他走到近旁去向他行礼,因为他们过去的关系很亲密,所以他虽然表示出尊敬的态度,但却又显露出亲近的样子;这时勋爵停下脚步,十分严肃地对他说,他未能有幸认识他。'我的勋爵,'他说,'难道您这么快就把您的老朋友汤姆·贝内特给忘记了吗?''啊,贝内特先生,'勋爵十分冷淡地大声说道,'是您吗?请原谅我的记性不好。贝内特先生,我很高兴见到您;但是现在务必请您原谅我,因为我有十分紧急的事情。'然后他没有更多的礼貌,也没有进一步提出什么邀请,就突然离开他,直接走进了马车。"①

这场冷遇使贝内特受到极大打击。贝内特太太对阿米莉亚这样说道:"您是一位很有鉴别力的妇女,对于这样的一个举止,我用不着进行任何评论,虽然我相信它十分司空见惯,然而它却是冷酷无情和卑鄙下贱的,简直到了无法形容的地步,而且和真正的道义和仁爱也是背道而驰的。"②小说中出现的三个勋爵都没有名字,似乎菲尔丁的目的就是要用他们来指代整个贵族阶级。乔治·谢尔朋在他的论文中仔细探讨了菲尔丁对贵族人物的描写,然后指出,《阿米莉亚》对"贵族的麻木不仁和无视美德等方面的指责当然并不新鲜",并引了约翰逊和斯摩莱特等人的作品为佐证。③ 这是很有道理的,但是如果结合菲尔丁自己此前的小说来看,却可以发现值得深思的变化。

菲尔丁出身于贵族世家,与上层社会有着千丝万缕的联系,马丁·白特斯廷在《亨利·菲尔丁传》中有详细介绍。④ 如果把菲尔丁的小说同笛福和理查逊等中产阶级作家的作品加以比较可以清楚看到其中的阶级差别,这也是瓦特的名著《小说的兴起》的基本观点。瓦特写道:"与笛福和理查逊不同,菲尔丁却沉湎于古典文学传统之中,尽管他不是一个法则的盲从的支持者,但他强烈地感到,文学趣味日益增长的混乱状态需要采取严厉措

---

① 《阿米莉亚》,第331—332页。
② 同上书,第332页。
③ George Sherburn, "Fielding's *Amelia*: An Interpretation", in *Fielding: A Collection of Critical Essays*, ed. Ronald Paulson (Englewood Cliffs, N. J.: Prentice-Hall, Inc., 1962), p. 157. 除了上述三位特别刻画的勋爵,在第9卷第9章,阿米莉亚和哈里博士等一行人在沃克斯霍尔游玩时,遇到了一群纨绔子弟,其中一人是位勋爵。这群人傲慢无礼,对阿米莉亚进行骚扰(462—464页)。
④ See Battestin, *Henry Fielding: A Life*, pp. 7—9.

施。"①对古典形式的尊崇与对贵族(上层社会)意识的肯定在某种意义上是相联系的。《约瑟夫·安德鲁斯》中的托马斯·鲍培爵士虽然出面不多,而且早早过世,但他绝不是个反面角色;对鲍培夫人的讽刺也主要指向她对男仆约瑟夫的情欲。小说虽然讽刺帕梅拉与鲍培的婚姻,但鲍培先生最后却慷慨解囊,成全了约瑟夫与范妮的美满婚姻。菲尔丁把他的代表作《汤姆·琼斯》题献给他的贵族朋友利特尔顿,小说中出现的贵族人物费拉玛虽然曾经试图强暴苏菲娅,但他后来却自己认错,并为解救汤姆·琼斯贡献了力量。特别应该注意的是费拉玛欲强暴苏菲娅是受白乐丝屯夫人的挑唆,而后者之所以这么做也是为了要除掉苏菲娅,以便完全占有汤姆,同样是情欲作怪。与弗兹派崔克太太有勾且关系的爱尔兰勋爵虽然难说是个贵族典范,但也不能简单地划进反面人物的行列。这两部小说中对贵族人物的刻画和批评基本上局限于情欲方面,并没有过多涉及贵族在履行社会责任方面的表现。《阿米莉亚》则不同。小说中没有给出名字的某高贵勋爵是贯穿全书的重要人物,还有另外两个同样没有名字的勋爵出现,这三个贵族人物都是反面形象。虽然贯穿全书的勋爵可以说是情欲的化身,但他同样在行使贵族握有的社会权力方面是腐败的代表,而对另外两个贵族人物菲尔丁则主要表现了他们的冷漠或腐败。菲尔丁有意识地刻画三个贵族形象,且都不给名字,似乎意在表明《阿米莉亚》这部小说中所有的贵族人物都腐败堕落,完全忘记了他们所承担的社会责任。罗伯特·奥尔特指出:"尽管保守的菲尔丁会对其作品中引出革命性推理感到震惊,我们读这部小说有时的确感到整个制度是如此腐败,除了用暴动将其清除没有别的办法。"②与这些贵族人物形成鲜明对照的是小说中起重要作用的阿特金森,这位出身社会最底层的奶妈之子却被证明是最为诚实而高尚的人物,是正直善良、急公好义的典范。这种正反对比手法十分引人注目。

威尔伯·L.克罗斯早在 1918 年出版的《亨利·菲尔丁传》中就指出,"如果我们回顾一下菲尔丁的第一部小说,约瑟夫·安德鲁斯被转化为一个中士——约瑟夫·阿特金森,阿米莉亚的奶兄弟"③。阿特金森的名字第一次出现是在第 3 卷第 5 章布思的叙述中:"我也不由得要提到阿特金森(这是我仆人的名字)对我忠心耿耿的态度,那几乎是无法比拟的;他不仅兢兢业

---

① 瓦特:《小说的兴起》,第 284 页。
② Alter, *Fielding and the Nature of the Novel*, p.149.
③ Cross, *The History of Henry Fielding*, Vol. II, p.324.

第十二章 不应忽视的《阿米莉亚》

业地服侍我,始终如一,而且在我处境危险的时候也对我十分关心,我实在无法说明他为什么会这样关心的理由……"①实际上,在这之前我们已经间接地认识了阿特金森。在第2卷第6章,阿米莉亚和布思逃婚途中曾到奶妈家避雨:"我回到房间去的时候,阿米莉亚一定要我把我的外衣脱下,换上那位老太婆儿子的外衣。"②"那位老太婆儿子"就是阿特金森。布思起程前往直布罗陀时,阿特金森甘愿跟随去做他的仆人。布思向马修斯太太介绍说:"他是我的阿米莉亚的奶兄弟。这位年轻人心血来潮,决定参军;他想要在我的指挥下服务。"布思说,阿特金森是"英国最英俊的年轻人之一",又说"他是个品格高尚的人"③。布思离开阿米莉亚以后,发现没有带阿米莉亚为他准备的装有各种药品的小盒子,便派阿特金森回去取。阿特金森回来时"流着泪水,眼睛都哭肿了",布思因此指责他是个胆小鬼,看到敌人会吓得流泪:"'先生您用不着担心这一点,'他回答道,'那里不会有任何人,我会对他喜欢得让我哭泣的'。"布思显然并没有弄明白阿特金森到底是为谁而哭泣,反而认为"他当时流泪,是由于他离开我的时候心中感到痛苦,除此之外我从没有找到过其他任何原因"④。

他们奔赴直布罗陀途中在海上遇险,阿特金森本来已经上了救生艇,但是看到布思没有上去,就又返回来了;没有想到的是后来救生艇沉没,而大船却获救脱险。布思受伤以后,是阿特金森把他背下火线,后来又对他精心照料。第一次受伤痊愈之后不久,布思又被炸伤,"我跌倒在地上,躺在那里气都喘不过来,直到诚实的阿特金森前来帮助我,把我护送到我的房间里为止"⑤。后来他们在英国重逢。阿特金森第一次来拜访布思夫妇时,正赶上他们夫妇和埃利森太太、贝内特太太在一起:"大自然把他造得英俊美好,但由于他从来没有学过跳舞,因此他在埃利森太太的客厅里表现出一副尴尬的样子,那位邀请他进来的善良女士看到他的举止表现,起初差一点也忍不住要哈哈大笑起来"⑥。虽然他举止有些不够文雅,但却有一颗金子般的心。在第二天他们的闲谈中,布思说道,"世界上没有比他

---

① 《阿米莉亚》,第117页。
② 同上书,第80页。
③ 同上书,第107页。
④ 同上书,第108页。
⑤ 同上书,第117页。
⑥ 同上书,第220页。

更文静的人儿了。虽然他像狮子一样勇敢,但他又像羊羔一样温顺"①。阿特金森了解到布思一家现在的困境,便主动提出要为布思站岗放哨,并表示愿意把自己的一点积蓄拿出来给布思用:"布思站了一会儿,仿佛他刚才遭到雷劈似的,然后泪水簌簌地从他的眼睛中流了出来,他说:'阿特金森,我以心灵发誓,你让我太感动了。我过去几乎从没有听到过这样善心好意的话语,我也不知道怎样来表达我听到后的思想感情。'"虽然布思婉言谢绝了阿特金森的金钱帮助,但是接受了他提供保护的建议,"阿特金森极为高兴地立即担负起看门人的职责"②。布思一直带着绅士的优越感对待阿特金森,但在他身陷困境时却是阿特金森一次次无私相助。吉尔·坎贝尔在分析了小说对布思和阿特金森的表现后写道:"显然,军旅服务为一个劳动阶级的人提供了可行的就业形式,因为他就需要一份工作,而对徒劳地努力在体制内保持尊严的绅士来说则近乎表明原有社会地位的丧失。"③这在一定程度上表现了菲尔丁对于绅士的某种批评意识。

后来阿特金森"告诉布思先生,布思所认识的一位女士已向他求婚,那位女士是布思介绍他认识的,他请求布思允许他接受她的求婚"④。按照18世纪英国习俗,都是男性主动求婚,女性只能做出接受或拒绝的反应,因此女方的举动是十分大胆的。布思听说以后立即认为女方一定是寡居的房东埃利森太太,阿米莉亚也这样认为。但是,当阿米莉亚向埃利森太太提到她与阿特金森中士的婚事时,却得到这样的答复:

> "难道您对我的评价居然会这样差,"埃利森太太说,"竟以为我能如此降低自己的身价吗?亲爱的布思太太,我做了什么啦,在您眼里我竟居然只配得到这样低微的地位……我哪里想到,我过去谈话稍稍不加注意,竟会让别人相信,我真正打算让我的门第出丑丢脸了!夫人,请您相信,虽然我现在出租房屋,但我却出身于高贵的门第。我相信,我的房客当中很少有人比我出身更好的。"⑤

在埃利森太太看来,同出身低微的阿特金森中士结婚无异于亵渎自己的门

---

① 《阿米莉亚》,第 222 页。
② 同上书,第 228—229 页。
③ Jill Campbell, *Natural Masques: Gender and Identity in Fielding's Plays and Novels* (Stanford: Stanford University Press, 1995), p. 219.
④ 《阿米莉亚》,第 117,245 页。
⑤ 同上书,第 273 页。

第,而实际上阿特金森是小说中最近于没有污点的人物。后来,我们从贝内特太太的叙述中了解到所谓高贵勋爵及其帮凶埃利森太太的真实面目。她在同阿米莉亚的谈话中就曾这么一针见血地反问:"让我们现在来把您的中士跟我们所谈论的勋爵比较一下吧,一位公正无私的法官应当判断天平倾斜到哪一边呢?"①虽然此时读者已经知道与阿特金森相爱并结婚的是贝内特太太,但是任何公正的读者都不能不同意她的判断:与堕落腐朽的勋爵相比,平凡而清白的阿特金森中士才是真正高尚的人。

布思在第二次入狱期间,詹姆斯上校开始表示积极援救布思出狱,后来发现了阿米莉亚的美貌,便想利用这个机会实行引诱阿米莉亚的阴谋,并用阿特金森做帮手。他觉得凭借自己的高位,可以轻而易举地说服阿特金森中士为自己服务。在《汤姆·琼斯》中经常出现的介入性叙述者在《阿米莉亚》中很少出面,但此时叙述者却发表了这样的议论:"事实上,他开始打主意,希望在实现他对阿米莉亚的不良企图中,中士能成为一个工具;换句话说,他想让他当一个拉皮条的人;过去身份比阿特金森更高的一些人就曾经为上校提供过这样的服务;上校知道,他有能力好好酬谢他;他不担心中士会拒绝他的要求;他抱有这个看法不怪中士,虽然他并没有丝毫根据,但他了解自己的心,他是从那里得到这个看法的。"②但是,上校打错了算盘,阿特金森并不是詹姆斯上校希望的人。中士回到家里就把詹姆斯的阴谋告诉了他的妻子,后者又转告给阿米莉亚,使她认清了詹姆斯的面目;后来他见到哈里森博士,向他讲述了布思的真实情况,从而使博士改变了他原来的错误看法,立即同阿特金森一起到拘留所把布思保释出来。布思获释以后,詹姆斯又想给布思谋取到西印度群岛的任职令,把阿米莉亚留在国内,以实现自己的阴谋。这一切使阿特金森十分担忧,夜里竟做了噩梦:"在梦中,他看到上校站在阿米莉亚的床边,手里拿着一把从鞘中拔出的剑,扬言除非她依从他的要求,否则他就要立刻刺死她。于是,中士就在床上跳了起来,抓住他妻子的喉咙,喊道:'该死的东西,立刻收起你的剑,离开这房间,否则我向天主发誓,要把我的剑刺进你的心里,让它流出血来。'"③

后来,因为阿特金森太太在代替阿米莉亚参加假面舞会过程中的行

---

① 《阿米莉亚》,第353页。
② 同上书,第397页。
③ 同上书,第440页,有改动。

为,两家发生争执,布思一家搬到了另外的住处。阿特金森痛心疾首,一病不起,甚至担心性命难保,便让妻子去请阿米莉亚,要在临死之前再见上她一面。见面之后,阿特金森让妻子取来一个锁着的小匣子,然后让妻子出去,自己打开了匣子,里面装的是阿米莉亚的肖像画:"我18岁的时候偷了它,从那时起一直保留着它。它是用金框镶嵌的,上面还有三粒小钻石;但是我可以真心诚意地说,我偷的不是金子,也不是钻石,……而是那张脸,如果我是世界上的皇帝……"①原来阿米莉亚的肖像是阿特金森出于爱而"偷"走的。最后他恳求阿米莉亚允许他吻一下她的手,"'好吧,不,'她说,'我不知道我在做什么,……好吧,这就是……'然后她就漫不经心地把手给了他;他把它轻轻地放到嘴唇上,然后不一会儿放下它,躺回到床上去。"②对于阿米莉亚此时的心情,菲尔丁写道:"她的心曾经像岩石般坚贞不屈地抵抗过各种诱惑的袭击……然而这位可怜的、地位低下的乡下年轻人对她怀着一片朴素、诚实、谦逊、细致、不知不觉中产生的境界崇高的感情,它确实使她的心稍稍软化下来了。"③到这时候,我们才真正理解阿特金森的崇高品质。他跟随布思上战场主要不是因为他爱布思,而是因为他爱阿米莉亚,愿意通过服侍布思来为自己钟爱的阿米莉亚尽一份力。在这部以描写中上层社会为主的小说中,阿特金森的地位几乎是最低的,他的举止也常常显得笨拙可笑,但是他的心灵是崇高的,他的形象是感人的。克劳德·罗森专著中指出,阿特金森体现了约瑟夫·安德鲁斯和汤姆·琼斯一些鲜明特点。④但值得注意的是,阿特金森却没有像约瑟夫·安德鲁斯和汤姆·琼斯在小说结尾转变身份,他自始至终都是阿米莉亚奶妈的儿子。

第三节 贝内特/阿特金森太太的复杂性

如果说阿特金森的形象是前后一贯的,那么后来嫁给他的寡妇贝内特太太则是一个相当复杂的形象。她第一次出面是与布思夫妇和埃利森太太一起玩惠斯特牌,叙述者是这样描写的:"她叫贝内特,年龄大约25岁,但疾病使她看起来要老一些,而且大大地损害了她的美貌;她虽然很年轻,

---

① 《阿米莉亚》,第568页。
②③ 同上书,第569页。
④ See Rawson, *Henry Fielding and the Augustan Ideal Under Stress*, pp. 4—6.

但是现在看起来只剩下一点点美丽的姿容。"①这种描写也可以说是阿米莉亚第一次见到贝内特太太的印象。阿米莉亚从一见面就很喜欢贝内特太太,"情不自禁地一有机会就打听她是个什么样的人"②。从埃利森太太的口中,阿米莉亚了解到贝内特太太的丈夫是个牧师,因肺痨病去世,"让她成了寡妇,家境很一般"③。等她们第二次见面时,"贝内特太太仍然保持着有些自我克制的态度,但比以前随便多了,也爱说话多了"④。在所谓的高贵勋爵造访之后,贝内特太太却不以为然:"我对那些身份十分高贵的绅士丝毫也不赞赏。世界上的人们通常称为彬彬有礼这个词,我把它称为不诚恳;布思太太对我们说到那位诚实中士的故事,我更喜爱听;世界上那些极为高贵的绅士们在他们生活中的所有故事,我却不太喜爱。"⑤这是我们第一次了解到她对阿特金森有好感,是两人结合的最先征兆。后来阿米莉亚继续向埃利森太太打听有关贝内特太太的消息,埃利森太太说道,"说实在的,总的来说,她是一个好女人;我最喜欢她的是,她的容貌,特别是她的声音,跟您非常相像"。⑥这段话明显表示了某种保留态度,而关于贝内特太太声音容貌与阿米莉亚相似的特点后来有很大作用。

一天贝内特太太再次来访,"由于心情愉快,她容光焕发,把十分漂亮的面貌衬托得分外明显,她面部的肤色也因此不像往常那样没有生气了"⑦。在这天的交谈中,我们了解到贝内特太太原来还是一位出色的女学者,虽然她关于反对再婚的高论后来证明是言不由衷。谈话中"她以十分有力的着重语调重复朗读着"《埃涅阿斯纪》的拉丁文诗句,"几乎把阿米莉亚惊吓得不知所措;布思本人虽然也是一个不可轻视的学者,但也吃惊不小。"⑧菲尔丁在这里的描写与在《约瑟夫·安德鲁斯的经历》中描写亚当斯牧师在威尔逊面前用希腊语背诵荷马史诗手法是一致的,但目的却相当不同:对于亚当斯主要表现的是崇敬,虽然也含有对其虚荣心的善意讽刺,⑨而对于贝内特太太则主要是嘲讽,这是作者男性偏见的表现。后来

---

①② 《阿米莉亚》,第 211 页。
③ 同上书,第 212 页。
④ 同上书,第 219 页。
⑤ 同上书,第 225 页。
⑥ 同上书,第 268 页。
⑦ 同上书,第 292 页。
⑧ 《阿米莉亚》,第 294—295 页。
⑨ 参看《约瑟夫·安德鲁斯的经历》,王仲年译,上海:上海文艺出版社,1962 年,第 206—209 页。

听到阿米莉亚接受邀请参加假面舞会,贝内特太太表情特别严肃,此后也是"忧郁不乐",阿米莉亚认为她是因自己没有得到邀请而不高兴。第二天一早,布思夫妇收到一封的诗体短信,信里包含以下一些字句:

> 当心,当心,无比再三当心,
> 我担心已埋下可怕的陷阱,
> 破坏无邪的贞洁是它真实用心,
> 但打出的幌子却是亲密的友情。①

这封来路不明的信让布思夫妇大伤脑筋。幸运的是阿米莉亚曾经在埃利森太太那里看到过贝内特太太写给她的求助信,因此立刻认出是她的笔迹。于是她马上去拜访贝内特太太,并从她的经历中了解到所谓高贵勋爵送假面舞会票的真实目的,也认识到埃利森太太扮演的皮条客角色。

贝内特太太的叙述几乎占了整个第 7 卷的篇幅。从阿米莉亚急于知道诗体信真相的角度来看,听那冗长的叙述近乎是受折磨;但从小说读者的视角来看,贝内特太太的经历则拓宽了小说的视野,同第 1 卷中马修斯的叙述一样构成了与阿米莉亚的故事相关又有明显区别的不同女性故事。② 马修斯是在婚姻方面受骗上当,而贝内特太太则是婚后受到引诱而招致恶果。贝内特太太的教名是莫利,她早年生活平静幸福。但是母亲不幸去世,父亲受到继母影响而歧视女儿;后来父亲也去世,莫利被迫与姑母一起生活。与贝内特先生结婚后虽然并不富有,但生活还比较安定。他们来到伦敦,丈夫本希望得到已成勋爵的同学帮助,但是后者对他却冷若冰霜,视同路人,这给了他很大打击。为了使丈夫从这种打击中解脱出来,贝内特劝丈夫到剧院看戏,这却又加剧了经济困境。雪上加霜的是贝内特太太不久生了儿子,又碰到有人逼债。于是,他们只好搬到王室司法官的辖区,也就是布思夫妇现在住的地方,就在埃利森太太家里!下面的故事几乎就是阿米莉亚经历的翻版:勋爵也是从关爱孩子入手,逐渐得到贝内特太太的好感:"我做梦也没有想到,我不幸的容貌是勋爵所有这些善心好意的源泉,也是他想得到的回报。"③勋爵也表示要帮助贝内特先生获得教职并且似乎尽心尽力;最后终于出现了假面舞会的两张票。舞会之后是致命

---

① 《阿米莉亚》,第 299—300 页。
② 参看黄梅:《推敲"自我"》,第 260 页。
③ 《阿米莉亚》,第 337 页。

的一夜,后来她又把性病传染给丈夫,从而毁灭了一家人的平静生活。就在贝内特太太因悲痛而呼叫时阿特金森中士出现了,原来他们已经结婚,贝内特太太实际上已经变成了阿特金森太太。在了解了勋爵和埃利森太太的本来面目之后,阿米莉亚立刻搬出了原来住的埃利森太太的房子,转而同阿特金森夫妇为邻,并在后来的生活中得到他们的真心帮助。用约翰·J.库里奇的话说,"阿米莉亚的天真被另一个人的经验给挽救了"①。

面对詹姆斯上校的阴谋,阿特金森太太凭自己的直觉最先发现了他的意图,对阿米莉亚说:"他想要您居住在他的房屋里,而把您的丈夫监禁在另一个房屋里,在这个世界上还能有什么比这两桩事更不矛盾的呢?他昨天所做的一切,所说的一切,还有他在昨天夜里所表露的神态(这更使我相信),和他的这两种计谋都是十分吻合的。"②一番话充分显示了她的清醒与睿智,从而帮助阿米莉亚识破了上校的面目。布思出狱后,为了避免引起麻烦,阿米莉亚千方百计向布思掩饰詹姆斯的邪恶企图。这时候詹姆斯送来假面舞会的票,邀请布思夫妇参加。阿米莉亚不想去,向哈里森博士求助也没有好办法。阿特金森太太主动顶替阿米莉亚同布思一起参加假面舞会,由于身材声音相像的特点,她在假面舞会开始骗过了布思,又在后来骗过了某勋爵。当詹姆斯上校来纠缠她时,她又很机智地把他打发掉了,使后者像个没有头苍蝇一样在假面舞会上搜寻,却始终没有找到阿米莉亚。

几天之后,阿米莉亚突然收到一封充满强烈爱情的信。她以为是詹姆斯上校写来的,感到极为气愤,又不知如何应付,便向阿特金森太太求助。阿特金森太太看到与信一起邮来的是给自己丈夫的任职令,便向阿米莉亚说明了原委。在假面舞会上,阿特金森太太发现与自己谈话的正是仍然想引诱阿米莉亚的勋爵,就将计就计,以阿米莉亚的名义,要求勋爵为阿特金森谋取军阶。勋爵以为这是进一步接近并最终占有阿米莉亚的条件,便利用自己的地位很轻易地给阿特金森弄到了上尉任职令,并写信向阿米莉亚报功,希望得到再次约会的报偿。虽然阿米莉亚对阿特金森得到任职令感到高兴,她更关注自己的名声:"说实在的,阿特金森太太,您走得太远了。难怪他狂妄地用他那种方式来给我写信了。他把我看成个什么样的人,这

---

① John S. Coolidge, "Fielding and 'Conservation of Character'", in *Fielding: A Collection of Critical Essays*, p. 173.

② 《阿米莉亚》,第 402 页。

太明显了;谁知道他对其他人又会说些什么呢?您这一来可能就把我的声誉给毁掉了。"①对于阿米莉亚的指责阿特金森太太给予了气愤的反驳,两个人之间发生了激烈争吵,突显出阿特金森太太的倔强性格。这是小说中"第一次也是仅有的一次,阿米莉亚真的不高兴了,一场十分真实可信的争吵在两个女人间展开了"②。布思进来看到阿米莉亚哭泣而发怒,阿特金森极力息事宁人,而阿特金森太太则反驳布思说"他跟您一样,是一位地地道道的绅士,而且是同样等级的军官……不,我把我的话收回来……他没有一位绅士的气概,也没有一位男子汉的气概……要不然他就不会忍声吞气,看着他的妻子受到侮辱了"③。由于这次争吵,布思坚决要搬家,搬到距离博士更近的地方住。"阿特金森太太在跟阿米莉亚争吵以后的第二天早上,开始认真地想到,她把事情做得有点过头了,可能真正会损害阿米莉亚的声誉"④。于是她直接找到勋爵说明真相,而她通过欺骗勋爵为自己的丈夫谋得的任职令则改变了丈夫的军阶地位和社会身份。阿特金森太太所做的,正是她曾经说过的:"在某些时候利用坏人是很明智的,没有什么不好意思"⑤。小说中一共提到三次假面舞会。第一次假面舞会导致了贝内特太太遭强暴的悲剧;第二次针对阿米莉亚的假面舞会由于贝内特太太(实际上已经成为阿特金森太太)的帮助而被挫败;第三次由詹姆斯计划、勋爵想利用的假面舞会则因阿特金森太太的掉包计不仅解救了阿米莉亚,而且成就了阿特金森!虽然从阿米莉亚自身来看声誉略有损失,但从总体上看却可以说是两个正直女人对两个邪恶男人的完全胜利。关于贝内特/阿特金森太太实际参加的两次假面舞会,特里·卡斯尔指出,"如果说她的第一次假面舞会经历是某种'强烈的震撼'——产生了矛盾修饰法的所谓利益和痛苦——她的第二次却不折不扣地实现了其喜剧可能性。我们可以说它是第一次的改写……是喜剧性报复"⑥。

菲尔丁一贯主张社会等级秩序应该保持,富有的贵族应该承担起维护社会公正,帮助接济穷人的责任,《约瑟夫·安德鲁斯》和《汤姆·琼斯》的结

---

① 《阿米莉亚》,第 532 页。
② Coolidge, "Fielding and 'Conservation of Character'", p. 174.
③ 《阿米莉亚》,第 527 页。
④ 同上书,第 556 页。
⑤ 同上书,第 356 页。
⑥ Terry Castle, *Masquerade and Civilization: The Carnivalesque in Eighteenth-Century English Culture and Fiction* (Stanford: Stanford University Press, 1986), p. 229.

局都有这个特点。但是,在《阿米莉亚》中我们看到贵族完全忘记了他们担负的社会责任,只知道利用金钱地位来满足自己的邪恶淫欲,真正慷慨助人的事只有穷人之间才能发生。在这种大环境下,阿特金森太太"明智"地"利用坏人"或许不失为一种不得已的出路。从贝内特太太到阿特金森太太,她的名字变化在一定程度上也象征了她的性格变化。她可以说是《阿米莉亚》中性格最复杂的人物,读者对她的认识也随着故事发展而不断变化。库里奇写道,"说是阿特金森太太挽救了这部小说也并不过分"[1]。

第四节 宗教导师与世俗恩主哈里森

如果说《阿米莉亚》揭露军队、司法和贵族等社会机构严重腐败,教会则可以说是尚存一线希望的机构。小说中的牧师哈里森博士在一心一意帮助布思一家,充当了保护神的角色,他的作用是《约瑟夫·安德鲁斯》中的亚当斯牧师和《汤姆·琼斯》中的乡绅奥维资的结合。他像亚当斯一样担任教职,是男女主人公的思想道德教师,但没有亚当斯的滑稽色彩;他像奥维资一样比较富有,可以从物质上帮助被他保护的人,却没有奥维资的巨额家产,因此在助人方面能力有限。与亚当斯和奥维资两人比起来,哈里森的社会经验要丰富得多,他对社会现实的认识也实际得多,不像他们那么单纯天真。总之,从各方面来看,哈里森博士都是作者菲尔丁的理想代言人。塞克斯指出:"由于把《汤姆·琼斯》中叙述者的睿智、反讽和超脱转移给《阿米莉亚》中的典范(Paragon)",菲尔丁"可以比用奥维资更经常地把哈里森用作直接发表评论的人,而不必冒把典范人物降低为道德传声筒的风险"[2]。约翰·本德更把哈里森博士视为"虚构人物充当作者代言人的极致——或者,更确切地说,是菲尔丁幻想的自己作为道德执法者理想形象的化身"[3]。哈里森是个独身牧师,与阿米莉亚的父亲是至交,在其去世以后把阿米莉亚看作自己的女儿。在阿米莉亚与布思相恋成婚过程中他开始并不赞成,以为布思是为了财产而看上阿米莉亚的;后来弄清真相,他在

---

[1] Coolidge, "Fielding and 'Conservation of Character'", p. 175.

[2] Sheldon Sacks, *Fiction and the Shape of Belief: A Study of Henry Fielding with Glances at Swift, Johnson and Richardson* (1964; Chicago: University of Chicago Press, 1980), p. 146. 塞克斯把亚当斯、奥维资和哈里森称为"可能犯错误的典范"(Fallible Paragon)。

[3] John Bender, *Imagining the Penitentiary: Fiction and the Architecture of Mind in Eighteenth-Century England* (Chicago: University of Chicago Press, 1987), p. 185.

最关键的时候站在年轻恋人一边,说服阿米莉亚的母亲同意这桩婚事。在布思面临去直布罗陀而放心不下新婚妻子时,哈里森帮他认清军人的责任,打消顾虑,奔赴战场。布思退役以后,成了领半薪的中尉,每年的薪金只有40镑;阿米莉亚的母亲又在去世时把资产全留给了她的姐姐,布思一家面临严重困难。于是哈里森帮布思在乡村租田种地,开始了农民生活。后来,他陪同伯爵的儿子到欧陆游学,布思就在这期间因为考虑不周,盲目扩大承租农田,并添置马车,结果陷入困境,不得不到伦敦避债。

小说发展到中间时(第6卷第4章),突然出现了这样一桩怪事。有个人闯进布思一家的住处,像疯子一样翻遍了许多东西,却什么也没有偷走。布思在听了女仆的叙述后说"除了这人一定是个疯子之外,我得不出其他的想法"①。然后,第8卷第1章,布思正在家里照料孩子,突然有人来报告说阿米莉亚得了重病,被抬到一个玩具店里。布思到那里一看,并没有阿米莉亚,却得到这样的答复:"有一位哈里森博士控告了您。"②这对读者来说无疑是个奇闻,因为我们无论如何也不能把哈里森同起诉布思联系起来。这个迷直到第9卷第1章"往事回顾"才解开:原来,哈里森在国外的时候就有布思所在的教区牧师和邻居写信告状。回国以后,他在教区里证实了某些情况,尤其是教区牧师的妻子虽然表面上是阿米莉亚的朋友,"她在结束一次讲话时,从来少不了一些可怕的诽谤和恶毒的辱骂"③。在这里,教区牧师妻子的诬告自然让读者想到《汤姆·琼斯》恶人告状的卜利福。哈里森博士在乡间受到恶意中伤的影响之后,就到伦敦找布思夫妇。他来布思的住处时恰好他们不在家,也就是第6卷第4章描写的怪事。他看到了勋爵送给孩子们的小礼品,以为是布思夫妇买的,"因此他坚决相信,这一对夫妇是世界上最爱虚荣、最糊涂和最不正当的人"④。更巧的是当天晚上博士与一位先生吃晚饭时聊起布思,那人说布思也欠他债,"发誓说,他第二天上午要从法院弄出一份捉拿布思的拘票,不论死活都要把他这个人弄到手。博士最终被他说服,同意这样做"⑤。在这里,我们一方面看到哈里森像奥维资一样容易受骗,另一方面也看到他疾恶如仇的性格,即使

---

① 《阿米莉亚》,第278页。
② 同上书,第358页。
③④ 同上书,第416页。
⑤ 同上书,第417页。

第十二章　不应忽视的《阿米莉亚》

自己的亲密朋友也不能放过。① 但是,哈里森博士后来看到布思的被捕给这个家庭带来深重苦难,又听阿米莉亚解释了一些情况,更重要的是"由于他一直喜爱这位女士,对她有着良好的评价并怜悯她目前的处境"②,于是他就立刻和阿特金森一道把布思保释出来。

布思出狱后,詹姆斯上校许诺给他在西印度群岛弄一个职位,自己可以照顾阿米莉亚和孩子。阿米莉亚知道这是圈套,但又不敢把真相告诉丈夫,怕引起丈夫和詹姆斯之间的危险冲突,甚至决斗。正在她手足无措的时候,突然想到可以向哈里森博士求助。听了阿米莉亚的讲述,哈里森认为阿米莉亚把这件事向丈夫隐瞒"这样做是十分谨慎的"③。后来,哈里森想出这样的解决办法。他对布思说:"如果您到国外去了,我决定把她领到乡下去,让她在那里以苦行赎罪,直到您回来为止。"布思担心这样是否怠慢了詹姆斯上校的好意,"'别跟我谈上校的事,'博士说道,'首先应当对教会表示尊敬。另外,先生,甚至对您,我也有优先权。您把我的小羊羔从我这里偷走了;我是第一个爱她的人。'"④这就很自然地打消了布思的顾虑,又隐瞒了对詹姆斯上校的怀疑。帕格里阿洛这样评价哈里森的作用:他"是阿米莉亚的'父亲'和导师,他是布思的保护者和引路人,他也是作者菲尔丁在《阿米莉亚》中的代言人,还是菲尔丁本人宗教信仰的代表"⑤。

哈里森博士给詹姆斯上校写了一封措词严厉的信,谴责他对朋友妻子起淫荡之心。但是这封信却在假面舞会上从詹姆斯上校的口袋掉出,被一群纨绔子弟捡到以后边念边嘲笑,出现了这部小说中少见的滑稽场面。最后,一位打扮像修士的人发话,斥责这些人对"宗教和道德的辱骂"⑥,与他们争吵起来。假扮修士的原来是巴思上校,他一摘面具,就把那些纨绔子弟吓跑了。他后来拿到信,看了看,然后就给了布思,说"他念了将会有益,所有的年轻人都应当读一读"⑦。第二天,布思看了信,立刻从笔迹上认出是哈里森博士写的。恰在这时,博士进来,两人聊了起来:

---

① 关于对哈里森博士形象比较严厉的指责,参看 Andrew Wright, *Henry Fieldng: Mask and Feast* (Berkeley & Los Angeles: University of California Press, 1966), pp. 169—171.
② 《阿米莉亚》,第418页。
③ 同上书,第438页。
④ 同上书,第452页。
⑤ Pagliaro, *Henry Fielding: A Literary Life*, p. 185.
⑥ 《阿米莉亚》,第486页。
⑦ 同上书,第487页。

"但是,先生,"布思说,"有一位人格高尚的上校在那里给了我一封信,那封信的字迹像您的字迹,我几乎可以为此而发誓赌咒。据我猜想,文字的风格也并不是不像您的。先生,信就在这里。博士,您承认不承认,这是您写的信?"

博士取过那封信,看了片刻,问道:"是上校把这封信交给您的吗?"

"是上校本人,"布思答道。

"唔,这么说,"博士大声说道,"他确实是这世界上最厚颜无耻的家伙。"①

然后两人就这封信进行了长时间的交谈,博士以为是詹姆斯上校本人把这封信给了布思,以表示自己的蔑视。博士怕布思因此而与他决斗,便说,"我根据友谊所具有的全部权利,坚持您以荣誉向我保证,您不要为了这个缘故跟上校争吵"②。这把布思说糊涂了,因为凭他对巴思上校的了解,这是不可能的。后来布思在公园散步时谈起这封信,巴思坚决否认信是写给他的,布思经过考虑后认为,收信人绝对"不是正直的巴思,巴思宁肯在任何时候去和一个男人决斗,也不会去和一个女人睡觉"。鉴于巴思的这个特征,达登认为他"几乎是个彻头彻尾的漫画形象(downright caricature)"③。于是布思转而怀疑詹姆斯上校,决定"一有机会,就向詹姆斯上校叙述他通过什么途径得到了那封信"④,试探他的反应。但是他还没有来得及做就被特伦特拖到了赌桌上,并在那里输得一塌糊涂。

哈里森与阿特金森太太讨论学问是小说中颇引人注目的故事。在阿米莉亚面对假面舞会票不知如何处理时她向哈里森求助,但他也没有好办法。而阿特金森太太却说:"亲爱的阿米莉亚,什么也不用害怕;两个女人肯定是一个男人难以对付的。博士,我认为,这比维吉尔下面的这句话说得好:如果一个女人被两个神的诡计战胜了。"⑤这引起了两人第一次关于学问的争论。博士怀疑学问对于女人有什么用处。"'我承认',阿特金森

---

① 《阿米莉亚》,第 495 页,有改动。
② 同上书,第 496 页。
③ F. Homes Dudden, *Henry Fielding: His Life, Works, and Times* (Oxford: Clarendon Press, 1952), p.833. 参看同页注释对菲尔丁关于决斗问题的评论。
④ 《阿米莉亚》,第 505 页。
⑤ 同上书,第 475 页。

太太说,'按照现在的社会制度,女人有了学问并不能像男人那样发财致富;但是,博士,您会承认,学问可以使一个女人得到一种合理和无害的消遣。'"①虽然这一段争论的主要作用是嘲弄阿特金森太太的所谓学问,但也通过她的口表达了对当时女性地位的同情。达登称阿特金森太太是个"有知识的女性,对妇女教育有超前的观点"②。哈里森博士担心的是"一位有学问的女士嫁给了一位没有学问的丈夫,她会不会看不起他"③。两人就这个问题进行了相当激烈的辩论,最后引出了维吉尔的反女性名言:"一个反复无常和变化多端的东西是女人。"

"阿米莉亚,"阿特金森太太说,"现在不仅涉及我,而且也涉及您了;他现在辱骂整个女性,而且从过去人们指责过我们女性的话语中引用了最为严厉的语句,虽然我承认,这是最好的语句之一。"

"亲爱的,说实话,"阿米莉亚说道,"我倒是有一个胜过您的好处,因为我不懂得维吉尔。"

"她也不比你懂得更多,"博士说道,"否则她就不会钦佩那些胡言乱语了,即使是维吉尔说过的也罢。"④

在这里哈里森博士显然表现了男性偏见,而这种偏见作者菲尔丁也难以避免。在第10卷第4章,他们又进行了一场争论。哈里森博士引《伊利亚特》的诗句说女人的职责是在家里纺纱织布、料理家务,"但我不记得他曾向我们描述过一位有学问的女人的性格。您是不是认为,这是这位可爱的诗人一个很大的疏忽? 不过,尤维纳利斯对你们做了补偿;他大量叙述了他同时代罗马女士有学问的情况"⑤。哈里森博士的话让阿特金森太太很恼火,她质问:"一个女人跟一个男人一样有学问有什么坏处?"博士却反问道:"一个男子针线活做得像女子一样好有什么坏处? 然而请您老实地回答我,您是不是十分愿意嫁给一个手指上戴着顶针的男子? 您是不是真正认为,您的丈夫手里拿着针就跟挥着戟一样合适?"⑥阿特金森站出来劝妻子不要和博士争论:"'不,我请你别来干涉,'阿特金森太太大声说道,

---

①③ 《阿米莉亚》,第 476 页。
② Dudden, *Henry Fielding: His Life, Works, and Times*, p. 828.
④ 同上书,第 478 页。
⑤ 《阿米莉亚》,第 499—500 页。尤维纳利斯是著名的讽刺诗人,菲尔丁曾翻译过他的《讽刺诗之六》,参看本书第七章第一节。
⑥ 同上书,第 500 页。

'我相信,你在这些事情上当不了裁判。'"①这正好印证了哈里森博士关于有学问的女人会看不起丈夫的观点。18世纪中期开始涌现出很多知识女性,菲尔丁在这里借哈里森之口,对女性学问进行了嘲讽。从上下文仔细看起来,作者对哈里森博士的观点并不见得完全赞同。但是正如塞克斯所说,与亚当斯和奥维资不同,只有在哈里森的谈话中才能读到这类"讽刺性警句"②。

除了与阿特金森太太的争论,哈里森还与乡村来的朋友和他的儿子两人有过很有趣的争论。他们在沃克斯霍尔受到一伙纨绔子弟的嘲弄,后来他们一起讨论不尊重牧师的问题,年轻的牧师认为政府应该负责,不能容忍嘲弄宗教的书流传。"'您的确说得对,'博士说,'关于这些事情,采取疏忽大意的态度是极值得指责的;但并不全部都应当责怪政府;我担心,有一些过错,牧师自己也应当分担一部分责任'"③。在接下来的对话中,老先生竭力恭维附和博士的意见,而年轻牧师则坚持己见。博士引摩西十诫,抨击了贪婪、野心和高傲等恶习。关于高傲,哈里森博士说道,"我所说的高傲,并不是指心中高贵的自尊心……我所说的高傲是指人们那种狂妄的感情",他把它称为"洋洋自得的感情","它受到尊敬时沾沾自喜,洋洋得意;他受到那些最低级和最可鄙的傻瓜们(甚至像昨天夜间在沃克斯霍尔很不尊敬地对待您的那些傻瓜们)轻视时,感情受到了伤害,气愤发怒"④。这几乎就是直截了当地批评年轻牧师的高傲,引起了后者的反感。这时哈里森博士接到阿米莉亚的信,说有事要跟他商量。他离开之后,年轻牧师与他的父亲有一段对话,父亲指责儿子不懂事,不该同博士争论,因为只有恭维他才能得到好处。"我相信,我先后总共从他那里得到过两百镑;难道你由于说不出几句恭维话,就要把这样一条奶牛丢掉不成?……如果你不会迎合讨好,对那些地位高的人不会随声附和他们的意见,你怎么指望能在教会里得到提升呢?"⑤在这里,父亲利用哈里森捞取好处的做法使人想到菲尔丁后来在《考文特花园杂志》论慈善的文章。一方面,我们可以把这段话看作对哈里森的讽刺。他虽然对人施行慈善却得不到感激报偿,反而

---

① 《阿米莉亚》,第500页。
② Sacks, *Fiction and the Shape of Belief*, p.146.
③ 《阿米莉亚》,第467页。
④ 同上书,第470页。
⑤ 同上书,第472页。

被人嘲笑为傻瓜。另一方面,我们又可以把这对父子看作真正讽刺对象,他们对哈里森的嘲弄正表明他们缺乏做人的良心。

亨特引了这句话,说虽然哈里森前面只说教会中有部分人不称职,菲尔丁则对教会整体状况表示否定:"菲尔丁仍然能够设想牧师中有哈里森博士这样的好人,但好人是没有受到机构化腐败影响的例外。菲尔丁此前刻画的腐败牧师则要为自己负责。"①我觉得这种解释有些牵强。从《阿米莉亚》全书来看,书中出现的牧师绝大多数都是正面形象。哈里森不在时由副牧师代行职务,而小说对他并没有指责,受到嘲弄的是副牧师的妻子。贝内特/阿特金森太太的父亲是个好牧师,并得到了升迁。贝内特先生也是个好牧师,好丈夫,是贵族腐败恶行的受害者。贯穿全书的哈里森博士更是一位牧师典范。我们知道《约瑟夫·安德鲁斯》中的亚当斯是没有受到合法任命的牧师,在《汤姆·琼斯》中斯威克姆是恶牧师典型,而色浦勒也难当其职。但是在《阿米莉亚》哈里森却是一位博士,用年轻牧师父亲的话说,"如果他真识时务,那么据我确实了解的情况,他在好久以前就会成为主教了"②。

在第 10 卷第 4 章结尾,叙述者有这样的话:"而且我知道,有些读者先前对博士怀有的尊敬这时也可能减低一些;因为博士很喜欢接受那位老先生粗俗的谄媚,看来是个容易被人愚弄的人。如果有这样的评论家,那么我们衷心地为他们,也为博士感到遗憾;但我们的任务是履行一位忠实的历史学家的职责;那就是按照事实,而不是按照我们的愿望来描述人性"③。菲尔丁在这里的评论与《汤姆·琼斯》中对奥维资的评论是一致的。在这段话前发生的是哈里森博士与阿特金森太太关于学问的争论。作为受到良好教育的神学博士,哈里森当然是位饱学之士,但他在这里的态度却像是有意挑斗阿特金森太太,竭力要引后者出丑。虽然我们可以说出于男性偏见,作者菲尔丁和博士一样对阿特金森太太的学问持有嘲笑态度,但是作为读者我们也可以认为博士的态度本身就是可笑的自命不凡。无怪"从这天起,她把他看成是个自高自大的学究,阿米莉亚虽然做了一切努

---

① J. Paul Hunter, *Occasional Form*: *Henry Fielding and the Chains of Circumstance* (Baltimore: Johns Hopkins University Press, 1975), p. 205.
② 《阿米莉亚》,第 472 页。
③ 同上书,第 502 页。

力,但始终不能改变她的意见"①。

　　布思第三次被拘留后还是哈里森博士来搭救他。令博士和读者感到意外的是,布思已经在拘留所里通过阅读巴罗博士的讲道词而成为一个虔诚的教徒:"它们论证了基督教的道理,对我产生了很好的影响;只要我活着,我就会由于明白这些道理而成为一个更好的人。"博士对布思说:"虽然我发现我以前是跟一位虚假的教友交谈,但您终于顺从了真理,我对这感到高兴;我希望,您今后的信仰对您的生活产生一些影响。"②布思的宗教皈依显得有些突然,但是亨利·奈特·米勒指出,"《阿米莉亚》的戏剧性情节清楚显示,好心必须有宗教信仰的支持才能成为有道德价值的品质"③。后来执行官说楼上有一位垂死的人要向哈里森博士做忏悔,博士立刻就去了。要忏悔的人叫罗滨逊,曾经给律师当书记员。他说哈里斯太太去世时的遗嘱把大部分家产留给了阿米莉亚,但是白蒂和律师串通伪造了新遗嘱。罗滨逊几天前在当铺看到阿米莉亚当自己肖像的困境,"我立刻想到我过去犯下的罪行,心中明白,我是造成这位女士穷困潦倒的帮凶"④。于是,他良心发现,要揭穿阴谋。这导致了小说的幸福结局:阿米莉亚被剥夺的财产得到恢复,伪造遗嘱的律师墨菲受到惩处。

　　小说的结局可以说是由一连串的忏悔和皈依所组成的。先是阿特金森对阿米莉亚的忏悔,随后把肖像还给她;阿米莉亚为了生活把肖像送到当铺,同样穷途末路的罗滨逊看了肖像,听了当铺老板说她的困境,从而良心发现(或者说信仰皈依),导致了他后来的忏悔;布思历来相信人的行为都有主导激情控制,但在拘留所里读了巴罗的讲道词,成为虔诚的信徒;哈里森博士来看布思的时候恰好碰到在楼上的罗滨逊要做临终忏悔,而正是他的忏悔揭开了伪造遗嘱的阴谋。范存忠先生对于《阿米莉亚》的结尾给予批评,认为阿米莉亚突然得到遗产、布思突然皈依宗教"难于置信"⑤。这当然有道理,但是黄梅则从另一方面论述了这种结局的意义:"而作者甚至不屑少许填平横亘在阿米莉亚的困苦状况和骤然来临的好运之间的深沟,几乎是在有意提醒人们这体现'诗意的公正'的喜剧结尾是多么不现

---

　　① 《阿米莉亚》,第 501—502 页。
　　② 同上书,第 606 页。
　　③ Henry Knight Miller, *Essays on Fielding's Miscellanies: A Commentary on Volume One* (Princeton: Princeton University Press, 1961), p. 86.
　　④ 《阿米莉亚》,第 613 页。
　　⑤ 范存忠:《英国文学论文集)》,第 39 页。

实。小说最后四章里出现的那些巧合显得单薄而牵强,表现了作者的一种首鼠两端、徘徊不定的心态"①。英美批评家则强调这种结局的宗教意义。鲍尔逊指出:"《阿米莉亚》的结局是奇异的,或者说,用白特斯廷的话,天意的(这个词用在这里,对《阿米莉亚》是合理的):罗滨逊认为自己要死了,在一个完全正确的时间和地点忏悔,在场的是唯一能够懂得和利用其忏悔的人。"②如我们上面看到的,这个过程可以说是以阿特金森的忏悔开始,而以罗滨逊的忏悔告终。鲍尔逊还指出:"《阿米莉亚》一方面是关于基督教、教育和信仰的必要;另一方面是关于强大而正直的法律和警察力量。"③就宗教信仰来说哈里森自始至终在场,是正面力量的代表,而在司法执法方面却是直到最后才由作为菲尔丁化身的正直法官出现。从这两方面的对比来看,我们不能不说面对腐败悲惨的现实,作者菲尔丁似乎把宗教信仰作为仅有的支柱,而他对自己作为治安法官力量的局限性有清醒的认识。

---

① 黄梅:《推敲"自我":小说在18世纪的英国》,第251页。
② Paulson, *The Life of Henry Fielding: A Critical Biography*, p. 293.
③ Ibid., p. 295.

第十三章 《考文特花园杂志》的意义

1752年1月4日,菲尔丁创办最后一份期刊《考文特花园杂志》,每周二和六出版,每期四页,售价三便士。从7月4日开始改为只在周六出版,到11月25日停刊,一共出版72期。菲尔丁以前办的期刊多以政治宣传为目的,《斗士》是为沃波尔首相的反对派服务,《真爱国者》和《詹姆斯党人杂志》是为佩勒姆政府造舆论,而《考文特花园杂志》则主要是关于社会文化的期刊。白特斯廷教授认为,菲尔丁从来不是一个政治家,《考文特花园杂志》比他此前办的任何期刊都更适合他的特性,因此也是四种期刊中他最用心的。① 《考文特花园杂志》主要包括三个方面的内容:首页是头版散论;然后是"考文特花园专栏",报道菲尔丁在博街(Bow Street)处理的案件;第三部分是"现代史摘编",主要是选自其他报刊的社会新闻,有时也带有讽刺性评论。此外还出版了17期"监察院记事"(Proceedings at the Court of Censorial Enquiry"。威斯林版菲尔丁著作集把《考文特花园杂志》全部72期的头版散论都收录了,但编者指出有大约十来篇不是菲尔丁写的。前27期基本都是菲尔丁的作品,从第28期开始别人的作品增多。这就表明菲尔丁在创刊初期热情较高,写作欲望强烈,而到中后期热情逐渐降低。

如果说菲尔丁以前的办的几份期刊都是为政党政治服务,这最后一份期刊主要是为自己服务的。办刊的一个重要目的是为他和同父异母弟约翰·菲尔丁参与创办的"万有登记处"做广告,促进业务发展。他不仅每期刊登广告,而且经常在文论中为"万有登记处"做宣传。另一个目的是宣传他在博街办理的案子。这一方面有宣传自己职责,维护社会治安的作用,同时也利用案件吸引读者,促销报纸,并进而扩大公司业务。这些是从菲尔丁的职业工作方面考虑,兰斯·伯特尔森在其专著中对这一方面的复杂

---

① Martin C. Battestin, with Ruthe R. Battestin, *Henry Fielding:A Life* (New York:Routledge, 1989), p.542.

性有深入分析。① 如果从文学方面考虑,《考文特花园杂志》值得注意的有以下几个方面:一是为《阿米莉亚》申辩并与文坛敌手论争;二是进一步阐发其社会道德观点,抨击恶人赞美好人;三是就社会文化问题建言,为社会改良献策。

第一节　关于文学评论

同菲尔丁早期办的《斗士》一样,《考文特花园杂志》也有一个具有特点的代言人,叫做肯特郡的亚历山大·德鲁坎瑟先生,大不列颠的监察官(Sir Alexander Drawcansir, Kent. Censor of Great Britain)。这个传统源于斯蒂尔和艾狄生创办的《闲谈者》和《旁观者》,到约翰逊办《漫游者》仍在继承。德鲁坎瑟这个名字来自于复辟时期白金汉公爵的名剧《彩排》,在最后两场才出现,是一个敢打敢拼,天不怕地不怕的角色,而考利·西伯则在《自传》中以此攻击菲尔丁。② 菲尔丁用这个名字旨在表明他要对各种堕落丑行严加抨击,仗义执言,不留情面。如果说在博街办案的治安法官菲尔丁面对的主要是犯了各种案子的人,以监察官德鲁坎瑟之名每周两次在《考文特花园杂志》出现的人面对的则是整个公众。而在17期"监察院记事"中菲尔丁又进一步把治安法官的角色融合进来,不过这里涉及的主要是文坛剧院争议,而不是普通的刑事犯罪。作家出身的菲尔丁对文坛情有独钟,即使在办政治色彩很浓的《詹姆斯党人杂志》时他也开办讽刺性的"批评园地",在政治色彩不浓的《考文特花园杂志》谈论批评更是顺理成章,而且也有切实需要。

1752年1月4日出版的第1期《考文特花园杂志》开宗明义地指出眼下世上最多的是作家,报纸期刊更是泛滥成灾。③ 在此情况下为何还要再办新刊呢?菲尔丁煞有介事地提出两条原因:一是由于报刊众多,稍微一挤就可以给自己一点位置;二是"我相信在这种拥挤的地方通常会有人很

---

① See Lance Bertelsen, *Henry Fielding at Work: Magistrate, Businessman, Writer* (New York: Palgrave, 2000), Chapter I.

② 参看本书第五章第二节。Drawcansir 已经成为英语普通词汇,《英汉大词典》定义为"1. 令友人与仇敌都生畏的;2. 凶暴之徒"。

③ *The Covent-Garden Journal and A Plan of the Universal Register-Office*, ed. Bertrand A. Goldgar (Middletown, CT: Wesleyan University Press, 1988), p.13. 编者注指出当时伦敦有四家日报、四家周三刊、两家周二刊、六家周刊,还有一份双周刊和四份月刊。

知趣地自动离去,给比自己强的人让地方"①。然后,菲尔丁就鲜明地提出了自己的办刊原则:不涉及政治;不搞人身攻击;不侵入"无聊"(Dullness)的地盘。② 关于为何定价三便士而不是通常的两便士,菲尔丁列举了三条理由:一是印刷精美;二是内容丰富:"比其他任何报纸的容量都超过一倍多,更是20倍于《每日广告》的内容";三是品质优良。③ 这当然主要是自卖自夸的伎俩。从文学上来看,《考文特花园杂志》最重要的是菲尔丁对自己的最后一部小说《阿米莉亚》所受责难的反击,我们在前一章已经进行了讨论。

另外一个引人注意的事件是菲尔丁与斯摩莱特的争执。《考文特花园杂志》创办初期,曾经登载过几期"报战"(Paper War)日记,说的是新杂志与约翰·希尔为代表的老杂志交战,描写带有滑稽色彩,目的在于招徕读者。第2期有这么一段话:"由皮拉格林·帕克尔率领的一小队人马做了抵抗的样子;但他的希望很快就落空了;听到报告说托马斯·琼斯将军的一个弟弟来临,这队人马一下就消失了,而且还把赶来支援的队伍冲散了,援军是个叫罗德里克·蓝登的人带领的。"④ 在这里菲尔丁指挥《汤姆·琼斯》与斯摩莱特的两本小说干仗。斯摩莱特的第一本小说是1748年出版的《罗德里克·蓝登历险记》(中文译名《蓝登传》)⑤,1751年2月出版的第二部小说叫《皮利格林·皮克尔》,其中有对菲尔丁及其好友利特尔顿的攻击。戈尔德卡在注释中提到1751年版《皮利格林·皮克尔》中的一句话,"当他想与自己的厨娘结婚的时候,他的好心恩主可以屈尊送新娘出嫁,并帮自己在晚年当上威斯敏斯特的腐败治安法官"。⑥ 熟悉菲尔丁生平的读者自然想到他的再婚和任治安法官的经历。这一期《考文特花园杂志》是1月7日出版的,1月15日伦敦出现了这样一本小册子:《关于治安法官、捐客、商人哈巴库克·希尔丁之头脑最近所做的低级而不人道表演的真实叙述》,⑦简称《哈巴库克·希尔丁》,攻击《汤姆·琼斯》中的派崔济和《阿米莉

---

① *The Covent-Garden Journal and A Plan of the Universal Register-Office*, p.14.
② Ibid., p.15.
③ Ibid., pp.16—17.
④ Ibid., pp.24—25.
⑤ 参看中译本《蓝登传》,杨周翰译,上海:上海译文出版社,1980年。
⑥ *The Covent-Garden Journal and A Plan of the Universal Register-Office*, p.25, Note 1.
⑦ 英文原文是"A Faithful Narrative of the Base and Inhuman Arts That were lately practiced by the Brain of Habbakkuk Hilding, Justice, Dealer, and Chapman"。

亚》中的马修斯小姐分别剽窃了《蓝登传》中的斯特拉普和威廉姆斯小姐。现代批评家认为斯摩莱特的攻击证据不足,更大部分是因为民族矛盾的争议:菲尔丁坚决支持反击詹姆斯党人叛乱,而作为苏格兰人的斯摩莱特则认为平叛让苏格兰人血流成河。① 不过斯摩莱特后来表现得相当大度,他在 1758 年新版《皮利格林·皮克尔》删除了攻击菲尔丁的内容,并在 1761 年出版的《英国史》中对菲尔丁给予了相当高的评介:"塞万提斯的天才融入菲尔丁的小说中,他在塑造人物和嘲弄生活中的荒唐两方面表现了同样的力量、幽默和得体"②。18 世纪英国两大喜剧小说家的争议就这样画上了句号。

除了为自己的小说《阿米莉亚》辩护,菲尔丁在《考文特花园杂志》评论的另一部重要小说是夏洛特·雷诺克斯的《女吉诃德》(*Female Quixote*)。雷诺克斯的小说 3 月 13 日出版,菲尔丁在 3 月 24 日一期的"监察院记事"专栏发表了书评。由于《女吉诃德》是模仿《堂吉诃德》,菲尔丁的书评也就以两部小说的比较为中心,直截了当地指出"在哪些方面仿作不如原作,在哪些方面与原作媲美,又在哪些方面胜过了原作"③。他首先指出由于《堂吉诃德》早,在创新性方面自然为先。接着他指出塞万提斯的目的不仅在于娱乐读者,"而且要教育和改造他的同胞:因此他全力嘲讽一种危害极大的蠢行,它当时风行西班牙,几乎把文明的国民变成了杀人狂"④。为了达到这一目的,塞万提斯在写作上继承了古代荷马、维吉尔的史诗传统,与现代英国的弥尔顿很相似。这是菲尔丁对 16 世纪骑士道传奇盛行的批判,并进一步推崇史诗传统。"第三,堂吉诃德和他的仆人桑丘·潘沙这两个人物形象要胜过阿拉贝拉及其女仆。"⑤第四,《堂吉诃德》中的一些情节要比《女吉诃德》的情节更可笑。关于两部小说相似的方面,菲尔丁指出,虽然主要人物都是可笑的形象,但是两书却都使读者对这些可笑人物抱有好感,因为他们虽然可笑,本质上都是好人。然后,他指出在以下几方面《女

---

① See Tobias Smollett, "The Tears of Scotland. Written in the Year 1746", in *The New Oxford Book of Eighteenth Century Verse*, ed. Roger Lonsdale (Oxford: Oxford University Press, 1984), pp. 404—408.

② 转引自 *Henry Fielding: The Critical Heritage*, ed. Ronald Paulson and Thomas Lockwood (New York: Routledge, 1969), p. 403.

③ Fielding, *The Covent-Garden Journal and A Plan of the Universal Register-Office*, p. 159.

④ Ibid., p. 159. 所谓"危害极大的蠢行"即"骑士道"。

⑤ Ibid., p. 159.

吉诃德》要胜过《堂吉诃德》。首先,菲尔丁认为,阿拉贝拉由于特殊的生活教育环境而受到传奇影响以至于走火入魔,要比堂吉诃德的疯颠更为可信。"第二,阿拉贝拉的形象要比吉诃德更可爱。""第三,阿拉贝拉生活的环境更为有趣。"①第四,菲尔丁认为《女吉诃德》讲了一个有紧密联系的故事,虽然还比不上史诗那么严整,但远胜于《堂吉诃德》中几乎没有联系的冒险故事。第五,小说中的故事要比《堂吉诃德》中的故事更加可信。这最后两条显然反映了18世纪英国小说发展对雷诺克斯的影响:结构更加紧密,故事更加可信。

  菲尔丁自己的创作深受塞万提斯影响,由他来评论雷诺克斯的新作可以说是再合适不过了。他在最后一段说道,"总起来看,我把它作为最非凡最出色的作品推荐给读者"。他的结尾也很有意思:"小说自然也有一些不足,但我把那桩事留给乐于挑刺的人来做。不过我要先警告一声,谁都不要指望挑出许多错:如果真挑了许多错,我敢担保,那是批评家而不是作者的错。"②这是先给批评家打个预防针,不要过于吹毛求疵。《女吉诃德》是雷诺克斯的第一部作品,菲尔丁与作者并不熟悉,而且作者还在小说中特意赞扬菲尔丁的对手理查逊。但是菲尔丁却能秉公评论,给予这部新小说以热诚推荐,应该说是难能可贵的。这个书评是对《女吉诃德》的最早评论,菲尔丁"在这件事上的表现使约翰逊博士很高兴,并在《绅士杂志》引用"。③ 这篇书评是菲尔丁对同时代作家作品的最重要评论。

  莫里斯·戈尔登指出:"作为威斯敏斯特的治安法官,菲尔丁维护政府机器正常运转;作为文学审判员,他致力于正确的公民教育给社会以生命力。在两个方面,他都在利用法律防止混乱。"④这种评论一般来说是合适的,但是也有例外。《考文特花园杂志》第9期的《监察院记事》专栏篇幅不长,有一段对"B——T——"的批评:"然后是按照惩治愚蠢条例(Statute of Dulness)对B——T——的审判,该犯以监察院无管辖权为由申辩。她说,作为格拉布街的合法居民,她不应该因愚蠢罪而受到起诉。申辩引起争

---

  ① Fielding, *The Covent-Garden Journal and A Plan of the Universal Register-Office*, p. 160.
  ② Ibid. , p. 161.
  ③ Wilbur L. Cross, *The History of Henry Fielding* (New Haven: Yale University Press, 1918), Vol. II, p. 414.
  ④ Morris Golden, "Fielding's Politics", in *Henry Fielding: Justice Observed*, ed. K. G. Simpson (London: Vision, 1985), p. 47.

议，只好拖后一天再作决断。"① 这里的"B——T——"指的是女作家伊丽扎·海伍德 1751 年发表的新作《白特·少了思》(Betsy Thoughtless)。菲尔丁在《作家的闹剧》中曾以"小说太太"的形象攻击海伍德，而海伍德在《白特·少了思》中映射攻击菲尔丁在草料市场小剧院的政治讽刺剧。② 因此，菲尔丁讽刺海伍德的《白特·少了思》愚蠢无趣，是"格拉布街"的下流之作。现代批评界认为《白特·少了思》是海伍德最优秀的作品，与《女吉诃德》同为 18 世纪中期重要的女性小说。③

《考文特花园杂志》第 4 期刊登了一份《现代词汇》，集中表现了菲尔丁对社会风气的批评态度。我们试译其中的几条：

天使(ANGEL)：对女人——通常是坏女人——的称呼。

作家(AUTHOR)：笑料。它也表示一个穷汉，通常是受人鄙视的人物。

熊(BEAR)：乡间绅士；或者说，任何一个长着两条腿但不会鞠躬的动物。

美貌(BEAUTY)：女人做情妇必备的条件。

纨绔子(BEAU)：单指某个人时，表示最得女人宠的人。

野蛮人(BRUTE)：一个暗示单纯和诚实的词，常用来形容哲学家。

……

美德/邪恶(VIRTUE/VICE)：谈话的素材。

巧智(WIT)：亵渎、淫秽、不道德、粗俗、戏弄、嘲讽。污蔑一切好人，特别是牧师。

价值(WORTH)：权力、地位、财产。

智慧(WISDOM)：获得上述三种东西的艺术。

世界(WORLD)：你自己的熟人(圈子)。④

---

① Fielding, *The Covent-Garden Journal and A Plan of the Universal Register-Office*, p. 72. 参看同页注释。

② Eliza Haywood, *The History of Miss Betsy Thoughtless* (London: Pandora Press, 1986), p. 42.

③ 参看黄梅：《推敲"自我"：小说在 18 世纪的英国》，北京：三联书店，2003 年，第 393—395 页。

④ Fielding, *The Covent-Garden Journal and A Plan of the Universal Register-Office*, pp. 35—38.

在这里我们选取了《现代词汇》最初和最后各两个字母下的词汇为代表。显而易见,菲尔丁的目的在于鞭挞世风,警戒世人。把作家定义为"笑料。它也表示一个穷汉,通常是受人鄙视的人物",在某种程度上表现了作家自己的无奈,而把"美德/邪恶"这截然不同的两个概念定义为"谈话的素材"则是指责世风日下,善恶不辨。下面这些词汇定义也很有意思:无聊(DULNESS):所有作家用来指责他人作品的词;名誉(HONOUR):决斗;婚姻(MARRIAGE):两性之间的一种交易,一方总想欺骗另一方,最后是两败俱伤。① 这都清楚表现了菲尔丁有关道德伦理一些观点。弗雷德里克·伯格尔指出,菲尔丁首先嘲讽的是世风日下,道德沦丧,传统的伦理观点已被忘却,以至于竟然"需要这种指南"。② 在第 32 期,菲尔丁还利用读者来信的方式进一步宣传《现代词汇》。来信者说他很喜欢《现代词汇》,特别是把"吃"(EATING)定义为"科学"(SCIENCE),并接着就英语不像其他语言那么注意词"性"问题发表议论,还按照两性的要求列举了七条:"阳性:剑术、撒谎;阴性:打扮、晕倒;适合两性:吃、赌;两性都不适合:道德"③。这更进一步强调了道德批判主题,与菲尔丁在其他作品中常用的反讽手法是一致的。④

第二节 涉及面广泛的文化评论

经过了前四期的"报战"之后,菲尔丁在《考文特花园杂志》第 5 期写道:"正如人身攻击最不适于我的性情,它也与本刊的宗旨毫不相干。赫拉克勒斯在打扫阿吉斯牛圈(那与我现在的活不无类似)的时候,如果因一点脏粪沾在身上就不惜脏了手也要把污秽抓住弄碎,那与他的高贵精神是格格不入的。他应该知道干这种活就免不了一身脏"⑤。在这里菲尔丁把自

---

① Fielding, *The Covent-Garden Journal and A Plan of the Universal Register-Office*, pp. 36—37.

② Fredric V. Bogel, *The difference Satire Makes: Rhetoric and Reading from Jonson to Byron* (Ithaca: Cornell University Press, 2001), p. 164.

③ Fielding, *The Covent-Garden Journal and A Plan of the Universal Register-Office*, p. 200.

④ See Glenn W. Hatfield, *Henry Fielding and the Language of Irony* (Chicago: University of Chicago Press, 1968), pp. 17—19.

⑤ Fielding, *The Covent-Garden Journal and A Plan of the Universal Register-Office*, p. 44.

己的角色界定为替社会扫除污秽的人。要清除污秽就难免沾上污秽,也就是被人攻击,但他要对此采取不予理睬的态度。他再次提到赫拉克勒斯不禁使读者想到他在《斗士》杂志中扮演的赫拉克勒斯·温尼格尔形象。第10期谈到当前文坛的状况,抱怨许多作品只能引人发笑,却没有什么教育意义,不符合寓教于乐的要求:"如果不向读者提供道德教益,创作的全部目的只是博得一笑,那么作家就与小丑没有什么大区别了"①。身为小说家的菲尔丁并不是反对给读者带来娱乐的喜剧作品,而是强调真正优秀的作品应该做到寓教于乐。他把卢奇安、塞万提斯和斯威夫特尊为三大喜剧作家:"并不仅仅因为他们那高超的诙谐幽默,而且因为他们竭力将诙谐幽默用于揭露清除那些充斥他们不同国家的邪恶和蠢行"②。菲尔丁在1730年代从事戏剧创作时曾经把阿里斯托芬和拉伯雷也奉为榜样,但是到了1750年代他的观点显然发生了很大变化,更加强调道德教化,指责阿里斯托芬和拉伯雷的作品似乎"要用嘲笑把一切清醒、矜持、得体、美德和宗教逐出世界"。③这时候菲尔丁的观点与20年前相比几乎判若两人。关于阅读的作用,菲尔丁写道:"阅读大家之作,我们应该自比为探宝;若能不断积累,则可受益终生"④。

《考文特花园杂志》第52期是菲尔丁为他和友人准备翻译卢奇安作品而做的广告。他称卢奇安为"真正幽默之父",并对德莱顿关于卢奇安可能模仿阿里斯托芬的说法提出疑义。他写道:"我们天才的同胞绝对不会认为卢奇安的风趣幽默、精美巧智和辛辣讽刺是屈尊模仿(阿里斯托芬),那人的幽默很夸张,巧智显粗俗,讽刺既不公正又无道德。"⑤由于菲尔丁是为翻译卢奇安做广告,他自然有抬高作者的倾向,而他对阿里斯托芬之批评主要是针对他在剧本中讽刺苏格拉底的辩术,这被用作证据并导致后者被杀。鲍尔逊对菲尔丁在1750年代推崇卢奇安拒绝阿里斯托芬也有精辟的分析,认为他现在的立场"更关注(神与人,死者与生者,寓言与真理)的戏剧性对比和并列,而不是对宗教和社会的颠覆"⑥。菲尔丁还利用这一机会对卢奇安在现代英国的继承者予以赞美:"正如我不愿意认为卢奇安

---

① Fielding, *The Covent-Garden Journal and A Plan of the Universal Register-Office*, p. 73.

②③ Ibid., p. 74.

④ Ibid., p. 75.

⑤ Ibid., pp. 285—286.

⑥ Paulson, *The Life of Henry Fielding*, p. 307.

是模仿某人,我也不太热衷于承认许多人模仿了他。我认为最配得上这一荣誉的是不朽的斯威夫特。说真的,让英国读者了解这位古希腊作家的最有效办法,就是告诉他把卢奇安译成英语等于再造一个斯威夫特。"① 为了给新译著打开市场,菲尔丁对原有的两种卢奇安译本予以批评:"尽管一种在序言中打着德莱顿的名字(他只译了一点),它们都不能真正表达卢奇安的精髓,正如拙劣的招贴画匠(Sign-Post Painter)不能表达杰出的霍格斯原作的精神"②。菲尔丁在最后一段谈到译者,"我只想说,以原作者的风格为榜样的人是最合适的译者"③。言外之意就是菲尔丁自己一直师法卢奇安风格,自然可以传神地表达原作。另一位译者是菲尔丁的好友、古希腊语言学者威廉·杨格。由于读者反应并不积极,预订者很少,这一翻译计划没有实现。现代批评家罗杰斯写道:"文章对这位希腊作家表现出如此热烈精辟的见解,我们对计划的失败只能表示遗憾。"④ 考虑到菲尔丁此时已经重病缠身,治安法官工作又十分繁忙,翻译工程搁浅未尝不是一件好事。

第 11 期的"监察院记事"是对《大众广告》在 2 月 5 日所登一条广告的批评。广告宣传的是"(天才画家真人为模而作之)莫莉·布兰狄小姐全身像":她"被指控与她的恋人一起,用骇人听闻的野蛮手段毒死了自己的父亲;目的是为了占有父亲的房产"。"监察院记事"的批评指出:"监察院认为,该广告低级下流。这种丑化方法易于让人产生先入为主的印象,从而使陪审团成员丧失参加庭审应该具备的中立性。"⑤ 菲尔丁还进一步指出这就等于在审案之前先给她定了罪,或者说"先受绞刑,后被审判"。针对广告商并无恶意,只不过是想多赚几个钱的辩解,监察官反驳道,"如此说来,抢劫犯、窃贼和其他罪犯也没有什么恶意,他们却要受绞刑;与这些坏方法比起来,偷人钱包罪过更轻,在大路上抢劫更荣耀","监察院因此裁定,不仅画家本人,而且所有鼓励这种丑恶行为以满足卑下好奇的人都是

---

① Fielding, *The Covent-Garden Journal and A Plan of the Universal Register-Office*, p. 286.
② Ibid., p. 288.
③ Ibid., pp. 288—289.
④ Pat Rogers, *Henry Fielding: A Biography* (New York: Charles Scrinber's Sons, 1979), p. 200.
⑤ Fielding, *The Covent-Garden Journal and A Plan of the Universal Register-Office*, p. 84.

邪恶的"①。第 12 期"监察院记事"刊登了署名"矜持"(Modesty)的信,支持上一期关于莫莉·布兰狄小姐全身像的批评,同时进一步指出许多商店橱窗上的淫秽画也应在禁止之列。编者戈尔德卡注释说,这是当时很流行的一种指控。矜持在信的最后特别写道:"最近在弗利特街出现两幅画,胜过别的,色彩特别鲜艳。这更清楚表明了阻止其蔓延的必要性,否则我们很快就会看到妓院最下流的表演出现在公众视野,腐蚀我们的青年男女"②。这封信的目的显然是要反对并禁止公共场合的淫秽画,但其实际效果如何呢?《考文特花园杂志》第 13 期刊登了一封署名 M 的来信,开头一段是这么写的:"您在上一期提到两幅淫秽画实在是好极了;我毫不怀疑您的良苦用心与得到的反应是一致的;那两幅画现在的销路非常好。"然后 M 写道他要印刷战神马尔斯和爱神维纳斯落入乌尔冈网(Vulcan's Net)的画,希望给予关照:"我在这一行是个新手,切望得到监察官的支持。如果您能在贵报刊登几行斥责,把我的画描写得很淫秽——这一点我敢保证——我将不胜感激……"③这就涉及一个很微妙的问题:在报纸上指责某物或某人恰好起到宣传的作用,也就是利用读者的逆反心理"曲线促销",现在媒体上常常出现的丑闻炒作应属同类。

"好心"(Good Nature)是菲尔丁创作中十分重要的概念。从《约瑟夫·安德鲁斯的经历》到《汤姆·琼斯》再到《阿米莉亚》,菲尔丁都在通过人物形象宣传这个概念,认为在世风堕落的形势下尤其需要好心人形象。《考文特花园杂志》第 16 期可以说是关于"好心人"的专论。菲尔丁写道,"好心"这种品格是英国特有,"几乎很难准确译成外文"。这一品格"尽管没有什么炫耀夸饰,却具有实际的内在价值;如果说它不值得崇拜,它却最让人喜欢;如果它算不上英雄气概,它却使人更富人情,是基督徒性格不可缺少的部分"④,"这种美德,我很遗憾地说,近来似乎在我们中间消退"。这种变化的表现就是"各种丑闻、污蔑和中伤"充斥于"谈话、舞台和报刊"⑤。菲

---

① Fielding, *The Covent-Garden Journal and A Plan of the Universal Register-Office*, p. 85.

② Ibid., p. 93;参看同页注 1。

③ Ibid., pp. 98—99.

④ Ibid., p. 113. 参看本书第七章对诗体散论《论性善》的讨论;同样是 Good Nature,在诗体散论译为"性善"比较合适,而此处似用"好心人"要比"善人"或"善良人"为好。当然,这种译法还需斟酌。

⑤ Fielding, *The Covent-Garden Journal and A Plan of the Universal Register-Office*, pp. 113—114.

尔丁指出:"党派政治是这一切的根源。它最先搅动了我们的恶性,教会我们互相躲避、仇视、愤恨和攻击"①。这种党派政治激发的恶性影响深远,即使当时的党派斗争并不激烈,受其影响的人们却仍然热衷于丑闻和中伤。为了抵制并纠正这种行为,这一期的杂志接着刊登了署名阿克希拉斯(Axylus)的信。

戈尔德卡的注释指出阿克希拉斯是荷马史诗《伊利亚特》第6卷中的人物,蒲柏在译文中把他称为"世人之友"。菲尔丁在《阿米莉亚》和《里斯本海行日记》中都提到这个人物,是个像奥维资那样的好人。② 阿克希拉斯在致监察官先生信的开始写道:"通过阅读您的文章,并从熟悉您的人那里了解,我认为您最具备好心,这在一切品质中是最高贵的。因此我冒昧地向您介绍一个人,您可能觉得他很怪,但会发现他是个好心人。"③这一期的《考文特花园杂志》署名 C,毫无疑问是菲尔丁自己所作。写信人署名阿克希拉斯,是菲尔丁在小说中致力于塑造的好心人,也就是作者自己的代言人。这封信的收信人"监察官"是菲尔丁在《考文特花园杂志》扮演的角色;因此在第一段对监察官的赞美也就是对菲尔丁自己作为"好心人"的赞美;换言之,是种"自卖自夸"。那么,我们不禁要问,阿克希拉斯在信中要介绍的"好心人"又是谁呢?原来,这个有点"怪"的"好心人"就是写信人自己!他介绍说自己是个年已65岁的独身男子;没有结婚并不是因为厌恶女性,而是曾经深爱某女,并已与之订婚;不幸的是,婚前几天该女突然去世,他因此终生未娶。他接着写道:"从那个不幸的日子之后,除了一般的消遣和满足食欲,我只有一个乐趣——请相信我,监察官先生——那就是看到或听到别人的幸福。"④克罗斯评论说:"可爱的'阿克希拉斯'是乡绅奥维资或亚当斯牧师一类人,他在别人的幸福和阅读巴罗博士的著作中找到乐趣。"⑤

阿克希拉斯喜欢参加快乐活动,遇到不幸的场合尽量给予帮助,而无能为力时则急速离开。他写道:"简言之,我无法忍受把人性表现为卑下丑

---

① Fielding, *The Covent-Garden Journal and A Plan of the Universal Register-Office*, p. 114.
② 参看117页注4。
③④ Ibid., p. 115.
⑤ Cross, *The History of Henry Fielding*, Vol. II, p. 369.

恶的情景,而珍重每一件使我感受人的智慧、善良、喜悦和幸福的事。"①他还写道:"我出生在这样一个国家,那里的人民享有自由、财富和各种政治权利,为此我经常感激万能的上帝。""在我的一生中,这个冬天是最幸福的,所有的政党实现了和谐一致,领导人的精力完全集中在为大众谋福祉。"②这是《考文特花园杂志》这份政治色彩不浓的期刊中对现政府最直接的赞美。阿克希拉斯在表达了对时代的赞美之后提到两件不太愉快的事:一是看演出很失望,二是关于莫莉·布兰狄的案件:"我最近也听到些关于一个女性的传闻,好像她把父亲毒死了;前面说过,对这类事情我都尽量躲着。但愿事情没这么糟;我更希望她是清白的。"③这也进一步表现了他的"好心人"形象。关于阿克希拉斯的作用,白特斯廷指出菲尔丁的期刊重在揭露现实社会的邪恶,"有时菲尔丁用好心人'阿克希拉斯'的来信,谈论他青睐的从善行得到愉悦的主题,来舒缓期刊内容的沉重"④。

在第 20 期刊登的信中,阿克希拉斯继续探讨莫莉·布兰狄案件。他说自己收到一份在牛津举行的《莫莉·布兰狄审判报道》,好奇心吸引他读下去,希望能够发现同情她的线索。莫莉·布兰狄出生在殷实家庭,受过良好教育,与父亲一起在乡间平静生活,直到军官克兰斯通闯入她的生活:"那个坏蛋偷偷进入天真女孩毫无防备的心灵。他把有害的感情传给她,引她最后竟然给最慈爱的父亲服了毒药。"⑤阿克希拉斯指出,莫莉·布兰狄当然是罪有应得,但逍遥法外的克兰斯通实际上更是罪大恶极。他写此信的目的是为了警示女性,她们"往往在男性的引诱下走错路,被欺骗、腐化、背弃,在肉体和心灵两方面遭到打击"⑥。然后,他又进一步很遗憾地指出,由于传统习俗及一些时髦作品的影响,军人引诱女性往往得不到谴责,而被认为是英雄气概的表现。菲尔丁在《阿米莉亚》中就通过詹姆斯上校等形象表达了这种观点。到 19 世纪初,奥斯丁在《傲慢与偏见》中塑造的莉蒂亚受威克姆骗一起私奔也反映了这种情况。阿克希拉斯指出,女子生性软弱,应该得到男子的保护;"如果我们以打仗来做比,进攻者在这里不仅

---

① Fielding, *The Covent-Garden Journal and A Plan of the Universal Register-Office*, p. 115.
② Ibid., p. 116.
③ Ibid., pp. 116—117.
④ Battestin, *Henry Fielding: A Life*, p. 545.
⑤⑥ Fielding, *The Covent-Garden Journal and A Plan of the Universal Register-Office*, p. 136.

得不到征服带来的荣耀,而且应被视为背信弃义的懦夫,是正直军人所不齿的",①做这种丧尽天良之事的人应受极刑。唐纳德·托马斯写道:"布兰狄案件给读者留下了虽然短暂却戏剧性的印象。但是《考文特花园杂志》的观点是,一切女性的引诱者都被定义为克兰斯通上尉为代表的极端邪恶。"②这是一个"好心人"的正义反应。

但是,世间毕竟有恶人,他们又有何反应呢? 为了从正反两方面说明问题,菲尔丁在《考文特花园杂志》第21期刊登了署名"伊阿古"(Iago)的来信。他写道,看阿克希拉斯的第一封信他还不能确定具体是什么人,但是看了他的第二封信,他就很清楚这正是他多年以来欺骗愚弄的一个人。"伊阿古"说,阿克希拉斯和监察官对自己都不陌生,在他们眼中自己是天下第一个大好人,而实际上自己是个"最高深莫测的伪君子";他认为"对别人的幸福或困难感兴趣是愚蠢行为"③。由于伪君子需处处设防,而好人却可以心安理得,"伊阿古"说他有时担心自己会学做好人:"鉴于这种担心,这种疑虑(我再次向你,也向我自己重申,这不过是种疑虑),我从心底里憎恶这个阿克希拉斯。因此,我对他怀有最刻骨铭心的仇恨;利用一切场合来折磨他,不放过一点损害其名誉的机会"④。他说,慈善行为得不到快乐,虽然对此他只能假定,因为他一生从没有做过善事;对于慈善得不到实际利益,他坚信不移,而且阿克希拉斯也无法否认。他最后提到曼德维尔而关于慈善行为可以满足人的虚荣心的观点,但这样予以回答:"买东西人人都想尽量少花钱;既然装好人也可以得到同样的赞美,干嘛要尽心竭力地做好人。我自己就是一个好例子。虽然我从来没做过一件好事,好人的名声却广为流传;我的作法只不过时时不忘虚伪行事。而阿克希拉斯由于没注意这么做,结果许多该得的赞美却得不到。"⑤"伊阿古"还进一步说道,每当阿克希拉斯做了好事,他都会予以曲解使好事看起来像坏事。比如阿克希拉斯在上封信谴责引诱了布兰迪小姐犯法而自己逍遥法外的军

---

① Fielding, *The Covent-Garden Journal and A Plan of the Universal Register-Office*, p. 138.
② Donald Thomas, *Henry Fielding: A Life* (New York: St. Martin's Press, 1990), p. 349.
③ Fielding, *The Covent-Garden Journal and A Plan of the Universal Register-Office*, pp. 140-141. "伊阿古"(Iago)是莎士比亚名剧《奥赛罗》中伪君子恶棍的名字。
④ Ibid., p. 142.
⑤ Ibid., p. 143.

官,"这一点我也给予反驳。我把这叫做对没有受到审判者形象的无耻污蔑"①。后来他又讲了这样一个故事:有一家人生活困难,在阿克希拉斯的帮助下摆脱困境,过上了好日子。但他们并不感激阿克希拉斯,反而嘲笑他的傻瓜行径,为自己能精明地占他的便宜而高兴。"伊阿古"把这件事告诉阿克希拉斯想叫他感到难受,谁知阿克希拉斯"笑着说,他希望那一家人不会这样忘恩负义;即便果真如此,他也只在乎帮助别人的行动,不在乎最后的结果;而且就在那一天又给那家的一个人新的帮助"②。阿克希拉斯的这种态度正是其高尚品格的表现。这也就是后来亚当·斯密在《道德情操论》中的观点:"绝不允许我们心中的慈悲,因为我们曾经慈悲对待过的某些人心怀恶意与忘恩负义,而受挫或沮丧,这样的性格,无疑具有最崇高的智慧与美德。"③"伊阿古"还说,实际上是他把布兰迪案匿名告诉了阿克希拉斯,目的也是叫他受折磨;他要监察官把他的信登出来,阿克希拉斯无论如何也猜不出自己是谁。④ 从这里可以看出,"伊阿古"的整个精力似乎都用在让好人阿克希拉斯感到难堪上。

《考文特花园杂志》第29期刊登阿克希拉斯致编者的信做答复。这封信开头的称谓不是"监察官先生",而是"我亲爱的朋友",更进一步强调了他与"编者"的密切关系。信的第一段先对编者在上一期介绍赞美演员哈沃德表示支持,接着写道:"这正是我们最喜爱的巴罗博士在他的一篇著名布道词中指出的行为。他说,'好人不把他的慈善局限于自己的家人或亲戚,邻居或受过恩惠的人;也不局限于同一派或同一观点的人,或者同他志趣性格相投的人;更不局限于服务于他,有恩于他,或取悦于他的人——而是推广到陌生人,推广到那些从未帮助过自己或能够帮助自己的人"⑤。这是菲尔丁在作品中第一次明确指出巴罗是自己最喜爱的教士。艾萨克·巴罗是一位17世纪教士和数学家,曾经给牛顿以重大影响,是主张人性为善的国教自由派的重要人物。白特斯廷教授关于菲尔丁道德观点的论述

---

① Fielding, *The Covent-Garden Journal and A Plan of the Universal Register-Office*, p. 143.
②④ Ibid., p. 144.
③ 亚当·斯密:《道德情操论》,谢宗林译,北京:中央编译出版社,2008年,第305页。
⑤ Fielding, *The Covent-Garden Journal and A Plan of the Universal Register-Office*, p. 183.

以巴罗为中心。① 虽然菲尔丁只是在《考文特花园杂志》中多次强调巴罗的观点,他在《约瑟夫·安德鲁斯的经历》中塑造的亚当斯牧师和主动帮助人的小贩,都体现了巴罗这段布道文中强调的慈善观点。菲尔丁接着指出大诗人蒲柏继承了巴罗观点:"让我们,用诗人自己的话,'——把一切卑下的俗见,/留给低级的野心和国王的傲慢;'和《阿米莉亚》的光荣恩主那位杰出人士一起,把慈善作为我们生命的事业和乐趣。"②菲尔丁把《阿米莉亚》题献给以行善著称的拉尔夫·艾伦,后者也是蒲柏的挚友和恩主,白特斯廷通过分析认为菲尔丁很可能是1741年在艾伦家里结识蒲柏的。③

阿克希拉斯(或者说菲尔丁)接着写道:"不管我们有什么才能,都可用于人类的幸福。慈善并不仅限于施舍。果真如此,你我都做不了多少。但是,我们所信宗教的神圣创立者将其定为基督徒必备的美德,不只是富人专有的。"④因此,只要有一颗为善之心,有钱出钱,有力出力,不管贫富都可以为他人的幸福有所贡献。对于"伊阿古"的谬论,阿克希拉斯给了这样的答复:好心人"心怀坦荡,对于充满傲慢、恶意和嫉妒的人只能觉得可怜。那种人仇视比自己更富有、更聪明或更幸福的人,愤懑束缚其理智,专注于破坏邻人的名声和财运,暗中与人为敌,但实际上可能是自己更隐蔽更无情的敌人"。⑤ 幸福是种心理状态,处心积虑陷害他人者是不会享有正直人的平和心境。江奈生·魏尔德不就曾经哀叹他的不幸吗!接着阿克希拉斯谈到第二类人,他们"对于别人的苦与乐几乎置若罔闻,毫不关心"。⑥这就是所谓斯多葛派哲学家,也是菲尔丁很鄙视的。⑦ 第三类人被称为"最狠的高利贷者",他们家资巨富,拿出微不足道的一点来发慈悲,"就要把受惠者当作永世奴隶;这还不够,还要以此作为进入天堂的资本"⑧。所

---

① Martin C. Battestin, *The Moral Basis of Fielding's Art: A Study of Joseph Andrews* (Middletown, CT: Wesleyan University Press, 1959), pp. 30—40.

② Fielding, *The Covent-Garden Journal and A Plan of the Universal Register-Office*, p. 183.

③ Battestin, *Henry Fielding: A Life*, pp. 316—317.

④ Fielding, *The Covent-Garden Journal and A Plan of the Universal Register-Office*, pp. 183—184.

⑤⑥ Ibid., p. 184.

⑦ 菲尔丁对斯多葛派的态度比较复杂,参看 Henry Knight Miller, *Essays on Fielding's Miscellanies: A Commentary on Volume One* (Princeton: Princeton University Press, 1981), pp. 254—263.

⑧ Fielding, *The Covent-Garden Journal and A Plan of the Universal Register-Office*, p. 185.

有这三类人都与真正的慈善格格不入。"真正的好人对于能否得到私下或公开的感激并不在意。他继续做好事,并从中得到快乐;别人的嫉妒或恶意,蠢行或中伤都不能减少那种快乐。"① 他最后写道,"用巴罗博士的话,让我们不断改善提高,达到天性可能的最完美程度,我指的是尽可能做好事;我敢保证,在这个世界体现神圣善意的本性,自然也最有希望在另一个世界享有神圣幸福。说实话,只有这种天性能够享有这种神佑"②。这就是阿克希拉斯(即菲尔丁)对"伊阿古"之类世俗伪君子的答复。但是,这毕竟是带有理想色彩的论辩。现实社会中存在太多"伊阿古"之类伪君子,而这也正是菲尔丁社会批评的原因所在。关于菲尔丁对宗教重要性的强调,鲍尔逊写道,"菲尔丁表明在一个分崩离析的社会要保持秩序,宗教与法律一样不可缺少"③。

第三节 堪称"激进"的社会批评

《考文特花园杂志》第 27 期是相当引人注目的一期,因为菲尔丁在此深入探讨了阶级压迫问题。文章开头是这样的:"富人对穷人的各种压迫中,最傲慢无理的是剥夺后者对一种头衔的拥有权",这个头衔是"Betters"④。18 世纪英国人日常谈话时,富人相对于穷人自认为是"Betters"似乎是天经地义的,菲尔丁就要拿这个问题做文章。他认为,如果"Betters"意思是"优越者",那么"把它用在与穷人比较而言更富有的人身上实在是大错特错"⑤。他认为这种错误认识对社会带来严重危害:由于富人总是自称为"优越者",穷人也就习惯成自然地认为富人是"优越者","并进而崇拜和效仿富人那些他们本应鄙视的行为;另一方面,富人也被引入歧途,鄙视那些他们本应该尊重的东西,从而失去了他们本来可以思考这些同时代真正'优越者'之生活的机会"⑥。在接下来的一段,菲尔丁把野心、贪婪、嫉妒、欺骗等等列为富人有违基督教义的邪恶特征,而把

---

① Ibid., p. 186.
② Ibid., p. 187.
③ Paulson, *The Life of Henry Fielding*, p. 295.
④ Fielding, *The Covent-Garden Journal and A Plan of the Universal Register-Office*, p. 171. "Betters"是一个很简单却很难翻的词,意思是"更好的"、"更高贵的",做名词通常译为"上司";在这里的上下文看译为"上司"不妥,权且译为"优越者"。
⑤⑥ Ibid., p. 172.

忍耐、知足、克制、谨慎、坚毅、谦逊等看作穷人符合基督精神的美德体现：在道德的天平上穷人才是真正的"优越者"。菲尔丁进一步指出："古希腊人把罪犯受到惩罚称为伸张正义。现在，这个待遇几乎全给了穷人，而任何紧迫的困境都有可能让他们得到这个待遇。谁能看到富人被拴到马尾巴上挨鞭抽！富人被戴枷示众或判处流放的机会（我要很遗憾地说）是多么少啊！至于说到更荣耀的死刑判决，我们几乎从来看不到它被用到富人身上！"①唐纳德·托马斯在引了这段话后写道："40年后，这类不公在整个法国得到了报复，其激烈方式是菲尔丁几乎无法想象的。"②

第33期刊登的是一封署名R. S. 的信。写信人说他有一次借宿乡间客店，"店主虽然有些粗笨（Rustic），但是礼貌待人，脾气很好，我感觉显出一种自然形成的教养"。③ 与店主形成鲜明对比的是他在那里遇到的一个城里人，说话相当傲慢，满嘴胡诌，不把别人放在眼里。后来写信人又在伦敦一家裁缝店碰到这个人，却发现他彬彬有礼，"同一个人在熟悉的伦敦与在陌生的乡下的不同表现，简直让人难以形容"。④ 原因是什么呢？可能应该到菲尔丁前面的那篇文章找答案。裁缝在伦敦虽然不是穷人，但也远不是富人，是个靠自己技术吃饭的手艺人，因此他的表现像一个规矩的商人，在为顾客服务。到了乡下，由于别人都不了解他的底细，他便模仿城里富人的样子，摆出阔人的派头，以为这样才能显出自己不同于乡下人的高贵身份，得到尊重。但是文本提供的信息却表明他这样做恰恰事与愿违。他那一连串咒语使人觉得他像魔鬼，面对他喋喋不休的谈吐写信人干脆装作哑巴不予理睬。到头来，真正受到讥笑的是自以为是的人，这个故事可以看作模仿所谓"优越者"的反面教材。

《考文特花园杂志》第35期是4月1日愚人节发自疯人院的一封信。写信人"恨钱者"认为钱是万恶之源，如果取消了钱就可以解决一切问题。他写道："告诉您，先生，只有我深入探讨了一切邪恶的根源。通过不懈的艰苦探索，我发现了污染道德生活的腐败、奢侈和堕落的确切原因；因此只

---

① Fielding, *The Covent-Garden Journal and A Plan of the Universal Register-Office*, p. 173.

② Thomas, *Henry Fielding*: *A Life*, p. 351.

③ Fielding, *The Covent-Garden Journal and A Plan of the Universal Register-Office*, p. 202.

④ Ibid., p. 205.

有我能够提供解救的方法。"①他认为古代的人们对此十分清楚,而现代人忘记了。这一期的题词来自古希腊的阿那克里边翁:"但愿发明钱的人毁灭;因为钱破坏了兄弟父子关系,带来了世界的战争和流血冲突"。②关于取消钱可以带来的效果,作者认为第一"能够根治各种腐败";③第二可以铲除或限制奢侈;第三可以促进易货贸易;第四"可以恢复虔诚、美德、名誉、善良、学问等等好东西,它们目前或者被金钱所破坏,或者受金钱所腐蚀得难以区分真伪"④。达登指出,这是对金钱罪恶的控诉,因为在道德堕落的社会金钱"被视为一切美好事物的代名词"。⑤ 废除金钱还可以使律师尽快断案,医生尽快治病,不会为了多赚钱而拖延;还可以解决抢劫犯罪问题,因为虽然罪犯有时也抢东西,"那主要是为了变卖得钱"。"恨钱者"写道:"我再加上一条,那就是我的计划可以解救穷人,方法是取消富人,这是不会失败的(可能是唯一不会失败的方法)。在没有富人的地方,也不会有穷人;因为上天用奇妙的方法给各国人民提供了生活必需品;没有过多,也就没有缺乏。"⑥最后他讲了自己被关进疯人院的原因:"我把每年三百镑收益的家产变成钱;把很多钱装进口袋,带着我的继承人一起来到泰晤士河上,把钱往河里扔。我还没扔完三把,继承人就把我抱住,在水手帮助下把我弄上岸。我在自己家里被关了一天;第二天上午,家人就通过密谋把我送到这里,我可能要在这里待到人类恢复理智的时候。"⑦对于这篇文章的理解似乎有一个从否定到肯定再到否定的过程。首先,看到写信人来自于疯人院,读者的第一印象就是这人是在说疯话,不必当真。读到最后,我们却发现写信人是因为恨钱而被当成疯子关起来的!这一发现自然对我们前面的理解有纠正作用。但是,写信的时间是在愚人节似乎又在强调这整个是一个玩笑。实际上,正是在疯话与真理、玩笑与严肃的两难选择中菲尔丁表达了他的深刻思想。

第36期关于"众人"(Everybody)指责"无人"(Nobody)的文章也很有

---

①②③ Fielding, *The Covent-Garden Journal and A Plan of the Universal Register-Office*, p. 211.

④ Ibid., p. 213.

⑤ F. Homes Dudden, *Henry Fielding: His Life, Works, and Times* (Oxford: Clarendon Press, 1952), p. 898.

⑥ Fielding, *The Covent-Garden Journal and A Plan of the Universal Register-Office*, p. 213.

⑦ Ibid., pp. 213—214.

意思。菲尔丁曾经在《现代词汇》中把"Nobody"(小人物/无足轻重的人)定义为"除去大约1200人之外的全体英国人"①。那是一种阶级定义,拥有大量财产的少数人属于有钱有势的"人物"(Somebody),而占人口绝大多数无权无势的人自然是"Nobody"。但是第36期的内容完全不同,"无人"成了人们推卸责任的托词。这一期名义上是"众人"写给"监察官"的信,题词引自贺拉斯,翻译起来颇费周折。菲尔丁本人的译文把"Nobody"看作一个名词,可译为:"无人是不可救药的坏蛋";编者戈尔德卡给出的现代通行译文是:"无人(没有人)是如此野蛮以至于不能驯化。"②菲尔丁的译文是把"无人"看作是特殊个体,即某人的名字叫"无人";而通行译文则是"没有人",从而否定这种人的存在。③"众人"写道:"先生,您得知道,我身份复杂,是个干大事业的人。实际上,属于公众的一切我都关心;不过,我也要很荣幸地声明,自己并不从政府领薪水。现在,先生,这个大胆的无人竟然宣称,属于我的业务也都属于他。这个谎言虽然荒唐至极,他却已经说服人们相信了;因此,如果我要对公共事业有所干预,必然受到嘲笑。由于这种打击很大,也就毫不奇怪我长期以来对为国服务不上心了。结果是这样的,无人负责规范改革公众抱怨烦恼的事情,而如果相应的改革没有发生,我就会受到责备。"④这里涉及的矛盾有些像公有财产面临的悖论:一方面公有财产属于全民(Everybody),但另一方面它又属于无人(Nobody);属于全民谁都可以侵占,属于无人导致谁都可以甩手不管。

然后,作者列举了一些谁都该管又无人管的例子。首先是关于改善穷人处境的问题。作者说他经过深思熟虑,终于提出了解决问题的方法,但是他的对手却站出来说"无人足当此任"⑤。第二条是恶意中伤的传言很多,好像"众人"都传,而一旦追根溯源,"无人"这时就成了一切传言的来源:即没有人认账。"我经常被指责说了从来没有说过的话,做了从来没有做过的事。我事实上被当作解释当代一切蠢行的借口。我倒不是说所有

---

① Fielding, *The Covent-Garden Journal and A Plan of the Universal Register-Office*, p. 37.

② 菲尔丁的英译文是:Nobody is such a Rascal that I have no Hopes of reclaiming him;现在通行英译文是:No one is so savage that he cannot be tamed.

③ 菲尔丁在这里的做法同《文摘报》2008年5月15日第5版转载的孙道荣的《差一点先生》类似,如第一段写道,"18岁那年,差一点考取了大学",实际是没有考上。

④ Fielding, *The Covent-Garden Journal and A Plan of the Universal Register-Office*, pp. 214—215.

⑤ Ibid., p. 215.

的无人都这样,但指责他的家族是不冤枉的,尤其是女性无人。如果某个女性因为穿着奇特而引人嘲笑,友人向她指出来,她马上就会大嚷,'你为什么指责我?众人都这么穿的'。因此,如果你的言论或行为荒诞,那可怜的众人也都是言论或行为荒诞"①。"众人"强调政府是为了大众的利益而工作的,只有靠大家的努力才能促进宗教、美德、科学和艺术,才能摆脱堕落腐败。最后,他写道,"所有这一切,或者说其中的某一部分,我都没法做,只要下面的格言仍然流行:众人的事业无人管"②。

在第 41 期我们读到"无人"的答复。他一开始就抱怨监察官通过发表上面的信干预他同"众人"的家务争端。他还抱怨"众人"写了上面的信,"因为我很精明地不同他争吵或理论"③。这也不难理解,因为"无人"本来就是一个不存在的实体。他的答复首先区分"众人"与"某人"(Somebody),指出事情应该是某人(或某些人)来做,"但是如果这个某人不负责任,把他的事推给众人,那么我就要很诚实地宣布那是该我做的了"④,也就是"无人"会做。这个逻辑不难理解:说白了,就是要各负其责;如果人人推诿,谁都觉得是别人的责任,最后自然就是无人过问。然后"无人"又针对"众人"的指责,提出了具体的反驳。关于救助穷人问题,"如果某人不来做,如果众人都因嫉妒或恶意不来支持某人,而是自己再设计千百种无效的方案,那么这件事永远也做不成"。戈尔德卡在注释中引牛津大学图书馆收藏的一份杂志上菲尔丁本人的旁注指出,这里的"某人"就是菲尔丁自己。⑤ 他不仅在 1751 年发表的《关于最近盗匪剧增之原因的调查报告》中已经提出一些简单设想,而且还在 1753 年提出了《关于切实为穷人提供生计以改进其道德并使之变为社会有用成员的建议书》。⑥ 关于"无人"当了诬蔑中伤的冤大头的问题,他先郑重声明这决不是自己的责任,然后提出了很有见地的观点:"我当然不能说众人都犯有中伤之罪;但我却坚决相信如果众人不热衷于传播中伤言论,而是对此(如他该做的)不

---

① Fielding, *The Covent-Garden Journal and A Plan of the Universal Register-Office*, p. 216.
② Ibid., p. 217.
③④ Ibid., p. 235.
⑤ Ibid., p. 315;参看同页注 1。
⑥ 参看本书第十四章。

屑一顾,那么这种邪恶将很快失去存身之地。"① 这应该说是至理名言:谣言中伤之所以会大行其道,就是因为很多人以打探传播谣言中伤为乐,而这一问题在当今的网络时代似乎变得更加严重。信的最后一段写道,只要监察官"坚持揭露时代的邪恶和蠢行,避免卑鄙地与党派结盟,不阿谀奉承大人物,不拿嘲弄人格做文章",那么"无人"就是他的崇拜者,即他的期刊就没有销路,作者就会被读者抛弃。② 这是菲尔丁借机对当时的办报风气提出批评,今天看来仍有现实意义。

在"众人"和"无人"的应答信件中都提到救助穷人问题,菲尔丁还在第39期专门讨论这个问题。这一期的题词引自西塞罗,"慷慨最适宜于人性。他写道,"如果接受这一信条,不慷慨的人就不配做人;而应被看作是不合本性、低于人之尊严的魔怪"③。然后他又引洛克等的观点强调,"按照自然法则,穷人有权利拿富人的富裕物来解救自己;富人没有权利拒绝救助穷人;那些拒绝施救的人是不公正的人,应该被斥责为恶棍和强盗"④。菲尔丁进一步指出,如果说自然法则是如此,宗教法则,不管是犹太教还是基督教,更是如此,施舍助人是基本原则。第40期刊登的第二封和第三封信是对第39期的不同答复:前一封信对关于慈善的论辩不以为然,但寄上一个几尼资助穷人,因为这样做自己感到快乐;后一封信大力支持关于慈善的论辩,并说要为此祈祷,但没有慈善行动,因为那无关紧要。⑤ 菲尔丁通过这种对比手法表现了人们对于慈善的不同态度。第44期继续探讨慈善问题,他说不讲慈善的人不仅是"恶棍",而且是"傻瓜",因为这是忘记了要培育美德洗刷罪恶的基督教义。即使就世俗生活来说,从帮助别人中得到的乐趣也比关在家里数钱好得多。"因此,一个基督徒,或者不信基督的好人,如果没有慈善心,那就是不懂得自己真正的利益,完全可以被视为一个傻家伙。"⑥

菲尔丁接着指出,谈论缺乏慈善心不会使很多读者不乐意,因为"慈善

---

① Fielding, *The Covent-Garden Journal and A Plan of the Universal Register-Office*, p. 235.
② Ibid., p. 236.
③ Ibid., p. 226.
④ Ibid., p. 229.
⑤ Ibid., pp. 233—234.
⑥ Ibid., p. 247.

实际上是我国当下的突出特征"①。这句话听起来像是反讽,但是编者注释说菲尔丁这里说的是实情,18世纪英国的确以慈善事业发达著称,许多慈善机构都是那个时期建立的。菲尔丁在本文的目的是分析批评一些他认为不合适的慈善行为。达登在总结菲尔丁关于慈善的论述时指出:"源于慈爱,在理性判断指导下施行的慈善是完全值得赞扬的,但三种不正常的慈善形式绝对不应鼓励"②。菲尔丁首先指责的就是随意给乞丐施舍的行为:"这种慷慨是对公众的犯罪。这是在帮助维持一种弊端"③。他反对的第二种慈善行为是临终前的善行,认为这同"法术和迷信没什么区别"④,行为人想借此得到一点安慰,以为这样就不会在来世因以前的罪恶受到惩罚。第三种是立遗嘱建慈善院,让自己流芳百世,菲尔丁认为这不过是满足虚荣心而已。他所推崇的慈善行为是真心为善,从善行中得到快乐;终生为善,随时帮助有困难的邻人;临终也不能为了自己扬名而不顾后人的生计,"因为连自己的亲友都不爱的人,肯定也不会爱别人"⑤。他还批评了公共慈善机构管理上的种种问题,但在最后特别赞扬针对孤儿和贫困孕妇的慈善院。仔细阅读此文,应该说菲尔丁的论述有一定的反讽意味。紧接着在第45期刊登的一封信专门谈进圣路加疯人院的繁琐手续,可以看作是前文关于慈善机构存在问题的具体说明,而另一封信要求建立牧师遗属救济院则是菲尔丁长期关注的一个慈善话题。

《考文特花园杂志》第47和49两期讨论第四等级(The Fourth Estate)问题。菲尔丁的所谓第四等级是指国王、上院(贵族)和下院(乡绅或中产阶级)以外的底层民众,即"Mob",通常译为"暴民",实际上大致相当于"平民百姓"。著名批评家乔治·谢尔朋曾经明确指出,"菲尔丁的社会'哲学'建立在层级社会概念之上,可以看作是大生物链的一部分。他相信政府的基础是等级原则,各个阶级的责任是为整体的幸福作出贡献"⑥。第47期有点像暴民发展史:直到诺曼征服时代暴民由于地位低下,不受重

---

① Fielding, *The Covent-Garden Journal and A Plan of the Universal Register-Office*, p.247;参看同页注2。

② Dudden, *Henry Fielding: His Life, Works, and Times*, p.918.

③④ Fielding, *The Covent-Garden Journal and A Plan of the Universal Register-Office*, p.248.

⑤ Ibid., p.250.

⑥ George Sherburn, "Fielding's Social Outlook", in *Eighteenth-Century English Literature: Modern Essays in Criticism*, ed. James L. Clifford (New York: Oxford University Press, 1959), p.252.

视;他们似乎起着监督其他三个等级的作用,虽然并没有什么明文规定。后来暴民的力量逐渐增强,以至于发生暴力起义等事件,尤其是1381年的农民起义。在第49期,菲尔丁继续论述这个问题,这一期的题词"我恨暴民"出自贺拉斯的诗歌。菲尔丁指出,暴民虽然在立法方面无权(没有财产不能参加议会选举),但在破坏执法方面却有很大力量,如1736年杜松子酒法案引起的骚乱和民众对收费路建设的阻拦。菲尔丁写道,暴民对于有些法律似乎不在意,"包括针对抢劫偷盗的法律。我得承认的确有这回事;我还经常对此感到纳闷。理由可能是暴民对假日的喜爱,看到绞死人的快乐。他们此时享有的快乐是如此强烈,完全忘记了他们自己以后可能会走上同一条路"①。这里的描述虽然有一定的反讽刺色彩,但是18世纪伦敦人的确把处决犯人的日子当作狂欢节。正因为如此,菲尔丁建议应该取消公开的绞刑,改为在监狱内执行。菲尔丁指出,在"在上述方面,这个等级的力量主要可以感到而不是看到"②;在另一些方面可以直接看到他们的力量。一是他们对泰晤士河的控制,说他们在河上几乎无法无天;二是他们对人行道的控制,或者横冲直撞让别人防不胜防,或者车轿乱放阻塞通行,甚至在大街上也是如此。关于暴民势力大增的原因,菲尔丁探讨了三个方面。一是伊丽莎白一世时代的济贫法,规定教区有责任帮助本地的贫民;此法制定之后贫民觉得不必再依靠施舍或邻居帮助,只要靠教区就行了。菲尔丁还引了两行歌谣为证:"忘记悲伤,抛弃烦恼,/教区帮助生活有着……"③菲尔丁这里的论证好像在说有了济贫法,造就了一批懒人。这显然是一种相当保守的蔑视穷人的观点。二是其他三个等级在争斗中都想利用暴民,从而使他们获得了力量。第三点是对于自由的不正确理解,认为言论行为可以绝对自由,不受任何限制。他最后写道,"第四等级的人最怕的是两种人,治安法官和军人"④,而菲尔丁的职业是治安法官,因此他对于暴民的一些不公正描写也是可以理解的,就像很难从警察口里得到对于罪犯的客观描述一样。虽然反对把菲尔丁看作激进改革者,白特斯廷仍然承认"他是那个世纪对英国政体之缺陷进行系统分析,对商业带来的

---

① Fielding, *The Covent-Garden Journal and A Plan of the Universal Register-Office*, pp. 269—270.
② Ibid., p. 270.
③ Ibid., p. 272.
④ Ibid., p. 273.

道德邪恶进行揭露的第一个重要作家"①。

第 58 期以"一个真正英国人"署名的来信,就即将到来的威斯敏斯特地区补选探讨第四等级的作用。写信人说他因为避雨躲进一家酒馆,听到了里面人们的谈话,情节描写有些像斯威夫特的《城市阵雨》。先是一个修鞋匠大谈所谓真正英国人的自由,说自己想选谁就选谁。在场的有轿夫、裁缝、蜡烛商等,都是生意人;他们的谈话都不离自由。来信人最后写道:"总之,我不由自主地为英国人的自由感到高兴,在这一方面我们与古希腊和罗马人相似;监察官先生,我衷心祝愿,我们不要像那些伟大的古人一样最终失去了自由,而且是用同样的方法:我指的是把自由推广到肆行无忌、毫无约束的程度,以至于引向无政府状态,最后归于某种暴君统治"②。在这里菲尔丁表现了某种对于自由的清醒认识。如果盲目追求绝对自由,社会将走向无政府状态,而这又会最终导致暴政。这种从自由到奴役的正反变化是古今中外历史上屡见不鲜的。

第四节 论幽默癖性

《考文特花园杂志》第 55 和 56 期探讨"幽默"很引人注目。到了 18 世纪中期,"幽默"成了英国人性格的重要特征,原因在于英国人享有的自由使他们较少受到约束。这一观点最先由威廉·坦普尔在 17 世纪末提出,后来被广泛接受。但是菲尔丁从另一个方面来探讨,他笔下的 Humour 应该译为"癖性",来源于本·琼森的癖性喜剧。他引了琼森《人人高兴》第一幕中的一大段(88—114 行),并解释说它本质上指的是心态性情的某种偏执。接着指出与癖性相连的是"可笑",由两个方面体现,或者是因程度过分,或者是因方式不当,前者主要是喜剧癖性,后者主要是悲剧癖性:"同样的野心,在麦克白斯的表现让我们感到恐怖,而在《暴风雨》中海员的表现却让我们感到好笑"③。"没有哪一种激情或癖性是绝对属于悲剧或喜剧的。尼禄可以使虚荣引起恐怖,多米提安至少有一次使残忍变得可笑。"④

---

① Battestin, *Henry Fielding: A Life*, p. 545.
② Fielding, *The Covent-Garden Journal and A Plan of the Universal Register-Office*, p. 317.
③ Ibid., p. 300.
④ Ibid., p. 301.

达登指出,"菲尔丁清楚知道'悲剧癖性'对公众来说是陌生的,因为大众的观点主要是可笑。于是他没有再提'悲剧癖性',对他最初的定义稍做修正,使其与大众的观点一致"①。常识一般把癖性看作是可笑的,是同有教养相对的。菲尔丁用这样一句常言来定义有教养:"己之所欲,普施于人,这是最为宝贵的行为准则。"②第 56 期继续这一讨论,并把"Do"换成"Behave"因为教养主要体现在人际交往的举止中:"野心、贪欲、傲慢、自负、愤怒、放荡、饕餮,这些都不是有教养之人的性格;如果本性偶尔有所暴露,也会立刻消失,不至于使自己变得可笑。"菲尔丁接着写道,"怪癖的举止则恰恰相反,来自于抛弃对个人激情的约束,任其自由放纵"③。他认为英国人以幽默癖性闻名,根本原因是教育的失误。另外一个原因是商业的发展使很多人暴富,但这些人却没有受过教养方面的训练,在此菲尔丁的阶级局限就很清楚了。

第 59 至 61 期可以看作是关于文人性格志趣的短系列。第 59 期探讨傲慢(Arrogance),其突出表现就是对别人避而不谈,保持沉默。但是菲尔丁的用意带有反讽色彩,他列举了从荷马到奥维德到德莱顿都没有给同代人留名。"在缪斯的宠儿和首席大臣中,天才的蒲柏先生最不受此傲慢沉默的影响。他用整整一部著作来记录这类作者,若非他的努力,这些作者会销声匿迹,只有当时住在同一条街的人能知道。他真可以说是把许多人从阴沟里挖出来使之不朽,虽然有些臭不可闻,但是对于野心勃勃的人来说还是比默默无闻要好得多。"④菲尔丁指的是蒲柏的讽刺名著《群愚史诗》把当时文坛的二三流作家尽皆抨击,更在所谓注释中极尽嘲弄。⑤ 第 60 期的题词"不要自我吹捧"出自古希腊作家,菲尔丁在开始又引自己最喜欢的法国作家来指出人们习惯自我标榜的问题:"我感到震惊的是,那些不厌其烦地自我吹嘘的人,很少提到别人,除非是为了诬蔑。"菲尔丁认为前者原因主要是虚荣心,"后者的动机是恶意;说老实话,我坚信虚荣心很

---

① Dudden, *Henry Fielding: His Life, Works, and Times*, pp. 913—914.
② Fielding, *The Covent-Garden Journal and A Plan of the Universal Register-Office*, p. 301. 英文原文是:This is the most golden of all Rules, no less than that of doing to all Men as you would they should do to you.
③ Fielding, *The Covent-Garden Journal and A Plan of the Universal Register-Office*, p. 302.
④ Ibid., pp. 320—321.
⑤ See *The Dunciad*, ed. James Sutherland (London: Methuen & Co. Ltd., 1943).

强的人胸中总也脱不了相当的恶意"①。他进一步指出,"作家比其他人更易于受这两种心态影响"②。这有点像中国人所说的"文人相轻",因为各人都自以为是。写作散论的作家尤其擅长此道:"这些散论作者拥有完全的自由来决定写什么,谈什么,可以用自我吹嘘,嘲弄他人来填充版面"③。当然菲尔丁自己也难以摆脱这种风气,并且在接下来的一段大谈此事,认为自己应该为自我吹嘘较少而受到读者赞扬。但是,也有一些原因使作者不太乐意自我标榜。"首先,这样做肯定会失去读者,而且仍然读的人也不那么相信了。对后面这种命运的担忧,可能在使人控制嫉妒心方面有些作用,虽然表达出来会有很大乐趣。对于那些被记录在《群愚史诗》的序言和正文中的伟人,诬蔑蒲柏和斯威夫特的人格,宣称前者缺乏幽默,后者够不上诗人可能是很快活的事,我倒觉得他们是不是为这种乐趣付出了受到公众蔑视的巨大代价。"④菲尔丁不仅在这里对《群愚史诗》进行热情赞美,而且后来还协助友人斯马特等模仿蒲柏写了《希尔史诗》,讽刺攻击约翰·希尔。⑤

　　第 61 期的题词是"不要鄙视不如你的人"。菲尔丁在文章一开始写道,"人性中最可恶的性格就是鄙视别人。这种性格也最确定无疑地显示了坏心肠。因为在善良的脾性中没有这种情感的位置。在邪恶的人看来是应该鄙视的东西,在高尚的好心人心中引起其他情感:对这样的人,邪恶卑下会引起憎恨和厌恶;弱点蠢行则会激起同情;因此在人的所有行为中都找不到鄙视的对象"⑥。他认为鄙视的来源是傲慢和坏心,"那些最低级下流的人是最好鄙视人的。因此最好鄙视人的也正是最可鄙的"⑦。菲尔丁还以动物世界做比来说明鄙视的低下:在伦敦塔管狮子的"埃利斯先生告诉我,他从来没有发现自己管理的狮子有鄙视的表现;我不得不遗憾地说,马有时会表现鄙视,驴常会鄙视,公火鸡更厉害,而蟾蜍据说经常受到

---

① Fielding, *The Covent-Garden Journal and A Plan of the Universal Register-Office*, pp. 322—323.

② Ibid., p. 323.

③ Ibid., p. 323.

④ Ibid., p. 324.

⑤ See Battestin, *Henry Fielding: A Life*, p. 564.《群愚史诗》(Dunciad)、《希尔史诗》(Hilliad),都是戏仿荷马史诗《伊利亚特》(Iliad)的。

⑥⑦ Fielding, *The Covent-Garden Journal and A Plan of the Universal Register-Office*, p. 328.

这种激情的折磨"①:越是低级的动物越好鄙视其他动物。菲尔丁列举了许多因为地位高低贫富不同而互相鄙视的例子,最后以这样一个故事来结束:一位绅士的"车在皮克迪里被两三辆马车给堵住了,那些车习惯性地挡在路中间;他看到一个可能是赶泥车(Mud Cart)的脏家伙用鞭子抽打另一个人,同时还一个劲儿地骂着——'该死的,我得叫你知道怎么对待优越者。'我的朋友听了这些话不明白那被打的能是什么地位,直到最后他的好奇心才得到满足,原来那个人赶的是运垃圾的驴车(Dust Cart)"②。虽然都是下层赶车人,赶马车的自以为比赶驴车的要高一等。这种情况虽然说来可笑,谁又能说类似事情现在就没有了呢?

第62至65期(9月16至10月7日)编者认为不是菲尔丁写的,而从第66期开始到《考文特花园杂志》11月25日停刊的第72期均为菲尔丁所作。在这最后七期中,比较引人注目的是第70期,这是因读《英国蚂蚁研究》一书所引发的带有寓言性质的议论。菲尔丁的表弟威廉·戈尔德所著《英国蚂蚁研究》1747年出版,他写这篇文章有为表弟的书做宣传的意思。菲尔丁认为这本已经出版五年的书没有得到应有的重视,并特别强调作者通过对蚂蚁的研究而提出的关于人类社会道德的见解。③ 但是菲尔丁写这篇文章的主要目的是讽刺自然哲学家的科学探索,所用的策略同斯威夫特在《格列佛游记》第三卷的做法差不多。他写道:"在我冥思苦想过程中,突然出现了这么一个念头,在蚂蚁当中可能有一些就像自然哲学家;这个念头一出现让我很高兴,根本就放不下,直到我进入一种迷惘状态,很快睡着了,并做了下面的梦。"④看到这里,读者自然知道他要讲的是"南柯梦"之类的故事。他说自己梦见躺在一个大蚁穴附近,很多蚂蚁在聚会,讨论最近闹大洪水的原因。菲尔丁还像现代精神分析家那样指出梦中的事有一些是与现实有联系的,这大洪水就源于他那年夏天看到一头母牛在蚁穴上撒尿。这显然是借鉴了《格列佛游记》第一卷格列佛撒尿浇灭小人国宫廷大火的故事。但是蚂蚁哲学家们则从地球引力、天文现象等方面来探讨

---

① Fielding, *The Covent-Garden Journal and A Plan of the Universal Register-Office*, p. 329.
② Ibid. , p. 331.
③ 米勒认为这篇文章是对戈尔德著作的"讽刺攻击",参看 Miller, *Essays on Fielding's Miscellanies*, p. 331;白特斯廷觉得是赞美,参看 Battestin, *Henry Fielding: A Life*, p. 558.
④ Fielding, *The Covent-Garden Journal and A Plan of the Universal Register-Office*, p. 369.

大洪水的成因;言外之意就是所谓自然哲学家的研究也是不明就里的空谈。这是菲尔丁像斯威夫特一样从比较保守的观点出发对现代科学的指责,虽然18世纪的科学研究的确有很多是荒唐的。

对于当时的读者,"考文特花园"专栏可能是最有吸引力的。菲尔丁对有些案子审理的叙述几乎可以与他的小说相媲美,支持者与反对者都对此表现了兴趣。伯特兰·A.戈尔德卡在导言中指出,"对许多读者来说,实际上这一部分是杂志最有趣的内容,有些人甚至认为菲尔丁办报的主要目的就在这一部分"①。这个栏目主要介绍菲尔丁自己担任治安法官处理的案件。他宣称目的是为了让读者了解案例,增强防范能力,同时帮助司法官破案。应该说是堂堂正正的一件事。但是,现代批评家兰斯·伯特尔森在《工作中的菲尔丁》一书中对菲尔丁的做法和动机进行了"解构"分析。他认为菲尔丁的主要目的是为了用这些案例来吸引读者,推销杂志。在"'考文特花园'专栏,菲尔丁把法庭与媒体结合了起来,这在今天至少理论上是分开的。这相互冲突的两者之间产生的伦理模糊……恰好是杂志记录保存下来的菲尔丁法庭的总体印象。"②他认为菲尔丁的做法有些像一个现代法官把庭审中的案例拿到电视上去招揽取悦观众,可以说是一种违法行为。伯特尔森的分析不能说没有道理,菲尔丁报纸上登载的案例有些也的确与现在许多报刊上用来招揽生意的花边新闻差不多。但是不能就此否定刊登案例对于司法治安的正面作用,更不能用现代传媒的行为去类比18世纪的现实。

在此不妨从1月11日出版的第3期摘录一段与读者共同欣赏:

> 一个叫约翰·史密斯的年轻人被控强奸一个70岁的老妇人。史密斯发誓说女人是他的太太。女人说她不记得曾经同这个人结过婚;如果真的结过婚,那也不是自愿的,或者说是不清醒的,是在她喝醉了的时候结的,她不知道那酒的厉害,结果喝醉了。她说所谓的结婚过后,史密斯第二天打破房门,要和她上床,行使丈夫的权利;她不同意,他就在两个女人帮助下强奸了她;然后就把她值钱的东西给拿走了,值好几百镑。这事发生在几个月以前;虽然她有抓捕冒牌丈夫和那俩

---

① Bertrand A. Goldgar, "General Introduction" to *The Covent-Garden Journal and A Plan of the Universal Register-Office*, p. xxxvi.
② Bertelsen, *Henry Fielding at Work*, p. 32.

女人的传票,但是直到昨天才看到他。①

这一段是转述老妇人的指控,下面史密斯自己的申诉更为有趣:"司法官大人,这位标致妇人年事已高,没什么机会把好处带到坟墓里去。就在1751年的1月14日,我同这位标致妇人结了婚,是为了财产,不是为了美貌,这您也明白;——凯斯博士年鉴有记载……司法官菲尔丁先生,您是一个大善人(善良的教父),我愿待这个女人为妻。人们给我介绍说她有一万镑;但我发现她连一千镑也没有;不过就是没钱也行,我甘愿默默忍受。"②史密斯似乎振振有词,表现得像个受了委屈的好人。但是没想到约翰·希尔和仆人来到,发现他就是12月26日抢劫自己的罪犯,于是他的真面目就清楚了,被送进监狱。由于这一部分内容主要由菲尔丁的文书撰写,且多是叙述审案中的问答,虽然对于猎奇有意义,对于我们目前的研究关系不大,编者也将其列在附录内。

与菲尔丁此前主编的三个期刊相比,《考文特花园杂志》基本上不涉及政党政治,最关注的是社会文化和伦理道德方面的问题,与《旁观者》的特点最相近。通过上面的探讨,可以看出作者的评论涉及社会文化各方面的问题,既有文坛争议,也有社会批评;既有理论性较强的专门探讨,也有吸引人的趣闻轶事。F.霍姆斯·达登指出:"《杂志》的头版文章是富有活力的作品,如墨菲所言,充满'出色的智慧和幽默';令人赞叹的美文有时像艾狄生那般文雅,有时像斯威夫特那样有力;难忘的语句俯拾即是,精辟的阐述随处可见。菲尔丁对期刊文学的最出色最睿智的贡献集中在这些文章里。"③我想读者可以从本章对《考文特花园杂志》散文的介绍初步了解其特点。从菲尔丁研究的角度来看,《考文特花园杂志》的最主要意义在于向我们提供了更直接了解他的许多社会文化观点的机会,为研究他的小说提供了较广阔的背景材料,也使我们更好地理解菲尔丁晚期的思想意识。

---

① Fielding, *The Covent-Garden Journal and A Plan of the Universal Register-Office*, pp. 393—394.
② Ibid., p. 394.
③ Dudden, *Henry Fielding: His Life, Works, and Times*, p. 921.

第十四章　两篇重要的社会论文

1748年底,菲尔丁在宫廷大臣贝德福特公爵的帮助下得到了威斯敏斯特区治安法官的职位,次年负责地区又扩大到整个米德尔塞克斯郡。菲尔丁在担任治安法官期间写了多篇社会论文,其中最重要的是1751年1月发表的《关于近来盗匪剧增之原因的调查报告》(简称《调查报告》)和1753年发表的《关于切实为穷人提供生计以改进其道德并使之变为社会有用成员的建议书》(简称《建议书》)。谈到菲尔丁社会论文的意义,帕特·罗杰斯认为,"即使他没有写作小说戏剧,他的其他著作也会使早期汉诺威英国研究者感兴趣,因为他用深思熟虑的态度和学识丰富的大脑来讨论当时有争议的社会话题"[①]。本章先分别论述两篇论文的主要内容,然后探讨其现代意义。

第一节　《调查报告》的基本内容

《关于近来盗匪剧增之原因的调查报告》包括献词、序言和11章,是菲尔丁所有社会论文中最长的。威斯林版菲尔丁社会论文集的书名是《〈关于近来盗匪剧增之原因的调查报告〉和相关著作》,可见这篇论文的重要性。菲尔丁在序言中指出英国社会大致分成三个阶级:贵族、绅士和普通人,他只涉及普通人。[②] 然后,他从社会发展的角度,分析了普通人的地位变化。他指出,普通人在古时候比较简单,其中的上层是自由佃农或半自由的农奴,下层是地位更低的奴仆等。他们要对自己所服务的贵族或绅士效忠,行为受到约束。与这些人比起来,有一技之长的艺人工匠地位略高,虽然他们不能形成独立的阶级。但是,随着社会经济的发展,很多手艺人

[①] Pat Rogers, "Fielding on Society, Crime, and the Law", in *The Cambridge Companion to Henry Fielding*, ed. Claude Rawson (Cambridge: Cambridge University Press, 2007), p. 138.

[②] Henry Fielding, *An Enquiry into the Causes of the Late Increase of Robbers and Related Writings*, ed. Malvin R. Zirker (Middletown, Conn.: Wesleyan University Press, 1988), p. 67.

和工匠发展成了小业主,在商贸活动中发了财。社会各阶级地位发生了很大变化,国家法律却没有发生相应的变化,这是造成现在社会问题的重要原因。① 然后,菲尔丁进一步指出,他要关注的不是普通人中地位升高变富的人,而是最贫困的人,他们同样受到现代商业发展的影响,结果不是走向致富,而是犯罪:因为商业发展带来奢侈,而穷人追求奢侈又没有物质条件来实现,这就导致抢劫犯罪增长。在序言结尾,菲尔丁引了考尼尔斯·米德尔顿(Conyers Middleton)1741年所著的《西塞罗传》中的一段话,强调奢侈带来的危害:"努力工作达到富足,富足引向奢侈,奢侈引向无纪律和道德堕落",直到整个社会秩序大乱,民不聊生。② 这是我们在历史发展中常常看到的现象,也是《红楼梦》所描写的贾家兴衰暗指的社会兴亡变迁。为了避免这种悲剧出现,菲尔丁在正文分11章论述了盗匪剧增之原因以及现有法律在打击盗匪方面的缺陷。这11章大致可以分成三个部分:第一部分论述奢侈是抢劫犯罪的原因,第二部分论述济贫法和流浪者法的执行不力造成抢劫犯罪上升,第三部分论述司法程序等方面的问题。

第1章至第3章论述奢侈问题。菲尔丁指出,他主要论述奢侈对于穷人的危害,不涉及富人,因为富人有条件奢侈,而且他们的奢侈可以促进消费,对社会有好处。但对于穷人则不然,一来他们没有条件奢侈,若想奢侈就得偷盗;二来他们是社会财富的创造者,若沉溺于奢侈,不仅耽误创造财富的时间,而且可能损害身体,根本不能创造财富。这虽然只是简单地指出了社会现实状况,但是也有一定的讽刺含义:富人只享乐,对于社会财富的创造没贡献;穷人创造了财富却不能享受,只能忍受苦难生活。从表面意义来看,这很像《国际歌》表现的思想;穷人是财富的创造者,富人是寄生虫;但与《国际歌》号召穷人造反打碎旧世界的主题不同,菲尔丁并不认为这种社会现实本身有什么不合理,他只是要穷人了解这一点,远离奢侈,减少犯罪,从而保持社会安定。关于穷人的奢侈问题菲尔丁主要论述了三点:一是戏剧歌舞等娱乐场所,二是酗酒,三是赌博。

关于第一点,菲尔丁说本来娱乐活动是为了调节人的工作压力而开展的,但是现在很多人却把娱乐当成了生活的根本。对富人来说这也没有多

---

① 菲尔丁在此的分析与他在《考文特花园杂志》第47和49期关于四个等级的论述有联系,只省略了王室。参看本书第十三章第三节。

② Fielding, *An Enquiry into the Causes of the Late Increase of Robbers and Related Writings*, p. 74.

少害处,因为他们本来就无所事事,游手好闲,苦于无法消磨时光。但对于下层百姓,沉溺于娱乐场所则不仅要花费宝贵的钱财,还耽误时间,影响工作。影响了工作就挣不着钱,还想要去娱乐场所,没有别的办法,只好偷盗抢劫。因此,娱乐场所的泛滥是盗匪增长的一个重要原因,或者说是首要原因。菲尔丁抱怨说由于人们过于沉溺戏剧娱乐,虽然现在伦敦已经有了三个剧院,有人还要建第四个剧院。这显然与他自己在 30 年代当剧作家时的观点是截然不同的。但是,菲尔丁的观点也有一定道理。我们现在禁止未成年人进网吧考虑的就有两方面的原因:沉溺网吧会耽误学习,有害身心;有的青少年为了获得进网吧的钱不惜私拿家里的钱或偷盗,从而引发犯罪。在身为治安法官的菲尔丁看来,戏剧歌舞总与色情交易、道德败坏有着千丝万缕的联系,因此下层劳动者应该远离这类场所。关于酗酒,菲尔丁涉及了一个当时特别突出的社会问题。随着酿酒技术的发展,杜松子酒成了流行饮料。由于它的价格很低(一便士可以买一品脱)造成了下层百姓的酗酒之风。菲尔丁的朋友、著名画家霍格斯用画作描绘当时酗酒泛滥的场面:正在给孩子喂奶的母亲自己沉溺喝酒,孩子都要掉地上了母亲却全然不知;有的母亲甚至给婴儿灌酒。《新编牛津 18 世纪诗集》收有一首关于杜松子酒流行的诗歌对此也有生动描写。[①] 由于酿酒业提供了可观的税收,政府虽然颁布了一系列限酒法令,但都执行不力。关于酗酒与犯罪的关系,菲尔丁认为有的人因为没钱买酒便会偷盗;而喝醉了酒之后丧失理性,更容易犯罪。他还从孕妇酗酒对下一代的损害方面论述了酗酒的危害。酗酒在当时造成的危害可与现代的吸毒相比。罗纳德·鲍尔逊认为霍格斯的讽刺画是为配合菲尔丁的社会论文而作的,但是两人的侧重点不同:在讽刺画中"霍格斯没有涉及犯罪,而只有酗酒者给自己和家庭带来的巨大灾难和破坏"[②]。关于赌博的危害,菲尔丁指出它不仅使许多人倾家荡产,更易引发新的犯罪:有的人为了弄到赌资而犯罪,赌徒之间的钱财纠纷也常常引起打斗犯罪甚至行凶杀人等等。菲尔丁论述的三种情况近似于我们现在常说的黄赌毒。

[①] See "Strip Me Naked, or Royal Gin for Ever. A Picture", *The New Oxford Book of Eighteenth-Century Verse*, ed. Roger Lonsdale (Oxford: Oxford University Press, 1987), pp. 457–458.

[②] Ronald Paulson, *The Life of Henry Fielding: A Critical Biography* (Oxford: Blackwell, 2000), p. 275.

在论述了戏剧娱乐、酗酒和赌博三个导致犯罪的原因之后,菲尔丁在第 4 章转而探讨救助穷人问题。这一章是全文最长的,而菲尔丁在两年之后特意撰写了《关于切实为穷人提供生计以改进其道德并使之变为社会有用成员的建议书》,足见他对这一问题的高度重视。菲尔丁指出英国有许多关于救助穷人的法律,但是穷人问题却仍然十分严重。原因就是法律虽多,具体执行的措施却不够;结果就产生了有法不依,执法不严的问题。菲尔丁把穷人分成三类:没有工作能力的,有能力却不愿意工作的,有能力且愿意工作但没有工作的。他认为,第一种穷人为数不多,主要是先天或因伤病致残,丧失劳动能力者。对于这类穷人,只要现有的救助措施能得到落实,就可以解决问题。有能力且愿意工作的占穷人的绝大多数。法律规定教区长负责,但是并没有说明到底应该怎么做。实际的负责人由于没有工作动力,只凭良心行事,所以效果不好,因此很多穷人就成了无业游民。菲尔丁认为理想的局面是采取措施实现广泛就业,让有能力并愿意工作的人都有工作做。他承认实现充分就业是很困难的事,"但是尽管困难,考虑到这样做对于社会的无限好处,我仍希望能够实行。工作的人手已经有了,商贸制造业显然不会如此萧条,以至于不能为劳工找到工作。缺的只是合适的方法"①。有能力但不愿意工作的人在菲尔丁看来是犯罪的来源,对于这些人必须采取措施强制劳动。为了能实现广泛就业,菲尔丁赞成实行固定的低工资制:工资低,产品成本就低,就有竞争力;工资低,工人为了维持最低生活就必须多工作,而工资高就会鼓励人们懒惰。② 菲尔丁的这些主张从人道主义观点来看是很严厉的,受到现代学者的批评。但是,如果从他当时的社会环境和他作为治安法官的工作主旨来看,却不能说没有道理。帕格里阿洛这样写道:菲尔丁"关于迫使穷人劳动的建议让 20 世纪读者听来有些严厉;但他对法律细节的把握使他的建议在 250 年后看仍有权威性。他的论证结合了严谨的法律知识和实际法庭经验,表现出的实用性很少有人企及"③。我国在改革开放以来,尤其是改革开放前期之所以能够大量吸引外资,促进经济快速发展,主要原因就是劳动工资

---

① Fielding, *An Enquiry into the Causes of the Late Increase of Robbers and Related Writings*, p. 110.

② Ibid., pp. 116—117.

③ Harold Pagliaro, *Henry Fielding: A Literary Life* (New York: St. Martin's P, 1998), p. 192.

低,有竞争优势。菲尔丁认为,在制定了固定低工资制度之后,所有拒绝工作的人,都是不可救药的懒汉,必须强制劳动,这样才能让他们自食其力,不在社会上流浪,惹是生非。虽然强迫劳动有无视基本人权之嫌,但是菲尔丁的思考也不是毫无道理。即使在当今世界,如何对待有能力却不愿意劳动的懒汉仍是一大难题。

菲尔丁在第 5 章探讨对收赃销赃者的惩处问题,认为这也是抢劫案频发的重要原因。他在这一章开始就指出:"对各种偷窃的一个有力支持是可以轻易而安全地销赃。"他还引古语说"若没人收赃,也就没有人偷窃"[①]。他指出,在伦敦,销赃是轻而易举的事。偷窃之后一两天,窃贼就会看到这样的广告,只要他把某物送到某处,他会得到奖赏,而失主不会追问赃物来自何处。产生这种情况的原因是有些受害者急于找回自己失窃的东西,乐意付赎金。这有些像现在的有赏寻物启事,不过寻回的不是自己丢失的,而是被偷窃的东西。菲尔丁赞成大法官托马斯·帕克爵士的观点,认为这种行为实际上是纵容犯罪,应该是非法的。更为严重的是,即使受害者自己没有登广告寻物,窃贼销赃也毫无困难。一方面,当铺老板财迷心窍,看到可以廉价收当的机会就不放过;另一方面,盗窃团伙已经建成了完整的销赃网络。1725 年被判绞刑的盗窃团伙大头目江奈生·魏尔德就享有"捉贼大王"之称:他是盗窃集团的首领,收受享用盗窃成果,又可以随时把自己不满意的喽啰出卖掉,获得政府的奖金,因为当时法律规定,如果告密者提供的线索最后导致罪犯被处决,就可以得到 40 镑赏金。[②] 除了严厉打击有组织的犯罪团伙,菲尔丁还提出了一些具体的建议,包括禁止刊登招赃广告,对当铺业加强管理,收受赃物是犯罪行为,低价收当本身就可以作为犯罪证据等等。[③] 菲尔丁在这里涉及的问题使我们想到现在的偷盗井盖、电缆等犯罪行为屡屡发生的问题,一个重要原因也是有的废品回收公司见利忘义,对赃物大开方便之门。堵住了销赃的渠道就截断了犯罪分子的发财之路。唐纳德·洛对菲尔丁的相关论述评价颇高,他写道,"在收赃问题上菲尔丁走在时代之前,只要回顾一下《雾都孤儿》中的非勤

[①] Fielding, *An Enquiry into the Causes of the Late Increase of Robbers and Related Writings*, p. 125.

[②] Gerald Howson, *Thief-Taker General: The Rise and Fall of Jonathan Wild* (London: Hutchinson & Co. Ltd, 1970), pp. 281–282. 参看本书第九章。

[③] Fielding, *An Enquiry into the Causes of the Late Increase of Robbers and Related Writings*, p. 130.

就看得很清楚"①。

　　第 6 章探讨关于流浪者的法律,这也是比较长的一章。菲尔丁认为无业流浪者是犯罪的重要来源,因为他们可以很轻易地逃脱惩罚。他回顾说英国历史上曾经制定了很多关于流浪者的法律,严格限制人员流动,每个人都必须在自己的居住地工作,不得随意离开。这些法律曾经得到比较好地执行,在许多地方甚至可以说曾经达到路不拾遗,夜不闭户的安定局面。② 但是随着工商业的发展,人员流动日趋频繁,原有的法律执行情况越来越差。他提到一个有趣的现象:如果发现了勤奋工作的外乡人,当地人会努力把他赶走,因为他的存在威胁着当地人的生意;而对于游手好闲的外乡人,当地人则不会在意,因为他并不构成真正的威胁。菲尔丁分析了最新的流浪法,认为这一法律在农村可能有效,但在城市却没有多大效力,而现在面临的最大犯罪问题正是在城市:城市很大,街巷纵横交错,犯罪分子在作案之后可以轻易地逃脱。菲尔丁不无幽默地指出,考虑到存在如此大量穷困潦倒的流浪者,"我们倒要对抢劫犯罪没有成百上千地增加感到惊奇;这些流浪者没都成为窃贼,一定会叫我们赞叹他们的诚实,或者怀疑他们的能力或勇气"③。他认为,解决问题的办法是严格执行流浪法,赋予治安法官更大的权力,以惩罚流浪者,并把流浪者遣返原籍。他最后写道:"如果我们找不到,或者不愿意实行治愈懒散的办法,我们至少可以使穷人在当地挨饿或乞讨:如果他们在那里偷窃或抢劫,他们就会立刻被处决或流放。"④这一段话也是菲尔丁受到现代批评家指责的重要理由:他对穷人表现得太严酷无情。如果从菲尔丁身为伦敦治安法官的特殊身份来看,我们或许应该对他更宽容一些。即使对菲尔丁持比较强烈批评态度的泽克也承认,"专门论述穷人,又是从治安法官的角度来写,菲尔丁的观点是警察的观点,是在抨击扰乱社会安定的违法者,某种程度的严厉是不奇怪的"⑤。实际上,菲尔丁的观点与我国一直到几年前还实行《流浪乞讨人员收容遣返条例》时的观点差不多:考虑问题的出发点不是个人的行动

---

①　Donald Low, "Mr. Fielding of Bow Street," in *Henry Fielding: Justice Observed*, ed. K. G. Simpson (London: Vision, 1985), p. 22.

②　Fielding, *An Enquiry into the Causes of the Late Increase of Robbers and Related Writings*, pp. 133—134.

③④　Ibid., p. 144.

⑤　Malvin R. Zirker, *Fielding's Social Pamphlets* (Berkeley & Los Angeles: University of California Press, 1966), pp. 71—72.

自由而是社会的治安状况。我国是在2003年发生了大学生孙志刚被打致死事件之后才废除了《收容遣返条例》,制定了新的《流浪乞讨人员救助条例》,因此也没有理由对生活在两百多年前的菲尔丁求全责备。

从第7章到第11章,菲尔丁探讨的是司法程序对于打击盗窃犯罪的影响,从抓捕罪犯,到起诉、审判、赦免和死刑的执行方式等各个环节。菲尔丁指出,虽然法律规定抓捕罪犯不仅是警官,也是每个人的责任,并且规定如果提供的线索最后导致罪犯被处决,就可以得到40镑奖金,但在实际行动中民众很少积极参与。主要原因有四点:从个人的方面来看,民众不愿意找麻烦,不清楚法律规定,嫌告密者名声不好,而政府允诺的奖金也往往不兑现。菲尔丁希望公众读了他的论文能了解有关法律规定,积极参与抓捕罪犯,并希望政府在兑现奖金方面要言行一致。关于起诉的困难,菲尔丁认为一是受害者心肠软,不愿意起诉犯人,二是起诉费时费钱费力,民众有顾虑。关于心肠软的问题,菲尔丁指出对个人的侵犯就是对他人、对整个社会的侵犯,因此真正好心肠的人应该毫不犹豫地起诉罪犯,将其绳之以法。关于起诉费时费钱的问题,菲尔丁指出两先令的起诉费虽然不多,但是对一些不富裕的人仍然是个负担,因此应该取消,同时在起诉的程序时间等方面进行改革。关于审判问题,菲尔丁指出突出的困难是证据不易获得,而法律规定仅有告密者(多数是同伙为了自己减轻惩罚)的证词不足以定罪。抢劫一般都是在黑夜或昏暗的地方发生的,有时罪犯还化装或戴面具,因此当事人很难指认罪犯。菲尔丁对同伙的证词不可信这一点很不以为然,他分析说从各种情况来看,我们应该认为同伙的证词是可信的,因为很难想象有人会冒着做伪证的风险而指控清白的人。① 在这里,菲尔丁的推理应该说是有些过于天真了。

菲尔丁在第10章对国王经常发布的死刑赦免令提出了批评。他认为,虽然从常理来说赦免死刑犯总是体现了人道关怀,但是国王的这种权力却对抢劫犯罪起到鼓励纵容作用,因为即使罪犯被抓住了,也遭到起诉,并被判有罪,他仍然可以寄希望于国王的赦免。菲尔丁指出,"公正而诚实地说,虽然对于法官而言仁慈更可爱,严厉却是个更值得欢迎的美德"②。因此他主张严格执法,不能轻易赦免罪犯。菲尔丁强调,严惩罪犯的目的

---

① Fielding, *An Enquiry into the Causes of the Late Increase of Robbers and Related Writings*, pp.161—162.
② Ibid., p.164.

不是为了报复罪犯,而是为了警示他人不犯罪:"任何具有常识或人性的人都不会把一条人命与价值几个先令的赃物等量齐观,或者认为法律给窃贼判死刑是为了报复(正如某个人所做的)。恐惧的警示作用是唯一目的,一个人被杀是为了千百人不被杀。"①在这里,菲尔丁的推论与我国杀一儆百的传统观点的很相似,但也有区别:我国的法律强调惩罚和警示两个方面,而菲尔丁则专注警示作用,因为基督教传统不像我国文化传统那么主张杀人偿命。现代法学家则更进一步强调罪犯的基本人权,并反证警示作用的无效,以此为理由反对死刑。近年来我国法律界关于死刑存废的争议也证明,在我国普通民众心中杀人偿命,罪大恶极,不杀不足以平民愤的观点仍然占据主导地位。罗纳德·鲍尔逊提到同时代人一般认为菲尔丁是很严厉的治安法官,约翰逊在《漫游者》第114期对菲尔丁的不指名批评表达了更加仁慈的态度,②但这种区别在很大程度上是两人所处的不同地位所决定的。

《调查报告》最后一章探讨死刑的执行问题。在18世纪的伦敦,死刑犯被公开执行绞刑,一般每隔五六周举行一次。泽克在注释中引法律史学家列昂·拉奇诺维奇的研究成果,从1749年到1754年,也就是在菲尔丁担任治安法官期间,在伦敦和米德尔塞克斯共有389人被判处死刑,其中283人被处决。③ 每逢处决犯人的日子,伦敦就像过节一样,万人空巷,市民涌到死刑犯将要经过的街道和刑场观看。画家霍格斯曾经描绘过这种场面。公开执行死刑的原意也是为了对大众起警示作用,但是由于在伦敦死刑场面经常出现,人们已经司空见惯,其杀一儆百作用逐渐被娱乐宣泄作用所取代,几乎有点像狂欢节了。菲尔丁对这种处决方式进行了分析,认为它的作用不好。有的罪犯死不悔改,往往把受刑的一天变成了他向民众炫耀展示的机会。菲尔丁提出了三点反对公开绞刑的理由,一是死刑判决应该尽快执行,越快越好;二是死刑的执行应该在一定程度上是非公开的;三是死刑执行应该是庄重严肃的,这才能起到震慑作用。他提出的第一点有些像我国法律强调的从快打击犯罪,第二点已是现在执行死刑的常规,而第三点在强调死刑震慑作用的各国也是普遍认同的。从现代自由主义观点

---

① Fielding, *An Enquiry into the Causes of the Late Increase of Robbers and Related Writings*, p. 166.
② Paulson, *The Life of Henry Fielding: A Critical Biography*, p. 282.
③ 转引自泽克编, *An Enquiry into the Causes of the Late Increase of Robbers and Related Writings*, 第167页注7。

批评菲尔丁的泽克对此不以为然。他指出:约翰逊"要保留台伯恩刑场的观点部分原因是这样可以使被判死刑的罪犯得到解脱。因此他的观点比菲尔丁的更人道,后者认为死刑执行应该尽量使罪犯感到恐惧"①。这似乎有些吹毛求疵。在菲尔丁的《调查报告》发表30多年后的1783年,伦敦的死刑执行从台伯恩转到老贝利监狱的院内。虽然《调查报告》不一定是改革的直接原因,但他关于死刑执行的观点显然代表了改革的方向。

在结尾部分,菲尔丁写道:"到此为止,我已竭尽全力完成了我给自己在本论文定的任务。我努力探究了这一邪恶产生的根源,论述了它的源头在哪里,以及它后来接纳的支流,直到最后变成现在要吞噬一切的汹涌巨流"②。在这里,菲尔丁用富有感染力的形象比喻归纳了他的基本观点。他认为在穷人中蔓延的奢侈是抢劫犯罪增加的根源,济贫法和流浪法的执行不力和收赃销赃的简便易行是助长抢劫犯罪的重要因素,而在抓捕罪犯和起诉审判等方面的缺陷更使抢劫犯罪难以得到及时有力的打击。所有这些因素汇集一起,导致了抢劫犯罪大幅增加的恶果,正像众多支脉的汇入使小河变成了巨流。菲尔丁接着指出:"在此我必须再次重申,如果本文前半部分可以得到立法的重视,从而有效地制止下层民众的奢侈,迫使穷人去工作,为勤奋的人提供机会,本文后半部分几乎是不必要的。实际上,如果不解决本文前半部分提出的问题,解决后半部分问题的一切努力,提供的一切药方,都只不过起点儿缓冲的作用。它们可能会对疾病起忍耐或镇痛作用,但不能完全解决问题"③。我们可以指责菲尔丁,说他缺少人道主义感情,没有看到穷人也需要娱乐消遣。但是,我们更应该看到他不过是说出了一些大实话。穷人由于收入少,必须把全部精力投入到工作中,这样才能维持生活;如果像富人一样沉溺于消遣娱乐当中,就必然生活拮据,甚至难以糊口,最后可能会走上犯罪道路。菲尔丁相当清醒地认识到穷人是社会财富的创造者,没有他们的劳动创造,富人就不能享乐。他缺少的是人生来平等的理想观点,看到的是社会分成穷人富人的严酷现实,因此才发出了限制穷人享乐的呼吁。在信奉尊卑有别的等级制度方面,菲尔丁与他的绝大多数同代人是一致的,毕竟只有到了法国大革命之后人生

---

① Zirker, *Fielding's Social Pamphlets*, p.138.
② Fielding, *An Enquiry into the Causes of the Late Increase of Robbers and Related Writings*, p.171.
③ Ibid., pp.171—172.

来平等的信条才得到广泛赞同。克罗斯全面分析了《调查报告》产生的前后背景,指出"从政治方面来说,《调查报告》的目的是促使公众支持政府的措施"①。

菲尔丁观点的最根本局限并不是他缺少人道主义感情,而是他没有看到穷人流浪的真正根源并不是不愿意劳动,而是由于工商业——尤其是毛纺织业——发展所导致的圈地运动使许多农民失去了土地,不得不走上流浪之路。他们流浪是因为丧失了起码的劳动条件(土地),而执行不力的济贫法没有给穷人提供必要的保障。列昂·拉奇诺维奇指出:菲尔丁"提出的许多措施都很好,后来成为国家法律的组成部分;但是,由于经常看不清问题的根源,他有时只是抨击了并不太重要的枝节问题"②。作为一个思想比较保守的改革者,菲尔丁对社会发展的认识有很大的局限性,他的社会哲学使他认为最好的社会秩序是当权的富人用好权,并对无权的穷人给予关照。亨利·奈特·米勒指出,"菲尔丁强烈抨击那些忽略或未能实现这种理想的人;但是他从没有表露要改变社会结构本身的欲望。他关注改进滥用权力恰恰是因为这些滥用威胁到了社会秩序和现有政权的继续存在"③。至于广大穷人,菲尔丁给出的告诫是安分守己,不要违法作乱。他在《调查报告》中关注的就是一方面要穷人勤奋劳动,远离奢侈,另一方面要严厉打击,震慑犯罪,从而保持社会安定,因为这是他治安法官的责任。

第二节 广受争议的《建议书》

1753年2月,菲尔丁发表了《关于切实为穷人提供生计以改进其道德并使之变为社会有用成员的建议书》,并把它献给当朝首相亨利·佩勒姆。菲尔丁在献词中说他曾经与佩勒姆谈过此事,并在以前的文章(即《调查报告》)中提到过。菲尔丁在《调查报告》第4章探讨了有关济贫法的问题,并且暗示自己有解决问题的方法,准备在适当的时机提出来。根据这些情况,学界曾经认为菲尔丁早在1751年初就有了建议书的设想,或者说已经

---

① Wilbur L. Cross, *The History of Henry Fielding* (New Haven: Yale University Press, 1918), Vol. II, p.255.

② Leon Radzinowicz, *A History of English Criminal Law and Its Administration from 1750* (New York: Macmillan Company, 1948), Vol. I, p.408.

③ Henry Knight Miller, *Essays on Henry Fielding's Miscellanies: A Commentary on Volume One* (Princeton: Princeton University Press, 1961), p.102.

在撰稿,大型贫民习艺所是菲尔丁的创新。但是,泽克在《社会论文》中论证说建立贫民习艺所是自从17世纪末以来的热门话题,议会早在1722年就通过了贫民习艺所法案。就在菲尔丁的论文发表之前的两年,又有多人撰写有关的论文,因此菲尔丁不过是积极地介入了这一讨论。① 泽克在《〈关于近来盗匪剧增之原因的调查报告〉和相关著作》导论中还指出,菲尔丁的论文发表之后得到了比较热烈的反响。大多数评论都是正面的,只有托利党人才由于政治偏见对菲尔丁进行指责。但是,到了18世纪末,学者对菲尔丁的建议则给予了比较严厉的批评,这主要是因为到了那个时期,社会对穷人的态度起了重要变化,不再简单地把穷人视为劳动力,而开始当作同等的人来看待。② 总之,虽然菲尔丁的《建议书》可能不是他的独创,但提出建议本身就体现了他对贫困问题的重视,具体详细的建议更凝结着他对这一严重社会问题的认真思考。萧乾先生曾经这样评论道:"仅凭一纸《建议书》就消灭贫穷,从而消灭盗匪,那只是一个书生的痴梦。在资产阶级人剥削人的制度下,那是徒劳的。然而单就《建议书》本身来说,它却表现了菲尔丁对人民大众的关怀和同情。"③我们没有必要把菲尔丁拔高成专注于一般民众疾苦的人道主义典范,而应该从他身为当权者臣仆的角度来审视其观点。

作为有律师背景的治安法官,菲尔丁既充分汲取他人的观点,又结合自己的亲身经历,为了减少犯罪而探索解决贫困问题。他的出发点不是一般的人道主义理想,而是实际的社会治安需要。但是,菲尔丁在《建议书》的导论部分对穷人处境的描述是真切感人的。克罗斯写道:"在这份小册子里,菲尔丁满怀深情地指明那些在外乞讨、偷窃和抢劫的穷人在家里挨饿、受冻和腐烂(Rot)。"④他接着引述了菲尔丁下面的一段话:

> 大家对贫民的不法行为远比对他们的悲惨遭遇熟悉,因而也就不去同情他们。这些人在阔人面前只是乞讨、偷窃、甚至抢劫,然而当没有人看到他们时,他们则挨饿受冻,生活困苦不堪。如果穿过伦敦近

---

① See Zirker, *Fielding's Social Pamphlets*, pp. 125—130.

② Malvin R. Zirker, "General Introduction" to *An Enquiry into the Causes of the Late Increase of Robbers and Related Writings*, p. lxxxii.

③ 萧乾:《菲尔丁——英国现实主义小说奠基人》,上海:上海译文出版社,1984年,第96—97页。

④ Cross, *The History of Henry Fielding*, Vol. II, p. 272.

郊走访一下贫民区,景象是如此凄惨,只要稍有心肝的人就不能不深感同情。生活中每样必需品他们都缺乏,肚子受到饥饿的袭击,身上没有可以御寒的东西,到处是垃圾,因而必然产生疾病。如果这片景象只能触动一个人的鼻孔而不能触动他的心肝,这样一个人该是什么材料制成的呀!①

泽克在威斯林版菲尔丁社会论文卷的导论中也引了这段话,并加以评论说在"18世纪中期,虽然伦敦穷人的生存条件极为悲惨,像这样充满同情和理解的观察可惜是极为少见的,尤其是在直接论述穷人问题的著作中"②。

菲尔丁的《建议书》包括基本内容和针对可能出现的批评意见而作的说明两个部分。基本内容共有59条,可分成四个方面。第1至13条阐明贫民习艺所的规模和对管理人员的要求;第14至22条具体说明哪些人应该进贫民习艺所;第23至42条是贫民习艺所的管理规范;第43至59条是惩治和监管措施。《建议书》提出米德尔塞克斯郡建立一个贫民习艺所,可容纳6000人:男性3000人,女性2000人,教养犯1000人。米德尔塞克斯郡当时的人口大约120万(包括伦敦),占全国人口的五分之一。如果贫民习艺所取得成功,就可以在全国推广。可进贫民习艺所的主要有三部分人:一是有劳动能力但不愿意劳动的流浪乞讨人员,他们将被迫进贫民习艺所劳动;二是比较轻微的罪犯,他们将在贫民习艺所内的教养院劳动教养;三是有劳动能力,也愿意劳动,但没有劳动资料或机会的闲散失业人员,他们可以自愿进入贫民习艺所。《建议书》规定的贫民习艺所人员生活劳动条件相当苛刻。每天早4点起床,5点做晨祷,晚上9点熄灯。教养所的人员从早6点工作到晚7点,其他人员从早6点工作到晚6点,中间只在上午9点和中午1点的两餐时间各休息一个小时。贫民习艺所人员不得随意外出,不准喝酒,男女分别劳动和生活。在贫民习艺所的人员进所以后每人发给两个先令的预付金,以后每周发两个先令,直到自己的产品有了收入时再扣除。教养所的人员每周发一先令。同时规定,强制入所的人在有了收入之后,每一先令收入要扣除两个便士作为住所的公共开支,自愿入所的人每一先令收入要扣除一个便士作为公共开支,类似于税收。因此,泽克在导论中指出:"菲尔丁比此前的任何贫民习艺所计划设计者都

---

① 译文引自萧乾:《菲尔丁——英国现实主义小说奠基人》,第96页,萧乾误为出自《调查报告》。
② Zirker, "General Introduction", p. xxii.

更精确具体,特别是关于贫民习艺所组织管理的建议。"①

菲尔丁在《建议书》的第二部分对自己的建议做了进一步说明。关于为何要建立可容纳6000人的贫民习艺所问题,菲尔丁指出以往的贫民习艺所都是以教区为单位,规模很小,效果不好。有的疏于管理,有的工人没有事做,而有些事又没有人会做。他认为,大规模和小规模的贫民习艺所在管理上大同小异,但规模大就能有比较好的效益。由于工人多,他们的技艺也是多种多样的,这样就可以从事各种不同的工作。另外,贫民习艺所的组织和管理都是很费心血的事,在一个教区的范围内很难找到合适的管理人员,在全郡的范围内就有比较大的选择余地。针对反对者可能提出的6000人的贫民习艺所容纳不了米德尔塞克斯郡的流浪乞讨人员问题,菲尔丁指出,虽然表面上看起来这里的流浪乞讨人员远不止几千,可能有数万人,但是这些人的绝大多数是从英国其他地方来的。他们多是因为在首都地区可以容易地流浪乞讨为生才来的,少数本来愿意工作的人也是因为没有机会工作才堕落为流浪乞讨者的。如果米德尔塞克斯郡建立了贫民习艺所,流浪乞讨人员不能像以前那样游手好闲地混饭吃,他们也就不会从家乡涌到首都来了。因此,菲尔丁认为6000人可以满足需要,若不能满足再增大容量也不困难。

菲尔丁知道建立如此大规模的贫民习艺所资金问题是个难点,所以在《建议书》正文中他并没有列具体数字。在说明中,菲尔丁算了几笔账。一笔是当时的济贫税,米德尔塞克斯郡济贫税收入约为70000镑,纳税人觉得是个很大负担,但并没有很好解决贫民问题。第二笔账是确实没有劳动能力需要帮助的穷人数量。他引用爱尔兰人威廉·佩蒂爵士(Sir William Petty)的计算方法,每500人中大约有一人因残疾丧失劳动能力,那么在米德尔塞克斯郡的120万人口中,自然残疾而没有劳动能力的人不过2400,按每人每年六镑的最低生活需要来计算,只需13600镑(菲尔丁计算有误,应为14400镑);再按佩蒂关于七岁以下儿童占人口四分之一的观点来计算,儿童约有30万人,其中大约百分之一属于该救助的穷人,这样也就是3000人;按每人每年生活费三镑计算,需要9000镑。菲尔丁写道:"米德尔塞克斯用于没有劳动能力穷人的全部费用是22600镑,只相当于济贫税的四分之一。如果米德尔塞克斯郡的慈善院、救济院和其他慈善捐

---

① Zirker,"General Introduction", p. lxxxi.

助机构不能更进一步降低这个数字,把费用降到现有费用的六分之一,那我就是大大地受骗,或者说那些资金被乱用了。"①在这里菲尔丁的计算仍然不够准确,这也证明他是在身体健康状况很差的情况下完成《建议书》的。菲尔丁在这一部分的说明向我们揭示了一个残酷的现实:七岁以上的儿童就可以被看作是有劳动能力的人了。第三笔账是建立贫民习艺所的费用,他在《建议书》正文没有提,而在说明中给了一个数字:10万镑,并在括号中加注说这包括建房、装修和购置设备的费用。这笔巨大资金从哪里来呢?难道要再增加济贫税吗?菲尔丁认为没有必要,可以通过发行长期债券或彩票来筹集。然后菲尔丁还说明了其他方面的一些问题。

综合分析菲尔丁的《建议书》基本内容和他做的说明,有几点特别值得注意。首先,菲尔丁设想的大型贫民习艺所反映了历史发展的要求。随着现代工商业的发展,传统的以教区为单位的贫民习艺所已经不能适应需要,建立大规模的贫民习艺所势在必行,正如大规模工厂生产将取代家庭作坊生产一样。但是,考虑到菲尔丁的建议是在工业革命开始之前提出的,我们也不难看出他对这种大规模工场在建设和管理上的复杂性和困难性明显估计不足。菲尔丁建议中一个颇有创意的观点是组织工人学习新技术。他在第 40 条写道:"为了更好地向劳工传授我国的制造技术和工艺(Manufactures and Mysteries),并把外国的制造技术和工艺介绍到我国,主管将在最初三年每年花费若干镑,并在以后每年花费若干镑,用于请人向劳工介绍我国和外国的制造技术。"②他又在说明中进一步写道:"正是这一点要求主管必须是能力很强的人;必须总是由具有丰富知识和经验的人来做。如果他具有这些条件并利用这些条件履行他的职责,那么,我毫不怀疑欧洲的绝大部分先进技术可以通过这种方式介绍到我国。"③在论述贫民习艺所的论文中专门谈到介绍引进国外先进技术,这是十分难得的,表现了作者对现代技术的重视。菲尔丁的《建议书》还有一个突出特点就是明确规定对执法管理人员失职或贪污的严厉惩罚。《建议书》提出主管要每月举行一次商品交易会,出售贫民习艺所劳工的产品。他在说明中写道:"公开交易将大大鼓励劳工的热情,同时可以防止出现舞弊,而对于

---

① Fielding, *An Enquiry into the Causes of the Late Increase of Robbers and Related Writings*, p. 263.
② Ibid., p. 247.
③ Ibid., p. 274.

舞弊所有公共机构都必须严加防范,经常严格调查,并给予最严厉打击。"①《建议书》第47条专门明确规定:"任何出纳、保管、文书、或其他人员如果蓄意在自己负责的账本上弄虚作假,在依据法律程序认定之后,将被视为犯重罪,要流放7年。"②《建议书》第54条还规定,米德尔塞克斯郡在每年和每季的例会时将审查贫民习艺所的工作,包括主管及其助手的工作,因为菲尔丁从对英国以往法律执行情况的研究中发现好的法律得不到严格的执行是根本问题。

如果说《建议书》对于贫民习艺所劳工生活和人身自由的严格限制表现了菲尔丁的某种严厉或不人道,他也在某些方面表现了一定的宽容和体谅。《建议书》第26条规定对于因故被监禁的人在24小时内只给他们面包和水。在说明中,菲尔丁写道:"实际上,使犯罪的人回归理性和秩序的最有效办法就是禁闭和限食;尤其后者对于心灵的疾患常常同对于肉体疾病一样有效。说真的,这是一个很合适的惩罚,而且不像与羞辱连在一起的惩罚那样产生恶劣的后果:因为只要让罪犯一次感到羞辱,他就再也不怕羞辱了,而羞辱感往往是阻止人作恶的强大力量。"③在谈到主管对犯了小错劳工的处理方法时,菲尔丁写道:"对于保证社会的和谐秩序来说,最好的办法是对小的过失给予较轻的惩罚……这类惩罚应当包括斥责,并努力让犯错误的人认识到这种斥责是为了他好。但是必须记住,这些人是些较好的,比较温和的人,可以从这种方式中得到教益;因此在这种教诲中要尽量不用羞辱。"④这些论述从一个方面展示了菲尔丁充满人道主义关怀的性格,正如他在小说中所一贯表现的那样。在论述《考文特花园杂志》中的道德散论时,鲍尔逊写道:"这些道德问题补充并修正菲尔丁在《调查报告》、《建议书》和其他小册子中的实用主义法律;这些文章明确显示他在那些小册子中提出的管理穷人的法律并非事情的全部——穷人实际上是社会的牺牲品,与霍格斯1751年为配合《调查报告》而作的画表现的形势相似。"⑤

菲尔丁在说明的最后一段直接向某些敌对的人发话。有的人可能认

---

① Fielding, *An Enquiry into the Causes of the Late Increase of Robbers and Related Writings*, p. 265.

② Ibid., p. 250.

③ Ibid., p. 269.

④ Ibid., p. 275.

⑤ Paulson, *The Life of Henry Fielding: A Critical Biography*, p. 306.

为他的《建议书》不过是要公众出资为自己建房子,即他本人有意做贫民习艺所的主管。菲尔丁引贺拉斯的诗说等着自己的不是几百平方尺的大房子,而是六尺长两尺宽的小地方。他写道:"雄心或贪婪都不可能给我提起希望或制定蓝图,因为我的目的只不过是在某种安适中度过余生,并尽量使我的家人不至于沦落到受我在此提出的法律保护的地步。"①我们记得斯威夫特所作讽刺文《一个小小的建议》中的叙述者最后曾说他的夫人已经过了生育的年龄,他并不指望从自己的建议中获益。但是,斯威夫特的叙述者是在调侃,而菲尔丁则实际上已经病入膏肓,只是他的职责不允许他倒下。菲尔丁在世的时间只剩下不足两年了。在《调查报告》的最后一页,菲尔丁为他参与创立的"万有登记处"做广告,而在《建议书》的最后一页,我们看到的是为菲尔丁和妹妹萨拉的小说作品做的广告。从这个角度来说,菲尔丁的现代商业意识还是很强的。

第三节 社会论文的现代意义

弗雷德里克·T.布兰查德在《小说家菲尔丁:历史批评研究》中写道,"依据《文摘》杂志,两百周年诞辰的纪念文章揭示出菲尔丁的最'惊人品质'是他的'现代性'"②。他在论著中对于菲尔丁的社会论文给予高度评价,认为菲尔丁的观点代表了激进的社会改革思想。后来的批评家对两份重要文献的评论则有很大分歧。1966年马尔文·泽克发表了专著《菲尔丁的社会论文》,对此进行了深入研究。他指出,菲尔丁的观点并非激进,而是很保守的。菲尔丁在《调查报告》中提出的观点主要反映了当时的一般看法,没有太多的创新性。《调查报告》与其他类似论文相比的突出特点是菲尔丁对英国历史和相关法律的熟悉,这是许多论文所做不到的,而恰恰反映了菲尔丁的优势:他身为律师兼治安法官,又是对历史充满兴趣的著名作家。虽然《调查报告》1751年1月19日发表以后不久,政府就在2月1日成立了专门委员会研究打击犯罪问题,这并不能证明委员会是在菲尔

---

① Fielding, *An Enquiry into the Causes of the Late Increase of Robbers and Related Writings*, p.277.

② Fredrick T. Blanchard, *Fielding the Novelist: A Study in Historical Criticism* (1926; New York: Russell and Russell, 1966), p.526.

丁论文的影响下成立的。① 在编辑菲尔丁社会论文的注释中，泽克认为自己的观点基本上仍然站得住脚，虽然又补充说委员会在制定决议时可能参考了菲尔丁的《调查报告》。② 关于《建议书》，泽克则强调，菲尔丁关于在每个郡建立一个可以为五六千人提供工作的贫民习艺所的建议并非他的独创，而是受到别人建议的影响而提出的。在撰写《调查报告》时菲尔丁本来考虑的只是改进各教区济贫院的管理。③

总起来说，泽克的目的在于打破以前批评家对菲尔丁论文作用的过于拔高，从而能够比较客观公正地加以评价。对此，马丁·白特斯廷赞扬说，泽克的论著"一劳永逸地破除了关于菲尔丁的社会哲学是'民主的'或'理想化'的无根据假设"④。泽克对菲尔丁论著所谓保守（甚至反动）性的指责，主要是菲尔丁对穷人特别严厉，缺乏平等观念，力图保持现有穷人富人不平等地位等等。对于这一结论，批评家也有分歧。罗纳德·鲍尔逊在书评中就一针见血地指出："泽克削弱了他的论证——或读者的耐心——因为他从20世纪自由派的观点来观察菲尔丁，从而对菲尔丁做出了过于简单的否定评价……作为一部学术著作，该书之论证惊人的片面，有时甚至无端地曲解菲尔丁的清晰原意。"⑤菲尔丁在小说里表现了人道主义态度，而在社会论文中却表现出有些无情的态度，这种矛盾应该如何看呢？W. A. 斯派克认为：两者之间的"联系应该从他对下层民众的意识态度中去找。在关于人的本性和理性控制行为作用的论争中，他站在乐观主义者一边，而这才使他对人的弱点持很严厉的态度"。⑥ 斯派克又指出，"正是因为他对下层民众的潜力具有很高的期望，菲尔丁才对他们的弱点严厉斥责"⑦。批评是仁者见仁，智者见智的事，有分歧并不奇怪，我们要做的是对问题进行具体分析。从唯物主义历史观来看，虽然菲尔丁的一些见解不

---

① See Zirker, *Fielding's Social Pamphlets*, pp. 32—42.
② Zirker, "General Introduction", p. lix, Note 2.
③ Ibid., p. lxxiii.
④ Martin C. Battestin, "Fielding and Ralph Allen: Benevolism and Its Limits as an Eighteenth-Century Ideal," *Modern Language Quarterly* 28 (1967): 272. 在《亨利·菲尔丁传》（*Henry Fielding: A Life*）中，白特斯廷称泽克的论著是"关于这个问题的最权威研究"（514页）。
⑤ Ronald Paulson, "Review", *Journal of English and Germanic Philology* 67 (1968): 163.
⑥ W. A. Speck, *Society and Literature in England 1700—1760* (London: Gill & Macmillan, 1983), p. 164.
⑦ Ibid., p. 166.

见得符合现代自由主义标准,但在当时提出来却有重要意义。拉奇诺维奇的观点还是比较公正的:"不管是否赞成菲尔丁的结论,都必须充分承认他对于犯罪根源之开拓性研究的永恒价值"①。同样需要注意的是,菲尔丁的观点是以给当权者建言献策这样的形式提出的,这种特殊的读者也在一定程度上影响了他的论证角度和行文语气。

2007年4月在伦敦举行的菲尔丁诞辰三百周年纪念研讨会的主题是"菲尔丁在当代",他的"现代性"再次成为人们关注的话题。从中国学者的角度,我们可以看出菲尔丁的有些思索与我国的情况很有可比性。比如,他关于流民应由当地负责,把人的活动局限于一定区域的观点就与我国以前实行的严格户籍管理和对流浪人员的遣返制度是一致的。菲尔丁面临的犯罪压力问题也与我国情况类似。当时英国正处在社会转型时期,在传统的农业社会比较行之有效的治安管理在伦敦这个正在形成的大都市遇到重重困难。作为在法律研究方面训练有素的学者型治安法官,菲尔丁不仅每天处理大量的犯罪案件,而且在认真思索犯罪原因问题,探讨打击和减少犯罪的方法。菲尔丁在小说中经常塑造对法律一无所知的治安法官形象,其目的之一就是针砭现实,促使治安工作的改进。这同他对无知者充斥小说创作的批评是一致的:不管是创作小说还是改进治安都需要知识才干。因此,他在担任了治安法官之后就不满足于审查处理犯人,还进行了犯罪原因及减少犯罪等方面的探索。他认为犯罪增长的重要原因是失业者增多,很多人沦为无业流民。还有一个原因是酗酒,这不仅加重了穷人的负担,还可能引发新的犯罪。他还对社会的奢侈之风进行了分析,指出奢侈对于富人来说是应当的,因为他们的花费可以反过来促进经济;但对穷人来说却是必须制止的,因为穷人没有奢侈的资本。一味追求奢侈往往成为犯罪的重要原因,这也是符合常理的观点。

面对我国目前比较严重的治安状况,人们常常怀念五六十年代那种社会安定、犯罪很少的局面;现在社会繁荣了,生活水平提高了,犯罪也大大增加了,甚至成了让人忧心忡忡的严重社会问题。40多年前几乎可以夜不闭户,现在却是家家唯恐把自己锁得不够严密,防盗门安了一道又一道,防护网从一楼依次装到顶楼。随着科学发展和技术进步,生产第一线对工人的需求量越来越少,劳动密集型产业逐渐减少,就业压力越来越大。近

---

① Radzinowicz, *A History of English Criminal Law and Its Administration from 1750*, Vol. I, p. 403.

来不断有学者提出要重新审视对技术现代化的盲目追求：从社会的长期稳定和可持续发展来看，不断改进的现代化、机械化、信息化可能是把双刃剑。美国有些学者在对后现代社会的研究中就提出来农业的反机械化或许是一个出路：把人从机械的奴役下解放出来，使农业生产重新恢复某种田园生活的特色。① 虽然由于几十年严格的计划生育政策，我国人口出生率大大下降，但每年的新增人口仍然接近千万，是个巨大负担。这与18世纪英国只有几百万人口的情况有天壤之别，但菲尔丁那时就曾面对严重的失业问题，我们今天面对的严酷形势更是有过之而无不及。针对多年来片面强调GDP等经济指标的问题，近来有学者提出应该把"就业"当作衡量政绩的重要尺度，这与菲尔丁设想的贫民习艺所为给有劳动能力又愿意工作的人提供机会的观点有相似之处。

由于整天纠缠于治安管理的繁琐事务中，看到的是贫困与犯罪相辅相成的严酷现实，菲尔丁在他生命的最后几年变得有些悲观失望。在他的最后一部小说《阿米莉亚》中，读者看不到弥漫在《汤姆·琼斯》的喜剧气氛，取而代之的是令人压抑窒息的悲剧氛围。监狱形象笼罩全书，男女主人公处处遭遇欺骗与迫害的陷阱，最后因为偶然因素而发现的财产导致男女主人公的幸福结局让人感到很不真实。在他的社会论文中，菲尔丁关注的也是贫穷导致犯罪，进而引发社会动荡不安等问题，并试图提出一些解决问题的方法。虽然他提出的这些方法并非济世良方，但他的探索努力却表现了一个富有社会责任感的作家面对社会问题的认真思考。他的悲观失望与英国工业革命就要开始，新的时代就要到来的前景似乎不太合拍，但从另一方面来说正是诸多社会问题的存在催生了新时代的到来。逝世于1754年的菲尔丁没有看到工业革命后的英国社会，但他在工业革命开始前英国社会面临的问题却与我们处于所谓后现代时期面临的诸多困境有些异曲同工。其实原因说来也很简单：处于现代性开端的菲尔丁与处在后现代时期的我们都有类似的困惑，更何况从某种意义上来说今天的中国也是处在现代性的开始阶段。如果说西方学者针对菲尔丁的社会论文往往从新自由主义角度给予非人道、不自由等等指责，我们却不妨从社会变革方面探讨他可以带给我们的启示。

---

① 参看大卫·雷·格里芬编：《后现代精神》第7章《稳态经济：治疗增长癖的后现代良方》，王成兵译，北京：中央编译出版社，1998年。

第十五章　绝笔之作《里斯本海行日记》

《里斯本海行日记》是菲尔丁去里斯本旅程中的作品。由于作者到里斯本后仅两个月就去世了,《里斯本海行日记》是 1755 年出版的遗作。这部旅行记前面既有序言,又有引言。序言关注旅行记的写作要求,有些像《约瑟夫·安德鲁斯的经历》的序言为菲尔丁的小说下定义。而引言则是对菲尔丁 1753 年冬带病进行的打击犯罪斗争的总结,并进而把这场斗争同身体健康恶化联系起来,力图引起读者同情,能为他死后妻儿的生活得到某种保障。白特斯廷主编的《里斯本海行日记、莎梅拉和其他作品》中《里斯本海行日记》的正文只有不足一百页,献词、序言和引言则有 20 多页,这在菲尔丁作品中是不多见的。[①] 著名学者帕特·罗杰斯指出:《里斯本海行日记》是菲尔丁"最动人的作品之一,其体现的勇气和依然强大的观察力令人感动,同他最优秀的小说一样充满人情味"[②]。读《里斯本海行日记》有三点特别值得注意:一是对菲尔丁自己身体状况的描述;二是他的反讽幽默笔调;三是他在那种情况下仍然关注的社会改革内容。

第一节　垂暮病人的漫长海行

作为菲尔丁最后的著作,《里斯本海行日记》给我们提供了作者最后生活的记录。从引言中我们了解到菲尔丁在冬天的打击犯罪斗争之后,到乡间休养一段,此时他自己描述的病状有"黄疸病、水肿病和气管炎"[③]。白

[①] Henry Fielding, *The Journal of a Voyage to Lisbon*, *Shamela*, *and Occasional Writings*, ed. Martin C. Battestin (Oxford: Clarendon Press, 2008).

[②] Pat Rogers, *Henry Fielding*: *A Biography* (New York: Charles Scribner's Sons, 1979), p. 215.

[③] Fielding, *The Journal of a Voyage to Lisbon*, *Shamela*, *and Occasional Writings*, p. 557.

第十五章 绝笔之作《里斯本海行日记》

特斯廷教授根据这些症状推断,菲尔丁患的是肝硬化腹水或腹膜癌。① 到 1754 年初菲尔丁身体状况恶化,2 月回到伦敦之后不得不抽腹水达 14 夸脱(约合 16 升),此后感觉略好,"大约过了两个月,我觉得有些力气了,但是腹水又满了"②。于是只好再次抽腹水,这次抽的水量比第一次少一夸脱。此后他的身体略有好转,用菲尔丁自己的话说,"如果我的力气大了点儿,我的腹水却是增得更快。因此,到了 5 月底,我的腹腔又胀满了,不得不第三次抽腹水,但是有两个比较好的症状。这次抽出的腹水比上次又少了三夸脱;抽腹水期间头晕减轻(几乎没有晕)"③。虽然三次抽的腹水量一次比一次少,但间隔却一次比一次短,实际表明他的病情在不断加重。鉴于这种情况,医生和朋友们建议他到南方疗养。考虑到去法国南方需要走陆路,最后决定乘船去里斯本。菲尔丁的同父异母弟约翰很快联系好了"葡萄牙女王"号,说三天以后就起航。菲尔丁匆匆准备行装,但起航日期却两次推迟。最后菲尔丁宴请船长,才得到 6 月 26 日星期三登船的通知。上船以后因正值国王登基纪念日,海关不办公而再次推迟,以后又因为船长要等人等货再推迟两次,直到 6 月 30 日才终于起航。④

菲尔丁对自己上船的描写十分感人:"要登大船,必须先上小船,这却有不小困难,因为我自己的腿动不了,必须靠人抬;虽然我体重很轻,不是多大负担,别人却像阿基米德一样找不到稳定的落脚点。"⑤这既描写了他的窘境,也表现了他特有的幽默和超脱。而上大船则是坐在椅子里让绞车给拉上去的,可见他的身体状况。上了船却又不起航,菲尔丁只好忍耐着。18 世纪的伦敦没有现代的污水处理设施,以臭气熏天而闻名,在船上就更难受。下面是菲尔丁的描写:"我们躺在瓦平(Wapping)和雷德利夫(Redriff)之间这很不利的地方,呼吸着两个好地方美妙混合的空气,欣赏着由海员、水手、鱼婆、蛤贩及两岸其他居民的声音组成的美妙和声——这些声音组成的交响乐甚至超过霍格斯的想象所创作的那看一眼都可震聋

---

① Martin C. Battestin, with Ruthe R. Battestin, *Henry Fielding: A Life* (New York: Rutledge, 1989), p. 577.

② Fielding, *The Journal of a Voyage to Lisbon, Shamela, and Occasional Writings*, p. 562.

③ Ibid., p. 565.

④ 萧乾在《菲尔丁——英国现实主义小说奠基人》(上海:上海译文出版社 1984 年版)中写道"船五次启碇,都因故未能成行"(98 页)不准确,实际是启程日期多次推迟。

⑤ Fielding, *The Journal of a Voyage to Lisbon, Shamela, and Occasional Writings*, p. 568.

的画面。此外,我还有更急迫的原因需要尽早起航,这就是已经抽了三次腹水的水肿似乎又在威胁到不了里斯本就需要第四次抽水。"①在这段描写中,菲尔丁首先写明两个港湾之间气味难闻,然后又用"好"、"美妙"(原文是"Sweet"、"Delicious")给予了反讽描写。同样具有反讽意味的是,由于船长为了多装货而一再延期,菲尔丁在船上待了两天之后请来亨特医生提前抽了一次腹水。虽然此时没满,只抽了十夸脱,却使他如释重负。②考虑到他的航程后来用时达 40 多天,我们不能不说菲尔丁是因祸得福了!

菲尔丁到里斯本养病由夫人和女儿随行,但是夫人却受到牙痛折磨。俗话说:"牙痛不是病,疼起来要命!"6 月 30 日,就在要起航的这天早上,菲尔丁夫人在熬过了难忍的一夜之后决定拔除病牙。菲尔丁赶紧派男仆到瓦平找牙医。谁知一再延期的"葡萄牙女王号"却在此时起航,牙医拒绝上船,男仆自己好不容易才赶上刚起航的船。船行到位于泰晤士河口的格雷夫森德(Gravesend)停泊,菲尔丁再次派人上岸请牙医来给夫人拔牙:"这位能干又认真的先生(我相信他的确如此)检查了罪牙之后宣布,病牙只剩了空壳,又处在上牙床最后面,被前面的一个又大又坚固的好牙盖着,他对于拔除此牙完全无能为力。"最后牙医给出的解决办法是用止痛药:"在牙上用鸦片,在耳后贴药膏。"③7 月 2 日,"葡萄牙女王号"起航后终于出海,后来由于风向改变,下午三点停泊在迪尔(Deal)附近。菲尔丁因夫人受不了牙痛折磨,再次请来牙医:"他同样不愿意拔牙,给出的理由也与前一个牙医相同。不过她决心已定,再加上疼痛的支持,他不得已只好尝试拔牙,结果证明他诊断正确,手术失败,因为在让我妻子经受了难忍的痛苦以后,病牙仍然原地不动。她得到的安慰就是无休止的牙痛,可能会持续整个航程,却没有什么解救办法。"④从菲尔丁在引言描述的社会面临的犯罪猖獗之痛,到打击犯罪之后他自己健康恶化的病痛,再到妻子不堪忍受的牙痛,菲尔丁刻画的是一连串痛苦场面。面对这种种痛苦的菲尔丁留下的却并非一部充满痛苦悲伤的日记;我们读到的主要是他幽默诙谐的描写和对各种问题的深刻思索。虽然前面的描写似乎表明妻子的牙痛将时

---

① Fielding, *The Journal of a Voyage to Lisbon, Shamela, and Occasional Writings*, pp. 570—571.

② Ibid., p. 577.

③ Ibid., pp. 582—583.

④ Ibid., p. 587.

时侵扰她,但在此后的日记中我们几乎没有感觉到牙痛的存在。这并不是因为菲尔丁缺乏常人的体贴,而是因为他要展示的不是生活中的痛苦,而是在痛苦困难环境下的生活。

在交通发达的今天,从伦敦到里斯本乘飞机不过几个小时,在18世纪中期正常情况下乘海船也只需要一两周时间,但是重病的菲尔丁却在炎炎夏日用了差不多六个星期才到达目的地。6月26日上船,30日才起航;在格雷夫森德过海关检查之后,航行一天就因风停而在迪尔附近待了大约一周;7月10日顺英国南海岸西行到达怀特(Wight)岛,在这里又待到18日才重新起锚;7月20日抵达英格兰西南部德文郡的托尔湾(Tor-Bay),又耽搁到7月27日才得以开船;此后没有再靠英国海岸,但风向不定,船走走停停,直到8月2日以后才遇到顺风,终于在6日到达葡萄牙首都里斯本。造成这种长时间耽搁的原因主要是风:以风为动力的帆船没有风就寸步难行。船长虽然经验丰富,常常自诩料风如神,实际上对于变化不定的海风却束手无策。所谓人算不如天算,在大自然面前人几乎无能为力。托马斯·基莫尔在为他编辑的企鹅版《里斯本海行日记》所写的导言中指出,"在《日记》里,受制于风的船是菲尔丁表现生命无着的主要象征。现实使他处于项狄那样无法前行的窘迫境地:正如斯特恩著《项狄的生活和观点》让主人公待在孩童时代,《穿越法国和意大利的感伤旅行》最南也只到了皮德蒙特,《里斯本海行日记》写的主要不是葡萄牙,而是伦敦、赖德(Ryde)和托尔湾"[1]。即使身体健康的人,这么长时间的折磨也会生病,何况已经病入膏肓的菲尔丁。但是,身处这种困境的菲尔丁却在生命的最后日子给我们留下了感人的景色描写,生动的人物刻画和深刻的社会分析,这需要何等的毅力!

性格豪爽,喜爱交友的菲尔丁,困守海船的时候却很难找到交谈的伙伴。他在7月2日的日记中写道:妻子受牙痛折磨,"我的女儿和同伴因晕船而入睡,其他旅客一个是14岁的无礼男童,一个是无知的葡萄牙教士,他只懂葡语,而我对此一窍不通。船长是唯一可以交谈的人;但不幸的是,他既对海船以外的世界一无所知,又聋得非大声吼叫便听不见"[2]。菲尔

---

[1] Thomas Keymer, "Introduction" to *The Journal of a Voyage to Lisbon*, ed. Thomas Keymer (London: Penguin, 1996), p. xii.

[2] Fielding, *The Journal of a Voyage to Lisbon, Shamela, and Occasional Writings*, pp. 587−588.

丁后来在 7 月 28 日的日记中说明,正是在这种情况下"我才第一次认真考虑加入旅行记作家的行列;一些最有趣的页面(如果真有的话),很可能是作者所经历的最难耐时光的产物"①。当代菲尔丁研究权威白特斯廷教授指出,菲尔丁"是最具英国本土特色的作家",他乘的海船一次次因没风而停泊不前,似乎象征着大自然不忍放他离去。② 而菲尔丁在他最后的写作中也确实表现了对英国的深深眷恋。海船顺泰晤士河下行的时候,菲尔丁对河中及两岸的船舶赞美不已,说这充分显示了英国海洋大国的形象。菲尔丁写道:"上午天气晴朗,我们的航行极为愉快宜人;看到两边那么多的漂亮船舶,这是在全世界其他大河上都见不到的。戴特福德(Deptford)和伍尔威奇(Woolwich)的船厂雄伟壮观,清楚显示我们在建造浮动堡垒(Floating Castle)方面取得的成就,表明我们在欧洲其他航海大国中的形象。"③他还特别仔细描写由著名建筑师克利斯托夫•雷恩爵士设计的专门为海军和遗属修建的格林尼治皇家疗养院:它"在河岸巍然屹立,为其建筑师和国家增光——显示前者的技艺和才智,表达后者(对海军及遗属)的感激——并为河岸壮观景色画上句号。这一切对于没有见过的人可能显得浪漫奇幻,而实际上真理与现实在这里可能超过了虚构的能力"④。字里行间充满了爱国情怀。劳拉•布朗在这些描写中读出了生气勃勃的现代英国形象,认为"泰晤士河停满船舶,船桅如'流动树林'的形象成为大河的比喻,并进而成为 18 世纪上半叶英国的形象比喻"⑤。欣赏着河岸的美丽景色,菲尔丁甚至畅想自驾帆船游乐,并说虽然花费较大,但中等收入家庭可以承受,而且比其他低俗娱乐要有趣得多。⑥ 在 18 世纪这像天方夜谭,不过今天家庭帆船游乐在西方发达国家早已司空见惯。

在格雷夫森德接受海关检查时,菲尔丁对海关人员的无礼傲慢十分反感,并抱怨海关人员出身低下,不知道在绅士特别是女性面前应该怎样举

---

① Fielding, *The Journal of a Voyage to Lisbon*, *Shamela*, *and Occasional Writings*, p. 649.
② Battestin, *Henry Fielding*: *A Life*, p. 590.
③ Fielding, *The Journal of a Voyage to Lisbon*, *Shamela*, *and Occasional Writings*, p. 578.
④ Ibid., p. 580.
⑤ Laura Brown, *Fables of Modernity*: *Literature and Culture in the English Eighteenth Century* (Ithaca: Cornell University Press, 2001), p. 60.
⑥ Fielding, *The Journal of a Voyage to Lisbon*, *Shamela*, *and Occasional Writings*, p. 581.

止。需要指出的是,虽然海关人员的无礼应该批评,菲尔丁念念不忘的绅士身份在今天看来显然不值得恭维。吉尔·坎贝尔指出,病重的菲尔丁"似乎把他在陆地依赖的阶级结构的消解与他本人身体能力的消失密切联系起来"①。但是菲尔丁对商业贸易在现代社会的作用给予了充分肯定:"说实话,什么也不如贸易对人类有用,对具体社会和个人有益。这才是全人类都吸取营养的丰乳母亲(Bountiful Mother)。不错,像其他父母一样她对待子女并不总是平等的;但是,尽管她最喜欢的人得到超大量的富足丰沛,她却并不拒绝给予绝大多数人便利,而所有人的必需都得到了满足"②。这一段关于商业贸易的描述显然有些理想化,但从中也可以看出菲尔丁对于商业贸易价值的认识。或许他也在下意识地祝愿,自己死后子女能够得到贸易母亲的眷顾,不至于缺乏生活必需品。

第二节 形象而风趣的描写

7月8日,船过多佛尔悬崖,菲尔丁不禁想到了莎士比亚在《李尔王》中的描述:

> 我们在这里经过了在莎士比亚剧中形象巨大的多佛尔悬崖,如果谁读那一段而不感到晕眩,按照艾狄生的观点,一定是头脑很冷静,或者说没有头脑;而真正经过此地的人若产生那种感觉,即使没有莎士比亚的天资,至少也得有点诗人的才分。说真的,山峰、河流、英雄、神灵之名声都在很大程度上依赖于诗人;希腊和意大利享有那么多的各种形象,就是因为拥有那么多诗人;他们使得一些小山浅河永享盛名,而让世界上真正的高山大河同歌颂它们的东西方诗人一样默默无闻。③

这一段感想应该说是很有见地的。它清楚说明了文学创作不同于现实描摹的根本特性,甚至可以说表现了某种超越欧洲中心论的思想。当然,克罗斯的批评也有道理:"从海上看去,悬崖没有叫菲尔丁感到晕眩,而他觉

---

① Jill Campbell, *Natural Masques: Gender and Identity in Fielding's Plays and Novels* (Stanford: Stanford University Press, 1995), p. 244.

② Fielding, *The Journal of a Voyage to Lisbon, Shamela, and Occasional Writings*, p. 586.

③ Ibid., p. 592.

得从悬崖边上看下去也一样。"①也就是说菲尔丁忘记了看悬崖位置角度的重要性。

菲尔丁的小说以叙述生动的故事见长,具体的景色描写并不多见,在《里斯本海行日记》中却有一些出色的描写。关于7月8日的夜航,菲尔丁写道:"这个夜晚我们在苏塞克斯外海慢慢航行,可以看到丹格尼斯(Dungeness),得到的愉悦要比前进的航程大;因为风平浪静,快满的明月高悬,几乎没有丝云遮挡视线。"②在这里,菲尔丁给我们描绘了一幅平静的海景:虽然船行不快,却令人心旷神怡。下面是7月31日傍晚日月交接的描写:"空中没有一片云,太阳吸引了我们的全部注意力,他的威严是语言所无法描述的。正在太阳的光芒从地平线消失的时候,我们的目光被引向另一边的月亮。这时正值满月,她的出生是世界给我们的第二个礼物。与日落月升相比,剧场的布景或宫廷的炫耀几乎都不值得儿童观赏。"③读着这充满深情的描写,我们很难想到这是出自危重病人的笔下。

菲尔丁小说以幽默风趣著称,《里斯本海行日记》的许多描写也毫不逊色。7月11日的日记有一段关于救猫的描写:

> 今天我们在海上遇到了一个最不幸的事件。海船正在扬帆航行,虽然走得不快,生活在船舱里的四只小猫中的一个跳窗落水;马上向船长报警,他正在甲板上,听到以后很关切,发了不少誓。他立刻给舵手下指令,要搭救他所说的可怜东西;跟着落下了帆,大家都为搭救那可怜的猫而忙碌。我承认,这一切让我很惊讶,倒不是惊讶船长的极度关切,而是他所抱的成功希望;因为,即便猫有九千条命,而不是通常说的九条命,那也一定没救了。水手长却很有信心;他把衣裤一扔,勇敢地跳入水中,几分钟后我吃惊地发现他回来了,而且嘴里叼着一动不动的猫。④

菲尔丁接着写道,猫被扔在甲板上,没有一点活的迹象,船长也没有办法,便和葡萄牙教士一起下棋去了。那么落水猫的下场究竟如何呢? 菲尔丁

---

① Wilbur L. Cross, *The History of Henry Fielding* (New Haven: Yale University Press, 1918), Vol. III., p. 31.

② Fielding, *The Journal of a Voyage to Lisbon, Shamela, and Occasional Writings*, p. 592.

③ Ibid., p. 652.

④ Ibid., p. 593.

后来告诉读者,"让船长高兴的是,小猫最后活过来了;这却让一些海员大失所望,因为他们相信淹死一只猫预示着会有顺风……"①。

《里斯本海行日记》中的船长形象是个很值得关注的人物。船长刚出现时很主观武断,有时甚至不讲道理,但是他后来的表现却颇富人情味。菲尔丁在开始提到船长时有这么一段话:"这个词(Captain)用的这么广泛,指义很多,确定它的意思很困难:如果真有可以涵盖不同用法的定义,那么一伙人的首领,或总头似乎是最容易理解的;因为不管是说一连军人,一帮海员,或是一伙强盗,其为首之人都被称为Captain。"在停泊托尔湾的时候,有一次菲尔丁正和太太在船舱里用餐,船长派人来搬酒,菲尔丁对来人没有礼貌很恼火。结果来人报告船长之后,船长反而火气更大,立刻来到船舱质问。菲尔丁说,船长不在时他认为船舱属于自己的。

> "你的船舱?"他重复了好几遍,"不,天(谴)——我,是我的船舱。你的船舱!天(谴)——我,我把猪赶到好市场了。我想,你在这里发号施令,就认为是你的船舱,你的船;但我要在这里发号施令,天(谴)——我!我要像人们表明我是船长,不是别人,是我!你是不是觉得拿了那可怜的30镑,我就把船卖给你了?但愿我没在这船上见着你,也没见着你那30镑。"他接着又多次重复30镑,带的那种鄙视不屑的表情我觉得既不适合那笔钱,也不适合眼前的情景;那钱是为运送货物——人体之重而付的,比其他货物的运费高百分之五十,而实际上占的地方却更少,可以说几乎不占地方。②

白特斯廷的注释说"我把猪赶到好市场了"是俗语,是生意亏了自我解嘲的话。菲尔丁最后强调"为运送货物"意在嘲讽自己四肢几乎瘫痪,与没有生命的货物差不多。然后菲尔丁用了两页多的篇幅探讨自己的钱怎么就成了"可怜的30镑"了?当时30镑大约是一个中下层人一年的收入,《约瑟夫·安德鲁斯》中的亚当斯牧师有六个孩子,他一年的收入是23镑,勉强维持一家生活。因此菲尔丁分析说这钱之所以成了"可怜的30镑"是因为船长高傲,不把自己放在眼里。最后,曾为治安法官的菲尔丁终于拿出了看家本领,要求立即上岸,命当地治安法官来逮捕船长,因为他有前

---

① Fielding, *The Journal of a Voyage to Lisbon, Shamela, and Occasional Writings*, p.594.

② Ibid., p.640. 参看同页注释。

科。结果这一着还真奏效,船长立刻服软,"他跪在地上,很可怜地要求饶恕"。菲尔丁接着写道:

> 我没让这个勇敢的老人跪着,马上就表示原谅他了。
>
> 在此,为了不使读者觉得这是自我夸耀,我要立刻说明此事根本不值得赞扬。我对他的宽恕既不是来自心灵的高贵,也不是得自基督教信仰的力量。说老实说,如果人们更聪明一些,我宽恕他的动机会使人们更宽容:因为这样做对我更方便。①

兰斯·伯特尔森在《工作中的菲尔丁》中曾引这一段。他先探讨了"方便"(convenience)在当时的一个意义是"道德或伦理上合适的",然后写道:"当然,这个定义并不是菲尔丁在这段话中的用意。他要略带模糊表达的是这个词的现代用法——'利于个人的舒适、容易条件或避免麻烦'——他似乎暗示,如果人们不机械地坚持高调的原则或理论,就会首先考虑自己的愉悦,因而会更宽容。'道德或伦理上合适的'和'利于个人的舒适'这两个关于方便定义的区别与融合,似乎正代表了本论著对菲尔丁实际工作中的界线和交叉的研究。"他因此得出结论,菲尔丁作为治安法官处理案件时常常是为了自己"方便",而不是严格执法。② 我们觉得虽然没有证据表明菲尔丁是严格执法的典范,用此处的"方便"来怀疑执法中的原则显然有些牵强。自此以后,船长对菲尔丁的态度有了变化,而作者笔下的船长形象也更加生动全面了。他赞美船长说:"他是个心肠顶善良的人。对于海员们他就像个父亲;他们中有人病了他会十分关心,多做了工作的会得到一杯杜松子酒的奖赏。他甚至把他的人道——如果我可以用这个词的话——推展到动物身上,他的大小猫咪都受到热情关照。我们今天晚上就看到了一个例证,那只证明淹不死的猫,被发现在船舱的羽毛床上憋死了。"③ 船长过于人道的好心却产生了恶果,这几乎有点黑色幽默的味道。萧乾评论说,船长是"菲尔丁的画廊中的最后一个人物,刻画得性格鲜明,栩栩如生"④。

船停泊在怀特岛以后,由于风向不对,一时开不了,菲尔丁听从夫人的

---

①③ Fielding, *The Journal of a Voyage to Lisbon, Shamela, and Occasional Writings*, p. 643.

② Lance Bertelsen, *Henry Fielding at Work: Magistrate, Businessman, Writer* (New York: Palgrave, 2000), p. 146.

④ 萧乾:《菲尔丁——英国现实主义小说奠基人》,第98页。

建议上岸休息,7月13日的日记有如何上岸的描述。"我被妻子说服上岸,在赖德等候开船。我很赞成这个建议;尽管我很喜欢大海,现在觉得呼吸岸上的空气更愉快;但是怎么上岸却是个问题:因为,作为真正的货物(Dead luggage)——我在本书开始曾说所有旅客都被看作货物——没有外力作用身子都动不了的我,离了别人的帮助说什么下船或决心下船都是无稽之谈。在这种情况下,活的货物可能比同样重或重得多的死货物挪动或搬动起来更困难。"①这一段描写把菲尔丁的无奈淋漓尽致地表现了出来。上船时他把旅客比作"货物"带有讽刺意味,因为船长待人如货;但他自己又与别的旅客不同,是个四肢失去自由活动能力的人,近似于真正的"货物"。可是,真要搬动他时,他又比真正的"货物"更费事,因为他毕竟是个活着的人!更让菲尔丁担心的还不是从大船到小船上,而是怎么从小船到岸上,因为此地没有固定码头,到了水浅的地方小船也行不了,人们要自己涉水上岸。菲尔丁在伦敦最初登船就是被抬上小船时最费劲,现在要下船上岸同样不容易。最后,菲尔丁先被放上一只小船,划到岸边,"被两个海员抬着,趟过泥滩,放到岸边一把椅子上,又抬着走了四分之一英里,来到一处房子,它似乎可以提供赖德最好的接待"②。

旅店的主人叫弗朗西斯(Francis),但是太太当家,丈夫只能乖乖服从,病重的菲尔丁也受到她的虐待。吉尔·坎贝尔写道:"旅客为等顺风而在赖德停留的旅店,成了菲尔丁所描写的众多由女性当权的家庭领地中的最后一个。"③客人开始被安排的房间很潮湿,后来菲尔丁的夫人看到有一间仓房挺干燥,便决定住在那里。本来菲尔丁是想上岸休息一下,却在这里从13日一直待到18日。关于这一段的叙述占日记总篇幅的三分之一,但是菲尔丁在日期标注上出现错误。达登指出:"直到7月13日星期六,他对主要事件发生的记录日期都是准确的。但次日,星期日应该是7月14日,他却错误地标为'7月19日'。"④菲尔丁写道,"鉴于风向坚持不变,妻子建议我住在岸上。我马上就同意了,虽然这是违反议会法案规定的。按照法案,流落异乡寓居酒馆的人被视为坏蛋流浪汉;而我自己就曾经为了施行

---

① Fielding, *The Journal of a Voyage to Lisbon*, *Shamela*, *and Occasional Writings*, p. 594.
② Ibid., p. 596.
③ Campbell, *Natural Masques*, p. 245.
④ F. Homes Dudden, *Henry Fielding: His Life, Works, and Times* (Oxford: Clarendon Press, 1952), p. 1019.

该法案做过不懈努力"①。菲尔丁在《关于近来盗匪剧增之原因的调查报告》中特别提到"流浪在外,居住在仓房酒馆的人"要被治罪,而现在曾为治安法官的他正是那么做的。菲尔丁对这一段生活的一些描述可以与他的小说相媲美。请看菲尔丁对弗朗西斯太太的描写:"她个子不高,长得粗壮;脑袋与肩膀靠得很紧,还有点往一边歪;脸上的每个部件都突出锋利;因患天花而在脸上留下道道印痕;表情似乎能够从奶变成酪(Curd),颜色更像已经变成酪的奶。"②托马斯·基莫尔认为菲尔丁的描写很像《帕梅拉》中的朱克斯太太:"虽然一些细节有区别,她的形象结构如此相似,几乎可以说是菲尔丁把理查逊的小说翻开放在面前。"基莫尔还指出,菲尔丁这样做的目的并不是要丑化某一个具体的人,而是用小说手法来塑造形象,"如他在序言中所说,在这部作品中文学效果同客观事实一样重要"③。

菲尔丁重视文学效果的例证屡见不鲜。18世纪中国茶叶风行英国,菲尔丁和家人也喜欢喝茶,带了茶叶途中饮用。④ 7月18日的日记中写道,他们要离开弗朗西斯家的时候却发现茶叶箱不见了:

> 立刻检查每一个地方,连根本不可能放茶叶箱的地方也查过了;因为丢了茶叶非同小可,许多读者可能不理解。女士和病人一时离开这种宝贝饮料(Sovereign Cordial)都感觉困难;长途旅行没有它那根本是不可想象的。但是,尽管灾难巨大,看来却实在无法避免。赖德全镇也买不到一片茶叶;弗朗西斯太太和店铺所卖的茶叶根本不是中国产的。它简直与茶叶毫不相干,不管是闻或品,只不过是叶子罢了:因为它实际上是难闻的烟叶。⑤

最后他们想到乐于助人并曾经送他们新鲜水果的罗伯茨夫人,便派人向她求援,其他人则只好为启程做准备:"至于茶叶箱,虽然它对我们的重要性就像弹药箱对于将军一样,只好承认是丢了,或更确切地说是被偷了;

---

① Fielding, *The Journal of a Voyage to Lisbon*, *Shamela*, *and Occasional Writings*, p. 599.
② Ibid., p. 607.
③ Keymer, "Introduction" to *The Journal of Voyage to Lisbon*, p. xxv. 参看理查逊:《帕梅拉》,吴辉译,南京:译林出版社,1997年,第132—133页。
④ 关于茶叶在18世纪英国的流行情况,参看范存忠:《中国文化在启蒙时期的英国》,上海:上海外语教育出版社,1991年,第77—78页。
⑤ Fielding, *The Journal of a Voyage to Lisbon*, *Shamela*, *and Occasional Writings*, p. 616.

因为，尽管我不愿意说出具体的名字，我们当然在怀疑，而且大家怀疑的是同一个人。"①显然是怀疑弗朗西斯太太给偷走了。幸运的是向贵妇人求援的人带来了茶叶；"就在同时，男仆威廉也把我们自己的茶叶箱找回来了"②，原来是丢在小船舱里了。一场"灾难"终于以欢乐告终，弗朗西斯太太虽然不招人喜欢，总也不至于背偷茶的黑锅了。这一段插曲可能是最形象描写18世纪英国上流社会对中国茶喜好的散文。

第三节 对社会问题的最后思考

曾经编辑过《里斯本海行日记》的哈罗德·帕格里阿洛教授指出，本书"虽然名义上属于旅行记文学，实际上探究了他过去和现在感兴趣的一系列问题，包括传统、法律和英国关税；英国海军舰队和商船；威斯敏斯特的垄断鱼商；医疗从业人员、秘方和庸医；伦敦的窃贼和乞丐；古今作家；需求与供应者的苛刻；以及食物饮料带来的健康愉悦等"③。菲尔丁对在海上航行人无法抗拒风的描写很有意思。"葡萄牙女王号"的老船长自恃经验丰富，常常对风向妄加判断，强行起航，但往往劳而无功。在迪尔附近，船长不管风向，强行起航："同风进行了三四个小时的搏斗之后，只好被迫放弃努力，在几分钟内就把几个小时走的航程给丢掉了；简言之，我们又回到了出发地，在迪尔附近抛锚了。"④虽然锚地离岸不远，但上岸却不容易。船长轻易不放自己的小船上岸，"到迪尔有两英里，船费至少要一个半克朗，而我们真要因为急需非去不可，那就要收费半个几尼；因为这儿的好人们把大海看作附属于他们房舍的公地，如果看到有同胞在此陷于困境，他们认为自己有权确定救援的费用"⑤。"因此，在格雷夫森德收一个先令的小船走的距离，还不如在伦敦花三便士走得远；在迪尔，一条小船一天的收益要超过在伦敦一个星期，或者一个月的收益；在这两个地方，船主之所以能索要高价就是因为大船上的人离了他们就或多或少完全无助。"⑥也就

---

①② Fielding, *The Journal of a Voyage to Lisbon*, *Shamela*, *and Occasional Writings*, p. 616.

③ Harold Pagliaro, *Henry Fielding*: *A Literary Life* (New York: St. Martin's Press, 1998), p. 198. 他编辑的《里斯本海行日记》1963年由纽约的Nardon Press出版。

④⑤ Fielding, *The Journal of a Voyage to Lisbon*, *Shamela*, *and Occasional Writings*, p. 589.

⑥ Ibid., pp. 589—590.

是说这些靠海吃海的船主有趁火打劫的性质。菲尔丁最后抱怨说,"这反映出这些野兽的管理者没有采取合适的方法来限制这种巧取豪夺"。① 做了多年治安法官,对法制建设很有研究菲尔丁在利用这个机会对立法者建言了。

在弗朗西斯太太家居留时菲尔丁又发表了近似的感慨。他很想吃羊肉,但此地没有;最近的地方是朴次茅斯,到那里买羊肉的花费却要超过从里斯本往伦敦运火腿:"因为尽管此地的船费不像迪尔那么贵,但你也找不到愿意划船的人,除非两三个小时的划船可以使他赚的钱够醉酒一个星期。"②这刺激菲尔丁发表了一番"政治经济学"议论,尤其是关于自由的见解。他说人们对自由见仁见智,通常的认识是"有权做自己乐意做的事"③,但这不是绝对的,因为还有法律问题。然后他说绅士由于担负各种公务责任,自由并不多。菲尔丁写道:"因此,拥有绝对自由的,是社会最底层的人;如果他们喜欢自在懒散,愿意挨饿或食用田间地头、街巷河流的野味,而不是通过劳动换取更可口的食物,大可以躺在树下乘凉;没有人可以迫使他们走另一条路,尽管他们自己的选择是明智或愚蠢我不愿置评。"④这当然是一种悖论,但也不能说毫无道理。接着菲尔丁提到有人可能反驳说穷人有流浪法管着;对此,他的回答是很多治安法官们都不知道流浪法中迫使流浪者"以通常和习惯的工资"工作的条文。而且,菲尔丁认为"以通常和习惯的工资"是一种模糊不清的说法,不如古代实行的治安法官根据当地实际情况每年制定工资标准的做法好。他写道:"很遗憾,这种权力,或者更确切地说这种做法,没有重新实行;由于长期不用,它已经被忘记了,最好是制定一个新法,其中对这一权力及其附带的迫使穷人以适中合理的工资劳动的要求有具体规定和实施细则。"⑤菲尔丁在这里进一步重申了他在《关于最近盗匪剧增之原因的调查报告》中维持低工资的观点,⑥并结合他这次海上旅行的经历加以发挥,因为直接促使他进行这种

---

① Fielding, *The Journal of a Voyage to Lisbon, Shamela, and Occasional Writings*, p. 590.
② Ibid., p. 609.
③ Ibid., p. 610.
④ Ibid., p. 612.
⑤ Ibid., pp. 612—613.
⑥ See Henry Fielding, *An Enquiry into the Causes of the Late Increase of Robbers and Related Writings*, ed. Malvin R. Zirker (Middletown, CT: Wesleyan University Press, 1988), pp. 115—120.

思索的是困居海上的遭遇。他在这一段议论最后说:"我衷心希望官长们能认真考虑限定劳工工资的方法,以迫使穷人工作,因为我相信,合理使用这种权力可以证明是使穷人对社会有用并促进贸易的实用且唯一的方法。"①

在托尔湾停留时,渔民到他们船上卖鱼。"鱼很新鲜,品种多,价钱又极便宜",②他们买了很多。鉴于此地鱼很便宜,而伦敦则由于鱼商垄断而贵得出奇,"因此像我在这本旅行记里已经做过的那样,不由得要发一些感想。正如我差不多已经在为国服务中耗尽了生命,以同样的方式结束生命是很值得满足的。我的动机是最好的,尽管成功的可能性极小。方法总在我们手里;结果却不由我们左右"③。他接下来发的感想就是在一切肉食中鱼是自然界最丰富的。陆上的动物产崽有限,且生长发育缓慢,鱼的繁殖力却惊人。随便一条小河都有鱼,而大海里的鱼更是取之不尽。许多渔民只挑最好的鱼,其他的随便扔掉。这么便宜的东西正好可以做穷人的食品,而且在许多地方也的确如此。但是在伦敦却恰恰相反,由于鱼商垄断,政府要建立鱼产品市场的计划被迫取消,除了常见的西鲱外,穷人几乎吃不到鱼。因此他提出两条建议:一是绞死所有鱼贩;二是保护泰晤士河的鱼苗。关于前者,他写道,"如果在议会下一会期开始提出这样的法案,规定使穷人饿死是不能享有神职豁免的死罪,在议会会期结束之前就可以把鱼贩处理完"④。关于后者,相关的法案数不胜数却都没有执行;菲尔丁感叹道,"虽然一个渔民就可以撕破法网最牢固的孔,我们也完全相信他会织出最小的鱼苗也穿不过去的渔网"⑤。很显然,前一条建议没有立法通过的可能,后一条建议也只能是纸上谈兵。菲尔丁正是用这种诙谐笔触表现了理想与现实的矛盾局面。帕格里阿洛评论说,虽然《里斯本海行日记》不是菲尔丁最优秀的作品,"它却是有很强代表性的作品,表现了作者锐利的讽刺观点,他对一系列社会问题的关注,他无法压抑的幽默感,以及他对生活的激情"⑥。

---

① Fielding, *The Journal of a Voyage to Lisbon, Shamela, and Occasional Writings*, p. 613.
② Ibid., p. 634.
③ Ibid., p. 635.
④ Ibid., p. 637.
⑤ Ibid., p. 638.
⑥ Pagliaro, *Henry Fielding: A Literary Life*, p. 199.

尽管菲尔丁在赖德待得并不愉快,临行前还与弗朗西斯太太就账单问题发生激烈争论,他却对此处的海港设施,对英国海军的强大表示由衷的赞美:"我认为,舰队是人类艺术所制造的最雄伟作品;远远超过那些砖、石、或大理石建筑。"①他接着提到曾经是政敌的沃波尔首相:"当年罗伯特·沃波尔爵士——最好的人和最好的大臣之———每年一次在斯匹茨海德(Spithead)举行舰队演习,反对他的人至少得承认就付出的代价而言,他为国家提供了壮观的场面。实际上,这场面要比同样代价举行的陆上安营演习壮观得多。"②菲尔丁曾经激烈抨击沃波尔,为什么在这里又高度赞扬他呢?主要原因是现在菲尔丁可以从比较客观的角度,以一定的历史距离来观察沃波尔,所以提出的观点就与当年为反对派写作时截然不同。虽然沃波尔的腐败现象不能否认,但作为英国历史上的第一位实际首相,他的政绩也是有目共睹的。③1742年沃波尔辞职以后,继任的亨利·佩勒姆是沃波尔扶植起来的,其政策基本上没有大的改变,而菲尔丁从40年代中期开始一直是佩勒姆政府的积极辩护人。

但是这里的叙述似乎也有某种反讽意味。在上面的引文之后,菲尔丁对陆地军队的行为评论说那只不过是一帮罪犯、侵略者和暴君支持者。然后他接着问,大批军舰除了让人饱眼福之外有什么作用呢?还不是同陆军差不多,也是用于战争、杀戮和掠夺。相比而言,商船却对人类更有实际益处。他写道:"虽然雄伟的军舰要比诚实的商船更壮观,我真心希望军舰没有必要才好;因为,尽管我必须承认军舰更漂亮,考虑到人类为了各国共同利益和社会生活幸福而在促进商业贸易方面投入的技术努力,我更喜欢心目中出现的商船形象。"④这体现了菲尔丁爱好和平,企盼商业发展,民众幸福的人文关怀。在英国正在靠坚船利炮争夺海外殖民地的18世纪能有这样的思想是很可贵的。

菲尔丁在《里斯本海行日记》的序言中追溯了旅行记的渊源,指出荷马的《奥德赛》可以作为旅行记写作的开端,"但是,实际上,《奥德赛》和《忒勒

---

① Fielding, *The Journal of a Voyage to Lisbon*, *Shamela*, *and Occasional Writings*, p. 618.

② Ibid., pp. 618—619.

③ 参看白特斯廷618页注释223;Dudden, *Henry Fielding: His Life*, *Works*, *and Times*, p. 1015, Note 3; J. H. Plumb, *Sir Robert Walpole* (London: Cresset Press, 1956)。

④ Fielding, *The Journal of a Voyage to Lisbon*, *Shamela*, *and Occasional Writings*, p. 619.

马科斯》之类作品与我要写的旅行记相比,就像传奇同历史的区别一样"①,因为它们都带有许多想象虚构的情节。然后菲尔丁写道:"就我来说,如果荷马以平易的散文撰写了他那个时代的真实历史,而没有留下受到历代推崇的英雄诗篇,我会更加热爱崇敬他;因为尽管我读这些诗篇时感到崇拜震惊,我读希罗多德、修昔底德和色诺芬的史著却感到更多愉悦和满足。"②菲尔丁在这里提出的观点与他此前对荷马史诗的推崇形成鲜明对比,现代批评家指出他的观点发生了根本的变化。③ 但是,我们觉得如果从具体创作来看,菲尔丁在这里做的主要是为自己以实际经历为素材的游记打开销路,不能简单地认为其观点完全变了。罗纳德·鲍尔逊指出,虽然菲尔丁在序言中贬低史诗,推崇历史,"但是《奥德赛》在他心中,支持叙事的公共方面。菲尔丁与伦敦正好对应奥德修斯和特洛伊。希腊人,经过十年征战,准备放弃围攻;奥德修斯设计了木马计,成功之后(菲尔丁对粉碎伦敦犯罪团伙的描述听起来如同希腊人打败特洛伊人一样有决定意义)他出发回伊萨克安度过晚年——但要经历途中的无数艰难险阻",这一切都与菲尔丁的经历很相似。④

　　序言的另一个重要观点是指出旅行记不应仅仅记录旅行所见,而应该具有思想和艺术性。我们前面的分析在某种意义上已经对这两点做了说明,而最能体现菲尔丁艺术构思的则莫过于他的开头和结尾。"6月26日星期三:今天,我见过的最忧郁的太阳升起来了,看到我在福德霍克(Fordhook)醒来。我自己觉得,在这个阳光下,我要看到并辞别在世上最亲近的人……"⑤8月6日星期二日记的最后一段:"夜里12点,我们的船在经过了各个部门的检验之后,利用上潮,进里斯本下锚……"⑥次日凌晨,他看到了里斯本,在日记中写道:"因为房屋、修院、教堂等等建筑宏大,

---

① Fielding, *The Journal of a Voyage to Lisbon, Shamela, and Occasional Writings*, p.548.
② Ibid., pp.548—549.
③ 参看伊恩·瓦特:《小说的兴起》,高原、董红均译,北京:三联书店,1992年,第293页和白特斯廷编辑的 *The Journal of a Voyage to Lisbon, Shamela, and Occasional Writings* 中《里斯本海行日记》的导言,第518页。
④ Ronald Paulson, *The Life of Henry Fielding: A Critical Biography* (Oxford: Blackwell, 2000), p.320.
⑤ Fielding, *The Journal of a Voyage to Lisbon, Shamela, and Occasional Writings*, p.567.
⑥ Ibid., p.657.

又全是用白色石块建的,在远处看显得很漂亮;但走近以后,发现它们没有什么装饰,所谓漂亮也就无从谈起了。"①关于菲尔丁的描述,白特斯廷指出,"菲尔丁看到的是中世纪的里斯本——是被一年后的大地震摧毁前的城市"②。8月7日星期三是菲尔丁在里斯本上岸的日子,也是全书记载的最后一天:

> 大约晚上7点,我上了车,穿过世上最脏的城市——尽管它也是人口最多的城市之一——来到一个像咖啡馆的地方。它坐落在山坡上,离城大约一英里,可以清楚看到从里斯本入海的塔霍(Tajo)河。
>
> 在这里我们吃了一顿丰盛的晚饭,但价格也很贵,似乎账单是在从纽伯利到伦敦间的巴思路上。
>
> 现在我们终于可以高兴地说:下船以后,特洛伊人看到欢迎的海滩。(《埃涅阿斯纪》)
>
> 用贺拉斯的话说:这是故事和旅行的终点。③

最后一句话既是说本书所讲的旅行故事,也一语双关地暗示菲尔丁47年的人生旅程。菲尔丁用他喜爱的古罗马诗人的话作结尾既显示他对先人的景仰,也展示自己学者型作家的风采。达登指出:"《里斯本海行日记》几乎全部都是在船上和在赖德写的。到达里斯本之后,菲尔丁只写了最后的一两页,以及序言和引言(按这个顺序)。他看上去也没有修改手稿。"④从6月26日太阳出升时在伦敦告别子女,到8月7日傍晚在里斯本回忆先哲,菲尔丁似乎在走着一条逆历史方向的道路,或许正是在对先哲的回忆中菲尔丁找到了面对死亡威胁的方法。菲尔丁生命最后两个月在里斯本期间的私人书信表明他常常发火,心情不好,但在《里斯本海行日记》的结尾他却给读者留下了平和温馨的印象。这种坚强不屈的自制力也是令人敬佩的。

---

① Fielding, *The Journal of a Voyage to Lisbon, Shamela, and Occasional Writings*, p. 657.

② Battestin, *Henry Fielding: A Life*, p. 594.

③ Fielding, *The Journal of a Voyage to Lisbon, Shamela, and Occasional Writings*, pp. 658—659.

④ Dudden, *Henry Fielding*, p. 1033.

第十六章 菲尔丁批评的发展

1754年10月8日,菲尔丁在里斯本去世,被葬在那里的英人墓地。他的绝笔之作《里斯本海行日记》1755年2月问世。1762年,在友人的努力下,《亨利·菲尔丁著作集》出版。他的朋友、画家威廉·霍格斯亲自创作了菲尔丁肖像,另一位朋友阿瑟·墨菲则为著作集撰写了《菲尔丁传》作为前言,给后人留下了虽不准确,但很宝贵的资料。

第一节 18至19世纪的批评

菲尔丁在当时属于很有争议的作家。他的戏剧创作多采取讽刺剧和闹剧形式,题材往往涉及当时的社会文化生活,有时映射某些人物。他后期的剧作讽刺性很强,明显介入了针对首相沃波尔的政治斗争,因此频繁遭到沃波尔雇佣文人的攻击。从剧作的艺术特点方面来看,菲尔丁的作品多为仓促之作,迎合观众需要,艺术成就不太高,但他在创造性地利用滑稽闹剧形式方面取得了相当出色的成绩。特别是考虑到他当时不过是刚刚20出头的青年,赤手空拳在戏剧舞台为自己打开一片天地的客观形势,他的创作成就还是引人注目的。现代批评家认为他是18世纪30年代伦敦最重要的剧作家。①

从历史的观点来看,菲尔丁作为小说家的地位显然大大高于他作为剧作家的地位。由于《莎梅拉》是匿名出版,直到20世纪中期批评界才确定其为菲尔丁的作品,菲尔丁的小说家地位是靠1742年出版的《约瑟夫·安德鲁斯的经历》奠定的。虽然该小说仍是匿名出版,但是不久菲尔丁的作者身份就广为人知了。在这一方面他与理查逊很相似。理查逊曾在信中对菲尔丁在《约瑟夫·安德鲁斯的经历》中嘲笑《帕梅拉》感到愤慨,说正是

---

① See Robert D. Hume, *Henry Fielding and the London Theater*, 1728—1737 (Oxford: Clarendon Press, 1988).

《帕梅拉》教会了菲尔丁怎么写作,在那之前可怜的作者写的东西是没人看的。① 这种说法虽欠公允,也大致反映了当时的实际情况;如果没有《帕梅拉》的出版,菲尔丁是否会转向小说创作很难说。1743 年出版的《杂集》第三卷《大伟人江奈生·魏尔德传》,是一部以真人为基础的讽刺小说,英美学者曾经长期把它排除在菲尔丁的小说创作之外,因为他们觉得这部作品的主旨不是像一般小说那样塑造人物,而是宣扬某种观点,攻击某个政客。由于这部小说是在《杂集》中出版,当时影响不大。罗纳德·鲍尔逊和托马斯·洛克伍德收集详尽的《批评遗产菲尔丁卷》只有 1763 年法文版书评,说此书不及菲尔丁的两部名著,而且批评说"我们不喜欢看这样的两卷故事,主人公一生邪恶,最后在绞架上结束生命"②。

菲尔丁的代表作《汤姆·琼斯》1749 年问世以后,他在小说史上的地位就确定无疑了。这部小说销售盛况空前,当年就三次再版,发行量超过万部。它在情节安排、卷章结构、人物刻画等方面都取得了前所未有的成就。虽然斯摩莱特曾抱怨说菲尔丁在人物塑造方面剽窃了他的《蓝登传》,理查逊和约翰逊对小说主人公的道德上的缺陷横加指责,但在大多数读者看来《汤姆·琼斯》是部杰作。③ 菲尔丁的最后一部小说《阿米莉亚》在写作风格和主题方面都完全不同于前两部小说,它是作者针对《汤姆·琼斯》所受批评而作出的反应:男主人公有道德缺陷,女主人公阿米莉亚则几近完美。对于这部小说,曾经同声指责《汤姆·琼斯》的理查逊和约翰逊却有了截然不同的反应:理查逊发现这部小说不可卒读,而约翰逊却爱不释手,一气读完,且赞不绝口!④ 菲尔丁在他新创办的《考文特花园杂志》为自己的小说辩护说《阿米莉亚》是自己"最喜欢的孩子",并表示再也不会创作小说了。这种情况使人想起 19 世纪末哈代在《无名的裘德》出版受到指责以后愤然告别小说创作。

18 世纪菲尔丁评论影响最大的是约翰逊博士的观点,主要涉及两个

---

① Henry Fielding: The Critical Heritage, ed. Ronald Paulson and Thomas Lockwood (New York: Routledge, 1969), p. 186.

② Ibid., p. 435.

③ 参看 F. Homes Dudden, Henry Fielding: His Life, Works and Times (Oxford: Clarendon Press, 1952), Chapter 25. 关于理查逊、斯摩莱特和约翰逊对《汤姆·琼斯》的指责,参看 Henry Fielding: The Critical Heritage, pp. 171, 174, 182, 443.

④ 关于两人的不同反应,参看 Henry Fielding: The Critical Heritage, pp. 334-336, 439, 445.

方面。一是菲尔丁与理查逊的比较,二是道德教化问题。关于前者,约翰逊认为菲尔丁的人物只有外在刻画的真实性,而理查逊的人物则有内在情感心理的真实性。他最有名的一句话是菲尔丁只向读者展示了钟表时间,而理查逊则展示了钟表的内部运转结构。关于后者,约翰逊认为由于小说的读者主要是年轻人,因此应该用完美的形象为他们树立榜样,而有缺陷的形象可能会引读者走入歧途。他在 1750 年 3 月 31 日出版的《漫游者》第 4 期对小说的专论虽然没有提菲尔丁的名字,但却是以菲尔丁和《汤姆·琼斯》为靶子的。① 此外,值得注意的评论有两种。第一种是发表于 1751 年的《论菲尔丁创立的新型作品》的小册子,对菲尔丁的小说形式进行了比较深入的探讨,尤其赞扬他塑造的人物形象真实自然,但对汤姆·琼斯出身太卑下颇有微词②;另一种是小说家约翰·克利兰关于《阿米莉亚》的书评,他认为小说专注于刻画主要人物婚后的生活是在题材开拓方面的创新,小说的女主人公是女德的典范。③ 1762 年出版的《菲尔丁著作集》前由墨菲撰写的《菲尔丁传》代表了当时读者批评家的反应,在批评史上占有重要地位。以下这段论述亚当斯牧师的话可为定评:

> 这部著作的主人公亚当斯牧师的形象刻画得无与伦比。他充满人性和慈爱情感,心地善良,推崇美德,这些特点随处可见,叫我们感到他是个最亲近的人。他诚实正直,博学多才,对古典知识和宗教著作尤其精通,不禁让人肃然起敬。他对人世的单纯天真与其智慧学识形成鲜明对照,常常让他陷入可笑的窘困境地,从而引我们发笑,使他成为最滑稽的形象,但他在我们心目中的地位却没有降低。他最突出的癖性就是那心不在焉的记性,这个癖性随时随地都可能出现,使诚实的牧师几乎可以和著名的堂吉诃德相媲美。④

由于当时误传菲尔丁家族与哈布斯堡王室有关,著名史学家吉本在《自传》中写道:"查理五世的后继者可能鄙夷他们的英格兰兄弟,但《汤姆·琼斯》的传奇书中关于人类风俗的精巧描写,将比西班牙的埃斯科里亚尔

---

① See *Henry Fielding*: *The Critical Heritage*, pp. 230—234, 438—439.
② Ibid., pp. 261—269. 编者推测作者为 Francis Coventry.
③ Ibid., pp. 304—309;克利兰的书评发表在《每月评论》(*The Monthly Review*)。
④ Arthur Murphy, "An Essay on the Life and Genius of Henry Fielding, Esq.", *Henry Fielding*: *The Critical Heritage*, p. 421.

宫殿和奥地利的帝国鹰徽留存得更久远。"①奥斯丁·道伯森在《菲尔丁传》开始就提到吉本"辉煌,但现已证明不准确的赞语"②。范妮·伯尼在1778年出版的小说《伊夫林娜》的序言中对菲尔丁和理查逊都评价很高,小说虽然采取书信体形式,但叙事风格却更接近菲尔丁。克拉拉·里夫在1783发表的《传奇之发展》是第一部小说史性质的著作,对菲尔丁的喜剧小说给予了高度评价,认为"菲尔丁是按实际而不是按理想来描绘人性"③。总之,到18世纪末,菲尔丁作为大小说家的地位已经无可争辩地确立了。但由于感伤小说的流行和人物道德问题,当时人们的评价是理查逊高于菲尔丁。

  19世纪读者、作家和批评家对菲尔丁的评价比较复杂,正反两方面都有。浪漫主义诗人和批评家科尔律治称赞《汤姆·琼斯》的情节安排是有史以来最优秀的情节之一;他还写道:"如果我要找个仆人或技工,我得知道他能干什么;但找朋友我必须知道他是个什么人。菲尔丁比其他任何作家都更清楚地展示了两者的区别"④。拜伦把菲尔丁称为描写"人性的散文荷马"⑤,并在讽刺小说《大伟人江奈生·魏尔德传》找到了知己,说现在这个时代更需要菲尔丁那样仗义执言的讽刺作家。⑥ 19世纪早期的两大小说家奥斯丁和司各特都深受菲尔丁的影响。虽然由于时代的变迁菲尔丁小说的有些描写被认为太粗俗,有伤大雅,淑女作家奥斯丁难以认可,但她的喜剧小说手法清楚表现了菲尔丁的影响。⑦ 司各特撰《英国小说家传》中的《菲尔丁传》虽然篇幅比《理查逊传》短,但他对菲尔丁在小说艺术方面的创新有很清醒的认识。他在开篇这样写道:"英国人创作的想象作品中,著名的亨利·菲尔丁的小说或许最确凿无疑是她独有的。它们不仅在确切

---

 ① 《吉本自传》,戴子钦译,北京:三联书店,2002年,第3—4页。

 ② Austin Dobson, *Henry Fielding: A Memoir* (New York: Dodd, Mead & Company, 1900), p.1. 参看注1。

 ③ 引自 Claude Rawson ed., *Henry Fielding: A Critical Anthology* (Harmondsworth, Middlesex: Penguin, 1973), p.186.

 ④ Ibid., p.205.

 ⑤ 转引自 Wilbur L. Cross, *The History of Henry Fielding* (New Haven: Yale University Press, 1918), Vol. III, p.204.

 ⑥ 关于拜伦的观点,参看萧乾:《菲尔丁——英国现实主义小说奠基人》,上海:上海译文出版社,1984年,第43页。另一方面,Malvin R. Zirker 认为拜伦关于菲尔丁激进的观点是"最靠不住的"。参看 *Fielding's Social Pamphlets* (Berkeley & Los Angels: University of California Press, 1966), p.133.

 ⑦ 参看申丹等:《英美小说叙事理论研究》(北京:北京大学出版社2005年版)第二章。

意义上难于翻译,我们甚至怀疑苏格兰和爱尔兰人能否完全理解欣赏,因为他们缺乏对老英格兰性格风俗的了解。"①司各特指出《汤姆·琼斯》是第一部真正按照生活的自然真实来描写的小说,对菲尔丁在情节复杂的小说结构安排方面的成就赞不绝口,并称菲尔丁为"英国小说之父"②。

在维多利亚时期,社会习俗倾向于保守,对言谈举止的清规戒律更多,菲尔丁的小说因之也更显得粗糙,甚至粗野,以至于读者不能公开地读他的小说,但从小说家的反应仍然可以看出他的影响。萨克雷著《亨利·艾斯芒德的历史》扉页上有引自贺拉斯《诗艺》的题词:"让你的人物描写彻头彻尾地保持着前后一贯",这也就是菲尔丁信奉的关于人物性格一致性的原则。虽然小说主要写的是1716年以前英国社会的风云故事,叙述者却特意提到1728年才初登文坛的菲尔丁,显然意在强调萨克雷对前辈的崇敬之情。在对斯威夫特、艾狄生、斯蒂尔和蒲柏等文坛名流指摘评述之后,叙述者写道,"实际上,据我想,就我所见的这一类人物中,最出色的要算15年以后我最后一次到英国去时遇见的青年哈利·菲尔丁,讲到风趣和幽默,他似乎是压倒了一切人"③。因此,他给小说主人公起名"亨利"(哈利)可能也是有意的。萨克雷的代表作《名利场》叙事风格与菲尔丁很接近,他的女主人公之一阿米莉亚则源自菲尔丁的最后一部小说。萨克雷的另一部名著《潘登尼斯》从开头和结尾的处理到人物形象刻画,都明显看出《汤姆·琼斯》的影响。但是萨克雷在《英国幽默作家》中对菲尔丁所谓不道德生活的批评也产生了谬种流传的效果。狄更斯在《雾都孤儿》中引证菲尔丁为自己描写下层生活辩护,他还为一个儿子起名"亨利·菲尔丁·狄更斯",足见其对前辈的崇敬之情。狄更斯的自传体小说《大卫·科波菲尔》的主人公小时候爬到父亲房里,看《汤姆·琼斯》等小说。在她的第一部长篇小说《亚当·比德》中,乔治·艾略特曾刻意模仿菲尔丁手法,不仅常常插入议论,而且第17章(中译本第2卷第1章)就是典型的序章,标题是《本章里,故事略停》。但在她的代表作《米德尔马契》中,艾略特略带调侃地说现在时代

---

① Walter Scott, *The Lives of the Novelists*, with an Introduction by George Saintsbury (London: J. M. & Sons, Ltd., N.D.), p.46.

② Ibid., p.63, 70.

③ 萨克雷:《亨利·艾斯芒德的历史》,陈逵、王培德译,北京:人民文学出版社,1997年,第489页。

变了,我们不能再像菲尔丁那样搬个凳子上台高谈阔论了。①

到 19 世纪末,小说批评有了较大发展,菲尔丁越来越得到重视。布兰查德在《小说家菲尔丁》中称 19 世纪末到 20 世纪初是菲尔丁研究的"新时代",1907 年纪念菲尔丁诞辰 200 周年时报刊发表了大量纪念文章,尤其强调菲尔丁的"现代性"②。这一阶段出现了两个方面的重要发展:一是现代批评传记;二是较全面的菲尔丁著作集。1883 年出版的奥斯丁·道伯森的《菲尔丁传》是现代批评家撰写的第一部菲尔丁传记,曾数次重印,1900 年出版了修订扩充版。③ 1910 年又出版了格特鲁德·M. 高登撰写的《菲尔丁传》,副标题说"包括新发现的信和文件及当时的插图",篇幅超过道伯森 1900 年修订版,共 325 页,但仍算不上完整的传记。④ 在这一时期菲尔丁著作集出现了分别由莱斯利·斯蒂芬、乔治·塞恩斯伯里、W. E. 亨利和 G. H. 麦格纳迪尔编辑的多个不同版本,其中以 1903 年出版的 W. E. 亨利编辑的 16 卷本(学界一般称亨利版)内容最全。可以说,到了 20 世纪早期,随着现代菲尔丁传记和菲尔丁著作集的陆续出版,菲尔丁研究进入一个新阶段。这一时期正是英国文学研究开始学院化机构化的时期,因此菲尔丁研究的进一步发展也是顺理成章的。如果说维多利亚时期批评家多对菲尔丁小说的道德倾向横加指责,到了新世纪初,这种状况也开始改变。小说家克莱基夫人甚至认为"《汤姆·琼斯》和《阿米莉亚》应该成为所有 18 岁女孩儿的生日礼物"⑤。

第二节 20 世纪前期的批评

大约以第一次世界大战为界,菲尔丁研究进入了新的时期。"在美国

---

① 关于 19 世纪中期小说家对菲尔丁评论,参阅《英美小说叙事理论研究》第三章。关于菲尔丁对后世小说家的影响,参看 Charles A. Knight, "Fielding's Afterlife", in *The Cambridge Companion to Henry Fielding*, ed. Claude Rawson (Cambridge: Cambridge University Press, 2007), pp. 175—189.

② Fredric T. Blanchard, *Fielding the Novelist: A Study in Historical Criticism* (1926; New York: Russell & Russell, 1966), p. 526. 布兰查德论述 1883—1903 和 1903—1925 两个阶段菲尔丁批评的两章标题为"新时代"。

③ Austin Dobson, *Fielding* (London: McMillan, 1883). 北京大学图书馆有本书 1883, 1889,1900,1902,1906 和 1909 等不同版本。

④ Gertrude M. Godden, *Henry Fielding: A Memoir*, including newly discovered letters and records, with illustrations from contemporary prints (London: Sampson Low, 1910).

⑤ 转引自 Blanchard, *Fielding the Novelist: A Study in Historical Criticism*, p. 520.

一个重要的事件是 F. S. 狄克逊先生把他收藏的菲尔丁著作捐赠给耶鲁大学",使其"成为菲尔丁研究学者心目中的麦加"①。此后,1918 年威尔伯·L. 克罗斯出版了三卷本《亨利·菲尔丁传》,直译为《亨利·菲尔丁史》,因为克罗斯在书名中特意用了英文"History"这个词。此前的菲尔丁传都是薄薄一册,因为后人对菲尔丁了解并不多。在那个以写信闻名的 18 世纪,菲尔丁留下的书信却少得可怜,传记作者的基本材料仍是菲尔丁的作品,是从作品推断作者的生平和观点。克罗斯是著名的批评家,曾经撰写《英国小说的发展》。他积多年研究成果,终于写成第一部真正意义上的菲尔丁传,为后来的研究提供了极大的帮助。全书三卷,1200 多页。在第三卷的前五章就已经讲述完菲尔丁的生平及其后人情况之后,用三分之一的篇幅分六章论述围绕"菲尔丁名声"的争议,最后介绍相关书目,包括菲尔丁出版的作品,作者权不确定的作品,错误归为菲尔丁的作品,根据其作品改编的戏剧和书信手稿等,还有长达 50 多页的三卷总索引。同时,在克罗斯等教授的指导下,耶鲁大学出现了一批研究成果。1915 年由詹森斯编辑的《考文特花园杂志》是第一个重要成果;1926 年,弗莱德里克·布兰查德出版了《小说家菲尔丁:历史批评研究》,系统考查了菲尔丁在 18 和 19 世纪的声望和影响,是一部资料价值很高的著作。1923 年,法国批评家奥利廉·乔治·迪吉昂出版《菲尔丁的小说》产生重要影响,1925 年被译成英文出版。厄尼斯特·贝克尔的《英国小说史》第四卷中菲尔丁占有重要地位。弗莱德里克·贝特森所著《英国喜剧,1700—1750》有专章论述菲尔丁的戏剧创作。他把菲尔丁的剧作分为喜剧、闹剧和滑稽讽刺剧三种,认为最主要的成就在第三种。② 菲尔丁提出的"散文体喜剧史诗"的小说理论影响很大,但很少有人对此进行全面认真的分析。1931 年出版了埃塞尔·M. 索恩伯里的专著《菲尔丁的散文体喜剧史诗理论》,第一次对这个问题进行了比较深入的探讨。虽然她的论述有时过于琐碎,也不乏牵强之处,她毕竟在这个重要领域做了开拓性的工作。乔治·谢尔朋 1936 年发表的《菲尔丁的〈阿米莉亚〉阐释》对这部受到忽视的小说进行了深入分析,并为后来的研究提供了范例。

从 30 年代后期开始,英美的文学研究逐渐转向注重文本分析的"新批

---

① Blanchard, *Fielding the Novelist: A Study in Historical Criticism*, p. 540.
② Fredric W. Bateson, *English Comic Drama 1700—1750* (Oxford: Clarendon Press, 1929), pp. 123—137.

评",而新批评的主要成就在诗歌领域,小说批评方面成绩较小。另外,30年代末到40年代中期的"二战"也显然影响了菲尔丁研究的发展。1941年出版的威廉·R.欧文所著《〈江奈生·魏尔德〉的产生:亨利·菲尔丁的文学方法研究》,是最早以一部菲尔丁小说为主题的研究专著。伊丽莎白·詹金斯1947年出版的《亨利·菲尔丁》是篇幅不长的菲尔丁生平创作介绍。40年代出现了一批重要批评论文。A.R.汉弗雷斯1942年发表的《菲尔丁的反讽:方法与效果》通过与斯威夫特的反讽进行比较,指出菲尔丁的反讽更具有喜剧色彩。温菲尔德·H.罗杰斯1943年发表的《菲尔丁的早期美学与技艺》以对菲尔丁戏剧创作的分析,归纳出了他的早期美学思想及创作特征。查尔斯·B.伍兹1946年发表的《菲尔丁与〈莎梅拉〉的著者》令人信服地证明了菲尔丁是这部戏访讽刺小说的作者。阿瑟·L.库克1947年发表的《亨利·菲尔丁与英雄传奇作家》探讨了菲尔丁的喜剧史诗与英雄传奇的区别和联系,而詹姆斯·A.沃克1949年发表的《基督审查员亨利·菲尔丁》则重点分析了菲尔丁从传统基督教立场对现实社会的批判,开辟了菲尔丁研究一个重要的新领地。①

50年代是菲尔丁研究全面走向成熟的时代。虽然专门论述菲尔丁的著作仍然不多,但出现了一些很有影响的批评。弗兰克·科莫德在1950年发表的《理查逊与菲尔丁》明显褒理查逊而贬菲尔丁,是反历史潮流而动的重要文献,因为此前在小说批评领域菲尔丁的声望一直高于理查逊。他认为菲尔丁的道德观就是"好心"(Good Heart),并说"好心道德标准与智性无关",只涉及本能常识。② 虽然今天看来科莫德年轻气盛时的观点值得商榷,它在当时却有相当震撼作用。伊恩·瓦特的名著《小说的兴起》动笔在"二战"之前,真正写作则是在"二战"之后。该书1957年问世,成为英国小说研究中里程碑式的著作。如果要简单概括瓦特的观点,那就是褒理查逊贬菲尔丁:他认为作为英国小说基本特征的"形式现实主义"为理查逊所创,菲尔丁由于受传统影响太太,他的"散文体喜剧史诗"理论是种束缚。虽然后来瓦特曾多次对他的观点予以解释澄清,但他推崇理查逊的立场是鲜明的。这似乎也有意识形态方面的原因:同样受清教传统影响的瓦特与

---

① See Ronald Paulson ed., *Fielding: A Collection of Critical Essays* (Eaglewood Cliffs, N.J.: Prentice-Hall, Inc, 1962), pp.181—186.

② Frank Kermode, "Richardson and Fielding", *Cambridge Journal* 4 (1950): 109.

理查逊更容易认同,而对有贵族背景的菲尔丁比较抵触。[1] 就在瓦特的名著出版前一年,阿兰·D.麦基洛普出版了《早期英国小说大师》,论述了现在已经被广泛接受的18世纪五大小说家:笛福、理查逊、菲尔丁、斯摩莱特和斯特恩。而马克思主义批评家阿诺德·凯特尔1951年出版的《英国小说导论》也对菲尔丁的小说创作给予了高度评价,并认为从意识观点上来看,汤姆·琼斯和苏菲娅要比克拉丽莎更具先进性,因为他们是积极地反抗。[2] 1953年出版的多萝西·范·甘特所著《英国小说:形式与作用》是"新批评"在英国小说研究方面的重要成果,书中专门有一章论述《汤姆·琼斯》的艺术成就。50年代英美两大批评家威廉·燕卜荪和R.S.克兰分别就《汤姆·琼斯》发表了影响深远的论文。克兰1950年发表的《汤姆·琼斯的情节》用亚里士多德的情节观,从行动(故事)、人物、思想三方面分析《汤姆·琼斯》的情节,提出了虽有争议却发人深思的观点;燕卜荪1958年发表的《〈汤姆·琼斯〉》则提出了"双重反讽"的观点,指出菲尔丁的反讽往往具有肯定与否定共存的效果。E. M. W. 蒂利亚德1958年出版的《英国小说中的史诗倾向》对菲尔丁的"散文体喜剧史诗"进行了分析,认为"《汤姆·琼斯》缺乏持续的强力;没有给人英雄印象;因此够不上史诗"[3];约翰·洛夫提斯1959年出版的《从康格里夫到菲尔丁期间的喜剧与社会》对菲尔丁的戏剧创作进行了社会历史分析,指出菲尔丁"是1730年代戏剧界最重要的人物,原因在于其综合成就而不是某些剧作的特别出色"[4]。

1952年牛津大学出版出版了F.霍姆斯·达登所著的《亨利·菲尔丁的生活、著作和时代》。此书虽然在史料方面对克罗斯的《亨利·菲尔丁传》没有多少补充,但对作品的分析有突出贡献,比如,关于《汤姆·琼斯》的分析就有五章150多页。50年代还出版了两部关于菲尔丁的研究专著。著名文学批评家约翰·巴特1954年出版的《菲尔丁》是"作家与作品"系列丛书的一种,虽然篇幅不长,却见解独到。他认为菲尔丁的"散文体喜剧史诗"

---

[1] 参看宋美华:《18世纪英国文学——讽刺诗与小说》,台北:东大图书有限公司,1995年,第121页。

[2] Arnold Kettle, *An Introduction to the English Novel* (1951; New York: Harper & Row, 1960), p.78.

[3] E. M. W. Tillyard, *The Epic Strain in the English Novel* (Fair Lawn, NJ: Essential Books, Inc., 1958), p.58.

[4] John Loftis, *Comedy and Society from Congreve to Fielding* (Stanford: Stanford University Press, 1959), p.115.

是法国作家费讷隆《忒勒马科斯历险记》之"散文史诗"和蒲柏《群愚史诗》的滑稽讽刺性的结合。① 马丁·白特斯廷1959年出版的《菲尔丁艺术的道德基础:〈约瑟夫·安德鲁斯〉研究》,对菲尔丁研究的影响是深远和多方面的。这部专著是白特斯廷在普林斯顿大学的博士论文。本来是以编辑《约瑟夫·安德鲁斯的经历》校注本为目的,但在资料搜集过程中作者逐渐有了新的发现,最后成为论述菲尔丁与当时国教中的自由教派关系的专著。虽然很多批评家对白特斯廷的结论有保留意见,认为有将菲尔丁"基督化"(Christianizing)的倾向,但这部著作在菲尔丁研究史上的地位是稳固的。白特斯廷也从这部专著开始了其终生研究菲尔丁的学术生涯。在威斯林版菲尔丁著作集编辑过程中,白特斯廷先后编辑了《约瑟夫·安德鲁斯的经历》、《汤姆·琼斯》和《阿米莉亚》,并撰写了被誉为新标准本的《亨利·菲尔丁传》,还在2000年出版了《菲尔丁指南》。2008年,他继续已去世的贝克尔和艾默里教授的工作,编辑完成的《里斯本海行日记、莎梅拉及其他著作》出版。所有现代研究菲尔丁的学者都深深受惠于白特斯廷。

第三节 20世纪后期的菲尔丁研究

50年代以后,菲尔丁研究同文学研究整体进入了各种流派、各种方法交相辉映的新时代。新的论著层出不穷,新的观点或改头换面的旧观点屡见不鲜,我们的评述也只能有选择地加以介绍。60年代出版的菲尔丁研究专著就有12部,超过了前50年的总和。菲尔丁研究在60年代初的一个重要成果是罗纳德·鲍尔逊编辑于1962年出版的《菲尔丁批评文集》,这是一部搜集20世纪前半期重要批评的论文集,我们上面对这一时期批评论文的介绍主要就是根据这部文集。鲍尔逊的研究重心是斯威夫特和霍格斯,但菲尔丁也是他所厚爱的。在他的多部著作中(如《小说与讽刺》、《霍格斯和菲尔丁时代的通俗与高雅艺术》、《堂吉诃德在英国》),菲尔丁都占重要地位,而他研究菲尔丁的收官之作是2000年出版的《菲尔丁评传》。由鲍尔逊和托马斯·洛克伍德编辑、1969年出版的《亨利·菲尔丁:批评遗产》更为60年代的菲尔丁研究画上圆满的句号。

由于瓦特在《小说的兴起》中对菲尔丁的小说艺术颇有微词,引起菲尔

---

① John Butt, *Fielding* (London: Longman's, Green & Co., 1959), p.8.

丁研究者的奋起反击。60年代先后有五部专著研究菲尔丁的小说艺术：莫里斯·约翰逊的《菲尔丁的小说艺术》是11篇论文的合集；罗伯特·奥尔特的《菲尔丁与小说的本质》直接回应科莫德的质疑，从理论上论证菲尔丁小说的特色；霍默·古德伯格的《〈约瑟夫·安德鲁斯〉的艺术》则再次以一部小说为例，阐述菲尔丁的小说特征。他们在论著中都强调菲尔丁的反讽艺术，而格伦·W. 哈特菲尔德的《亨利·菲尔丁与反讽语言》和埃莉诺·N. 哈金斯的《〈汤姆·琼斯〉的反讽》则专门研究反讽问题。如果说前三部著作是对《小说的兴起》的反应，后两部著作则主要受到燕卜逊提出的"双重反讽"的启发。以克兰为代表的"芝加哥学派"（或称"新亚里士多德学派"）也有力作问世，这就是谢尔登·塞克斯1964年出版的《小说与信任的形式》。该书专门研究菲尔丁小说是通过什么形式或手法建立起读者与作者之间的信任，并不时与理查逊和约翰逊作比较。这显然既是继承克兰，又是针对瓦特的。韦恩·布斯1961年出版的《小说修辞学》同样带有与瓦特论辩的性质。布斯关于"隐含作者"的论断就是通过研究菲尔丁的小说而提出的，而他对"讲述"与"展示"的评论也与菲尔丁密切相关。[①] 60年代出版的菲尔丁研究专著还有研究现实主义问题的安德鲁·莱特的《亨利·菲尔丁：面具与盛宴》和迈克尔·欧文的《亨利·菲尔丁：不彻底的现实主义者》，莫里斯·高尔顿的《菲尔丁的道德心理学》则得出的结论说"菲尔丁认为人的基本责任是理解并同情他人，而人的根本困境是心理孤立"[②]。亨利·奈特·米勒的《菲尔丁〈杂集〉第一卷散论》的意义远远超出了对《杂集》本身的研究，实际上可以说是全面研究菲尔丁思想观点的著作；马尔文·R. 泽克的《菲尔丁的社会论文》虽然主要分析非文学著述，但对纠正批评界关于菲尔丁激进民主意识的偏颇观点起了重要作用。阿瑟·舍伯发表了《18世纪小说研究》，全书十章的前六章均为菲尔丁小说研究。从对后来研究的影响来看，上述著作中最重要的当属《菲尔丁与小说的本质》和《小说与信任的形式》，而《菲尔丁〈杂集〉第一卷散论》和《菲尔丁的社会论文》则由于研究了以往批评家关注较少的著作而起到了拾遗补缺的作用。除了上述专著以外，60年代还出现了大量研究论文，其中围绕"散文体喜剧史诗"与"喜

[①] 参看W. C. 布斯：《小说修辞学》，华明等译，北京：北京大学出版社，1987年，第81—82，91—92，241—246页。

[②] Morris Golden, *Fielding's Moral Psychology* (Amherst: U of Massachusetts Press, 1966), p. 147.

剧(滑稽)传奇"的争论尤其引人入胜。①

或许是 60 年代中后期的社会运动影响了学术研究的开展,抑或是由于结构主义等现代理论的勃兴使批评家对小说研究重视不够,70 年代出版的菲尔丁研究专著比较少,只有八种,而且这些研究涉及的内容也远不如 60 年代的广泛。八部著作中有三部是关于《汤姆·琼斯》的。伯纳德·哈里森的《菲尔丁的〈汤姆·琼斯〉:作为道德哲学家的小说家》是专业哲学家出面为菲尔丁小说的道德深刻性辩护,指出"菲尔丁的人物观基于从不同视点看到的言行一致"②;亨利·奈特·米勒的《亨利·菲尔丁的〈汤姆·琼斯〉与传奇传统》则介入了围绕"散文体喜剧史诗"与"喜剧传奇"的争论;此外,还有安东尼·J. 哈萨尔的《亨利·菲尔丁的〈汤姆·琼斯〉》。综合性著作中的肖恩·西斯格林的《亨利·菲尔丁小说中的文学形象》和穆里尔·威廉斯的《婚姻作为菲尔丁的道德镜像》题目就很明确,而另外两部论著则尤其值得重视。克劳德·罗森的《亨利·菲尔丁与受到挑战的奥古斯都理想》把菲尔丁的创作放到 18 世纪早期整个文化环境中考察,提出了许多发人深省的观点,是菲尔丁研究中的重要著作。J. 保罗·亨特的《偶然形式:亨利·菲尔丁与环境链》则对从戏剧到小说的菲尔丁创作进行了全面探讨,被许多批评家认为是菲尔丁研究中最重要的一种。帕特·罗杰斯撰写的《菲尔丁传》以对当时的社会文化背景论述精辟见长,可读性很强。

70 年代虽然关于菲尔丁的专著不太多,但在相关论著中出现了一些很有见地的观点。利奥·布洛迪 1970 年出版的《小说与史著的叙事形式:休谟、菲尔丁、吉本》把菲尔丁小说与 18 世纪史著写作比较研究,提出他的基本观点深受怀疑主义史论的影响。白特斯廷的《巧智的天意:奥古斯丁文学与艺术中的形式概观》包括有两篇研究《汤姆·琼斯》的重要论文,把菲尔丁放在论辩核心。帕特里夏·M. 斯帕克斯的《想象自我:18 世纪英国的自传与小说》是把两种不同文类联系起来分析的力作。这些著作中菲尔丁都占据中心或重要地位,在一定程度上弥补了论著略少的遗憾。集权威版本、背景资料和历代批评文选为一体的《诺顿批评版汤姆·琼斯》1973 年问

---

① 关于这场争论参看 Sheridan Baker, "Fielding's Comic Epic-in-Prose Romances Again", *Philological Quarterly* 58 (1979): 63 – 87. 他从发表"Henry Fielding's Comic Romance", [*Papers of the Michigan Academy of Sciences*, *Arts & Letters* 45 (1959): 411–420]开始在 20 年里发表多篇文章论证这一问题。

② Bernard Harrison, *Henry Fielding's "Tom Jones": The Novelist as Moral Philosopher* (London: Sussex University Press, 1975), p. 45.

世,对促进该小说的研究起了重要作用。同为1973年出版的由克劳德·罗森编辑的《亨利·菲尔丁:批评选集》是从18世纪到20世纪的批评选集,很有特色。另外值得注意的是 H. G. 汉编写的《亨利·菲尔丁研究文献评注》,为菲尔丁研究的进一步发展提供了重要帮助。

进入80年代,菲尔丁研究又出现了一个高潮,出版的研究专著达15部,最引人注目的是长期受到忽视的菲尔丁戏剧研究:从1987年到1989年,连续三年,每年都有一部菲尔丁戏剧研究专著出版:彼得·刘易斯的《菲尔丁的讽刺剧》,罗伯特·D.休谟的《菲尔丁与伦敦剧坛,1728—1730》和艾伯特·J.里维罗《亨利·菲尔丁剧作:戏剧生涯批评研究》。这三部专著分别从讽刺剧传统、菲尔丁的创作环境和戏剧生涯三个方面分析了他的剧作,使以往只是作为背景材料提及的作品第一次得到全面深刻的阐释。休谟是戏剧史研究专家,他的专著在总体上再现了18世纪早期的伦敦剧坛;其他两书都是在博士论文基础上修改而成,标志着学术研究面的拓展。与三部论菲尔丁戏剧的专著的几乎同时出现相媲美的是两部研究菲尔丁政治观点的专著出版:1981年出版的布赖恩·麦克雷的《亨利·菲尔丁与18世纪中期英国政治》和1984年出版的托马斯·克利里的《政治作家菲尔丁》。后者虽然出版较晚,但著者在前言中说明麦克雷著作问世时,他已基本完成写作,并非受前者影响。从篇幅和论述深度来看,后者显然更为出色。两部论菲尔丁政治观点的专著基本上解决了长期以来批评界把菲尔丁视为与斯威夫特和蒲柏同属托利党人的成见,指出他本质上是辉格党,只不过对沃波尔首相的政策有尖锐批评。80年代出版的另一部很有特色的专著是安吉拉·J.斯茂伍德所著的《菲尔丁与妇女问题》。这部著作结合18世纪前半叶围绕女性地位的争议,指出菲尔丁并非歧视女性的男权主义者,"他的小说作品表现女性人物的许多细节融合了热门话题,或反映了当时的境况"[1]。他的很多观点表现了对女性的同情和支持。这是对批评界长期把理查逊视为同情女性的作者,把菲尔丁视为男权主义者旧观点的一次反击。不难看出,80年代出版的这些著作的基本特点是重新审视或修正以往被广泛接受的观点。80年代出版的其他专著包括综合介绍性的和专门探讨某部小说或某个传统的著作。1985年出版了由英国学者 K. G. 辛普森编辑的菲尔丁批评文集,是批评研究系列的一种。编者在导论中写

---

[1] Angela J. Smallwood, *Fielding and the Woman Question: The Novels of Henry Fielding and Feminist Debates 1700—1750* (New York: St. Martin's Press, 1989), pp. 35—36.

道:"这些文章探讨菲尔丁作为公民、司法官、政论作家、剧作家的丰富经历——这些是影响其小说本质的不同侧面。文集的核心关注作家的价值形成及其在小说中的表现。"①

80年代不仅菲尔丁研究专著多,而且在相关著作中关于菲尔丁的评论也非常引人注目。劳拉·布朗1981年出版的《英国戏剧形式,1660—1760》最后一章论述菲尔丁,从他的戏剧创作到小说创作,用历史分析方法论证了戏剧的衰弱与小说兴起的联系。80年代出现了两部论述小说起源的专著:伦纳德·J.戴维斯的《事实虚构》和迈克尔·麦基恩的《英国小说之源,1600—1740》。前者篇幅不长,主要从早期新闻写作与虚构小说的关系探讨小说的渊源问题,后者是罕见的长篇专著,被誉为自从《小说的兴起》出版30年后又一部里程碑式的力作。虽然批评者对专著勾画的小说辩证发展的完美轨迹颇有微词,但作者旁征博引的学术修养、宏大完整的理论架构、深刻有力的文本分析都深得好评。这两部论小说起源的专著观点不尽相同,甚至有很大差异,但它们都是作为与《小说的兴起》对话的重要著作推出的。同时两书也反映了现代学者对理论的关注:戴维斯的论著受福柯理论影响较大,而麦基恩的著作则属西方马克思主义范畴。特里·卡斯尔的《假面舞会与文明:18世纪英国小说和文化中的狂欢化》和约翰·本德的《想象悔恨:18世纪英国的小说与心灵建构》是利用巴赫金的狂欢化理论和福柯的权力理论研究18世纪小说的杰作。在这两部著作中菲尔丁都占了相当大的篇幅,尤其难能可贵的是他们最为关注的是菲尔丁小说中历来不受重视的《阿米莉亚》和《大伟人江奈生·魏尔德传》,这更弥补了以往研究的不足。上述四部论小说的专著有时被一起归入新历史主义批评。1987年出版的集权威版本、背景资料和历代批评文选为一体的《诺顿批评版约瑟夫·安德鲁斯》,对促进这部小说的研究起了重要作用。1987年还出版了由著名批评家哈罗德·布鲁姆编辑的《现代批评观点:菲尔丁卷》。由于这是系列丛书的一种,布鲁姆本人并非菲尔丁研究专家,因此该文集并不被批评界所重视,但布鲁姆在导言中认为菲尔丁最惊人的力量是表现"乡绅威斯屯那狂暴、激烈又无知的活力"则有解构主义批评特点。② 为80

---

① K. G. Simpson, "Introduction", *Henry Fielding: Justice Observed* (London: Vision Press Ltd., 1985), p.7.

② Harold Bloom, ed., *Henry Fielding's Tom Jones: Modern Critical Interpretations* (New York: Chelsea House Publishers, 1987), pp.2—5.

年代菲尔丁研究画上圆满句号的是人们期待已久的由白特斯廷夫妇合作完成的《亨利·菲尔丁传》。他们进行了深入全面的资料收集整理工作,发现了许多前人未见的资料,写出了长达 700 多页的传记,使克罗斯的《亨利·菲尔丁传》出版 70 年后终于有了后来居上的新作。虽然学界对白特斯廷的一些观点有批评,这部著作已经取代克罗斯的专著成为标准菲尔丁传。

从 60 年代初到 80 年代末的 30 年是现代文学理论蓬勃发展,不同流派学派此起彼伏,你方唱罢我登场的时代,结构主义、心理分析、新马克思主义、女性主义、读者反应、后结构主义、新历史主义、后殖民主义批评理论让人应接不暇。这 30 年中的菲尔丁批评基本上涉及了除后殖民主义以外的各种流派,而传统的文本分析和社会历史分析论著也占有重要地位。从 90 年代开始到新世纪初,菲尔丁研究也与整个英美文学研究一样进入一个总结过去,开拓未来的新时期,研究方法和侧重点都有了新的变化。90 年代的菲尔丁研究专著包括两部传记,四部综合研究,一部批评文集,一部菲尔丁藏书研究和三部分别论述《约瑟夫·安德鲁斯的经历》和菲尔丁小说与古典传统的论著。此外,白特斯廷的《菲尔丁传》1993 年出了修订版。在 90 年代新出版的著作中,两部文学传记以篇幅适中,叙事流畅而广受一般读者欢迎。四部综合研究著作中最重要的是吉尔·坎贝尔的《自然面具:菲尔丁的戏剧和小说的性别与身份》。这是以作者 80 年代中后期完成的博士论文为基础,又进行了深入全面研究而写成的,问世之后广受欢迎,立即出版了平装本(这也是 70 年代以来出版的菲尔丁研究专著中唯一的平装本)。坎贝尔利用女性主义、心理分析、后结构主义和新历史主义等不同理论,从"面具"入手,对菲尔丁的戏剧和小说中的性别表现进行了探讨,提出了许多富有创见的观点。伊恩·A.贝尔的《亨利·菲尔丁:作家与权威》对菲尔丁历来十分关心的权威问题进行了新的解说,而提凡尼·鲍特的《诚实的罪:乔治时代放荡主义与菲尔丁戏剧与小说》则从一个有趣的角度探讨了菲尔丁的作品。1998 年出版的《亨利·菲尔丁批评文集》是自 1962 年鲍尔逊编辑的文集以来又一部选材精到的选集,里维罗的导论对 30 多年来的菲尔丁研究进行了全面地总结评述,文集共收 14 篇论文,其中四篇选自专著,两篇是菲尔丁著作编者序言,八篇是杂志发表的论文。此外,里维罗同年编辑的《奥古斯都主题》是献给其导师白特斯廷教授的文集,其中也有数篇关于菲尔丁研究的新作。艾伦·米基 1999 年出版的《理查逊与菲尔丁：批评竞争的活力》则把从18世纪40年代开始出现并延续至今的理查逊与菲尔丁之争作了历史梳理。

如果说90年代研究中菲尔丁专著有所减少，相关论著中对菲尔丁批评则有了明显增加。这也反映了当代文学研究的一个新趋势。博士生一般选择多个作家来作论文，而较少选择一个作家；另外，一些功成名就的批评家也从更广的范围或更高的视角对经典作品和作家进行研究。关于前一种，突出的例子是朱迪·弗兰克的《共同领地》，把菲尔丁的《约瑟夫·安德鲁斯的经历》与其他四种18世纪讽刺小说联系在一起进行探讨。属于后一种情况的有霍默·布朗的《小说机构》、瑞凯提的《历史中的英国小说》、斯帕克斯的《欲望与真理》、汤普森的《价值范式》和兹莫门的《小说的疆界》等。这些著作从不同的侧面对在18世纪走向成熟的英国小说进行了反思性的评论，而菲尔丁都处在中心位置。虽然他们的分析有时可能在文本解读上有些牵强或不准确的地方，但批评家广博的知识、高屋建瓴般的批评视角、游刃有余的跨学科联系都开拓了我们的视野，为我们提供了重要的启示。罗森为1996年出版的《剑桥18世纪小说指南》所撰写的菲尔丁一章，对菲尔丁的小说创作特点进行了很中肯精到的评价。1999年出版的《18世纪文学的意识与形式》也是一部值得关注的文集。戴卫·H.里克特1991年写了一篇关于当代菲尔丁研究的文章，指责许多批评过于意识形态化，经典著作被忽略，经典作家被边缘化。1996年《18世纪：理论与阐释》杂志将有关文章编发专辑，此后编者又邀请部分批评家撰文，从而形成这部文集。① 文集分两部分，第一部分标题是"亨利·菲尔丁的意识与形式"，第二部分标题是"文化史的形式与意识"，因此可以看作是半部菲尔丁研究文集，但侧重点在于当代文论争议。此外，著名批评家和学院派小说家戴维·洛奇在《小说的艺术》第26章以《约瑟夫·安德鲁斯的经历》选文为题讨论"展示与叙述"问题，并对亚当斯牧师评价说他"是一位仁慈慷慨，超凡脱俗的人，也是一个伟大的喜剧人物，可以说是英国小说中最令人难以忘怀的人物之一"②。

---

① See David H. Richter, "Preface", *Ideology and Form in Eighteenth-Century Literature*, ed. Richter (Lubbock: Texas Tech University Press, 1999), pp. vii–viii.

② 戴维·洛奇：《小说的艺术》，王峻岩等译，北京：作家出版社，1998年，第136页。在全书50章中，18世纪小说家只有菲尔丁和斯特恩（第17章论文内读者）各占一章，强调他们对小说艺术的经典贡献。

第四节 新世纪初的菲尔丁研究现状及展望

进入新世纪的第一年,菲尔丁研究迎来了前所未有的丰收,有四部专著问世。白特斯廷的《菲尔丁指南》是他积大半生经验而撰写的涉及菲尔丁研究方方面面的小百科似的著作,对年轻学者极有帮助。虽然他的有些观点值得商榷,这的确是一部不可缺少的工具书。同年出版的鲍尔逊著《菲尔丁评传》,在每章开头简介生平,然后集中探讨这一时期菲尔丁创作中的关键问题。鲍尔逊的评传与白特斯廷的指南可谓相辅相成,缺一不可。2000年出版的第三部专著是兰斯·伯特尔森的《工作中的菲尔丁》,探讨了菲尔丁晚年作为作家、治安法官和公司主管三重角色的复杂关系,也提出了一些颇引人注目的观点。第四部著作是R.A.罗森加登的《亨利·菲尔丁与天意叙事》,集中探讨基督教义与菲尔丁的小说叙事的关系。这后两部著作从视角观点来看又自然分成两派,前者倾向于用后现代理论解构菲尔丁形象,而后者则力图从传统基督教寻找解释菲尔丁小说的真谛。一年出版四部菲尔丁研究专著,而且视角观点如此泾渭分明,正说明了菲尔丁研究的繁荣发展。马修·J.金森尼科所著、2002年出版的《规范讽刺:18世纪伦敦剧坛对讽刺喜剧的审查》的前半部分主要是对菲尔丁讽刺剧作家生涯的评述。

2004年是菲尔丁逝世250周年,在耶鲁大学举行了纪念研讨会,论文已在相关期刊发表。约翰·斯蒂文森2005年发表的专著《汤姆·琼斯之真史》,可以说是近年菲尔丁研究中的一部力作。《汤姆·琼斯》是菲尔丁的代表作,英美学者曾经从主题人物、情节结构、历史背景、政治寓意等许多不同方面对其进行深入研究。斯蒂文森的专著则独辟蹊径,利用燕卜逊在1950年代提出的"双重反讽"观点,从人们不太重视的次要人物或事件入手,得出了一些相当有趣的新见解。他关注的次要人物包括詹姆斯二世的孙子——1745年叛乱的首领查尔斯·爱德华·斯图亚特、甘当汤姆随从的派崔济、猎守黑乔治、山中人、吉普赛王和名演员盖里克,还有小说中并没有出现的诗人塞维奇。他的分析得出一个大胆的结论:所有这些次要人物或影子人物都与主人公汤姆·琼斯,并进而与作者菲尔丁有某种紧密联系。2007年是菲尔丁诞辰300周年,由著名菲尔丁研究学者克劳德·罗森编辑的《剑桥菲尔丁指南》出版,汇集了英美学者的最新成果。在伦敦大学举行了以菲尔丁的现代性为主题的纪念研讨会,论文集由 D. A. 道尼教授编辑,已于 2008 年底出版,道尼教授从新的角度撰写的《菲尔丁政治传记》也已于 2009 年早些时候出版。① 印度学者学者 C. 詹姆斯出版了菲尔丁研究文集,该书颇为特殊,虽然署名为独撰,实际除作者的长篇菲尔丁介绍(约 90 页),还包括其他学者撰写的七篇论文。②

  回顾菲尔丁研究在 20 世纪的发展,我们可以看到在 20 世纪前期主要是历史和生平研究,属于传统历史批评的范畴。从 50 年代起,研究开始向纵深发展,标志是瓦特和白特斯廷的专著、克兰和燕卜逊的论文,探讨的问题包括菲尔丁的道德观点和小说艺术两大方面。60 年代的研究集中在菲尔丁的小说艺术,力图反驳瓦特关于菲尔丁对小说艺术贡献不大的观点,同时对现实主义手法进行多方面探讨,而白特斯廷编辑的菲尔丁主要小说则把他对作家宗教道德观点的认识广泛传播开来。这一阶段最重要的著作是奥尔特、塞克斯和米勒的专著。70 年代菲尔丁研究的最主要成果是亨特和罗森的著作,但哈里森关于菲尔丁道德哲学的论著有特殊意义。80 年代三部论菲尔丁戏剧和两部论菲尔丁政治的论著,以及关于菲尔丁与妇女问题的论著都开拓了新的领域。从小说研究来看,这一时期最重要的著作是麦基恩、本德和卡斯尔关于 18 世纪小说的综合论著。90 年代最重要的是坎贝尔的专著,而大量出现的是著名批评家的综合论著,尤以瑞凯提和汤普森的著作为最重要。显而易见,从 80 年代开始,菲尔丁研究关注政治、性别、权力、身份、价值等方面的论著明显增多,这也与文学研究向文化研究转向的潮流相一致。新世纪的前八年出版的研究成果则带有总结归纳与创新开拓并重的局面。

  展望今后的发展,文化研究的潮流将持续下去,因为文学的生命力就在于它对社会整体文化的反映和作用。同时,对菲尔丁小说艺术的研究在经历某种沉寂之后也将重新引起重视,对菲尔丁戏剧的研究将进一步深

---

  ① J. A. Downie, *A Political Biography of Henry Fielding* (London: Pickering & Chatto, 2009)是道尼教授主编的"18 世纪作家政治传记"丛书的一种,笔者在国家图书馆见到此书,但因书稿已成,本书未参考他的观点。道尼主编的伦敦研讨会论文集 *Henry Fielding in Our Time* (Newcastle: Cambridge Scholars, 2008),虽然出版较早,笔者也已建议北京大学图书馆购买,但本书定稿时尚未到手。

  ② C. James, *Henry Fielding: A Critical Study* (New Delhi: Anmol Publications Pvt. Ltd, 2007)。笔者在北大图书馆新书架看到此书时,还看到同一出版社 2007 年出版的马修·阿诺德研究论文集,应该是系列研究丛书。

入,而随着威斯林版菲尔丁著作集的出齐,对他的整体研究也将出现新局面。但是,说到底,菲尔丁在文学史上的地位主要是小说家,因此对他的小说研究将始终是研究重点。F. R. 利维斯在《伟大的传统》中写道:"菲尔丁对文学史里赋予他的重要地位自是当之无愧,但他却并不具备人们也要我们赋予他的那种经典殊荣"。《汤姆·琼斯》"所表现出来的根本意趣关怀实在有限得很。菲尔丁的见解,还有他对于人性的关怀,可谓简简单单"①。现在看来这种批评显然不够公允。罗纳德·鲍尔逊在《菲尔丁评传》结尾,写了这么一段话:

> 他对英国文学留下的遗产——我认为,至今尚未得到充分认识——不仅仅是本质上属于英国的喜剧小说(除了《堂吉诃德》能到哪儿去找?),而且有《汤姆·琼斯》那有力的建构形式及其深刻的智性核心。在那个大"钟"(如科尔律治所言)的内脏,正如在奥斯丁、艾略特、康拉德及其他作家最优秀的作品里,是体现在不完美的、绝非典范性的人物身上的个人行为(包括爱情、婚姻、名誉、勇气等等)问题。菲尔丁把在笛福和理查逊小说中只是偶然出现的内容清楚地表现了出来:恶并不是宗教的,不是亚当的违抗(如奥维资所认为),不是违法犯罪(尽管作为治安法官,他在 50 年代这么说过),而是伤害他人,尤其是相爱的人,说到底是伤害任何人。②

在这里,鲍尔逊有意识地把菲尔丁的代表作与奥斯丁、艾略特、康拉德的最优秀作品相提并论,因为后三位作家在利维斯的"伟大传统"中榜上有名。鲍尔逊显然在为菲尔丁争取其应得的经典作家地位。

作为中国学者,我们要了解并吸取英美学者研究的新成果,更要发挥我们在中国文化传统中研究英国文学的特殊角度的优势。除了对菲尔丁的小说从小说传统、人物性格和叙事特点等方面进行研究,对他生活的时代进行探讨之外,我们还可以更多地采取比较方法,探讨诸如中英小说不同的叙事特点、小说人物不同的表现形式、小说世界与现实社会的关系的不同处理方法等。菲尔丁的戏剧创作近年来在英美很受重视,国内还没有人真正研究过他的戏剧,这个空白理应得到填补。本书对菲尔丁戏剧只是

---

① F. R. 利维斯著《伟大的传统》,袁伟译,北京:三联书店,2002 年,第 5—6 页。
② Ronald Paulson, *The Life of Henry Fielding: A Critical Biography* (Oxford: Basil Blackwell, 2000), p.328.

进行了初步探讨,期望能引起更多学者的兴趣。菲尔丁的生活经历是十分复杂的,他不仅是重要的小说家和剧作家,而且是律师和治安法官,也是很有影响的报人,还曾经创办职业介绍处等。充分和全面地研究菲尔丁的各类创作有助于我们更好地理解他独具特色的喜剧小说,并从中吸取营养教益。

参考书目

英文部分:

Allen, Walter. *Six Great Novelists*. (1955) London: Hamish Hamilton, 1979.

Alter, Robert. *Fielding and the Nature of the Novel*. Cambridge, MA: Harvard University Press, 1968.

Baker, Sheridan. "Fielding's Comic Epic-in-Prose Romances Again," *Philological Quarterly* 58 (1979): 63—87.

Bateson, Fredric W. *English Comic Drama 1700—1750*. Oxford: Clarendon Press, 1929.

Battestin, Martin C. "Fielding's Changing Politics and *Joseph Andrews*," *Philological Quarterly* 39 (1960): 39—55.

—. *The Moral Basis of Fielding's Art*. Middletown, CT: Wesleyan University Press, 1959.

—. *The Providence of Wit: Aspects of Form in Augustan Literature and the Arts*. (1974) Charlottesville: University Press of Virginia, 1989.

—. with Ruthe R. Battestin. *Henry Fielding: A Life*. New York: Rutledge, 1989.

—. *A Henry Fielding Companion*. Westport, CT: Greewood Press, 2000.

—. "Dr. Johnson and the Case of Harry Fielding." In *Eighteenth-Century Genre and Culture: Serious Reflections on Occasional Forms: Essays in Honor of J. Paul Hunter*, ed. Dennis Todd and Cynthia Wall. Newark: University of Delaware Press, 2001.

Bender, John. *Imagining the Penitentiary: Fiction and the Architecture of Mind in Eighteenth-Century England*. Chicago: University of Chicago Press, 1987.

Bertelsen, Lance. *Henry Fielding at Work: Magistrate, Businessman, Writer*. New York: Palgrave, 2000.

Blanchard, Fredric T. *Fielding the Novelist: A Study in Historical Criticism*. (1926) New York: Russell and Russell, 1966.

Bloom, Harold. "Introduction" to *Modern Critical Essays: Henry Fielding*, ed. Harold Bloom. New York: Chelsea House, 1987.

Bogel, Fredric. *The Difference Satire Makes: Rhetoric and Reading from Jonson to Byron*. Ithaca: Cornell University Press, 2001.

Braudy, Leo. *Narrative Form in History and Fiction: Hume, Fielding, and Gibbon*. Princeton: Princeton University Press, 1970.

Brown, Laura. *English Dramatic Form, 1660—1760: An Essay in Generic History*. New Haven: Yale University Press, 1981.

—. *Fables of Modernity: Literature and Culture in the English Eighteenth Century*. Ithaca: Cornell University Press, 2001.

Butt, John. *Fielding*. Rev. ed. London: Longman's, Green & Co, 1959.

Campbell, Jill. *Natural Masques: Gender and Identity in Fielding's Plays and Novels*.

Stanford: Stanford University Press, 1995.

Castle, Terry. *Masquerade and Civilization: The Carnivalesque in Eighteenth-Century English Culture and Fiction*. Stanford: Stanford University Press, 1986.

—. *The Female Thermometer: 18th-Century Culture and the Invention of the Uncanny*. New York: Oxford University Press.

Cibber, Colley. *An Apology for the Life of Colley Cibber, with an Historical View of the Stage During His Own Time, written by Himself*, ed. with an Introduction by B. R. S. Fone. Ann Arbor: University of Michigan Press, 1968.

Cleary, Thomas R. *Henry Fielding: Political Writer*. Waterloo, ON: Wilfred Laurier University Press, 1984.

Coolidge, John S. "Fielding and the Conservation of Character," *Modern Philology* 57 (1960): 245—59. Rpt. in *Fielding: A Collection of Critical Essays*. Ed. Ronald Paulson: 158—176.

Cowper, William. *A Selection from Cowper's Letters*. Ed. E. V. Lucas. London: Oxford University Press, 1911.

Crane, R. S. "The Plot of *Tom Jones*," *Journal of General Education* 4 (1950): 112—130. Rpt. in *Tom Jones: An Authoritative Text, Contemporary Reactions, Criticism*, ed. Sheridan Baker. New York: Norton, 1973: 844—869.

Cross, Wilbur L. *The History of Henry Fielding*, 3 vols. New Haven: Yale University Press, 1918.

Damrosch, Leopold. *God's Plot and Man's Stories: Studies in the Fictional Imagination from Milton to Fielding*. Chicago: University of Chicago Press, 1985.

Davis, Lennard. *Factual Fictions: The Origins of the English Novel*. New York: Columbia University Press, 1983.

Defoe, Daniel. "The Life and Actions of Jonathan Wild." In *Tales of Piracy, Crime and Ghosts* by Daniel Defoe, ed. Carl Withers. New York: Penguin Books, 1945.

Dircks, Robert J. *Henry Fielding*. Boston: Twayne, 1983.

Dobson, Austin. *Henry Fielding: A Memoir*. New York: Dodd, Mead & Company, 1900.

Donaldson, Ian. *The World Upside-Down: Comedy from Jonson to Fielding*. Oxford: Clarendon Press, 1970.

Downie, J. A. *A Political Biography of Henry Fielding*. London: Pickering & Chatto, 2009.

Drake, George A. "Historical Space in the 'History of': Between Public and Private in *Tom Jones*," *ELH* 66 (1999): 707—737.

Dudden, F. Homes. *Henry Fielding: His Life, Works, and Times*, 2 vols. Oxford: Clarendon Press, 1952.

Eagleton, Terry. *The English Novel: An Introduction*. Malden, MA: Blackwell, 2005.

Empson, William. "*Tom Jones*," *Kenyon Review* 20 (1958): 217—249. Rpt. in *Fielding: A Collection of Critical Essays*. Ed. Ronald Paulson: 123—145.

Fielding, Henry. *Amelia*. Ed. Martin C. Battestin. Middletown, CT: Wesleyan University

Press, 1983.

——. *The Champion*. Ed. W. B. Coley. Oxford: Clarendon Press, 2000.

——. *The Covent Garden Journal and A Plan of the Universal Register Office*. Ed. Bertrand A. Goldgar. Middletown, CT: Wesleyan University Press, 1988.

——. *An Enquiry into the Causes of the Late Increase of Robbers and Related Writings*. Ed. Malvin R. Zirker, Middletown, CT: Wesleyan University Press 1988.

——. *The Historical Register for the Year 1736* and *Eurydice Hissed*. Ed. William W. Appleton. Lincoln: University of Nebraska Press, 1967.

——. *The History of Tom Jones: A Foundling*. Ed. Martin C. Battestin and Fredson Bowers. Middletown, CT: Wesleyan University Press, 1975.

——. *The Jacobite's Journal and Related Writings*. Ed. W. B. Coley. Middletown, CT: Wesleyan University Press, 1975.

——. *Joseph Andrews*. Ed. Martin C. Battestin. Middletown, CT: Wesleyan University Press, 1967.

——. *The Journal of a Voyage to Lisbon*, *Shamela*, *and Occasional Writings*, ed. Martin C. Battestin, with the late Sheridan W. Baker, Jr. and Hugh Amory. Oxford: Clarendon Press, 2008.

——. *Miscellanies*, Volume One. Ed. H. K. Miller. Middletown, CT: Wesleyan University Press, 1972.

——. *Miscellanies*, Volume Two. Ed. Bertrand Goldgar and Henry Amory. Middletown, CT: Wesleyan University Press, 1993.

——. *Miscellanies*, Volume Three. Ed. Bertrand Goldgar and Henry Amory. Middletown, CT: Wesleyan University Press, 1997.

——. *Plays*, Volume One. Ed. Thomas Lockwood. Oxford: Clarendon Press, 2004.

——. *Plays*, Volume Two. Ed. Thomas Lockwood. Oxford: Clarendon Press, 2007.

——. *The True Patriot and Related Writings*. Ed. W. B. Coley. Middletown, CT: Wesleyan University Press, 1987.

——. *The Works of Henry Fielding*, *Esq.*, ed. with a Biographical Essay by Leslie Stephen, in Ten Volumes, London: Smith, Elder, & Co., 1882. (Volumes 9 and 10 for some of the plays not included in *The Plays*, Volumes One and Two of the Wesleyan Edition edited by Lockwood.)

Frank, Judith. *Common Ground: Eighteenth-Century English Satiric Fiction and the Poor*. Stanford: Stanford University Press, 1997.

Gay, John. *The Beggar's Opera*. Ed. Edgar V. Roberts. London: Edward Arnold, 1969.

Godden, Gertrude M. *Henry Fielding: A Memoir*, including newly discovered letters and records, with illustrations from contemporary prints. London: Sampson Low, 1910.

Goldberg, Homer. *The Art of Joseph Andrews*. Chicago: University of Chicago Press, 1969.

Golden, Morris. *Fielding's Moral Psychology*. Amherst: University of Massachusetts

Press, 1966.

—. "Fielding's Politics," In *Henry Fielding: Justice Observed*. Ed. K. G. Simpson: 34—55.

Goldgar, Bertrand A. *Walpole and the Wits: The Relation of Politics to Literature, 1722—1742*. Lincoln: University of Nebraska Press, 1976.

Hahn, H. George. *Henry Fielding: An Annotated Bibliography* (Scarecrow Author Bibliographies, No. 41). Metuchen, N. J.: Scarecrow Press, Inc., 1979.

Han, Jiaming. *Henry Fielding: Form, History, Ideology*. Beijing: Peking University Press, 1997.

Harris, James. "An Essay on the Life and Genius of Henry Fielding Esq," Appendix III to *The Sociable Humanist: The Life and Works of James Harris 1709—1780*. Oxford: Clarendon Press, 1991.

Hatfield, Glenn W. *Henry Fielding and the Language of Irony*. Chicago: University of Chicago Press, 1968.

Haywood, Eliza. *The History of Miss Betsy Thoughtless*. London: Pandora Press, 1986.

—. *Three Novellas*, ed. Earla A. Wilputte. East Lansing: Colleagues Press, 1995.

Howson, Gerald. *Thief-Taker General: The Rise and Fall of Jonathan Wild*. London: Hutchinson & Co. Ltd., 1970.

Hume, Robert D. *Henry Fielding and the London Theatre, 1728—1737*. Oxford: Clarendon Press, 1988.

Hunter, J. Paul. *Before Novels: The Cultural Contexts of Eighteenth-Century English Fiction*. New York: Norton, 1990.

—. *Occasional Form: Henry Fielding and the Chains of Circumstance*. Baltimore: Johns Hopkins University Press, 1975.

Hutchens, Eleanor Newman. *Irony in "Tom Jones"*. University: University of Alabama Press, 1965.

Irwin, Michael. *Henry Fielding: Tentative Realist*. Oxford: Clarendon Press, 1967.

Irwin, William R. *The Making of Jonathan Wild: A Study in the Literary Method of Henry Fielding*. (1941) Hamden, CT: Archon Books, 1966.

James, C. *Henry Fielding: A Critical Study*. New Delhi: Anmol Publications Pvt. Ltd, 2007.

Jenkins, Elizabeth. *Henry Fielding*. London: Home and Van Thal, 1947.

Johnson, Maurice. *Fielding's Art of Fiction*. Philadelphia: University of Pennsylvania Press, 1967.

Johnson, Samuel. "The Vanity of Human Wishes," *The Norton Anthology of English Literature*, ed. M. H. Abrams et al. 5th Edition. New York: Norton, 1985. Volume One, pp. 2300—2308.

Kermode, Frank. "Richardson and Fielding", *Cambridge Journal* 4 (1950): 106—114.

Kettle, Arnold. *An Introduction to the English Novel*. (1951) New York: Harper & Row, 1960.

Keymer, Thomas. "Introduction" to *The Journal of the Voyage to Lisbon*. Ed. Thomas Keymer.

London: Penguin, 1996.

—. and Peter Sabor, ed. *The Pamela Controversy: Criticism, Adaptations of Samuel Richardson's Pamela, 1740—1750*. London: Pickering & Chatto Publishers, 2001.

Kinsenik, Matthew J. *Disciplining Satire: The Censorship of Satiric Comedy on the Eighteenth-Century London Stage*. London: Associated University Press, 2002.

Knight, Charles A. "Fielding's Afterlife," *The Cambridge Companion to Henry Fielding*. Ed. Claude Rawson. Cambridge: Cambridge University Press, 2007: 175—189

Langford, Paul. *A Polite and Commercial People: England 1727—1783*. Oxford: Clarendon Press, 1989.

Lewis, Peter. *Fielding's Burlesque Drama: Its Place in the Tradition*. Edinburgh: Edinburgh University Press, 1987.

Lipking, Lawrence. "Inventing the Eighteenth Centuries: A Long View," *The Profession of Eighteenth-Century Literature*, ed. Leo Damrosch. Madison: University of Wisconsin Press, 1992: 7—25.

Liu, Yiqing. *Samuel Richardson as a Writer of Woman's Heart*. Beijing: Peking University Press, 1995.

Lockwood, Thomas. "Fielding and the Licensing Act," *Huntington Library Quarterly: Studies in English and American History and Literature* 50 (1987): 379—393.

—. "Did Fielding Write for *The Craftsman*?" *Review of English Studies*, New Series, Vol. 59, No. 238 (2008): 86—117.

Loftis, John. *Comedy and Society from Congreve to Fielding*. Stanford: Stanford University Press, 1959.

—. "Imitation in the Novel: Fielding's *Amelia*," *Rocky Mountain Review of Language and Literature* 31 (1977): 214—229.

Low, Donald. "Mr. Fielding of Bow Street." In *Henry Fielding: Justice Observed*. Ed. K. G. Simpson: 13—33.

Lynch, John J. *Henry Fielding and the Heliodoran Novel: Romance, Epic, and Fielding's New Province of Writing*. Rutherford, NJ: Fairleigh Dickinson University Press, 1986.

McCrea, Brian. *Henry Fielding and the Politics of Mid-Eighteenth-Century England*. Athens: University of Georgia Press, 1981.

McKeon, Michael. *The Origins of the English Novel 1600—1740*. Baltimore: Johns Hopkins University Press, 1987.

Michie, Allen. *Richardson and Fielding: The Dynamics of a Critical Rivalry*. Lewisburg: Bucknell University Press, 1999.

Miller, Henry Knight. *Essays on Fielding's "Miscellanies": A Commentary on Volume One*. Princeton: Princeton University Press, 1961.

—. *Henry Fielding's "Tom Jones" and the Romance Tradition*. Victoria, BC: University of Victoria Press, 1976.

O'Brien, John. *Harlequin Britain: Pantomime and Entertainment, 1690—1760*. Baltimore: Johns Hopkins University Press, 2004.

Owen, John B. *The Eighteenth Century: 1714—1815*. Totowa, N. J.: Rowman & Littlefield, 1975.

Pagliaro, Harold. *Henry Fielding: A Literary Life*. London: Macmillan, 1998.

Paulson, Ronald, ed. *Fielding: A Collection of Critical Essays*. Englewood Cliffs, N. J.: Prentice-Hall, Inc. 1962.

—. *Satire and the Novel in Eighteenth-Century England*. New Haven: Yale University Press, 1967.

—. *Popular and Polite Art in the Age of Hogarth and Fielding*. Notre Dame, IN: University of Notre Dame Press, 1979.

—. *Don Quixote in England: The Aesthetics of Laughter*. Baltimore: Johns Hopkins University Press, 1998.

—. *The Life of Henry Fielding: A Critical Biography*. Oxford: Blackwell, 2000.

—. and Thomas Lockwood, ed. *Henry Fielding: The Critical Heritage*. New York: Routledge, 1969.

Plumb, J. H. *England in the Eighteenth Century*. Harmondsworth, Middlesex: Penguin Books, 1950.

—. *Sir Robert Walpole*. 2 Vols. London: Cresset Press, 1956—1960.

Pope, Alexander. *The Dunciad*. Ed. James Sutherland. London: Methuen & Co. Ltd., 1943.

Potter, Tiffany. *Honest Sins: Georgian Libertinism and the Plays and Novels of Henry Fielding*. Montreal & Kingston: McGill-Queen's University Press, 1999.

Price, Martin. *To the Palace of Wisdom: Studies in Order and Energy from Dryden to Blake*. Garden City, NY: Anchor-Doubleday, 1964.

Probyn, Clive T. *The Sociable Humanist: The Life and Works of James Harris 1709—1780*. Oxford: Clarendon Press, 1991.

Pullen, Kirsten. *Actresses and Whores: On Stage and in Society*. Cambridge: Cambridge University Press, 2005.

Radzinowicz, Leon. *A History of English Criminal Law and Its Administration from 1750*. New York: Macmillan Company, 1948.

Rawson, Claude. *Henry Fielding and the Augustan Ideal under Stress*. (1972) New Jersey and London: Humanities Press International, Inc., 1991.

—, ed. *Henry Fielding: A Critical Anthology*. Harmondsworth, Middlesex: Penguin, 1973.

—. *Order from Confusion Sprung: Studies in Eighteenth-Century Literature from Swift to Cowper*. London: George Allen & Unwin, 1985.

—. "Henry Fielding." In *The Cambridge Companion to the Eighteenth-Century Novel*. Ed. John Richetti. Cambridge: Cambridge University Press, 1996.

—, ed. *The Cambridge Companion to Henry Fielding*. Cambridge: Cambridge University Press,

2007.

Ribble, Frederick G. "New Light on Henry Fielding from the Malmesbury Papers," *Modern Philology* 103 (2005): 51—94.

—, and Anne G. Ribble. *Fielding's Library: An Annotated Catalogue*. Charlottesville: The Bibliographical Society of the University of Virginia, 1996.

Richardson, Samuel. *Clarissa*, ed. with an Introduction and Notes by Angus Ross. London: Penguin, 1985.

Richetti, John. *The English Novel in History, 1700—1780* . New York: Routledge, 1999.

Richter, David H., ed. *Ideology and Form in Eighteenth-Century Literature*. Lubbock: Texas Tech University Press, 1999.

Rivero, Albert J. *The Plays of Henry Fielding: A Critical Study of His Dramatic Career*. Charlottesville: University Press of Virginia, 1989.

—. "*Pamela/Shamela/Joseph Andrews*: Henry Fielding and the Duplicity of Representation." In *Augustan Subjects: Essays in Honor of Martin C. Battestin*, ed. by Albert J. Rivero. London: Associated University Press, 1997.

—, ed. *The Critical Essays on Henry Fielding*. New York: G. K. Hall & Co, 1998.

Rogers, Pat. *Henry Fielding: A Biography*. New York: Charles Scribner's Sons, 1979.

—. "Fielding on Society, Crime, and the Law." *The Cambridge Companion to Henry Fielding*. Ed. Claude Rawson: 137—152.

Rogers, Winfield H. "Fielding's Early Aesthetic and Technique," *Studies in Philology*, 40 (1943): 529—551. Rpt. in *Fielding: A Collection of Critical Essays*, ed. Ronald Paulson: 25—55.

Rosengarten, Richard A. *Henry Fielding and the Narration of Providence: Divine Design and the Incursions of Evil*. New York: Palgrave, 2000.

Sacks, Sheldon. *Fiction and the Shape of Belief: A Study of Henry Fielding*. (1964) Chicago: University of Chicago Press, 1980.

Scott, Sir Walter. *The Lives of the Novelists*, with an Introduction by George Saintsbury. London: J. M. Dent & Sons Ltd. , N. D.

Shaw, Harry E. *Narrating Reality: Austen, Scott, Eliot*. Ithaca: Cornell Univeristy Press, 1999.

Sherbo, Arthur. *Studies in the Eighteenth-Century English Novel*. East Lansing: Michigan State University Press, 1969.

Sherburn, George. "Fielding's *Amelia*: An Interpretation," *ELH* 3 (1936): 1—14. Rpt. in *Fielding: A Collection of Critical Essays*. Ed. Ronald Paulson: 146—157.

—. "Fielding's Social Outlook." *Philological Quarterly* 35 (1956): 1—23. Rpt. in *Eighteenth-Century English Literature: Modern Essays in Criticism*. Ed. James L. Clifford. New York: Oxford University Press, 1959: 251—273.

—, and Donald F. Bond. *The Restoration and Eighteenth Century*, Vol. III of *A Literary*

History of England, ed. Albert C. Baugh, 2nd. Ed. New York: Appleton-Century-Crofts, 1967.

Sheriff, John K. *The Good-Natured Man: The Evolution of a Moral Ideal, 1660—1800*. University: University of Alabama Press, 1982.

Shesgreen, Sean. *Literary Portraits in the Novels of Henry Fielding*. Dekalb: Northern Illinois University Press, 1972.

Simpson, K. G., ed. *Henry Fielding: Justice Observed*. London: Vision & Totowa, NJ: Barnes and Noble, 1985.

Smallwood, Angela J. *Fielding and the Woman Question: The Novels of Henry Fielding and Feminist Debate, 1700—1750*. New York: St. Martin's Press, 1989.

Spacks, Patricia. *Imagining a Self: Autobiography and Novel in Eighteenth-Century England*. Cambridge, MA: Harvard University Press, 1976.

—. *Desire and Truth: Functions of Plot in Eighteenth-Century English Novels*. Chicago: University of Chicago Press, 1990.

—. *Novel Beginnings: Experiments in Eighteenth-Century English Fiction*. New Haven: Yale University Press, 2006.

Stephen, Leslie. *English Literature and Society in the Eighteenth Century*. (1903) New York: Barnes & Noble, 1962.

Stevenson, John Allen. *The Real History of Tom Jones*. New York: Palgrave, 2005.

Sutherland, John. "Who is Tom Jones' Father?" In *Can Jane Eyre Be Happy?: More Puzzles in Classic Fiction*. Oxford: Oxford University Press, 2000.

Thomas, Donald. *Henry Fielding*. New York: St. Martin's Press, 1991.

Thompson, James. *Models of Value: Eighteenth-Century Political Economy and the Novel*. Durham: Duke University Press, 1996.

Thornbury, Ethel M. *Henry Fielding's Theory of the Comic Prose Epic*. Madison: University of Wisconsin Press, 1931.

Tillyard, E. M. W. *The Epic Strain in the English Novel*. Fair Lawn, NJ: Essential Books, Inc., 1958.

Varey, Somon. *Henry Fielding*. Cambridge: Cambridge University Press, 1986.

Wanko, Cheryl. "Characterization and the Reader's Quandary in Fielding's *Amelia*," *Journal of English and Germanic Philology* 94 (1991): 505—23.

Wendt, Allen. "The Moral Allegory of *Jonathan Wild*," *ELH* 24 (1957): 306—320.

Williams, Murial Britain. *Marriage: Fielding's Mirror of Morality*. University: University of Alabama Press, 1973.

Wright, Andrew. *Henry Fielding: Mask and Feast*. Berkeley & Los Angeles: University of California Press, 1965.

Zimmerman, Everett. *The Boundaries of Fiction: History and the Eighteenth-Century British Novel*. Ithaca: Cornell University Press, 1996.

Zirker, Malvin R. *Fielding's Social Pamphlets*. Berkeley & Los Angeles: University of California Press, 1966.

中文书目：

爱利斯特拉托娃:《菲尔丁》,李从弼译,上海:新文艺出版社1957年版。
奥维德:《变形记》,杨周翰译,北京:人民文学出版社1984年版。
W.C.布斯:《小说修辞学》,华明、胡晓苏、周宪译,北京:北京大学出版社1987年版。
笛福:《鲁滨孙飘流记》,徐霞村译,北京:人民文学出版社1959年版。
菲尔丁:《洞冥记》(从阳世到阴间的旅行),林纾、陈家麟译,上海:商务印书馆1921年版。(殷雄的译本《灵魂游历记》1937年上海大通书社版笔者未见)
菲尔丁:《大伟人威立特传》,伍光建译,上海:商务印书馆,1926年,1933重版。
菲尔丁:《约瑟·安特路传》,伍光建译的,上海:商务印书馆,1928年,1933重版;北京:作家作家出版社1954年版。(香港中流出版社1959年版和台北商务印书馆1966年版。)
菲尔丁:《约瑟夫·安德鲁斯的经历》,王仲年译,1955,1957;上海文艺出版社1962年版。
菲尔丁:《大伟人华尔德传》,景行、万紫译,1955,1957;上海文艺出版社1962年版。
菲尔丁:《妥木宗斯》(汤姆·琼斯),伍光建选译,上海:商务印书馆1934年版。
菲尔丁:《弃儿汤姆·琼斯的历史》,萧乾 李从弼译,北京:人民文学出版社1984年版。
菲尔丁:《弃儿汤姆·琼斯的史》,张谷若译,上海:上海译文出版社1993年版。
菲尔丁:《汤姆·琼斯》,黄乔生译,南京:译林出版社2004年版。
菲尔丁:《阿米莉亚》,吴辉译,南京:译林出版社2004年版。
菲尔丁:《大伟人江奈生·魏尔德传》,萧乾译,南京:译林出版社2004年版。
菲尔丁:《咖啡店政客》,英若诚译,北京:人民文学出版社1957年版。
菲尔丁:《关于现实主义创作的理论》,杨周翰选译,《文艺理论译丛》,1958年第1期,194—230页。
诺思罗普·弗莱:《批评的解剖》,陈慧、袁宪军、吴伟仁译,天津:百花文艺出版社2006年版。
大卫·雷·格里芬编:《后现代精神》,王成兵译,北京:中央编译出版社1998年版。
爱德华·吉本:《吉本自传》,戴子钦译,北京:三联书店2002年版
F.R.利维斯:《伟大的传统》,袁伟译,北京:三联书店2002年版。
理查逊:《帕梅拉》,吴辉译,南京:译林出版社1997年版。
卢奇安(路吉阿诺斯):《路吉阿诺斯对话集》,周作人译,北京:中国对外翻译出版公司2003年版。
戴维·洛奇:《小说的艺术》,王峻岩等译,北京:作家出版社1998年版。
伯纳德·曼德维尔:《蜜蜂的寓言》,肖聿译,北京:中国社会科学出版社2002年版。
莫里哀:《吝啬鬼》,李健吾译,上海:开明书店1949年版。
杰里米·帕克斯曼:《英国人》,严维明译,上海:上海译文出版社2000年版。
萨克雷:《亨利·艾斯芒德的历史》,陈逵、王培德译,北京:人民文学出版社1997年版。
萨克雷:《萨克雷文学评论二篇》,刘若端译,在《古典文艺理论译丛》第二册,北京:人民文学出版社1961年版。
拉曼·塞尔登编:《文学批评理论:从柏拉图到现在》,刘象愚、陈永国等译,北京:北京大学出版社2000年版。

塞万提斯:《堂吉诃德》,杨绛译,北京:人民文学出版社 1987 年版。
斯摩莱特:《蓝登传》,杨周翰译,上海:上海译文出版社 1980 年版。
亚当·斯密:《道德情操论》,谢宗林译,北京:中央编译出版社 2008 年版。
斯威夫特:《格列佛游记》,张健译,北京:人民文学出版社 1979 年版。
屠岸选译:《英国历代诗歌选》(上册),南京:译林出版社 2006 年版。
伊恩·P. 瓦特:《小说的兴起》,高原、董红均译,北京:三联书店 1992 年版。
锡德尼:《为诗辩护》,钱学熙译,北京:人民文学出版社 1964 年版。
曹雪芹、高鹗:《红楼梦》,北京:人民文学出版社 1982 年版。
范存忠:《英国文学论集》,北京:外国文学出版社 1981 年版。
范存忠:《中国文化在启蒙时期的英国》,上海:上海外语教育出版社 1991 年版。
傅光明编:《解读萧乾》,北京:大众文艺出版社 2001 年版。
韩加明:《菲尔丁在中国》,《四川外语学院学报》,2006 年第 4 期,3—8 页。
何其莘:《英国戏剧史》,南京:译林出版社 1999 年版。
侯健:《中国小说比较研究》,台北:东大图书公司 2005 年版。
黄梅:《推敲"自我":小说在 18 世纪的英国》,北京:三联书店 2005 年版。
黄嘉德:《菲尔丁和他的代表作〈汤姆·琼斯〉》,《文史哲》,1954 年第 12 期,8—15 页。
李赋宁:《英国文学论述文集》,北京:外语教学与研究出版社 1997 年版。
刘洒银:《论菲尔丁的小说〈约瑟夫·安德鲁斯〉》,《南京师大学报》(社会科学版),1994 年第 3 期,72—76 页。
刘洒银:《论菲尔丁的小说〈大伟人江奈生·魏尔德传〉》,《南京师大学报》(社会科学版)1987 年第 4 期,42—47 页。
刘意青主编:《英国 18 世纪文学史》(修订版),北京:外语教学与研究出版社 2005 年版。
吕大年:《18 世纪英国文化风习考——约瑟夫和范妮的菲尔丁》,《外国文学评论》,2006 年第 1 期,35—48 页。
裘克安编著:《英语与英国文化》,长沙:湖南教育出版社 1993 年版。
申丹、韩加明、王丽亚:《英美小说叙事理论研究》,北京:北京大学出版社 2005 年版。
宋美华:《18 世纪英国文学——讽刺诗与小说》,台北:东大图书公司 1995 年版。
吴宓:《〈红楼梦〉新谈》,北京大学比较文学研究所编《中国比较文学研究资料 1919—1949》,北京:北京大学出版社 1989 年版。
王章辉:《英国文化与现代化》,沈阳:辽海出版社 1999 年版。
萧乾:《菲尔丁:英国现实主义小说奠基人》,上海:上海译文出版社 1984 年版。
谢天振、查明建:《中国现代翻译文学史》,上海:上海外语教育出版社 2004 年版。
杨绛:《春泥集》,上海:上海文艺出版社 1979 年版。
杨周翰:《菲尔丁论小说和小说家》,《国外文学》1981 年第 2 期,22—26 页。
俞平伯:《点评红楼梦》,北京:团结出版社 2004 年版。
张俊才:《林纾评传》,天津:南开大学出版社 1992 年版。

人名索引

A

阿里斯托芬（Aristophanes） 1，24，184，303
艾狄生（Joseph Addison） 111，231，297，324，349，365
艾略特（George Eliot） 365
奥尔特（Robert Alter） 244，278，371
奥斯丁（Jane Austen） 307，364
奥维德（Ovid） 85，97，158，171，228，320

B

巴赫金（M. M. Bakhtin） 245，374
巴特（John Butt） 272，369
白金汉公爵（Duke of Buckingham） 12，26，297
白特斯廷（Martin C. Battestin） 2，7，15，62，109，140，245，251，267，270，277，296，341，370
柏拉图（Plato） 179，183，246
拜伦（Lord Byron） 364
班扬（John Bunyan） 134，177，252
鲍尔逊（Ronald Paulson） 6，12，34，56，116，120，135，169，174，180，182，184，191，206，215，271，327，332，341，359，362，370，379
伯格尔（Fredrick Bogel） 202，320
伯尼（Fanny Burney） 364
伯特尔森（Lance Bertelsen） 21，296，323，352，377

贝恩（Aphra Behn） 114
本德（John Bender） 196，287，374
布兰查德（Fredrick Blanchard） 340，367
布朗（Laura Brown） 49，348，374
布洛迪（Leo Braudy） 152，192，199，210，372
布鲁姆（Harold Bloom） 374
布斯（W. C. Booth） 371

C

曹雪芹 257，263

D

达登（F. Homes Dudden） 18，84，95，183，187，244，253，257，324，369
戴维斯（Lennard Davis） 237，374
道伯森（Austin Dobson） 66，116，253，364，366
道尼（D. A. Downie） 378
德莱顿（John Dryden） 12，24－26，88，304，320
笛福（Daniel Defoe） 139，142，152，195，206，210，212，244，250，255，271，277，369，379
狄更斯（Charles Dickens） 1，183，270，365
狄克逊（F. S. Dickson） 127，367
蒂利亚德（E. M. W. Tyllyard） 369

F

范存忠 23，266，267，294，354

弗莱(Northrop Frye) 33, 132

G

盖里克(David Garrick) 23, 100, 102, 104, 105, 166, 235, 377

盖伊(John Gay) 8, 9, 24, 26, 34, 43, 56, 155, 196

戈尔德卡(Bertrand Goldgar) 56, 96, 99, 179, 183, 191, 306

古德伯格(Homer Goldberg) 140, 371

H

哈代(Thomas Hardy) 362

哈里斯(James Harris) 12, 16, 154, 168, 221

哈特菲尔德(Glenn W. Hatfield) 371

海伍德(Eliza Haywood) 37, 301

何其莘 25, 26, 57

荷马(Homer) 19, 138, 150, 151, 163, 183, 247, 269, 283, 299, 306, 320, 321, 358, 359, 364

贺拉斯(Horace) 116, 227, 314, 318, 340, 365

亨特(J. Paul Hunter) 44, 77, 134, 242, 250, 256, 265, 372

候健 241

黄嘉德 243, 394, 395

黄梅 136, 255, 256, 261, 266, 284, 294, 295, 301

霍布斯(Thomas Hobbes) 113, 163

霍格斯(William Hogarth) 23, 42, 63, 64, 145, 304, 327, 332, 339, 345, 370

J

吉本(Edward Gibbon) 363, 364, 372

基莫尔(Thomas Keymer) 347, 354

K

卡鲁(Thomas Carew) 158

卡斯尔(Terry Castle) 17, 286, 374

坎贝尔(Jill Campbell) 228, 280, 349, 353, 375

康格里夫(William Congreve) 24—27, 60, 115, 369

考利(W. B. Coley) 2, 113, 127, 217, 220

柯尔律治(Samuel Taylor Coleridge) 364, 379

克拉夫(Kitty Clive) 67—69, 71, 73, 76, 93, 100, 102, 235

克兰(R. S. Crane) 248, 369

克利兰(John Cleland) 363

克利里(Thomas Cleary) 209, 373

克罗斯(Wilbur L. Cross) 11, 16, 24, 110, 151, 191, 222, 244, 278, 367

科莫德(Frank Kermode) 368

库里奇(John J. Coolidge) 285, 287

L

拉伯雷(Rabelais) 1, 222, 303

拉罗什福科(Francois de la Rochefoucauld) 165, 169

莱特(Andrew Wright) 244, 371

雷诺克斯(Charlotte Lennox) 299, 300

李从弼 2, 210, 239

李赋宁 24, 137, 138, 162

李洛(John Lillo) 209, 233

理查逊(Samuel Richardson) 17, 18, 53, 104, 131, 132, 134, 136, 137, 139, 142, 144, 147, 152, 231, 232, 244, 245, 255, 269—272, 277, 300, 354, 361—364, 368, 369, 371, 373,

376,379

里波尔(Frederick Ribble) 16,23,238

里维罗（Albert Rivero）3,24,37,52,57,75,80,142,149,373

利特尔顿（George Lyttelton）7,164,221,228,233,241,278,298

林纾 177—179,188,189,238

刘陋银 147,195,198

刘意青 25,240,395

刘易斯(Peter Lewis) 43,78,100,373

卢奇安(Lucian) 1,116,169,171,178,179,222,303,304

罗彻斯特(Earl of Rochester) 33,263

罗杰斯(Pat Rogers) 13,18,20,38,64,119,164,177,197,221,228,237,325,344,372

洛夫提斯(John Loftis) 269,369

洛克(John Locke) 113,128

洛克伍德(Thomas Lockwood) 13,44,362,370

罗森（Claude Rawson）23,179,192,206,272,282,372,373,377

吕大年 147

M

马维尔(Andrew Marvell) 262

麦格纳迪尔（G. H. Magnardier）238,366

麦基恩(Michael McKeon) 150,245,374

麦基洛普（Alan D. McKillop）265,269,369

蒙塔古夫人（Lady Mary Wortley Montagu）8,15,55,167

弥尔顿(John Milton) 128,299

米勒(Henry Knight Miller) 1,153,179,245,255,294,334,371,372

莫里哀(Moliere) 10,24,64—66,78

墨菲（Arthur Murphy）19,23,294,324,363

O

欧文(William R. Irwin) 192,201,368

P

帕格里阿洛（Harold Pagliaro）36,73,107,203,213,355

潘家洵 2,194,238,241,243

佩勒姆（Henry Pelham）19,129,215,216,221,225,226,228—231,234,296,334,358

蒲柏（Alexander Pope）10,15,37,43,56,93,117,119,134,150,153,157,160,167,229,233,234,256,306,310,320,321,365,370,373

Q

切斯特菲尔德（Lord Chesterfield）69,164,175,221

琼森(Ben Jonson) 25,32,57,61,75,103,319

裘克安 22

S

萨克雷（William Makepeace Thackeray）272,365

塞克斯(Sheldon Sacks) 244,287,371

塞万提斯(Cervantes) 1,24,138,152,222,299,300,303

莎夫茨伯里（Earl of Shaftesbury）113,163,175

莎士比亚(William Shakespeare) 24,25,34,43,60,85,93,94,109,183,272,308,349

申丹 364, 395

舒尔曼(Mona Scheuermann) 276

斯宾塞(Edmund Spenser) 233

司各特(Sir Walter Scott) 246, 364, 365

斯蒂尔(Richard Steele) 26, 111, 297, 365

斯蒂文森(John Allen Stevenson) 242, 377

斯密(Adam Smith) 22, 309

斯摩莱特(Tobias Smollett) 17, 277, 298, 299, 362, 369

斯帕克斯(Patricia M. Spacks) 251, 270, 372

斯特恩(Laurence Sterne) 347, 369, 376

斯威夫特(Jonathan Swift) 41, 43, 56, 119, 122, 123, 125, 155, 168, 179, 180, 206, 222, 243, 250, 303, 304, 319, 321—324, 340, 365, 368, 370, 373

宋美华 245, 368

苏格拉底(Socrates) 149, 153, 209, 303

索恩伯里(Ethel M. Thornbury) 139, 140, 367

T

汤姆逊(James Thomson) 165, 233

汤普森(James Thompson) 140, 198, 376, 378

屠岸 117, 159, 263

W

瓦特(Ian Watt) 136, 139, 243, 244, 271, 359, 368

旺库(Cheryl Wanko) 275

王章辉 129

王仲年 134, 138, 143—148, 211, 283

维吉尔(Virgil) 183, 269, 272, 290, 291, 299

威克利(William Wycherley) 24, 25, 115

沃波尔(Horace Walpole) 17, 235

沃波尔(Sir Robert Walpole) 9, 13—16, 22, 45, 51, 56, 66—69, 93—95, 98, 100, 112, 113, 117, 119, 122, 124, 127—130, 134, 154—156, 158, 160, 163, 164, 167, 186, 187, 190—192, 196, 205, 207, 209, 215, 221, 224, 226, 229, 230, 234, 296, 358, 361, 373

吴辉 132, 266

吴宓 238

伍光建 144—147, 178, 193, 195, 238

X

西伯(Colley Cibber) 8, 9, 26, 37, 38, 56, 65—68, 93, 94, 96, 109, 113, 117—120, 124, 126, 134, 233

锡德尼(Sir Philip Sidney) 138

肖(Harry E. Shaw) 246—7, 248

萧伯纳(George Bernard Shaw) 12, 24, 55

萧乾 2, 8, 11, 14, 18, 21, 24, 25, 45, 84, 89, 116, 130, 133, 136, 146, 147, 173, 178, 191—195, 197—208, 211—215, 239, 243, 244, 335, 336, 345, 352, 364

谢尔朋(George Sherburn) 277, 317, 367

谢里丹(Richard Sheridan) 23, 24, 68, 105

辛普森(K. G. Simpson) 373

休谟(Robert D. Hume) 12, 30, 44, 54, 75, 373

Y

亚里士多德(Aristotle) 138，141，206，207，223，369，371
燕卜逊(William Empson) 371，377，378
杨绛 138
杨周翰 85，97，139，143，171，239，244，298
伊格尔顿(Terry Eagleton) 256
英若诚 45，49，241
尤维纳利斯(Juvenal) 27，117，154，166，291

俞平伯 241
约翰逊(Samuel Johnson) 19，161，164，234，235，267，277，297，300，332，333，362，363，371

Z

泽克(Malvin Zirker) 333，335－336，340－341，371
詹金斯(Elizabeth Jenkins) 109，368
张谷若 140，239，240，242，243，248－250，254，257，259－265 张俊才 188

后 记

记得第一次接触菲尔丁是1980年在吉林大学外语系英语专业读三年级的时候。当时开了英国文学史课,用的是刘炳善教授编写的《英国文学简史》,书中提到菲尔丁是"英国小说之父"。不久又听到一位同学说《汤姆·琼斯》如何好看,引人入胜。我到图书馆借了发现有八百多页,实在太长,于是改借菲尔丁的另一部小说《约瑟夫·安德鲁斯》。看了以后对菲尔丁的喜剧(或滑稽)风格十分欣赏,不禁抱怨为什么《汤姆·琼斯》没有中文译本。1982年初,我到山东大学外语系读英美文学专业硕士研究生。当时的课大多是美国文学方面的,同美国文学研究所的同学一起上,主要是外教讲课。教英国文学的黄嘉德教授和张健教授年事已高,很少开课。我们四个研究生觉得这样下去英国文学方面基础太差,便自己设计了一门英国小说选读,包括《格列佛游记》、《汤姆·琼斯》、《傲慢与偏见》和《双城记》四部小说。我们自己阅读讨论,每两周请黄先生做一次辅导。我选的是《汤姆·琼斯》,写了读书报告。这是第一次认真阅读菲尔丁的小说。后来我们请到了 Jessie Chambers 教授讲现代英国小说,大家的兴趣又转到近现代,我选择格雷厄姆·格林的天主教小说三部曲作硕士论文。研究生毕业之后,我留校任教。1985年10月参加了王宽诚教育基金会组织的出国留学生选拔考试,考取英国文学专业的留学生。1986年秋到康奈尔大学攻读博士学位,还未出国就打定主意要以菲尔丁为题作博士论文。原因有两个:一、我作过现代文学的硕士论文,深感自己在英国文学史方面还很薄弱,应该补课;二、当时的潮流是作现当代文学,选择做菲尔丁对国内的研究有补缺作用。但最主要的还是自己对菲尔丁其人其文的喜爱。

到康奈尔大学以后,我在 Laura Brown 教授指导下选修课程,顺利通过了各种考试,1993年完成了以《菲尔丁的历史观及其小说形式》为题的博士论文。1994年回国后,我对论文进行了修改,1997年5月由北京大学出版社出版。由于博士论文的要求所限,我主要探讨了菲尔丁的小说形式与历史观意识观的联系,并未对其小说作全面研究,更没有评价他的整个创作。1999年，北京大学开始实行创建"世界一流大学"计划，要求教师加强科研工作，我把《菲尔丁研究》定为自己的科研写作计划。后来由于种种原因，写作受到严重影响，书稿的完成被一再推迟。2005年秋到2006年春，我有幸作为中美富布赖特项目的研究学者到弗吉尼亚大学，在著名学者 J. Paul Hunter 教授指导下继续进行菲尔丁研究。在此期间我得到了已经退休的菲尔丁研究权威 Martin C. Battestin 教授的关怀和指导，David Vender Meulen 教授和 Frederick G. Ribble 博士也给了我宝贵的帮助。现在，本书终于作为北京大学创办世界一流大学计划资助项目的成果与读者见面了，笔者感到如释重负。

在此，我要感谢北京大学英语系已经退休的胡家峦教授和刘意青教授，他们从本书写作一开始就不断给予各方面的关怀。感谢欧美文学研究中心主任申丹教授，她一直关心着本书的写作，并在经费支持方面提供了帮助。在本书付印之际，我十分怀念前面提到的我在山东大学读研究生时的导师黄嘉德先生和张健先生，怀念美国专家 Jessie Chambers 教授，是他们把我引进了系统研究英国文学的大门。最后，我要特别感谢在吉林大学的启蒙老师翁德修教授，是她的关心、鼓励和教导使我克服由于英语基础差而产生的消沉畏难情绪，在大学第一学期就基本弥补了与其他同学的差距，为后来的学习研究打下了比较扎实的基础。拙著本身是微不足道的，但拙著背后凝结的深情却是实在的。期盼本书能对读者了解菲尔丁小说和18世纪英国文学与社会文化有所帮助。对于本书存在的疏漏和缺陷，欢迎读者和专家提出批评。